普通高等学校"十四五"规划土木工程专业精品教材

工程项目管理

（第四版）

Engineering Project Management

丛书审定委员会

王思敬　　彭少民　　石永久　　白国良

李　杰　　姜忻良　　吴瑞麟　　张智慧

本书主审　　田金信

本书主编　　杨晓庄　　沈爱华

本书副主编　　崔玉影　　宿金成

本书编写委员会

杨晓庄　　沈爱华　　崔玉影　　宿金成

张丽丽　　任晓宇　　林　野　　王晓雨

张吉祥

华中科技大学出版社

中国·武汉

内 容 提 要

本书系统地论述了工程项目建设过程中的管理理论和方法,主要内容包括工程项目管理概论、工程项目前期策划与系统分析、工程项目组织与沟通管理、工程项目成本管理、工程项目进度管理、工程项目质量管理、工程项目职业健康安全与环境管理、工程项目招投标与合同管理、工程项目信息管理。

本书可作为土木工程专业、工程管理专业等本科生的专业课教材或教学参考书,教学内容和学时安排可以作适当的调整。本书也可供工程项目管理、房地产开发、施工管理等领域的从业人员参考使用。

图书在版编目(CIP)数据

工程项目管理/杨晓庄,沈爱华主编. —4 版. —武汉:华中科技大学出版社,2024.1(2025.1 重印)
ISBN 978-7-5680-9846-5

Ⅰ.①工… Ⅱ.①杨… ②沈… Ⅲ.①工程项目管理 Ⅳ.①F284

中国国家版本馆 CIP 数据核字(2023)第 254354 号

工程项目管理(第四版)　　　　　　　　　　　　　　　　　杨晓庄　　沈爱华　主编
Gongcheng Xiangmu Guanli (Di-si Ban)

策划编辑:金　紫
责任编辑:陈　忠
封面设计:原色设计
责任监印:朱　玢
出版发行:华中科技大学出版社(中国•武汉)　　　电话:(027)81321913
　　　　　武汉市东湖新技术开发区华工科技园　　　邮编:430223
录　　排:华中科技大学惠友文印中心
印　　刷:武汉市洪林印务有限公司
开　　本:850mm×1065mm　1/16
印　　张:22.25
字　　数:609 千字
版　　次:2025 年 1 月第 4 版第 2 次印刷
定　　价:59.80 元

华中出版

本书若有印装质量问题,请向出版社营销中心调换
全国免费服务热线:400-6679-118　竭诚为您服务
版权所有　侵权必究

总　　序

　　教育可理解为教书与育人。所谓教书,不外乎是教给学生科学知识、技术方法和运作技能等,教学生以安身之本。所谓育人,则要教给学生做人的道理,提升学生的人文素质和科学精神,教学生以立命之本。我们教育工作者应该从中华民族振兴的历史使命出发,来从事教书与育人工作。作为教育本源之一的教材,必然要承载教书和育人的双重责任,体现两者的高度结合。

　　中国经济建设高速持续发展,国家对各类建筑人才需求日增,对高校土建类高素质人才培养提出了新的要求,从而对土建类教材建设也提出了新的要求。这套教材正是为了适应当今时代对高层次建设人才培养的需求而编写的。

　　一套好的教材应该把人文素质和科学精神的培养放在重要位置。教材中不仅要从内容上体现人文素质教育和科学精神教育,而且还要从科学严谨性、法规权威性、工程技术创新性来启发和促进学生科学世界观的形成。简而言之,这套教材有以下特点。

　　一方面,从指导思想来讲,这套教材注意到"六个面向",即面向社会需求、面向建筑实践、面向人才市场、面向教学改革、面向学生现状、面向新兴技术。

　　二方面,教材编写体系有所创新。结合具有土建类学科特色的教学理论、教学方法和教学模式,这套教材进行了许多新的教学方式的探索,如引入案例式教学、研讨式教学等。

　　三方面,这套教材适应现在教学改革发展的要求,提倡所谓"宽口径、少学时"的人才培养模式。在教学体系设计、教材内容安排等方面也做了相应改变,教学起点可视学生水平做相应调整。同时,在这套教材编写中,尤其重视学生的综合能力培养和基本技能培养,适应土建专业特别强调实践性的要求。

　　我们希望这套教材能有助于培养适应社会发展需要的、素质全面的新型土木工程类专业人才。我们也相信这套教材能达到这个目标,从形式到内容都成为精品,为教师、学生以及专业人士所喜爱。

中国工程院院士　王思敬

2006 年 6 月于北京

前　言

　　"工程项目管理"是工程类专业学生必修的专业课程。本书紧密联系工程建设管理实践,体现社会科学和自然学科的交叉与融合,强调理论与实践的紧密结合。

　　本书在第三版的基础上,结合我国对人才的培养需求,融入党的二十大最新精神,培养学生的民族自豪感与爱国主义情怀、责任和使命担当以及奋斗精神。为了适应教育、教学与生产实践相结合的要求,本书在内容安排上强调知识性与实用性相结合,力求将项目管理的基本原理、基本方法和实际相结合,使学生在学习完本书之后,能够成为适应现代化建设工程需要,具备工程项目管理基本知识、基本能力和素质,具有较强实践能力、创新能力、组织管理能力的复合型应用工程项目管理人才,能够加强对工程项目管理基本流程、工程项目管理实践的认识和理解,学会进行全方位、全过程的科学管理和合理协调,建立管理项目的知识体系,掌握运用管理知识解决实际问题的技能,提高工程项目管理水平。各章章前有导论,章后有案例分析及思考与练习,便于学生在学习时抓住要点,并通过练习巩固所学知识。本书旨在为学生提供实用的工程项目管理操作范式,培养学生理论联系实际的作风和实际工作能力。

　　本书的主要内容包括工程项目管理概论、工程项目前期策划与系统分析、工程项目组织与沟通管理、工程项目成本管理、工程项目进度管理、工程项目质量管理、工程项目职业健康安全与环境管理、工程项目招投标与合同管理、工程项目信息管理。

　　本书的编写工作由七位教师和两名研究生负责,他们来自哈尔滨商业大学、山东理工大学、黑龙江建筑职业技术学院。他们从专业的角度出发,结合各自的教学和科研成果,在借鉴前人研究成果的基础上,对工程项目管理的知识体系做了诠释。全书由杨晓庄、沈爱华担任主编,崔玉影、宿金成担任副主编,张丽丽、任晓宇、林野和王晓雨、张吉祥参与编写。各章编写分工如下:第1章由杨晓庄、宿金成、王晓雨编写,第2、9章由沈爱华、崔玉影编写,第3章由宿金成、沈爱华、张吉祥编写,第4章由任晓宇、林野编写,第5章由崔玉影、林野编写,第6章由张丽丽、宿金成、任晓宇编写,第7章由崔玉影、张丽丽、任晓宇编写,第8章由林野、沈爱华编写。

　　本书在编写过程中参考了很多专家、学者的著作和研究成果,同时得到了哈尔滨工业大学田金信教授的热情帮助,他提出了许多宝贵意见,在此表示深深的感谢。

　　由于时间有限,书中不足之处在所难免,恳请广大读者批评指正。

编　者

2023 年 6 月

目　　录

第 1 章　工程项目管理概论

党的二十大报告提出并贯彻新发展理念,着力推进高质量发展,推动构建新发展格局,实施供给侧结构性改革,制定一系列具有全局性意义的区域重大战略。建筑业是国民经济的支柱产业。党的十八大以来,我国建筑业转型升级,正在从建造大国迈向建造强国,建成世界最大的高速铁路网、高速公路网、机场港口、水利、能源、信息等基础设施建设取得重大成就。一般而言,一个工程项目的建设需要经过可行性研究、初步设计与详图设计、施工及项目运营等各个阶段,因此本章简要介绍工程项目管理相关内容和国内外大型工程项目的案例分析。

本章内容将从六个方面展开:项目和工程项目、项目管理与工程项目管理、工程项目建设程序、工程项目参与各方的管理职能、国内外工程项目管理模式、工程项目风险管理与工程保险。

1.1　项目和工程项目

1.1.1　项目及其特性

古代,从中国的万里长城到埃及的金字塔,都是工程项目的典范。现代,从计算机软件的研发到一部电影的制作完成,也是项目的一种形式。

国际标准化组织(ISO)对项目的定义为:具有独特的过程,有开始和结束日期,由一系列相互协调和受控的活动组成。过程的实施是为了达到规定的目标,包括满足时间、费用和资源等约束条件。

此外,项目还具有如下特性。

1. 一次性(单件性)

项目作为整体来说是一次性的、不重复的,这是项目区别于其他常规活动和任务的基本标志,也是识别项目的主要依据。

2. 目标性

每个项目均具有各自不完全相同的目标,尽管一个项目中可能包含部分重复内容,但其在整体上仍然是独立的。

3. 约束性

项目只能在一定的约束条件下进行。约束条件包括时间、资金和资源等。

4. 寿命周期性

项目始终有确定的开始和结束时间。

5. 多活动性

项目包含着一系列相互独立、相互联系、相互依赖的整个活动过程所涉及的各项活动。

1.1.2　项目的特点

项目具有以下五个特点。

1. 目的性

项目是一种有着预定需求的最终产品的一次性活动。它可以被分解为子项任务,只有子项任务得以完成,整体项目才能完成。

2. 寿命周期性

项目从开始到结束具有寿命周期。

3. 依赖性

项目经常与其上级组织同时进行的其他项目互相影响,而且项目始终与组织中标准的、常规的运作相互影响,与组织中的职能部门(市场、财务和生产等)以规则的、成形的方式相互影响。

4. 独特性

每个项目都有一些独特的成分,可以说找不出两个完全相同的项目。这意味着项目不能完全按成熟方法完成,因而项目具有风险性,这就要求项目管理者创造性地解决项目实施中的问题。

5. 冲突性

项目与职能部门为资源和人员而争夺;项目部成员为争取项目资源和解决项目问题而发生冲突;项目与项目之间为争夺有限的资源也存在冲突。

1.1.3 工程项目及特征

工程项目是一项固定资产投资的经济活动,它是最为常见的项目类型。工程项目是指需要一定量的投资,经过策划、设计和施工等一系列活动,在一定的资源约束条件下,以形成固定资产为确定目标的一次性活动。

1. 工程项目的基本特征

工程项目具有项目的基本特征,具体表现在以下五个方面。

(1)工程项目的一次性

任何工程项目作为整体来说都是一次性的、不重复的。即使在形式上极为相似的项目,例如,一个住宅小区中,建筑外观和结构类型完全一致的两栋住宅楼,仍然存在地质条件、建造材料、建造时间和项目组织等方面的不同,所以它们之间无法等同替代。

(2)工程项目的目标性

任何工程项目在建成后都具有特定的使用功能,以满足业主的需求,因而其建设的目的是明确的。这个目的在项目策划阶段就已明确,并在以后的实施阶段逐步实现。

(3)工程项目的约束性

任何工程项目总是受时间、资金和资源制约。

从时间的约束来看,业主总是希望尽快实现项目的目标,发挥投资效益,缩短项目的投资回收期。时间的约束是对工程项目开始和结束时间的限制,形成了工程项目的工期目标。

从资金的约束来看,业主对资金事先预算的投入形成了工程项目的费用目标。目前,工程项目的投资呈多元化,对项目资金的使用越来越严格,经济性和效益性要求也越来越高。

从资源的约束来看,投入工程项目中的资源是有限的,例如人力和材料的供应是有限的,工程建设的技术水平是有限的,等等。

(4)工程项目的寿命周期性

任何工程项目都经历从提出项目建议书、策划(决策)、实施、使用到终止使用(报废)等过程。

但是从参与工程项目不同组织的角度来看工程项目的寿命周期性,可以将工程项目的整个周期分解成几个阶段性周期,作为业主考虑的是全周期,作为承包单位则根据所承包的工程项目的内容考虑相应的阶段周期。例如,施工承包单位承包的内容是工程项目的施工建造至交付使用,工程项目寿命的周期即工期。

（5）工程项目由活动构成

工程项目过程就是不同的专业人员,如建筑师、结构工程师、水电工程师和咨询工程师等在不同的时间与空间进行不同的活动,并完成各自任务的过程。这些任务的完成共同促成了该工程项目的完成。

2. 工程项目的其他特征

工程项目除以上基本特征外,还具有如下特征。

（1）投资大

一个工程项目少则有几百万元,多则有几千万元、数亿元的资金投入。

（2）建设周期长

工程项目的寿命周期少则一年,多则几十年。

（3）不确定性因素多,风险大

工程项目由于建设周期长,露天作业多,受外部环境影响大,因此,不确定性因素多,风险大。

（4）参与人员多

工程项目参与人员是指直接参与工程建设的人员,主要包括业主、建筑师、结构工程师、水电工程师、项目管理人员和监理工程师等。此外,还涉及进行工程项目监督管理的政府建设行政主管部门以及其他相关部门的人员,例如,当地建筑工程质量监督站的管理技术人员等。

1.1.4　工程项目的类型

1. 根据功能不同划分

通常,根据工程项目的功能不同,工程项目可以分成以下四种主要形式。

（1）住宅建筑

住宅建筑是指那些用来居住的房屋建筑物。房地产开发商作为业主的代理人,负责确定必要的设计和建造合同,同时负责项目的融资以及销售建造好的房屋。

（2）公用性建筑

公用性建筑包括商业建筑（如商店和购物中心）、文化教育建筑（如学校）、卫生建筑（如医院）、娱乐设施和体育场馆等。

（3）工业建筑

工业建筑包括钢铁厂（如上海宝钢）、核电厂（如大亚湾核电站）等。

（4）基础设施

基础设施工程大多属于公共工程项目,包括高速公路、隧道、桥梁、排水系统和污水处理厂等。

2. 根据任务不同划分

根据工程项目的参与方承担的工程项目的任务不同,还可以进行如下划分。

（1）工程项目（包括使用至报废）

工程项目是针对投资业主而言的,它作为一项固定资产投资活动,涉及从项目构思、策划、实施到项目建成交付使用乃至报废,通常是到建成交付使用为止,突出建设阶段。

（2）工程承包项目

工程承包项目是针对承包商而言的,承包商根据与业主的合同规定,涉及不同的工程承包范围,主要是在项目的实施建造阶段。

（3）工程勘察设计项目

工程勘察设计项目是针对勘察设计单位而言的，重点在项目实施的勘察设计阶段，根据勘察设计单位与业主签订的工程勘察设计合同，确定勘察设计工作内容。

（4）工程监理项目

工程监理项目是针对监理单位而言的，监理单位受业主的委托，根据与业主签订的工程监理合同，对工程项目进行管理工作。

此外，工程项目按性质又可分为新建项目、扩建项目和改建项目。

1.1.5 工程项目的组成

一般情况下，按照工程项目的组成内容，可将其从大到小划分为若干个单项工程、单位工程、分部工程和分项工程。

1. 单项工程

单项工程是指具有独立的设计文件，竣工后可以独立发挥生产能力或效益的工程。例如一座工厂中的各个主要车间、辅助车间、办公楼和住宅等。

2. 单位工程

单位工程是单项工程的组成部分，是指具有单独的设计图纸，可以独立施工，但完工后一般不能独立发挥生产能力和效益的工程。例如，一个工业车间通常由建筑工程、管道安装工程、设备安装工程和电气安装工程等单位工程组成。

3. 分部工程

分部工程一般是根据单位工程的部位、构件性质及其使用材料或设备种类等的不同而划分的工程。例如，房屋的土建单位工程，按其部位，可以划分为地基与基础、主体结构、建筑屋面和装饰装修等分部工程；按其工种，可以划分为土石方工程、砌筑工程、钢筋混凝土工程、防水工程和抹灰工程等子分部工程。

4. 分项工程

分项工程一般是按分部工程的施工方法、使用材料、结构构件的规格等不同因素划分的，是通过简单的施工过程就能完成的工程。例如，房屋的基础分部工程可以划分为挖土、混凝土垫层、砌毛石基础和回填土等分项工程。

【例 1-1】 某住宅小区工程项目

2022 年某住宅小区工程项目拟建设，建设工程总用地面积 40 万平方米，总建筑面积 32 万平方米。其中多层住宅建筑面积 12 万平方米，高层住宅建筑面积 14 万平方米，沿街商铺建筑面积 4 万平方米，各种运动场所建筑面积 2 万平方米。建设规划项目分三期进行开发，详细内容如表 1-1 所示。

表 1-1 项目一览表

项目		总面积/万平方米	一期工程/万平方米	二期工程/万平方米	三期工程/万平方米
建(构)筑物		30			
	多层建筑	12	5.5	4.5	2
	高层建筑	14	6	5	3
	沿街商铺	4	2	1	1

项目	总面积/万平方米	一期工程/万平方米	二期工程/万平方米	三期工程/万平方米
其他建设	2			
中央花园	0.3	0.3		
园区停车场	0.5	0.5		
篮球场	0.6	0.6		
网球场	0.5	0.5		
器械设施	0.1	0.1		

1.2　项目管理与工程项目管理

1.2.1　项目管理的概念

项目管理的思想是伴随着项目的实施产生的。秦始皇为了建成自己的陵墓,动用了约 70 万人(约占当时全国人口的 1/6),以及数不胜数的财力和物力,历经设计周密、施工方法完备以及组织措施严格的建设过程,最终完成了这项气势恢宏的工程。

项目管理产生于土木建筑业,发展于军工、软件和制造业。现代的项目管理比起传统的项目管理,在内容的深度和广度、新型工具方法的应用、适用范围、规范化等方面都有了很大的进步,在应用新技术和集成化等方面基本跟上了时代的步伐,形成了各个行业、各种组织发展中起到重要作用的新型管理理论和方法。

现代项目管理理论认为,项目管理是通过项目经理和项目组织的努力,运用系统的理论和方法对项目及其资源进行计划、组织、协调和控制,旨在实现项目特定目标的管理方法体系。该管理理论有以下四点内涵。

1. 项目管理是一种管理方法体系

项目管理是一种管理项目的科学方法,但并非唯一的方法,更不是一次任意的管理过程。

项目管理作为一种管理方法体系,在不同国家、不同行业及其自身的不同发展阶段,无论是在内容上,还是在技术手段上都有一定区别,但其最基本的定义、概念是相对固定的,被广泛接受和认可的。

2. 项目管理的对象与目的

项目管理的对象是项目,项目又是由一系列任务组成的整体系统。项目管理的目的就是处理好这一系列任务之间纵横交错的关系,按照业主的需求形成项目的最终产品。

3. 项目管理的职能与任务

项目管理的职能是对所组织的资源进行计划、组织、协调和控制。资源是指项目所需要的,在所在组织中可以得到的人员、资金、技术和设备等。在项目管理中,还有一种特殊的资源,即时间。项目管理的任务是对项目及其资源进行计划、组织、协调和控制。

4. 项目管理运用系统的理论与方法

由于项目任务是分别由不同的人员执行的,所以项目管理要求把这些任务和人员集中到一起,把它们当作一个整体对待,最终实现整体目标。因此,需要以系统的理论与方法来管理项目。

1.2.2 项目管理的特点

1. 项目管理是一项复杂的工作

项目一般由多个组织运用多种专业知识来完成任务,通常没有或较少有经验可以借鉴,因为其中有许多不确定、未知的影响因素。这些因素决定了项目管理是一项很复杂的工作。

2. 项目管理具有创造性

由于项目具有一次性的特点,因此项目管理既要承担风险,又必须发挥创造性。项目的创造性依赖于科学技术的发展和支持:一是继承积累性,体现在人类可以沿用经验,继承前人的知识、经验和成果,并在此基础上向前发展;二是综合性,即要解决复杂的问题必须依靠和综合多种学科的成果,将多种技术结合起来,才能实现科学技术的飞跃或更快的发展。

3. 项目管理需要建立专门的项目部

依托项目成立专门的管理组织——项目部。项目部由各种不同专业、不同部门的专业人员构成,旨在处理项目进行过程中的各种组织、技术、经济、控制和协调等问题。

4. 项目经理在项目管理中发挥着非常重要的作用

项目经理有权独立地进行计划、资源分配、协调和控制。项目的性质功能以及项目管理的职能,要求项目经理具备经济、技术管理等诸多知识,并具有较高的组织领导才能。

1.2.3 工程项目管理

1. 概念

工程项目管理是以工程项目为对象,在既定的约束条件下,为最优地实现工程项目目标,根据工程项目目标、工程项目的内在规律,对从项目构思到项目完成(指项目竣工并交付使用)的全过程进行的计划、组织、协调和控制,以确保该工程项目在允许的费用和要求的质量标准下按期完成。

根据工程参与方的不同,有工程项目管理、工程勘察设计项目管理、工程承包项目管理和工程监理项目管理。它们的区别在于管理的主体、对象和范围不同。

2. 工程项目管理与一般生产管理的区别

工程项目管理与一般生产管理的区别如表 1-2 所示。

表 1-2　工程项目管理与一般生产管理的区别

工程项目管理	一般生产管理	工程项目管理	一般生产管理
产品的一次性	产品的大批量重复生产	生产资源不定	生产资源固定
产品固定,生产流动	产品流动,生产固定	流动的生产班组	静态的生产班组
生产状态变化大	生产状态不变	体现客观的成果	体现成果的水平

3. 工程项目管理目标及目标之间的关系

工程项目管理的基本目标就是有效利用有限资源,以尽可能少的费用和尽可能快的速度建成该项目,使其实现预定的质量(功能)。

质量(功能)目标、工期目标和费用目标,共同构成工程项目管理的目标体系,如图 1-1 所示。三者之间有着密切的内在联系。

在任何一个工程项目中,必然存在三个目标之间的平衡,可以用图 1-2 中三角形里的某一点来表示（如 A 点）。

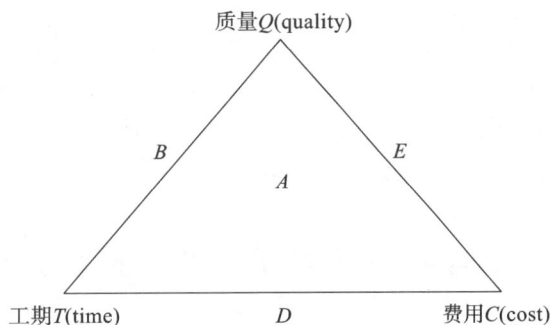

用图 1-2 可以解释三大目标之间的关系，图中各点含义如下：

① Q 点表示质量是最重要的；

② T 点表示工期是最重要的；

③ C 点表示费用是最重要的；

④ A 点表示三个目标的重要性程度相同；

⑤ B 点表示重点考虑工期和质量，而费用考虑得很少；

⑥ E 点表示重点考虑费用和质量，而工期考虑得很少；

⑦ D 点表示重点考虑工期和费用，而质量考虑得很少。

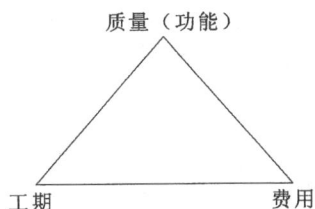

图 1-1　工程项目管理目标体系　　　　　图 1-2　三大目标之间的内在关系图

由此可见，三大目标之间是对立的关系，但是也存在统一的关系。例如，适当增加赶工的费用，可以缩短工期，使项目提早动用，缩短投资回收期；适当提高质量标准，虽然建设费用增加了，但能够降低使用期的维修费；合理、均衡的进度计划，可以保证实现质量目标和节约费用。

因此，三大目标是一个不可分割的整体，是一个系统，孤立地重视哪一个目标和忽视哪一个目标都是不可取的。实践中，大多数工程项目往往考虑 A 点附近，即费用经济可接受，实施时间较短，质量又能达到要求的标准。

1.3　工程项目建设程序

《中华人民共和国建筑法》（以下简称为《建筑法》）规定，工程项目要符合建设程序，因此工程项目管理的内容也是围绕建设程序展开的。工程项目建设一般可分为项目决策、项目设计、建设准备、施工和动用前准备及竣工验收五个阶段。

1.3.1　项目决策阶段

项目决策阶段的工作主要是编制项目建议书，进行可行性研究和编制可行性研究报告。

1.3.2　项目设计阶段

一般项目的项目设计阶段，可分为初步设计和施工图设计两个阶段。特殊要求的项目可在两阶段之间增加技术设计阶段。

1.3.3 建设准备阶段

建设准备阶段的工作包括征地,拆迁,平整场地,通水,通电,通路,以及组织设计、材料订货、施工招标,选择施工单位,报批开工报告等。

1.3.4 施工和动用前准备阶段

施工单位按设计进行施工安装,建成工程实体。同时,业主在监理单位协助下做好项目建成动用的系列准备工作,例如人员培训、组织准备、技术准备和物资准备等。

1.3.5 竣工验收阶段

申请验收需要做好技术资料整理、项目竣工图纸绘制、项目决算编制等准备工作。大中型项目应当经过初验,然后再进行最终的竣工验收。简单、小型项目可以一次性进行全部项目的竣工验收。项目验收合格即交付使用,同时按规定实施保修。

我国工程项目建设程序如图 1-3 所示。

1.4 工程项目参与各方的管理职能

由于工程项目参与各方的工作性质和组织特征不同,以及参与项目的各方处于不同的阶段,其工程项目管理的任务和目的不同,因而其管理职能也不同。

1.4.1 业主方对工程项目的管理

业主方负责从可行性研究开始直到工程竣工交付使用的全过程管理,是整个工程项目管理的中心。业主对工程项目的管理包括以下职能。

1. 决策职能

工程项目的建设过程是一个系统工程,每个阶段是否启动都要由业主方进行决策。

2. 计划职能

业主方的计划职能包括围绕工程项目建设的全过程、总目标,将实施过程的全部活动都纳入计划轨道,用动态的计划系统协调与控制整个工程项目,保证建设活动协调有序地实现预期目标。

3. 组织职能

业主方的组织职能既包括在内部建立工程项目管理的组织机构,又包括在外部选择可靠的设计单位与承包单位,实施工程项目不同阶段、不同内容的任务。

4. 协调职能

工程项目实施的各个阶段在相关的层次、相关的部门之间存在大量的结合部,构成了复杂的关系和矛盾,业主方应通过协调职能进行沟通,排除不必要的干扰,确保系统的正常运行。

5. 控制职能

工程项目目标的实现以控制职能为主要手段,业主方不断地通过决策、计划、协调和信息反馈等,采用科学的管理方法确保目标的实现。业主方对工程项目管理的主要任务就是要对投资、进度和质量进行控制。

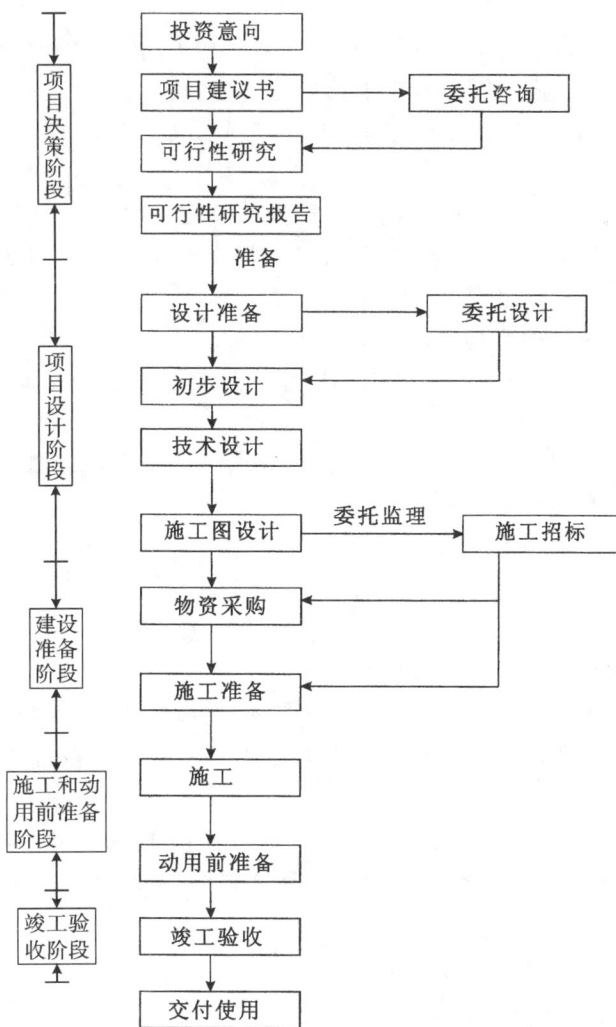

图 1-3　工程项目建设程序框图

【例 1-2】　某房地产开发公司主要职能部门的划分及职责

（1）开发部

① 负责项目的市场调研、可行性研究和经济技术论证。

② 负责项目各项前期手续的办理，包括土地竞标、土地证申领、项目立项和申领建设用地规划许可证等。

③ 负责审核公司所有项目合同，并监督合同执行。

④ 负责规划设计及设计变更工作，办理水、电、气、市政工程等方案报审。

⑤ 负责组织项目全程策划工作，编制项目建设实施计划。

⑥ 负责编制公司项目统计年度、季度、月度报表。

⑦ 负责本部门职责范围内的工程技术档案建档工作，并及时向总经理办公室移交归档。

⑧ 配合工程部做好工程招标、预决算复核工作。

（2）工程部

① 负责组织工程招标和材料设备采购工作,落实对承包商、供应商和监理单位等的考察调研。

② 负责工程进度管理,编制工程实施详细计划和工程进度表。

③ 负责工程质量管理,督促检查工程监理单位的工作质量,参与重要分部分项工程的隐蔽验收工作。

④ 负责组织审查施工组织设计、施工方案、监理大纲及实施细则。

⑤ 负责工程造价管理工作,实行动态管理,按照权限做好工程现场签证工作。组织工程预决算审核工作,会同开发部做好各类工程款项的核算工作。

⑥ 负责检查督促施工单位的现场安全及文明施工情况。

⑦ 负责组织工程质量报建工作,并领取相关证照。组织工程预验收及竣工验收,做好竣工资料移交及归档工作。

⑧ 负责组织向物业部进行实体和资料移交工作,配合物业部做好保修期内的维修整改工作。

⑨ 配合开发部办理项目各项前期手续。

（3）财务部

① 严格执行《中华人民共和国会计法》《房地产开发企业会计制度》,按本公司章程行使财务管理职能。

② 负责编制公司年度、季度、月度财务计划。

③ 做好日常资金筹措和使用工作,建立债权备忘录。负责审核各部门的用款计划,并按合同规定及时收付各项资金。参与编制项目可行性研究,加强对项目成本的基础管理,定期进行成本分析,提出成本控制方案。

④ 根据会计制度规定正确设置和使用会计科目,及时、准确地编制各类会计报表,做到表表相符、账表相符。负责组织会计凭证、账簿和报表等会计资料的整理、装订并按电算会计档案管理要求保管会计档案。

1.4.2 政府对工程项目的管理

政府对工程项目的管理是指政府有关部门对工程项目进行的监督和管理,以相关的法律为依据,由有关的政府机构来执行强制性监督与管理。

1. 政府对工程项目的管理

根据政府的职能,政府对工程项目的管理贯穿工程项目的全过程,其管理的内容主要包括以下九个方面。

① 建设用地管理。

② 建设规划管理。

③ 环境保护管理。

④ 建筑防火管理。

⑤ 建筑防火(防震、防洪等)管理。

⑥ 有关技术标准、技术规范执行情况的审核。

⑦ 建设程序管理。

⑧ 施工中的安全、卫生管理。

⑨ 建成后的使用许可管理。

在施工阶段,国家实行建设工程质量监督管理制度。工程质量监督管理的主体是各级政府建设行政主管部门和其他有关部门。工程质量监督管理由建设行政主管部门或其他有关部门委托的工程质量监督机构具体实施。

工程质量监督机构是经省级以上建设行政主管部门或有关专业部门考核认定,具有独立法人资格的单位。它受县级以上地方人民政府建设行政主管部门或有关专业部门的委托,依法对工程质量进行强制性监督,并对委托部门负责。

工程质量监督工作的基本程序是:建设单位在工程开工前一个月到监督站办理监督手续,提交勘察设计资料等有关文件;监督站在接到文件、资料后的两周内确定该工程的监督员,通知建设、勘察、设计和施工单位,并提出监督计划。

2.　工程质量监督

工程质量监督工作的主要内容包括以下三个方面。

①　工程开工前,监督员检查施工现场工程建设各方主体及有关人员的资质或资格;检查勘察、设计、施工、监理单位的质量管理体系和质量责任制落实情况;检查有关质量文件和技术资料是否齐全、是否符合规定。

②　工程施工中,按照质量监督工作方案,对建设工程地基基础、主体结构和其他涉及安全的关键部位进行现场实地抽查,对用于工程的主要建筑材料、构配件的质量进行抽查。对地基基础分部、主体结构分部和其他涉及安全的分部工程的质量验收进行监督。

③　工程完工后,监督建设单位组织的工程竣工验收的组织形式、验收程序,以及在验收过程中提供的有关资料和形成的质量评定文件是否符合有关规定,实体质量是否存在严重缺陷,工程质量验收是否符合国家标准。

工程质量监督机构应当在工程竣工验收之日起 5 日内,向备案机关提交工程质量监督报告。

1.4.3　施工项目管理

施工单位通过工程施工投标取得工程施工任务,以施工合同为依据,组织项目管理,称为施工项目管理。施工项目管理的目标包括施工的成本目标、进度目标和质量目标。施工方的项目管理工作主要在施工阶段进行,但也涉及设计准备阶段、设计阶段、动用前准备阶段和保修阶段。施工项目管理的任务包括施工安全管理、成本控制、进度控制、合同管理、信息管理以及与施工有关的组织与协调。

1.　施工项目管理的特征

(1)　施工项目是主要的管理对象

施工项目管理的主体是以施工项目经理为首的项目经理部,管理的客体是施工对象、施工活动以及相关的生产要素。

(2)　施工阶段管理的内容随着施工阶段的不同而不同

施工项目管理一般包括施工投标、签订施工合同、施工准备、施工及竣工验收、保修阶段的管理。施工阶段又包括基础、主体结构、屋面、装修、设备安装和竣工验收等内容,其管理的内容差异很大。因此,必须制定管理计划,签订合同,提出措施,进行有针对性的动态管理,并且还要进行资源优化组合,以提高施工效率和项目效益。

(3)　施工项目管理的首要任务是施工现场的管理

施工项目现场管理是指对施工现场内的活动及空间的使用所进行的管理。施工现场管理是建筑安全生产管理的关键。

2. 施工项目管理的主要工作

(1) 建立工程承包项目管理的组织——项目部

① 选聘施工项目经理。项目经理是企业法定代表人在承包的施工项目上的委托代理人。对项目经理的素质要求如下。

a. 能力要求:具有符合施工项目管理要求的能力。

b. 经验和业绩要求:具有相应的施工项目管理经验和业绩。

c. 知识要求:具有承担项目管理任务的专业技术、管理、经济、法律和法规知识。

d. 道德品质要求:具有良好的道德品质。

② 选择适当的组织形式,组建施工项目管理机构,明确责任、权限和义务。项目经理部是由项目经理在企业的支持下组建并领导,进行项目管理的组织机构。项目经理部的组织形式应根据施工项目的规模、结构复杂程度、专业特点、人员素质和地域范围确定。

③ 根据施工项目管理的要求制定施工项目管理制度。对于企业制定的规章制度,项目经理部应无条件遵守;当企业现有的规章制度不能满足项目管理需要时,项目经理部可以自行制定规章制度,但是应报企业或其授权的职能部门批准。

(2) 编制施工项目管理计划

施工项目管理计划是对该项目管理组织内容、方法、步骤、重点进行预测和决策等作出具体安排的纲领性文件。施工项目管理计划的主要内容有以下三个方面。

① 进行项目分解,以便确定阶段性控制目标,从局部到整体进行工程承包活动和进行工程承包项目管理。

② 建立施工管理工作体系,绘制施工项目管理工作结构和相应管理流程图。

③ 绘制施工项目管理计划,确定管理重点,形成文件,以利于执行。

(3) 进行施工项目现场管理

施工项目现场管理的总体要求是文明施工,现场入口处可设置"五牌一图"(五牌,即工程概况牌、管理人员名单及监督电话牌、消防保卫牌、安全生产牌、文明施工和环境保护牌;一图,即施工现场平面图),规范场容管理,做好环境保护和卫生管理等。

(4) 进行施工项目的目标控制

施工项目的目标控制主要包括进度、质量、成本和施工现场安全等目标控制。

(5) 对施工项目的生产要素进行优化配置和动态管理

施工项目的生产要素是工程承包项目目标得以实现的保证,主要包括劳动力、材料、设备、资金和技术。生产要素管理的内容包括以下三个方面。

① 分析各项生产要素的特点。

② 按照一定的原则、方法对施工活动生产要素进行优化配置,并对配置状况进行评价。

③ 对施工项目的各项生产要素进行动态管理。

(6) 进行施工项目的合同管理

施工项目管理是在市场条件下进行的特殊交易活动的管理。这种交易从招投标开始,持续于管理的全过程。因此,必须签订合同,进行履约经营。合同管理的好坏直接关系到工程承包项目管理与工程承包项目的技术经济效果和目标能否实现。

（7）进行施工项目的信息管理

施工项目管理是一项复杂的现代化管理活动,要依靠大量信息来开展,并要对大量信息进行管理,既包括内部的信息管理,也包括外部的信息管理。

1.4.4　工程建设监理

由于工程项目的实施是一次性的任务,因此业主方自行进行项目管理往往有很大的局限性。由于在技术和管理方面缺乏配套的力量,因而工程项目完全可以依靠发展中的咨询业为其提供项目管理服务,这就是社会建设监理。因此工程建设监理成为业主方对工程项目管理的一种重要形式。

1. 工程建设监理的概念

工程建设监理是指针对工程项目建设,业主委托和授权社会化、专业化的工程建设监理单位,根据国家批准的工程项目建设文件,有关工程建设的法律、法规和工程建设监理合同以及其他工程建设合同所进行的旨在实现投资目的的微观监督管理活动。

2. 工程建设监理的性质

（1）服务性

在监理单位和业主签订的监理委托合同中,明确了监理工作的范围和权限。被监理的对象是承包商。

（2）独立性

监理单位作为独立的专业单位受聘于业主履行服务,监理工程师作为独立的专业人员进行工作。为了保证工程建设监理行业的独立性,从事这一行业的监理单位和监理工程师必须与某些行业或单位断绝人事上的依附关系以及经济上的隶属或经营关系,也不能从事施工、材料供应等行业的工作。

（3）公正性

当业主和承包商发生利益冲突或矛盾时,监理单位能够以事实为依据,站在第三方立场上公正地解决和处理问题。

（4）科学性

工程建设监理的科学性是由工程项目的特点和监理工作的特点决定的。现今的工程建设项目向着多方向发展,科技水平越来越高,这就要求监理人员应具备较高的专业知识和经济管理知识,才能较好地进行监理工作。

3. 工程建设监理的范围

根据国务院 2000 年 1 月 30 日颁发的《建设工程质量管理条例》,2017 年 10 月 7 日《国务院关于修改部分行政法规的决定》第一次修订,2019 年 4 月 23 日《国务院关于修改部分行政法规的决定》第二次修订,下列建设工程必须实行监理:

① 国家重点建设工程;

② 大中型公用事业工程;

③ 成片开发建设的住宅小区工程;

④ 利用外国政府或者国际组织贷款、援助资金的工程;

⑤ 国家规定实行监理的其他工程。

4. 监理单位与业主、承包商的关系

业主与监理单位经平等协商签订了监理合同,就确定了两者之间是委托与被委托、授权与被授权的关系。监理合同对监理人员的数量、素质、服务范围、服务时间和服务费用等作出详细规定,同时也明确了业主授予监理工程师的权力。

监理单位与承包商之间不签订任何工程合同,他们之间的关系体现在业主与承包商签订的建设工程施工合同中。合同约定,发包人可以委托监理单位全部或者部分负责合同的履行。工程施工监理应当依照法律、行政法规及有关的技术标准、设计文件和建设工程施工合同,对承包人在施工质量、建设工期和建设资金使用等方面,代表发包人实施监督。发包人应当将委托的监理单位名称、监理内容及监理权限以书面形式通知承包人。在施工合同的专用条款中应当写明总监理工程师的姓名、职务和职责。因而,监理工程师与承包商之间是监理与被监理的关系,由于业主的委托与授权,承包商的工作要得到监理工程师的批准,同时也要达到监理工程师满意的程度。但是监理单位不得超越承包合同所确认的权限,也不得违反国家的法律、法规。

在工程建设领域,建设监理制度的推行,使工程建设管理成为在政府有关部门的监督管理之下,由项目业主、承包商和监理单位直接参加的"三方"管理体制,形成既有利于相互协调又有利于相互约束的完整的项目组织系统,为实现工程项目总目标奠定了组织基础。

1.5 国内外工程项目管理模式

工程项目具有一定的特殊性质,其建设周期较长,易受外界环境的影响,规模较大,其中的利益相关者也较多,而且存在一定的风险。为充分考虑每个工程项目的具体特点以及所处的不同环境,有效规避可能产生的风险因素,工程项目的管理过程可采取不同的项目管理模式,从而使得建设目标最终得以实现。自工程项目管理模式发展至今,国内外的建筑行业市场中存在很多种项目管理模式,其中不乏一些较为成熟的、拥有先进管理经验的模式,但每一种管理模式必然存在一定的优势和不足之处。

国内外建筑市场中传统的工程项目管理模式历史悠久,也为建筑工程的施工管理作出了一定的贡献。在工程项目立项之前,业主将一切工作委托给相关的咨询师,由他们去做立项之前具体的准备及评估工作,之后选择合适的设计方对该工程项目进行相关的设计,之后便通过招投标的方式选择合适的承包商承包该工程项目的施工与管理工作。在此过程中,负责该工程项目管理工作的主要人员就是建筑方或者业主所委托的相关咨询方。这样的工程项目管理模式存在的时间较长,因此工程参与各方对工程的每个管理环节与施工环节相对熟悉,并且可以掌控整个工程项目的设计工作,对工程项目的预算能有一定的把握度。该工程项目管理模式适用于在工程项目招投标之前已经完成了基本设计工作且不再做出重大改变的工程项目,因此它存在一定的局限性和不足之处,诸如该种工程项目管理模式实施的前提条件就是工程项目在施工过程中不会发生重大的改变,一旦发生工程变更,资金投入的比例会大幅增加,风险系数也不可避免地增加。再者,由于该种项目管理模式欠缺一定的科学性、合理性,因此整个项目管理周期长、投入多。这些都是造成工程项目不能顺利完成、投产使用,并达到一定经济效益的制约因素。

由此可见,不同的工程项目管理模式适用于不同的工程项目,并且均存在一定的优势与不足之处。为更好地研究工程项目管理模式,使其能够在不同的工程项目中得以改进与优化,并发挥自己独特的优势作用,本章节以下内容将对目前国内外常见的几种工程项目管理模式进行详细的对比分析。

1.5.1 DBB(Design-Bid-Build)模式

DBB模式是在国内外建筑市场上流行较久的一种项目管理模式,也就是设计—招标—建造模式。在这种模式中,业主将工程项目大致分为两个阶段进行。第一阶段是项目前期阶段,包括项目的可行性研究、评估、前期阶段的设计以及通过招投标选择合适的承包商等,这些工作由业主委托的专门的咨询工程师进行。第二阶段,通过由第一阶段选择出的承包商负责工程项目的施工及管理工作,包括材料及设备的采购,分包商及供应商的选择等,在此过程中,项目的实施严格遵循先设计、后招标、最后建造的顺序与原则。这种模式的各方关系如图 1-4 所示。

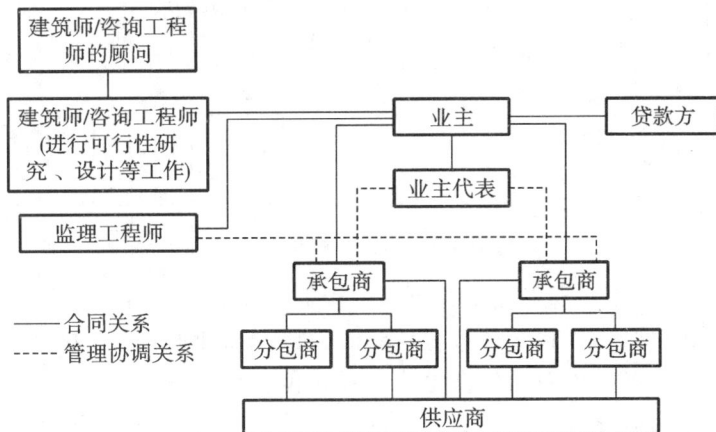

图 1-4　DBB 模式

首先,DBB 模式的优点在于它是一个较为成熟的工程项目管理模式,在该模式中,业主对于咨询方与承包方的选择可控程度较大,可以依据自己的要求及工程项目的需求选择合适的、具有一定专业技术水平与管理经验的组织或个人。其次,业主对项目掌控度的增加就降低了风险发生的可能性,有利于业主对资金、设备、人员等资源进行合理协调与配置。但是任何一种项目管理模式都存在一定的不足之处,DBB 模式的缺点就在于,业主亲自参与咨询方、施工方与管理方的选择过程,并亲自与他们签订合同,会导致项目的前期管理过于复杂,投入成本较高;再者,万一出现工程变更或者工程事故等问题,容易因为协调或者沟通交流的原因出现纷争,给业主带来麻烦。但 DBB 模式的运行与发展,给后续新型的工程项目管理模式的出现奠定了一定的基础,例如国内目前使用最多的招投标管理、合同管理、项目法人责任制等都是依据此模式延伸发展而来的。

1.5.2　DB(Design-Build)模式

DB 模式,即设计—建造模式,是国内外建筑工程项目管理过程中常用的项目管理模式之一,这种工程项目管理模式在国内也被称为建筑施工总承包管理模式。所谓 DB 模式,就是指在工程项目确立初期,业主通过招投标的方式,按照施工原则及要求确定符合资质的承包商承包此项工程,并签订合同,按照合同要求,该承包商对整个工程项目的设计、施工以及管理负全部责任。现实中,多数承包商承包工程后根据项目特点及企业自身的能力,将工程的不同部分分别承包给不同的分包公司。这就构成了整个 DB 工程项目管理模式。在设计—建造模式过程中,业主与总承包商之间相互协调、相互配合,完成对整个工程项目的设计、施工及管理过程,缩短了交流时间,同时提升了交流效率。其合同关系如图 1-5 所示。

设计—建造模式的优缺点如下。

1. 优点

① 责任具体化,提升了工程项目管理的效率。由该种项目管理模式的特点所决定,总承包商是

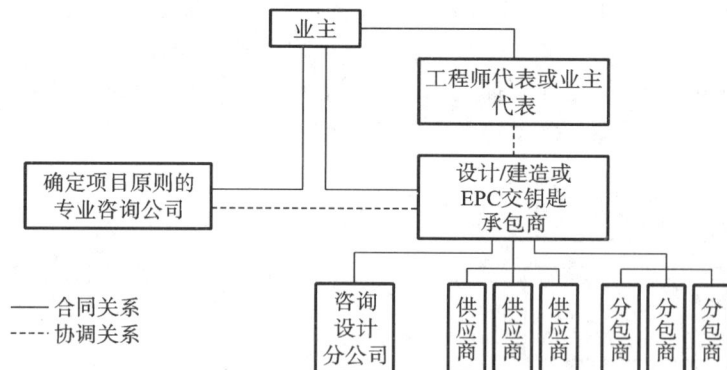

图 1-5　设计—建造模式

本项目的直接负责人,因此,当出现责任事故或者工程需要变更等事件的时候,业主直接与总承包商进行沟通与交流,这样既降低了项目管理过程中交流、协调的时间和费用,同时也提升了管理的效率。承包商能够直接、迅速采取相应的对策以满足业主对工程项目的需求。

②　有效降低工程总成本费用。整个工程项目由总承包商负责,有利于加强对施工进度的控制,缩短工期,因此成本可以得到有效控制。这一点,从国内外有关的调研数据中就可以了解到,设计—建造模式的成本要比其他工程项目管理模式的成本低百分之十左右。

③　施工任务划分详细,工作效率提升。因为在本项目管理模式中,总承包商根据工程的施工特点将不同的部分承包给了具有不同资质或者施工水平的分包商,以便让他们能够承包各自工作的强项部分,这样做能够使施工任务划分得更加详细,也就能够有效提升工作效率。与此同时,各个部分责任分明,按照合同约定的内容既独立又有一定联系地施工,避免了管理环节上的烦琐。

2. 缺点

①　建筑质量受总承包商水平影响较大。建筑工程项目是由总承包商负责进行设计、施工以及管理工作的,因此,总承包商的水平很容易影响整个建筑工程的质量。如果业主在招标过程中对承包商资质选择不当,则容易对工程项目的质量以及成本造成一定的风险。

②　在 DB 模式中,业主对项目缺乏控制能力,主要是由承包商掌控设计、施工以及管理的过程。

③　建设周期较长,前期投入高。在 DB 模式中,所有的建设程序按照设计、施工、管理的流程进行,经历的建设周期较长,业主前期投入的费用较多。

1.5.3　EPC(Engineering-Procurement-Construction)模式

EPC 模式,即设计—采购—建设模式,是指业主选择一家工程项目公司并与其签订合同,该工程项目公司按照与业主的合同约定对该工程项目进行设计、采购与建设全过程的承包活动。其中,业主与工程项目公司签订的合同中规定了整个工程项目的总价及质量等要求。该工程项目公司依照约定对项目设计、采购及建设过程中的质量、成本、进度与安全进行有效控制,直至该项目完成。

1. 设计、采购、建设(EPC)的工作范围

①　设计(engineer):除包括设计计算书和图纸外,还包括根据"业主的要求"列明的设计工作,即项目可行性研究,配套公用工程设计,辅助工程设施的设计以及结构、建筑设计等。

②　采购(procure):包括获得项目或施工期的融资,购买土地,购买包括在工艺设计中的各类工艺、专利产品以及设备和材料等。

③ 建设(construct)：一般包括全面的项目施工管理，如施工方法、安全管理、费用控制、进度管理，以及设备安装调试、工作协调等。

2. EPC 模式的基本特征

(1) 总承包商责任制与风险制

在 EPC 模式中，按照与业主的合同约定，项目的总承包商参与工程项目的设计、采购及建设的全过程，并且负全部责任，同时，项目的总承包商将不同的部分项目发包给分包商，也就对分包商的施工质量、成本、安全等负责。在项目承担的风险方面，因为项目的总承包商是项目的总负责人，因此承担主要风险责任，包括设计风险、经济风险、项目变更风险及合同纠纷风险等。

(2) 工程项目管理工作的灵活性

在 EPC 模式中，业主将项目全部工作交给总承包商，就由总承包商对项目的进度计划、施工技术、管理等工作进行自主规划与安排，而业主只需要及时掌握工程进度及施工质量等状况即可，这体现了 EPC 模式中业主与总承包商工作的灵活性。

(3) 工程项目管理工作中过程控制与事后监督模式双重启用

工程项目管理工作中过程控制与事后监督模式双重启用，确保建设目标的顺利完成。其中，过程控制指的是业主通过委托专业的监理咨询单位，对工程施工过程中的每一个环节做到严格的监督、检查，确保工程的进度、质量、安全等；事后监督则指的是业主在工程项目竣工的时候根据相关质量规范体系、合同约定及图纸等对已经完工的工程项目进行验收，对不合格的部分有权对承包单位提出整改意见。

3. EPC 模式的成本控制

(1) 招标控制

业主委托专门的咨询机构针对工程项目的要求及特点编制招标文件，在招标过程中，承包商为在竞争中获胜，取得项目的建造权，就会在保证项目质量的前提下，尽可能科学、合理地配置资源，优化管理手段，从而达到降低项目成本的目的。因此，通过招投标控制项目成本，可以提升建筑产品质量，优化建筑施工管理手段，以此实现提高项目经济效益的目标。

(2) 合同控制

工程项目建设签订的施工合同，是约束承包者行为，控制项目成本的又一有效手段。签订施工合同，可以将责任明确化，降低纠纷等风险因素发生的可能性。同时，合同中对施工进度及造价均有明确指示，因此，它既可以保障工程项目的顺利实施，又可以维护合同双方的合法利益，有效地控制项目的成本投入。

(3) 工程变更过程中的造价控制

工程变更对于工程项目的建设与实施来说是普遍存在的现象，原因有多种：由于外界施工环境的改变，需要对施工方案或者计划进行更改；施工图纸或者设计有错误，要根据业主需求进行更改；合同目标出现问题，需要及时进行整改等。在实行工程变更的过程中，要严格控制其流程与内容，才能够做到有效地控制成本投入。例如，承包者在面对工程变更程序的时候，要严格审查工程变更的内容，并事先确认好工程变更部分的造价，然后再进行相应的施工工作。这样做的优势就在于施工过程中能够按照事先做好的预算，及时调整施工手段，科学、合理地配置各种资源，最终将成本控制在预算之内。

4. EPC 模式的优点

① 总承包商工作可发挥空间大。在 EPC 模式中，业主委托总承包商对工程项目进行全过程的

管理,而自己只负责整体调控,因此,总承包商的工作自由空间较大,可以充分发挥自身的技术水平,应用丰富的施工管理经验,以协助业主以最优的方式实现项目的最终目标。

② 责任明确化。在EPC模式中,业主与总承包商签订定向合同,因此两者的工作范围与工作责任都明确化了,这有利于工程项目的施工与管理,避免因为责任划分而出现经济或其他纠纷,影响项目经济效益及社会效益的实现。

③ 合同总价确定。合同总价的确定有利于合同双方对工程项目的成本投入及施工进度进行有效的管理与控制。

5. EPC模式的缺点

① 在EPC模式中,总承包商对项目的全过程进行管理与控制,业主只针对工程项目的整体进行调控,因此,业主对工程的具体施工管理过程参与程度较低,不能及时掌握工程的最新状态。一旦工程项目出现变更或者事故,业主不容易掌握主动权或不具备及时处理的能力。

② 总承包商的风险增加。项目由总承包商与业主签订合同,总承包商全权控制进度,一旦出现质量、成本、进度或安全方面的事故,由其负全部责任,这就加大了总承包商所面临的风险。

1.5.4 PMC(Project-Management-Contractor)模式

PMC模式,即项目管理承包模式。它指的是业主将工程项目交给项目管理承包者,由承包者负责项目从构思、立项、招投标到施工,以及项目设计与采购的全过程管理,但承包者不参与工程项目设计、采购等阶段的具体工作。PMC模式最大的特点在于它掌控工程项目的整体规划,并与业主的目标和利益保持高度一致。

随着物质生活水平的提升,人们对建筑产品的外观、质量、安全等方面的要求也越来越高,相应地,对项目管理水平也有了更高的要求。由于建筑项目大多周期长,涉及一定的技术水平和管理水平,受到外界环境的限制,因此对于项目承包者来说,技术与经验就格外重要。良好的技术水平与丰富的经验能够协助业主对工程项目进行全方位的规划与管理工作,例如,在保证质量的前提下,科学、合理地缩短工期,降低工程成本;协助业主对工程项目的质量、进度、安全等方面进行有效控制;对参与工程项目的团队、供应商等进行管理,使其能够统一服务于项目。

近年来,国际建设项目在建设管理与实践方面有了较大的变化,总承包已不是从项目可研批准开始直到考核、验收,而是分成两个阶段来进行,第一阶段叫作定义阶段,第二阶段叫作执行阶段。在这两个阶段里,业主委托一家工程公司对项目进行全面的管理,即"项目管理承包商"。第一阶段,项目管理承包商要负责组织或完成基础设计,确定所有技术方案、专业设计方案,确定设备、材料的规格与数量,做出相当准确的估算(±10%),并编制出工程设计、采购和建设的招标书,最终确定工程中各个项目的总承包商(EPC或EP+C)。第二阶段,由中标的总承包商负责执行详细设计、采购和建设工作。在这个阶段里,项目管理承包商要替业主担负起全部项目的管理协调和监理责任,直到项目完成。在各个阶段,项目管理承包商应及时向业主报告工作,业主则派出少量人员对项目管理承包商的工作进行监督和检查。

PMC模式的优点和缺点如下。

1. 优点

① 项目管理承包商经验丰富,管理水平较高,有助于协助业主实现建筑工程项目目标。由PMC模式特点决定,业主大多选择具有先进技术及管理水平、丰富工作经验的项目承包公司参与工程项目的施工与管理,利用其专业及管理技能,对工程项目实行整体性组织与协调,从而实现建筑工程项目

目标。

② PMC 模式能够有效优化项目组织管理结构。在 PMC 模式中,由项目管理承包商掌控着工程项目的整体规划,因此不会出现众多分包商、供应商共同参与建设施工管理过程的情况,而整个项目由业主与项目管理承包商直接沟通与交流,相应的工程项目组织结构也由项目管理承包商设立,这样的组织结构模式有效地简化了业主与承包商之间的关系,从而优化了项目组织管理机构。

③ PMC 模式能够有效降低成本,节约投资。在 PMC 模式中,项目管理承包商与业主的目标和利益保持高度一致,因此从项目的立项开始,到项目的施工直至投产运营,都能够帮助业主有效节约资金,同时在确保建筑产品质量的前提下,尽可能缩短工期,降低生产成本。

2. 缺点

由于 PMC 模式中项目管理承包商对工程项目有控制主动权,因此,对于业主来说,如何选择一个合适的项目管理承包商,是实现工程项目目标的关键之处,这就增加了业主的风险。与此同时,项目从立项开始就交由项目管理承包商全权负责,因此,业主在实际项目参与程度上有所下降,一旦工程有任何变更或者风险,业主不能及时掌握情况,这也增加了业主面对风险的可能性。

由于当今工程项目趋于复杂化,越来越多的政府或地区开始推行 PMC 模式。PMC 模式的引入能够有效解决复杂工程项目中的施工技术与管理问题,还能够帮助业主简化投资、融资渠道,确保该项工程项目的实施和建筑目标的实现。与此同时,PMC 模式的引入与优化改革,还能够帮助政府或地区提升自身的建筑工程管理水平,提升项目的经济效益与社会效益。

1.5.5　CM(Construction-Management)模式

CM 模式,即建筑工程管理方式,又称"边设计、边施工"方式或快速轨道方式。CM 模式是由业主委托 CM 单位以一个承包商的身份,采取有条件的"边设计、边施工"的生产组织方式来进行施工管理,直接指挥施工活动,在一定程度上影响设计活动,而 CM 单位与业主的合同通常采用"成本+利润"的承发包模式。此方式通过施工管理商来协调设计和施工的矛盾,使决策公开化。施工管理商早期介入工程项目,工程项目通过快速路径法,可以做到提前施工、提前竣工。CM 模式的特点:由业主和业主委托的工程项目经理与工程师组成一个联合小组,共同负责组织和管理工程的规划、设计和施工,完成一部分分项(单项)工程设计后,即对该部分进行招标,发包给一家承包商(无总承包商),由业主直接按每个分项工程与承包商分别签订承包合同。这种模式的优点是缩短工程从规划、设计、施工到交付使用的周期,节约建设投资,减少投资风险,业主可以较早获得效益。其缺点是分项招标导致承包费高,因此要做好分析比较,认真研究分项工程的数量,选定最优结合点。这是近年在国外广泛流行的一种合同管理模式,这种模式打破了过去那种设计图纸全部完成之后才进行招标的连续建设生产模式。连续建设发包方式与阶段发包方式的比较如图 1-6 所示。

CM 模式的两种实现形式如图 1-7 所示。

第一种形式为代理型建筑工程管理(Agency CM)方式。在这种方式下,CM 经理是业主的咨询和代理,业主和 CM 经理的服务合同规定费用是固定酬金加管理费。业主在各施工阶段和承包商签订工程施工合同。

第二种形式为风险型建筑工程管理(At-Risk CM)方式。采用这种形式,CM 经理同时也担任施工总承包商的角色,一般业主要求 CM 经理提出保证最大工程费用(GMP,Guaranteed Maximum Price),以保证业主的投资控制,如最后结算超过 GMP,则由 CM 公司赔偿;如最后结算低于 GMP,则节约的投资归业主所有,但 CM 公司由于额外承担了保证施工成本风险,因而能够得到额外的

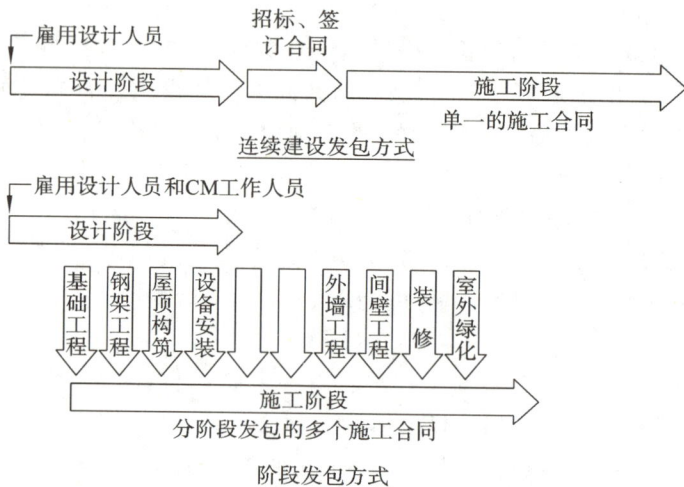

图 1-6 连续建设发包方式和阶段发包方式对比图

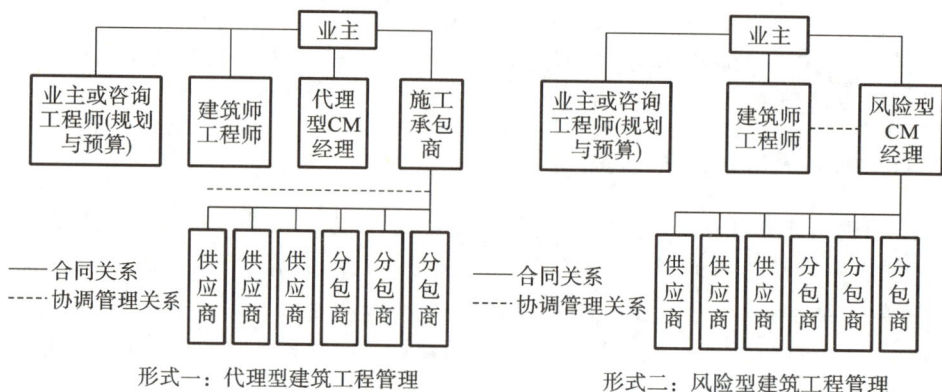

图 1-7 CM 模式的两种实现形式

收入。

CM 模式的优点和缺点如下。

1. 优点

① 有效缩短工期。由 CM 模式的特点所决定,工程项目的设计阶段与施工阶段联系的紧密程度提升,两者之间衔接环节处理得当,因此有效地缩短了建设工期。

② 交流效率得到明显改善。传统的工程项目管理过程中往往因为设计方与施工方之间的沟通与交流出现问题而引起工期延误,在 CM 模式中,工程项目只有一个组织或个人负主要责任,因此提升了业主与施工方沟通交流的效率,从而提升了整个工程项目的工作效率。

③ 建设工程工作效率高。工程项目在前期阶段就交由具有专业工作经验的组织或个人对项目进行负责,使得该工程项目减少了很多不必要的施工或管理环节,同时,当建设工程项目在面对突发状况时,有经验的组织或个人能够迅速做出有效反应,降低了风险的发生概率,同时提升了工作效率。

④ 业主与承包者共同决定分包人的选择,因此具有一定的先进性与明智性。

⑤ 设计与施工环节相搭接,能够促使项目在先进的施工工艺与技术水平的利用上更加合理化,保障了工程项目的质量。

2. 缺点

① 对项目经理或者组织的要求较高。因为在项目前期就要确定由具有一定工作经验的组织或者个人来对本项目负责,因此,对项目经理或者主要负责组织无论从专业知识还是团队协作能力或者是经验都有较高的要求。

② 业主所承担的风险大。在 CM 模式中,对于工程项目费用的估算并不能特别准确,因此这就需要业主对工程项目的掌控程度特别高,若出现沟通方面的问题,则极其容易影响到工程的整体进度,进而增加成本的投入。

1.5.6 BOT(Build-Operate-Transfer)模式

BOT 模式,就是人们所说的建造—运营—移交模式,相对于其他的工程项目管理模式来说,这是一种较为新颖、具有独特优势的项目管理模式。BOT 模式,就是指国家将工程项目对外开放,把建设的权利交给某项目公司或者投资人,然后由该项目公司或者投资人负责该工程项目的融资、组织、建设、投产以及运营,最终,再将该项目交由项目的发起方。它是一种融资和建造的项目管理模式,其新颖之处在于该项目公司或者投资人自己负责项目的全部资金,然后通过项目的投产运营所获取的利润偿还贷款,最终再将项目无偿或以名义价格交给项目的发起方。在这里,项目的发起方一般指的是政府部门,如图 1-8 所示。

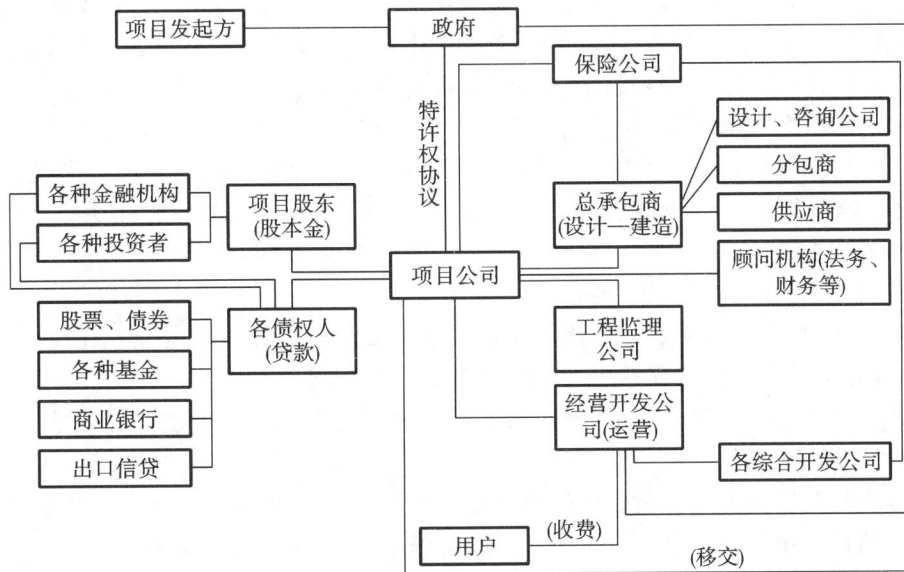

图 1-8 BOT 模式典型结构框架

BOT 模式的优缺点如下。

1. 优点

① 在 BOT 模式中,政府是项目的发起者,因此项目从立项到建立是获得了政府许可与支持的,在此优势条件之下,有可能获得更多的资金及政策方面的支持,从而拓宽项目的融资渠道。

② 减轻政府承担债务的负担与风险。由于在 BOT 模式中,项目的融资与债务的承担和偿还均是某项目公司或者投资人这样的私营机构,因此政府偿还债务的负担得以减轻,同时,它所承担的风险自然降低。

③ 吸引外国资金注入,弥补本国资金不足的状况。

④ 项目施工及管理技术得以提高。在 BOT 模式中,由外国项目管理公司承担工程项目建设的概率较大,因此可以引进国外先进的施工技术水平与管理水平,为本国工程项目的发展提供一定的借鉴经验,同时也促使国内外的项目公司进行更好的经验交流与经济合作。

2. 缺点

① 政府对工程项目的掌控力下降。在 BOT 模式中,项目全部交由项目公司或者投资人这样的私营机构进行项目的融资、组建与运营,政府对于项目的掌控力下降,不能直接参与项目的建设与经营过程。

② 项目融资成本高且参与方关系复杂。由于在 BOT 模式中,政府将工程项目对外开放,因此可能会导致最终参与该项目的相关者较多,关系较复杂,不便于统一管理与掌控。同时,项目前期准备时间较长,投入成本较高。

③ 由于该模式中项目多由国外的项目公司承担,因此,在项目建成之后,可能会造成税收及外汇的流失,这也增加了政府承担的相关利率与汇率之间的风险。

1.5.7 代建制项目管理模式

代建制是指政府通过招标的方式,选择专业的项目管理单位(以下简称代建单位)负责项目的投资管理和建设组织实施工作,项目建成后交付使用单位的制度。代建期间,代建单位按照合同约定代行项目建设的投资主体职责,有关行政部门对实行代建制的建设项目的审批程序不变。在国外,代建制的起源是美国的 CM 模式,其为项目业主提供工程管理的服务。

代建制试点中的"代建合同"有如下几种模式。

① "委托代理合同"模式。这种模式是上海、广州、海南的代建制试点采用的模式。在政府投资主管部门下设具有法人资格的建设工程项目法人,或者指定一个部门作为项目业主,由项目法人(或项目业主)采用招投标方式选定一个工程管理公司作为代建单位,再由项目法人(或项目业主)作为委托方,与代建单位(受托方)签订代建合同。

"委托代理合同"模式的实质是委托代建单位对项目工程建设施工进行专业化组织管理,并代理委托方采用招标方式签订建设工程承包、监理、设备采购等合同。

特点:项目建成后的使用单位不是"合同当事人";项目投资资金的管理权仍然掌握在投资人(项目法人、项目业主)的手中。

优点:可以实现防止公共工程招标中的腐败行为和对公共工程建设进行专业化管理的政策目的(对于项目工程的使用单位或者管理单位尚不存在的情形,适于采用此模式)。

缺点:

a. 相当于政府投资主管部门作为建设单位"包揽"项目工程建设,然后将项目工程"分配"(划拨)给使用单位,将"政府投资"变成了"公房分配",不符合改革政府投资体制的政策目的;

b. 使用单位不是"合同当事人",难以发挥使用单位的积极性,甚至可能出现使用单位不予协助、配合的情况,增加工程建设中的困难。

② "指定代理合同"模式。该模式是重庆、宁波、厦门和贵州代建制试点采用的模式。政府投资主管部门采用招投标方式选定一个项目管理公司作为代建单位,由作为代理人的该代建单位与作为被代理人的使用单位签订代建合同。

"指定代理合同"模式的实质是政府投资主管部门指定代建单位作为使用单位的代理人,对项目工程建设施工进行专业化组织管理,并代理使用单位采用招标方式签订建设工程承包、监理、设备采购等合同。

特点:投资人(政府投资主管部门)不是合同当事人,投资和资金的管理权掌握在使用单位手中。

优点:可以实现防止公共工程招标中的腐败行为和对公共工程建设进行专业化管理的政策目的。

缺点:

a. 投资和资金的管理权仍然掌握在使用单位手中,实际上并未对现行投资体制进行任何改革;

b. 投资人(政府投资主管部门)不是"合同当事人",政府投资主管部门在选定代建单位后,实际上不可能对项目投资资金的运用和工程建设施工进行有效监督。

③ "三方代建合同"模式。该模式是北京、武汉、浙江代建制试点采用的模式,政府投资管理部门与代建单位、使用单位签订"三方代建合同"。

北京市是由发改委(投资人)选定代建单位,并与代建单位、使用单位签订"三方代建合同";武汉市是由政府指定的责任单位(投资人)选定代建单位,并与代建单位、使用单位签订"三方代建合同";浙江省是由政府投资综合管理部门(投资人)选定代建单位,并与代建单位、使用单位签订"三方代建合同"。

"三方代建合同"除规定代建单位的权利、义务和责任外,还明确规定的内容如下。a. 政府主管部门的权限和义务:对代建单位(受托人)的监督权、知情权;提供建设资金的义务。b. 使用单位的权利和义务:对代建单位(代理人)的监督权、知情权,对所建设完成的工程和采购设备的所有权;协助义务、自筹资金供给义务。

优点:可以发挥三方当事人的积极性,实现三方当事人的相互制约;可以防止公共工程招标中的腐败行为,实现对公共工程建设施工和项目投资资金的专业化管理,保证工程质量和投资计划的执行,实现政府投资体制改革的政策目的。

缺点:

a. 设计的"可施工性"较差,设计时很少考虑施工采用的技术、方法、工艺和降低成本的措施,并且施工阶段的设计变更多,导致施工效率降低,进度拖延,费用增加,不利于业主的投资控制及合同管理;

b. 设计单位与承包商之间相互推诿责任,使业主利益受到损害;

c. 建设周期长,按设计—招标—施工的建设方式循序渐进,业主在施工图设计全部完成后组织整个项目的施工发包,中标的总承包商再组织进场施工。

代建制最早出现在政府投资项目中,特别是公益性项目。针对财政性投资、融资社会事业建设工程项目法人缺位,建设项目管理中"建设、监管、使用"多位一体的缺陷,导致建设管理水平低下、腐败严重等问题,通过招标和直接委托等方式,将一些基础设施和社会公益性的政府投资项目委托给一些具有实力和工程管理能力的专业公司实施建设,而业主则不从事具体项目建设管理工作。业主与项目管理公司或工程咨询公司通过管理服务合同来明确双方的责任、权利、利益。

1.5.8　PFI(Private-Finance-Initiative)模式

PFI 模式指的就是私人融资模式。它是在国家或地方政府的相关政策支持下,将工程项目开放化,使得私人组织或个人参与到工程项目或者基础设施的建设过程中,也就是工程项目的民营化趋势。从某种程度上来看,它是 BOT 模式的延伸与优化。也可以将 PFI 模式看作政府与私人组织的合作管理模式,私人组织在政府政策、资金的支持与允许下,签订一个具有时间期限的合同,在合同期内,私人组织承担建筑工程项目的施工、管理以及建筑产品的运营工作,合同期结束之后,政府买回该建筑产品,或者共同运营该建筑产品,或者该私人组织将建筑产品归还给政府,这就将原本属于国家或政府的责任转移给私人组织。该模式最大的特点就是打破了基础设施等建筑产品由政府单方负责的情况,改为合作模式。

1. PFI 模式的特点

虽然 PFI 模式与 BOT 模式具有很大程度上的相似性,属于 BOT 模式的改进与优化,但是它相对于 BOT 模式来说是一种全新、独立的私人融资模式,代表着工程项目管理模式的又一改变。PFI 模式与 BOT 模式相比主要有以下几个特点。

(1)工程项目主体私人化

在 BOT 模式中,承担项目建设的主体既有国内的建筑公司,也有国外的建筑公司,而 PFI 模式进一步将工程项目主体私人化,大多是国内的私人组织承担工程项目的建设与运营。

(2)项目管理方式全面化

在 PFI 模式中,工程项目建设方案是由政府与承担该项目的私人组织协调决定的,而在 BOT 模式中,先由政府决定工程项目的建设方案,再交由承担该项目的组织进行实施规划与管理工作。

(3)项目后期运营方式灵活化

BOT 模式规定在工程项目合同期满后,项目承担者要将项目归还给政府部门。而在 PFI 模式中,在合同期满后,承担该项目的私人组织所获取的经济利益未能达到之前的约定,则可以继续拥有该项目的运营权利。

2. PFI 模式的优势

PFI 模式作为一种新型的融资项目管理模式,在某种程度上弥补了传统项目管理模式的不足,提升了政府的融资效率,在拓宽了资金渠道的同时,提升了项目的管理水平,降低了项目的资源消耗与成本投入。下面就 PFI 模式的优势所在进行具体的分析。

① 拓宽资金渠道。在 PFI 模式中,项目承担者私人化,多数为国内的民营企业或者民营组织。伴随我国经济体制的深化改革与发展,民营企业在经济市场中得以迅速发展与壮大,并存在大量的闲置资本等。充足的民营资本保障了工程项目的顺利实施,同时也能够降低政府资金不足或者融资的压力。

② 降低投资成本,提升建设效率。在 PFI 模式中,政府部门与承担项目的私人组织签订一定的合同,由该私人组织负责项目的施工及运营全过程,此过程同样包括对项目投资成本的控制,这就降低了政府部门在项目管理过程中投入资本的压力。与此同时,私人组织通过竞争,依赖于自身优秀的施工技术、先进的管理经验等,最终获取工程项目的施工与运营权利,很大程度上提升了工程项目的建设效率。

③ 应用范围扩大。PFI 模式不仅仅适用于普通的政府基础设施的建设,同样可以用于一般性的工程项目建设,这就扩大了 PFI 模式的应用范围。

④ 政府承担的风险降低。在 PFI 模式中,由私人组织对项目的全过程负责,这在很大程度上降低了政府承担的经济风险、项目设计风险、工程变更风险、合同风险、施工管理纠纷风险等。风险责任的转移使得政府部门的压力降低。

1.5.9 工程项目管理模式的发展趋势

传统的工程项目管理模式到如今新型的项目管理模式的发展,代表着科学技术水平与管理手段的进步,同时也代表着人们与社会对建筑产品的要求越来越高。新型项目管理模式是传统项目管理模式的延伸与优化,只有跟随市场的不断变化调整自身的管理模式,项目承担者才能够在建筑市场中站稳脚跟,发挥自己独特的优势,保持一定的核心竞争能力。从传统工程项目管理模式到新型工程项目管理模式的发展来看,可以总结出新型模式具有以下几个特点。

1. 责任趋于明确化

随着科学技术水平与管理手段的优化,工程项目的组织管理机构逐渐得以清晰、简化,同时,责任也趋于明确化。建设工程项目是一个复杂的过程,不仅涉及经济、政策、人员,还涉及外界环境等,其参与方也包括业主、承包商、咨询师、设计师、分包商、供应商等,工程的每一个环节都需要这些参与方的积极协调与配合,科学、合理地划分职责,明确责任,才能够确保工程项目保质、按时完工并投入使用。

2. 承包者专业水平需求高

在新型的工程项目管理模式中,业主大多将项目全权委托给专门的项目管理组织或公司,在市场竞争模式之下,项目管理公司为获取工程项目只能不断地提升自身的技术水平与管理水平。同时,业主也更加青睐于那些具有先进施工技术水平和丰富管理经验的项目管理公司,以降低工程项目风险发生的可能性,这就对建筑市场中项目管理组织或公司提出了更高的要求。总的来说,专业性、先进性是业主选择工程项目管理公司最重要的标准。

3. 工程项目管理趋于全过程化

传统的工程项目管理模式大多将工程分为几个阶段,由不同的分包商承担项目的建设及管理责任;在新型的工程项目管理模式中,依靠全过程与全方位的管理手段,能更有效地实现工程目标。

1.6 工程项目风险管理与工程保险

1.6.1 工程项目风险管理概述

1. 工程项目风险

工程项目风险是指在可行性研究设计、施工等各个阶段可能出现的影响项目目标实现的不确定因素。这些风险所涉及的当事人主要是工程项目的业主/项目法人、工程承包商和工程咨询人/设计人/监理人。

1) 业主/项目法人的风险

工程项目业主/项目法人通常遇到的风险可归纳为项目组织实施风险、经济风险和自然风险。前两种属于人为风险。

(1) 项目组织实施风险

这类风险可能起因于下列诸方面:

① 政府或主管部门对工程项目干预太多,瞎指挥;

② 建设体制或法规不合理;

③ 合同条件有缺陷;

④ 承包商缺乏合作诚意;

⑤ 材料、工程设备供应商履约不力或违约;

⑥ 监理工程师失职;

⑦ 设计缺陷等。

（2）经济风险

此类风险主要产生于下列原因：

① 宏观经济形势不利，如整个国家的经济不景气；

② 投资环境差，工程投资环境包括硬环境（如交通、通信等条件）和软环境（如地方政府对工程开发建设的态度等）；

③ 市场物价不正常上涨，如建筑材料价格极不稳定；

④ 通货膨胀幅度过大；

⑤ 投资回报期长，属长线工程，预期投资回报难以实现；

⑥ 基础设施落后，如施工电力供应困难，对外交通条件差等；

⑦ 资金筹措困难等。

（3）自然风险

其通常由下列原因引起：

① 恶劣的自然条件，如洪水、泥石流等均直接威胁着工程项目；

② 恶劣的气候条件，如严寒无法施工，台风、暴雨都会给施工带来困难或损失；

③ 恶劣的现场条件，如施工用水用电供应的不稳定性，对工程不利的地质条件等；

④ 不利的地理位置，如工程地点十分偏僻，交通十分不便利等。

2）承包商的风险

承包商是业主的合作者，但在各自的利益上又是对立的双方，即双方既有共同利益，各自又有风险。承包商的行为对业主构成风险，业主的举动也会对承包商的利益构成威胁，承包商的风险大致可分为以下几方面。

（1）决策错误的风险

承包商在工程实施过程中需要进行一系列的决策，这些决策无不潜伏着各种各样的风险，包括以下各项。

① 信息取舍失误或信息失真的风险。因信息的失真，承包商决策失误的可能性很大。

② 中介与代理的风险。中介人通常不让交易双方直接见面。在工程承包过程中，缺乏经验的承包商受中介人骗的案例不少。选择不当的代理人或代理协议不当给承包商造成较大损失的例子也不罕见。

③ 投标的风险。投标是取得工程承包权的重要途径，但当承包商不能中标时，其在投标过程中产生的费用是无法得到补偿的。

④ 报价失误的风险。报价过高，面临着不能中标的风险；报价过低，则又面临着利润低，甚至亏本的风险。

（2）缔约和履约的风险

缔约和履约潜伏的风险主要表现在以下几方面。

① 合同条件不平等或存在对承包商不利的缺陷。如：不平等条款；合同中定义不准确，条款遗漏或合同条款对工程条件的描述和实际情况差距很大。

② 对施工管理技术不熟悉。例如，承包商不掌握施工网络计划新技术，对工程进度心中无数，不能保证整个工程的进度。

③ 合同管理不善。合同管理是承包商赢得利润的关键手段，承包商要利用合同条款保护自己，

增加收益。想要做到这一点,则势必面临较大的风险。

④ 资源组织和管理不当。这里的资源包括劳动力、建筑材料和施工机械等。对承包商而言,合理组织资源供应是保证施工顺利进行的条件。若资源组织和管理不当,就存在着遭受重大损失的可能。

⑤ 成本和财务管理失控。承包商施工成本失控的原因是多方面的,包括报价过低或费用估算失误、工程规模过大和内容过于复杂、技术难度大、当地基础设施落后、劳务素质差和劳务费过高、材料短缺或供货延误等。财务管理风险更大,一旦失控,常会给公司造成巨大经济损失。

（3）责任风险

工程承包是一种法律行为,合同当事人负有不可推卸的法律责任。责任风险的起因可能有下列几种。

① 违约,即不执行承包合同或不完全履行承包合同。

② 故意或无意侵权。如工程质量事故,可能是粗心大意引起的,也可能是偷工减料引起的。

③ 欺骗和其他错误。

3）咨询/设计/监理的风险

同业主、承包商一样,咨询/设计/监理在工程项目实施和管理中也面临着各种风险,归纳起来,源于下列三方面。

（1）来自业主/项目法人方的风险

咨询/设计/监理受业主委托,为业主提供技术服务,当然其要按技术服务合同承担相应的责任,因此承担的风险是不会少的。来自业主方面的风险主要出于下列原因。

① 业主希望少花钱多办事,不遵循客观规律,对工程提出过分的要求,如对工程标准提得太高,对施工速度定得太快等。

② 可行性研究缺乏严肃性。业主上项目的主意已定后,对咨询公司做可行性研究附加种种倾向性要求。

③ 投资先天不足,咨询/设计/监理难做无米之炊。

④ 盲目干预。有些业主虽和监理签订了监理合同,明确监理在承包合同管理中的责任、权利和义务,但在实施过程中,业主随意做出决定,对监理工程师干预过多,甚至剥夺监理工程师正常履行职责的权利。

（2）来自承包商的风险

来自承包商的风险主要表现在以下方面。

① 承包商不诚实。常见的案例是承包商的报价很低,一旦中标后,在施工过程中工程变更、施工索赔接连不断。若监理工程师不答应,则以停工相要挟。

② 承包商缺乏职业道德。如质量管理方面,常见的现象是承包商还没有自检,就要求监理工程师同意进行检查或验收,当其履行合同不力或质量不合标准时,要求监理工程师网开一面,手下留情。

③ 承包商素质太差。承包商的素质太差,履约不力,甚至没有履约的诚意,或弄虚作假,对工程质量极不负责,都有可能使监理工程师蒙受责任风险。

（3）职业责任风险

咨询/设计/监理的职业责任风险一般由下列因素构成。

① 设计不充分或不完善。这显然是设计工程师的失职。

② 设计错误和疏忽。这潜藏着重大工程质量问题。

③ 投资估算和设计概算不准。这会引起业主的投资失控,咨询/设计对此当然有不可推卸的责任。

④ 自身的能力和水平不适应。咨询/设计/监理的能力和水平较低,很难完成其相应的任务,与此相伴的风险当然是不可避免的。

2. 风险管理

1) 风险管理的定义

风险管理是人类在不断追求安全与幸福的过程中,结合历史经验和近代科技成就而发展起来的一门新兴管理学科,它是组织管理功能特殊的一部分。风险存在普遍性,风险管理的涵盖面甚广,不同的学者从不同的角度提出了不尽相同的定义。英里斯蒂在《风险管理基础》一书中提出:"风险管理是企业或组织为控制偶然损失的风险,以保全获利能力和资产所做的一切努力。"威廉姆斯和汉斯在1964年出版的《风险管理与保险》第一版中提出:"风险管理是通过对风险的识别、衡量和控制,以最低的成本使风险所致的各种损失降到最低限度的管理方法。"罗森布朗在1972年出版的《风险管理案例研究》一书中提出:"风险管理是处理纯粹风险和决定最佳管理技术的一种方法。"尽管说法很多,但其内涵是基本一致的,即风险管理是研究风险发生规律和风险控制技术的一门新兴学科,各经济单位通过对风险的识别、衡量、预测和分析,采取相应对策处置风险和不确定性,力求以最小成本保障最大安全和最佳经营效能的一切活动。

总的来说,风险管理是为了达到一个组织的既定目标而对组织所承担的各种风险进行管理的系统过程。

2) 风险管理的目标

风险管理的目标是,通过有效的风险管理,在损失发生之前对经济有保证作用,而在损失发生后使得受损的经济有令人满意的复原。因此风险管理的目标在损失发生之前与之后会有不同的内容。风险管理的目标可以分为损失发生之前和损失发生之后两种,即损前目标和损后目标。

(1) 损前目标

① 经济合理目标。

要实现以最小的成本获得最大的安全保障这一总目标,在风险事故实际发生之前,就必须使整个风险管理计划、方案和措施最经济、合理。

② 安全状况目标。

安全系数目标就是将风险控制在可承受的范围内。风险管理者必须使人们意识到风险的存在,而不是隐瞒风险,这样有利于人们提高安全意识,防范风险并主动配合风险管理计划的实施。

③ 社会责任目标。

风险主体在生产经营过程中必然受到政府和主管部门有关政策和法规以及风险主体公共责任的制约。风险主体一旦遭受风险损失,在严重的情况下可能使社会蒙受其害。风险主体开展风险管理活动,避免风险对社会造成不利影响也是风险管理的目标之一。

(2) 损后目标

① 维持生存的目标。

一旦不幸发生风险事件,给企业造成了损失,损失发生后风险管理最基本、最主要的目标就是维持生存。实现这一目标,意味着通过风险管理人们有足够的抗灾救灾能力,使企业、个人、家庭乃至整个社会能够经受得住损失的打击,不至于因自然灾害或意外事故的发生而元气大伤、一蹶不振。实现维持生存目标是受灾经济单位恢复和继续发展的前提。

② 保持生产经营正常的目标。

风险事件的发生给人们带来了不同程度的损失和危害,影响正常的生产经营活动和人们的正常生活,严重者可使生产和生活瘫痪。风险管理应能保证为企业、个人、家庭等经济单位提供经济补偿,并能为恢复正常和生产生活创造必要的条件,即除了能继续生存,还有能力迅速复原。

③ 实现稳定收益的目标。

风险管理在使经济单位维持生存并迅速复原后,应通过运作促使资金回流,尽快消除损失带来的不利影响,力求收益的稳定。

④ 实现持续增长的目标。

风险管理不仅应使经济单位恢复原来的生产经营水平,而且应保证原有生产经营计划的继续实施,并实现持续的增长。

⑤ 履行社会职责。

风险损失不仅会让承担风险的经济单位受害,还会波及供货人、债权人、协作者、税务部门乃至整个社会。损失发生后的风险管理,应尽可能减轻或消除损失给各有关方面带来的不利影响,切实履行对社会应负的责任。

关于风险管理的目标还有不少见解,虽然各种说法的角度不同,但与上述内容并不矛盾,且是相互补充的。

3) 风险管理的基本程序

项目风险管理发展的一个主要标志是建立风险管理的系统过程,从系统的角度来认识和理解项目风险,从系统过程的角度来管理风险。项目风险管理过程一般由若干主要阶段组成,这些阶段不仅相互作用,而且与项目管理其他管理区域也互相影响,每个风险管理阶段的完成都可能需要项目风险管理人员的共同努力。美国项目管理协会(PMI)制定的 PMBOK(2000 版)中描述的风险管理过程包括风险管理规划、风险识别、风险定性分析、风险量化分析、风险应对设计、风险监视和控制六个部分。

3. 工程项目风险管理

(1)工程项目风险管理概念

工程项目风险管理是项目主体通过风险识别、风险估计和风险评价等来分析工程项目的风险,并以此为基础,采用多种方法和手段对项目活动涉及的风险实行有效的控制,尽量扩大风险事件的有利结果,妥善地处理风险事件造成的不利后果的全过程的总称。

(2)工程项目风险管理的重点

工程项目风险管理贯穿工程项目的整个寿命周期,而且是一个连续不断的过程,但其也有重点。

① 从时间上看,下列时间工程项目风险要特别引起关注:

a. 工程项目进展过程中出现未曾预料的新情况时;

b. 工程项目有一些特别的目标必须实现时,例如道路工程一定要在某个月月底通车;

c. 工程项目进展出现转折点或提出变更时。

② 项目无论大与小、简单与复杂,均可对其进行风险分析和风险管理,但是下面一些类型的项目或活动特别应该进行风险分析和风险管理,包括:

a. 创新或使用新技术的工程项目;

b. 投资数额大的工程项目;

c. 实行边设计、边施工、边科研的工程项目;

d. 打断目前生产经营,对目前收入影响特别大的工程项目;

e. 涉及敏感问题(环境、搬迁)的工程项目;

f. 法律、法规、安全等严格要求的工程项目;

g. 具有重要政治、经济和社会意义,对财务影响很大的工程项目;

h. 签署不平常协议(法律、保险或合同)的工程项目。

③ 对于工程建设项目,在以下阶段进行风险分析和风险管理可以获得特别好的效果。

a. 可行性研究阶段。这一阶段,项目变动的灵活性最大。这时若做出减少项目风险的变更,代价小,而且有助于选择项目的最优方案。

b. 审批阶段。此时项目业主可以通过风险分析了解项目可能会遇到的风险,并检查是否已采取所有可能的步骤来减少和管理这些风险。在定量风险分析之后,项目业主还能够知道有多大的可能性实现项目的各种目标,例如费用、时间和功能。

c. 招投标阶段。承包商可以通过风险分析明确承包中的所有风险,有助于确定应对风险的预备费数额,或者核查自己受到风险威胁的程度。

d. 招标后。项目业主通过风险分析可以查明承包商是否已经认识到项目可能会遇到的风险,是否能够按照合同要求如期完成项目。

e. 项目实施期间。定期作风险分析和切实进行风险管理可增加项目按照预算和进度计划完成的可能性。

(3) 工程项目风险管理的特点

① 尽管工程项目风险管理有一些通用的方法,如概率分析方法、模拟方法、专家咨询法等,但要研究具体项目的风险,就必须与该项目的特点相联系,包括以下各项。

a. 该项目复杂性、系统性、规模、新颖性、工艺的成熟程度等。

b. 项目的类型和项目所在领域。不同领域的项目有不同的风险,而不同的风险自身有其规律性、行业性特点。例如计算机开发项目与建筑工程项目就有截然不同的风险。

c. 项目所处的地域,如国度、环境条件。

② 风险管理需要大量地获取信息、了解情况,要对项目系统及系统的环境有十分深入的了解,并进行预测,所以不熟悉情况是不可能进行有效的风险管理的。

③ 虽然人们通过全面风险管理,在很大程度上已经将过去凭直觉、经验的管理上升到理性的全过程管理,但风险管理在很大程度上仍依赖于管理者的经验、对环境的了解程度和对项目本身的熟悉程度。在整个风险管理过程中,人的因素影响很大,如人的认知程度、人的精神、人的创造力,有的人无事忧天倾,有的人天塌下来也不怕。所以风险管理中要注重对专家经验和教训的调查分析,这不仅包括他们对风险范围、规律的认识,而且包括他们对风险的处理方法、工作程序和思维方式,并在此基础上将分析成果系统化、信息化、知识化,用于对新项目的决策支持。

④ 风险管理在项目管理中属于一种高层次的综合性管理工作。它涉及企业管理和项目管理的各个阶段和各个方面,涉及项目管理的各个子系统。所以它必须与合同管理、成本管理、工期管理、质量管理连成一体。

⑤ 风险管理的目的并不是消灭风险,在工程项目中大多数风险是不可能由项目管理者消灭或排除的,而是有准备地、理性地实施项目,尽可能地减少风险的损失并利用风险因素有利的一面。

(4) 风险管理同工程项目管理的关系

风险管理是工程项目管理的一部分,目的是保证项目总目标的实现。风险管理与项目管理的关系如下。

① 从项目的成本、时间和质量目标来看,风险管理与项目管理目标一致。只有通过风险管理降低项目的风险成本,项目的总成本才能降下来。项目风险管理把风险导致的各种不利后果降到最低限度,这正符合各项目相关方在时间和质量方面的要求。

② 从项目范围管理来看,风险管理是项目范围管理的主要内容之一,是审查项目和项目变更所必需的。一个项目之所以必要、被批准并付诸实施,无非是市场和社会对项目的产品和服务有需求。风险管理通过风险分析,对这种需求进行预测,指出市场和社会需求的可能变动范围,并计算出需求变动时项目的盈亏大小。这就为项目的财务可行性研究提供了重要依据。项目在进行过程中,各种各样的变更是不可避免的。变更会带来某些新的不确定性。风险管理正是通过风险分析来识别、估计和评价这些不确定性,向项目范围管理提出任务。

③ 从项目管理的计划职能来看,风险管理为项目计划的制订提供了依据。项目计划考虑的是未来,而未来充满着不确定因素。项目风险管理的职能之一恰恰是减少项目整个过程中的不确定性。这一工作显然对提高项目计划的准确性和可行性有极大的帮助。

④ 从项目的成本管理职能来看,项目风险管理通过风险分析,指出有哪些可能的意外费用,并估计出意外费用的多少。对于不能避免但能够接受的损失也计算出数量,列为一项成本。这就为在项目预算中列入必要的应急费用提供了重要依据,从而提高了项目成本预算的准确性和现实性,这样就能够避免因项目超支而造成项目各有关方的不安,有利于坚定人们对项目的信心。因此,风险管理是项目成本管理的一部分。没有风险管理,则项目成本管理不完整。

⑤ 从项目的实施过程来看,许多风险都在项目实施过程中由潜在变成现实。无论是机会还是威胁,都在实施中见分晓。风险管理就是在认真地分析风险的基础上,拟定各种具体的风险应对措施,以备风险事件发生时采用。项目风险管理的另一内容是对风险实行有效的控制。

(5)工程项目风险管理的作用

工程项目风险管理的作用表现在以下各个方面。

① 通过风险分析,可加深对项目的认识和理解,澄清各方案的利弊,了解风险对项目的影响,以便减少或分散风险。

② 通过检查和考虑所有到手的信息、数据和资料,可明确项目的各有关前提和假设。

③ 通过风险分析不但可提高项目各种计划的可信度,还有利于改善项目执行组织内部和外部之间的沟通。

④ 编制应急计划时更有针对性。

⑤ 能够将处理风险后果的各种方式更灵活地组合起来,在项目管理中减少被动,增加主动。

⑥ 有利于抓住机会,利用机会。

⑦ 为以后的规划和设计工作提供反馈信息,以便在规划和设计阶段采取措施防止和避免风险损失。

⑧ 风险虽难以完全避免,但通过有效的风险分析,能够明确项目到底可能承受多大损失或损害。

⑨ 为项目施工、运营选择合同形式和制订应急计划提供依据。

⑩ 通过深入的研究和对情况进行进一步了解,可以使决策更有把握,更符合项目的方针和目标,从总体上减少项目风险,保证项目目标的实现。

⑪ 可推动项目实施的组织和管理班子积累有关风险的资料和数据,以便改进将来的项目管理工作。

1.6.2　工程保险

1. 保险概述

保险是指投保人根据合同约定向保险人支付保险费,保险人对合同约定的可能发生的事故所造成的损失承担赔偿保险金责任,或者当被保险人死亡、伤残、疾病或者达到合同约定的年龄、期限时承担给付保险金责任的商业保险行为。

（1）保险标的

保险标的是保险保障的目标和实体,指保险合同双方当事人权利和义务所指向的对象,可以是财产或与财产有关的利益或责任,也可以是人的生命或身体。根据保险标的的不同,保险可以分为财产保险(包括财产损失保险、责任保险、信用保险等)和人身保险(包括人寿保险、健康保险、意外伤害保险等)两大类,而工程保险既涉及财产保险,也涉及人身保险。

（2）保险金额

保险金额是保险利益的货币价值表现,简称保额,是保险人承担赔偿或给付保险金责任的最高限额。当保险金额接近或等于财产的实际价值时,就称为足额保险或等额保险;当保险财产的保险金额小于其实际价值时,称为不足额保险;当保险金额高于保险财产的实际价值,则称为超额保险。对超额部分,保险公司不负补偿责任,即不允许被保险人通过投保获得额外利益。

（3）保险费

保险费简称保费,是投保人为转嫁风险支付给保险人的与保险责任相应的价金。投保人缴纳保费是保险合同生效和保险人承担保险责任的前提条件之一。保险费由保险金额和保险费率两个因素决定。

（4）保险责任

保险责任是保险人根据合同的规定应予承担的责任。由于保险公司对各类保险都编制了标准化的格式条款,因此保险责任可以划分为基本责任和特约责任。基本责任是指标准化的保险合同中规定,保险人承担赔偿或给付的直接和间接责任;特约责任是指标准化保险合同规定属于除外责任的范围,而需另经双方协商同意后在保险合同内特别注明承保负担的一种责任。

保险受益人投保后,并非将不可合理预见的风险全部转移给了保险人,保险合同内都有除外责任条款。除外责任属于免赔责任,指保险人不承担责任的范围。各类保险合同由于标的的差异,除外责任不尽相同,但比较一致的有以下几项:

① 投保人故意行为所造成的损失;

② 因被保险人不忠实履行约定义务所造成的损失;

③ 战争或军事行为所造成的损失;

④ 保险责任范围以外,其他原因所造成的损失。

2. 工程保险的概念

工程保险是对以工程建设过程中所涉及财产、人身和建设各方当事人之间权利义务关系为对象的保险的总称;是对建筑工程项目、安装工程项目及工程中的施工机具、设备所面临的各种风险提供的经济保障;是业主和承包商为了工程项目的顺利实施,以建设工程项目,包括建设工程本身、工程设备和施工机具以及与之有关联的人作为保险对象,向保险人支付保险费,由保险人根据合同约定对建设过程中遭受自然灾害或意外事故所造成的财产和人身伤害承担赔偿保险金责任的一种保险形式。投保人将威胁自己的工程风险通过按约缴纳保险费的办法转移给保险人(保险公司)。如果事故发生,投保人可以通过保险公司取得损失补偿,以保证自身免受或少受损失。其好处是付出少量保险费,换得遭受大量损失时得到补偿的保障,从而增强抵御风险的能力。

需要注意的是,业主和承包商投保后仍须预防灾害和事故,尽量避免和减少风险危害。工程保险并不能解决所有的风险问题,只是转移了部分重大风险可能带来的损害,业主和承包商仍然要采取各种有力措施防止事故和灾害发生,并阻止事故的扩大。

3. 工程保险的特点

工程保险属于财产保险领域,但是它与普通财产保险相比具有显著的特点,主要有以下五点。

(1)工程保险承保的风险具有特殊性

一是工程保险既承保被保险人财产损失的风险,同时还承保被保险人的责任风险;二是承保的风险标的中,大部分处于裸露环境中,其抵御风险的能力大大低于普通财产保险的标的;三是工程在施工中始终处于一种动态的过程,各种风险因素错综复杂,使风险程度加大。

(2)工程保险的保障具有综合性

工程保险的主责任范围一般由物质损失部分和第三者责任部分构成。同时,工程保险还可以针对建设项目风险的具体情况,提供运输过程中、工地外储存过程中、保证期过程中等各类风险的专门保障。

(3)工程保险的被保险人具有广泛性

由于工程建设过程中的复杂性可能涉及的当事人和关系方较多,包括项目业主、总承包商、分包商、设备供应商、勘察设计单位、技术顾问、工程监理等,他们均可能对工程项目拥有保险利益,成为被保险人。这种广泛性的优点是将这些有关的方面均置于一个保险项目下,可以避免相互之间的责任追索。

(4)工程保险的保险期限具有不确定性

工程保险的保险期限一般是根据工期确定的,往往是几年,甚至十几年;工程保险的保险期限起止点也不是确定的具体日期,而是根据保险单的规定和工程的具体情况确定的。为此,工程保险采用的是工期费率,而不是年度费率。

(5)工程保险的保险金额具有变动性

工程保险的保险金额在保险期限内是随着工程建设的进度而增加的。在保险期限内的不同时点,工程保险的保险金额都是不同的。

4. 工程保险实务

1) 确定保险方案的基本原则

工程保险方案的确定,对工程风险的管理具有至关重要的作用。确定保险方案应当遵循以下基本原则。

(1)有效性原则

建设项目业主和承包商之所以购买保险,是希望通过保险转移工程风险,一旦发生风险事故,能够得到及时、有效的经济补偿,以确保工程建设的正常运行。有效性就成为选择投保险种首先应该考虑的因素。

(2)严密性原则

为最大限度地发挥保险的保障作用,项目业主和承包商在选择投保险种时,应注意纵向风险保障与横向风险保障。横向风险保障,是指在确定险种保障风险范围时,应当注意投保险种之间的紧密衔接,以确保各险种之间的"无缝式链接";纵向风险保障,是指工程建设的各个时间段之间风险保障的紧密衔接,以最大限度地发挥保险的保障作用。

(3)合理性原则

项目业主和承包商在选择投保险种时,应当明确保险所保障的是"可保风险",即符合保险人承保条件的特定风险,而不是工程面临的所有风险。项目业主和承包商在选择投保险种时,应当将工程项目作为一个整体,在整个工程建设中合理安排诸如部分工程项目竣工与整体工程竣工之间的保险保障等问题。

(4)经济性原则

保险合同与其他经济合同一样,应体现责权利相等的原则。项目业主和承包商在选择险种时,要在获得更大经济保障的前提下,尽量以最低成本换取最大、最充分的风险保障。

2)工程保险的一般事项

(1)申请承保

申请承保通常是由投保人向保险公司提交投保申请文件并提供必要的资料,如工程合同、工程量清单、工程设计书、工程进度表、工程地质报告、工程略图等。由于工程保险的特殊性,投保人往往需要与保险人具体协商制定承保方案,在保险方案确定后,投保人与保险公司签订保险合同并交纳保险费。

(2)申请理赔

一旦在保险责任范围内发生风险事故,投保人或被保险人应当在第一时间向保险公司报案,向保险人提供所需的材料和证明并提出索赔要求,协助保险公司进行损失确定的有关工作,并就保险公司的损失核定提出意见。在保险公司确定理赔数额之后,收取赔款并出具收据。

(3)申请批改

签订保险合同后,被保险人如对保险合同中的有关内容有新的要求和意见,可向保险人提出批改保险合同的要求,经双方协商确定,由保险人出具批单。

3)工程保险投保方式

工程保险的投保方式包括项目业主统一安排投保,或由承包商单独投保。

(1)建设项目业主统一安排投保

建设项目业主统一安排投保是指由建设项目业主以自己的名义进行投保,根据需要将一部分或者全部工程关系人纳入被保险人的范畴。

建设项目业主统一安排投保的优点:第一,通过统一安排保险,能够对整个工程的风险管理和风险转移有充分的控制权;第二,由于是建设项目业主自己办理,所以其对保险费的支出和赔款的处置拥有充分的主动权;第三,可以防止因多头办理保险而造成的保障重复或保障脱节;第四,如同"批发与零售"的关系,建设项目业主统一投保可以节约保险费支出;第五,发生索赔案后,索赔相对简单,争议减少,并可以充分保障建设项目业主的利益。

建设项目业主统一安排投保的主要缺点是建设项目业主为安排保险而需做大量的事务性工作。

(2)由承包商单独投保

由承包商单独投保是由建设项目业主在工程合同中规定,将办理工程保险的工作委托给承包商负责。

由承包商单独投保的优点是建设项目业主指定由承包商出面投保,并在承包合同价中给出保险费预算,免除了建设项目业主的大量事务性工作,承包商自主性较强。

由承包商单独投保的主要缺点是建设项目业主对工程保险的具体安排可能失去控制,如保险保障是否全面、承包商与承保人所谈的具体条件等,承包商可能通过选择资信较差的保险公司、降低保险金额、减少保险责任等方法以节约开支,致使工程项目得不到切实、有效的保险保障。

5. 工程保险费

1) 保险费

保险费简称保费,是投保人为转移风险取得保险保障而应付出的代价,亦是保险人承担保险合同所约定的保险责任,为被保险人提供风险保障服务而取得的报酬。

一般情况下,保险费即毛保费,又称营业保费,可以分解为纯保费和附加保费两部分。纯保费是保费的主要部分,用以建立保险赔偿与给付基金,是保费的最低界限,根据对保险标的未来保险损失的预测(期望值及一定的安全附加)而确定。附加保费用于保险人的经营管理开支和预期利润,包括职工工资、业务费用、管理费用、中介费用、宣传费用、税金、利润等。

2) 影响工程保险费的风险因素

影响保险费的直接因素有三个。一是保险金额。保险费与保险金额成正相关。保险期限与保险费率一定,则保险金额愈高保费愈多,保险金额愈低保费愈少。二是保险期限。保险费与保险期限成正相关。保险金额与保险费率一定,则保险期限愈长保费愈多,保险期限愈短保费愈少。三是保险费率。

不同保险在确定价格的过程中,将考虑不同的风险因素。在工程保险费率的确定过程中,考虑的风险因素主要有:

① 工程的性质和总造价;

② 工程施工的危险程度,包括施工方法和建筑高度等;

③ 施工期限,包括施工期的长短和季节、试车期的长短、保证期的长短及责任范围;

④ 工地及邻近地区的自然地理条件,有无特别危险及发生巨灾的可能性;

⑤ 承包商及其他工程关系方的资信、技术水平和经验,是否从事过类似工程,施工组织的水平和现场安全管理的能力,以及以往承包工程的损失记录;

⑥ 同类工程以往的损失记录;

⑦ 被保险人要求提供的保障范围,包括特殊风险扩展及其危险性大小;

⑧ 最大可能损失程度;

⑨ 每次事故免赔额的设定;

⑩ 特种危险赔偿限额的设定;

⑪ 如果工程的保险金额巨大,必须对外进行分保,则还应考虑有关分保市场的行情。

3) 工程保险费的测算方法

(1) 分别计算

① 对建筑工程、所有人提供的物资、安装及其他指定分包项目、场地清理费、专业费用、工地内现有财产及被保险人的其他财产,测算一个总的费率。该费率为整个工期的一次性费率,其与总保险金额的乘积即为应收取的保险费。

② 施工用机器、设备的保险费率采用年费率,因为这类保险标的的流动性大,一般为短期使用,而且旧机器多,损耗大,小事故多。如果保险期限不足一年,则按短期费率计收保险费,按每一时段累计总金额计算。

③ 第三者责任保险费率亦为工期性费率,主要按每次事故赔偿限额计算。

④ 保证期保险费率亦为工期性费率,按总保险金额计算。

⑤ 因增加附加保障所加收的保险费,按附加保障所属的范畴,即物质损失或第三者责任,及其所要求的赔偿限额分别计算。

(2) 一揽子计算

对"分别计算"中的①、③、④、⑤项分别测算保险费之后,再相对于物质损失的总保险金额倒算出一个总的工期一次性费率。目前在工程保险中,大多采用这种计算方法。

对"分别计算"中的第②项,在任何情况下都必须单独以年费率计算,不得与总的平均一次性费率混在一起。

工程保险采用工期保险的原因如下。

① 在保险期限内,工程的保险价值累计增长,每一固定时段的保险价值难以确定,如以年费率计算,则容易出现不足额保险的情况。

② 防止保险费的重复支出。足额保险=前段+后段(已建成但未移交的工程仍有风险)。

4)赔偿后恢复保险金额的保险费

与其他财产类保险一样,在工程发生物质损失之后,保险标的的保险金额自然要相应减少。被保险人若要恢复保险金额,可以采取两种方法:一是在保险合同中加入"自动恢复保险金额"条款,则在损失发生后,因损失而减少的保险金额将被自动恢复,即将保险金额自动维持在一个适当的数额上,以充分地保障被保险人的利益;二是在损失发生之后,被保险人因担心自己的利益不能得到足额保障而要求恢复。不论是哪一种情况,被保险人都应该就恢复的保险金额部分交付相应的保险费。

5)保险费的结算或调整

如果被保险人采用工程概算总造价投保,保险人在开立保险单时所收取的保险费仅仅是预收的暂定保险费。在工程结束时,按照双方事先约定,保险人应根据被保险人提供的工程结算总造价和约定的保险费率,对总的工程保险费进行结算,并根据计算结果对预收的暂定保险费多退少补,但保险人至少可以保留双方事先约定的最低保险费。

6)保险中介人佣金和税收

如果工程的保险业务是通过保险中介人,即保险经纪人或保险代理人收费,则保险人在测算保险费时,还应将需支付给保险中介人的佣金因素一并考虑在内。

7)保险费的分期付款

工程保险因保险期限较长,保险金额大,保险费的数额通常也较大。通常投保人或者被保险人可以要求保险人给予一种优惠,即采用分期付款方式支付保险费,以减轻财务压力,保险人在原则上应当同意。一般情况下,分期付款的次数不超过四次,而且第一期保险费应在保险单签发之后、保险生效之前,最后一期则在工程完工前六个月。

6. 保险索赔

安排工程保险的主要目的之一就是在发生保险事故时,能够得到及时和充分的补偿,缓解财务压力,尽快恢复生产。工程保险属于经济合同的范畴,投保人要维护自身的合法权益,关键是要严格按照合同的有关规定执行,包括履行合同规定的各项义务,按照合同规定的程序操作。

工程保险合同规定的索赔程序主要有及时报案、保留现场、协助查勘和提供证明材料。在以往的实践过程中,存在的一个突出问题是建设项目工程保险工作的内部脱节,即安排工程保险的部门(财务部)不负责索赔工作,而负责索赔的部门不了解保险合同的具体情况。因此,建立一个内部管理协调机制是十分重要的,通过这个机制协调内部的各种资源,包括信息资源,共同完成保险合同的管理工作,尤其是索赔工作。

在各项与索赔相关的工作中,及时报案最为重要。不少大型项目尽管安排了工程保险,但由于内部信息不通畅,责任不明确、不落实,事故发生之后没有及时地向保险公司报案,甚至根本就没有报案,也就不可能进行查勘定损工作。待到日后提起索赔时,事故现场已经不存在,一方面保险公司无法确定损失的真实情况,另一方面被保险人也难以举证损失情况,这样也就不能,或者难以得到充分赔偿。

在保险事故的处理过程中,对于事故的定性和定量鉴定是一项专业性很强的工作,需要进行大量细致和专业的工作。在我国,以往这项工作均是由保险公司的查勘定损人员完成,被保险人的相关人员配合进行的。但是,由于立场的相对和利益的对立,往往容易产生矛盾和争议。解决这个问题,可以采用公估人制度,即保险合同双方共同指定和委托独立的第三方(公估人)对保险事故损失进行鉴定,以确定事故的原因是否属于保险合同范围以及损失的金额。在一些大型建设项目的工程保险安排过程中,可以采用事先约定的方式,即在订立保险合同时,就约定对于损失金额超过一定数额的事故由某一家保险公估公司负责事故鉴定工作,双方均接受其提供的理算报告。公估费用通常计入赔款,由保险公司负责支付。

【案例】　大型基建:港珠澳大桥

东起香港国际机场附近的香港口岸人工岛,向西横跨伶仃洋海域后连接珠海和澳门人工岛,止于珠海洪湾;桥隧全长 55 千米,双向六车道,设计速度 100 千米/时;历经 5 年规划、9 年建设,工程项目总投资额 1269 亿元。这就是集桥、岛、隧于一体的世界最长跨海大桥——港珠澳大桥。

2018 年 10 月 23 日上午 10 时,港珠澳大桥正式通车。至此,香港、珠海、澳门三地间的时空距离被极大缩短,从香港到珠海、澳门仅需 30 分钟的车程。回望这项超级工程的建设之路,从 2004 年 3 月港珠澳大桥前期工作协调小组办公室成立,到 2009 年 12 月 15 日正式开工建设,港珠澳大桥从设计到建成前后历时 14 年。澎湃新闻记者注意到,实际上,港珠澳大桥从最初酝酿建设到如今建成通车,历经了 35 年的岁月。

根据设计方案,港珠澳大桥设计全长 48 千米,其中大桥主体长约 35 千米,并计划建设两个 2.62 平方千米的人工岛屿。从香港北大屿山公路起,经大澳,连接一条长 1400 米、能让大型船舶通过的斜拉桥,再转为低矮桥身越过珠江口,最后在接近陆地时作"Y"形分叉,一头通往珠海,另一头接澳门,预计总投资约 300 亿港元。口岸模式为"三地三检"。大桥车道设计拟采用桥隧组合方案,3 线双程分隔车道,其中隧道长约 7 千米,位于大桥中部。由于香港面积狭小,大桥连接位置的选址将会最大限度靠近内地。

兴建连接香港、珠海、澳门及珠江三角洲西部地区的陆路通道,这一构想已提出近 40 年。1983 年,香港合和实业主席胡应湘提出,兴建连接香港和珠海的跨境大桥——伶仃洋大桥,这样港商可发掘和扩大更多劳动力低廉的投资区域,同时带动粤西经济的发展。

港珠澳大桥的兴建,虽然只涉及香港、珠海和澳门,但大桥落成后,必然影响珠江三角洲的人流和物流,乃至整个区域的产业布局和发展前景。此外,将香港与珠三角西部地区连接起来,符合整合"大珠三角"区域经济的发展战略。港珠澳大桥建成后,由香港驱车到珠海、澳门只需几十分钟,比现在绕道虎门大桥要减少 3 个多小时。研究表明,兴建港珠澳大桥,可使珠江西岸城市缩短与香港的交通距离;香港四大支柱行业可将市场扩展至珠三角西部地区;这一区域经济也将影响至广西、海南、云南、贵州、四川等地。

1. 工程项目主体内容

① 海中桥隧主体工程:东自粤港分界线,止于珠澳口岸人工岛,总长约 29.6 千米。

② 香港口岸及珠海、澳门口岸:珠澳口岸同岛设置于珠海拱北湾附近填海区(填海面积约 208 公顷),香港口岸位于香港机场东北角填海区(填海面积约 113 公顷)。

③ 香港连接线、珠海连接线、澳门连接线:珠海连接线长 13.89 千米;香港连接线长 12.6 千米;澳门连接线为连接到明珠附近的新填海区,长约 200 米。

2. 项目亮点

① 内地最长寿:120 年使用寿命。内地大桥一般使用寿命都是五六十年,而港珠澳大桥设计使用寿命是 120 年,建成后可抗八级地震。

② 世界最长:港珠澳大桥全长约 50 千米,跨海逾 35 千米,主体工程"海中桥隧"长 35.578 千米,建成后成为世界最长的跨海大桥。

③ 世界最难:港珠澳大桥主体工程包括 6648 米海底隧道,大桥主体工程中的海底隧道和人工岛部分,其施工技术难度在世界上是首屈一指的。

3. 存在的问题

① 十年工程造价多级跳:2003 年建设估算投资为 186 亿;2006 年项目规划投资为 684 亿;2009 年官司导致工程延缓,投资为 904 亿;2013 年全面施工投资为 1300 亿。

② 2010 年 1 月,朱绮华提起诉讼,她认为港珠澳大桥工程没有评估臭氧、二氧化硫及悬浮微粒的影响,因而是不合理且不合法的。2010 年她申请法律援助,就大桥香港段环评报告提交香港法院司法复核。她的行为引起巨大社会风波,部分人赞扬老人的民主精神,而更多的人则对她的行为感到不解乃至气愤,因为该举动影响了这个百年大计,为国家造成近 80 亿元的损失和其他巨大负面影响。

4. 政府解决方案

① 为确保项目上马,专家经过几次讨论,最终达成共识——建议增加政府投资。

② 为收回 720 亿投资,专家建议大桥项目有必要"特事特办",将收费期由 25 年延长至 50 年。

【思考与练习】

1. 决策阶段管理工作的主要任务是( )。

A. 建设和使用增值　　　　　B. 确定项目的定义

C. 项目目标得以实现　　　　D. 决策和实现增值

2. (多选)关于工程项目管理的说法,正确的是( )。

A. 项目管理的主要任务是通过管理使项目目标得以实现

B. 业主方的项目管理工作涉及项目的全寿命周期

C. 设计方的项目管理工作涉及项目实施阶段的全过程

D. 项目策划指的是项目目标控制前的一系列筹划和准备工作

E. 项目决策阶段进行的管理工作称为项目管理

3. 关于施工总承包管理方主要特征的说法,正确的是( )。

A. 施工总承包管理方只进行施工的总体管理和协调,它不能承担施工任务

B. 一般情况下,施工总承包管理方不与分包方和供货方直接签订合同

C. 对于业主选定的分包方,不需要得到施工总承包管理方的认可

D. 在管理任务和责任方面,施工总承包管理方和施工总承包方是不同的

4. 建设项目总承包的核心在于( )。

A. 合同总价包干,降低成本

B. 为项目建设增值

C. 更加明确设计与施工责任

D. 克服勘察和设计的分离导致的投资、进度问题

5. 工程项目的基本特征是什么?

6. 简述 EPC 模式及其优缺点。

7. 政府、业主、承包商的工程项目管理的特点是什么?

第 2 章　工程项目前期策划与系统分析

　　项目前期策划是工程项目管理重要的组成部分。众多项目的实践证明,科学、严谨的项目前期策划是项目管理决策和实施增值的基础。在项目前期进行系统策划,就是要提高决策的科学性和严肃性,避免盲目性和随意性,提前为项目建设形成良好的工作基础,创造完善的条件,使项目建设在技术上趋于合理,在资金和经济方面周密安排,在组织管理方面有详细设计并有利于不断优化,从而保证建设项目具有充分的可行性,能适应科学建设的要求。系统观念是马克思主义哲学重要的认识论和方法论,是贯穿习近平新时代中国特色社会主义思想的立场观点方法之一。党的二十大报告提出:"必须坚持系统观念。"通过本章学习,认识到在项目决策和论证环节,项目的社会目标、环境生态目标高于项目的管理目标;认识到对待问题应该从系统视角进行分析,形成顾全大局的价值观;培养在工程项目实践管理中的计划制定和执行能力,培养分析问题和解决问题的系统性思维。本章要求掌握工程项目目标设定与方案策划、前期论证;熟悉项目管理规划与实施规划;熟悉工程项目常用的系统分析方法;掌握工程项目系统结构分解方法;熟悉工程项目的系统界面分析;熟悉工程项目系统的描述体系。

2.1　工程项目前期策划

2.1.1　工程项目的前期策划工作

1. 概述

　　本书将项目构思到项目批准正式立项定义为项目的前期策划阶段,即概念阶段。工程项目的立项是一个极其复杂和十分重要的过程。在该阶段主要是从上层组织(如国家、地方、企业)、从全局和战略的角度出发研究和分析问题的,主要是上层管理者的工作,又存在许多项目管理工作。

　　谈及项目的前期策划工作,许多人一定会想到项目的可行性研究。这种说法有一定的道理,但不完全,因为它尚存在如下问题。

　　① 可行性研究的意图是如何产生的? 为什么要做,并且对什么做可行性研究?

　　② 可行性研究需要很大的花费。在国际工程项目中,可行性研究的费用常常要花几十万、几百万,甚至上千万美元,它本身就是一个很大的项目。所以,在此之前就应该有严格的研究和决策,不能有一个项目构思就作一个可行性研究。

　　③ 可行性研究的尺度是怎么确定的? 可行性研究是对方案完成目标程度的论证,因此在可行性研究之前就必须确定项目的目标,并以它作为衡量的尺度,同时确定一些总体方案作为研究对象。

　　项目前期策划工作的主要任务是寻找项目机会、确立项目目标、定义项目,并对项目进行详细的技术经济论证,使整个项目建立在可靠、坚实和优化的基础之上。

2. 工程项目前期策划的过程和主要工作

　　工程项目的立项必须按照系统方法分步骤进行。项目前期策划的过程如图 2-1 所示。

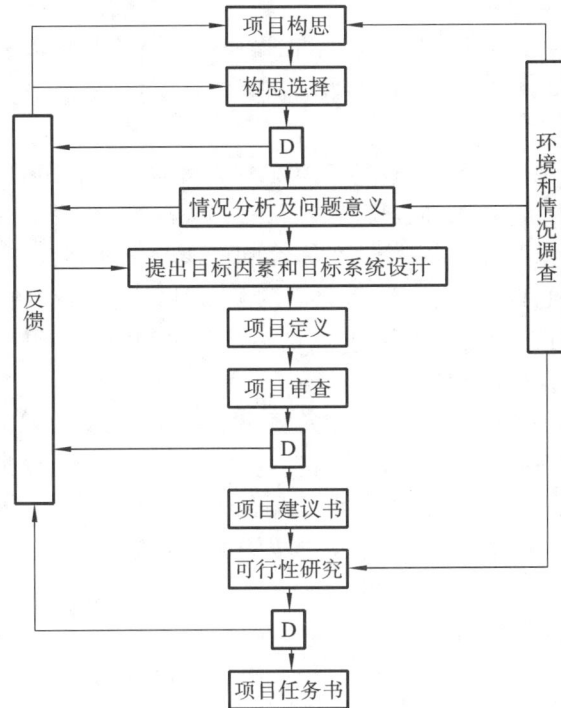

图 2-1　项目前期策划过程

注：图中的"D"代表决策点。

（1）项目构思的产生和选择

任何项目都起源于项目的构思。项目的构思是对项目机会的寻求、分析和初步选择。它产生于为了解决上层系统（如国家、地方、企业、部门）问题的期望，或为了满足上层系统的需要，或为了实现上层组织的战略目标和计划等。

（2）项目目标设计和项目定义

通过对上层系统情况和存在的问题进行进一步研究，提出项目的目标因素，进而构成项目目标系统，通过对目标的书面说明形成项目定义。该阶段包括如下工作。

① 环境调查和问题的研究。即对上层系统状况、市场状况、组织状况、自然环境进行调查，对其中的问题进行全面罗列、分析、研究，确定问题的原因，为正确的项目目标设计和决策提供依据。

② 项目目标设计。针对上层系统的情况和存在的问题、上层组织战略，以及环境条件提出目标因素；对目标因素进行优化，建立目标系统。这是项目要达到的预期总目标。

③ 项目的定义和总体方案策划。项目的定义是指划定项目的目标系统范围，对项目各个目标指标作出说明，并根据项目总目标，对项目的总体实施方案进行策划。

④ 提出项目建议书。项目建议书是对环境条件、存在问题、项目总体目标、项目定义和总体方案的说明和细化，同时，提出在可行性研究中需考虑的各个细节和指标。

（3）可行性研究

可行性研究，即对项目总目标和总体实施方案进行全面的技术经济论证，看能否实现目标，它是项目前期策划阶段最重要的工作。

（4）项目评价和决策

在可行性研究的基础上,对项目进行财务评价、国民经济评价和环境影响评价等。根据可行性研究和评价的结果,由上层组织对项目立项作出最后决策。

3. 项目前期策划工作的重要作用

项目的前期策划是工程项目的孕育阶段,其工作主要是识别项目的需求,确定项目的方向,对项目作出决策,通常由项目的上层组织(如投资者、项目发起人、政府部门、企业主管等)负责。

现代医学和遗传学研究结果证明,一个人的寿命和健康状况在很大程度上是由他的遗传因素和孕育期状况决定的,而工程项目与人类有生态方面的相似性。前期策划决定了工程项目的"遗传因素"和"孕育状况"。它不仅对工程建设过程、将来的运行状况和使用寿命起着决定性作用,而且对工程的整个上层系统都有极其重要的影响。

① 项目构思和目标设计是确立项目方向的问题。方向错误必然会导致整个项目的失败,而且这种失败常常又是无法弥补的。图 2-2 能清楚地说明这个问题。项目的前期费用投入较少,其主要投入在施工阶段;但项目前期策划对工程寿命期的影响最大,稍有失误就会造成无可挽回的损失,甚至会导致项目的失败,而施工阶段的工作对工程寿命期影响相对较小。

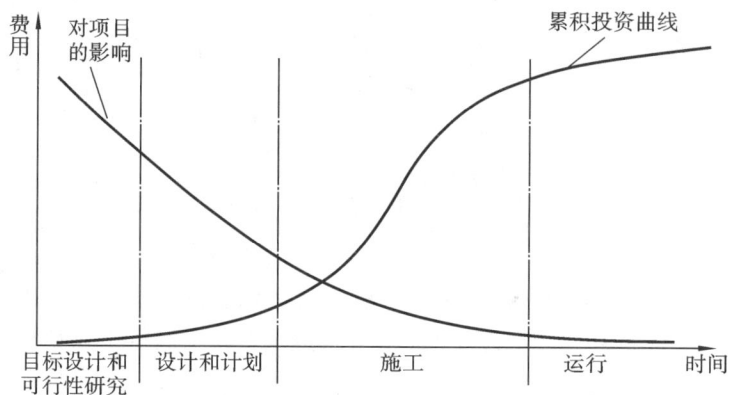

图 2-2　项目累计投资和影响对比图

项目前期策划阶段的失误常常会导致如下后果:

a. 工程建成后无法正常运行,达不到使用要求;

b. 虽然可以正常运行,但其产品或服务没有市场,不能为社会所接受;

c. 运行费用高、效益低下、缺乏竞争力;

d. 项目目标在工程建设过程中不断变动,造成超投资、超工期等现象。

② 项目构思和项目目标影响全局。工程的建设必须符合上层系统的需要,解决上层系统存在的问题。如果上马一个项目,其结果不能解决上层系统的问题,或不能为上层系统所接受,往往会成为上层系统的包袱,给上层系统带来历史性的影响。一个工程项目的失败不仅会导致经济损失,而且会带来社会问题,导致环境的破坏。

2.1.2　工程项目的构思

1. 构思的产生

任何工程项目都从构思开始,根据不同的项目和不同的项目参加者,项目构思的起因不同,包括如下各项：

① 通过市场研究发现新的投资机会、有利的投资地点和投资领域；

② 解决上层系统运行存在的问题或困难；

③ 实现上层组织的发展战略；

④ 一些重大的社会活动，常常需要大量的工程建设，如 2022 年北京冬奥会和 2022 年卡塔尔世界杯等，都会有大量的工程建设需求；

⑤ 通过工程信息寻求项目业务机会；

⑥ 通过生产要素的合理组合，产生项目机会；

⑦ 其他，如社会特殊的需要、国防的需要、抗震救灾或灾后重建的需要、科学研究的需要等。

2. 项目构思的选择

在实际社会环境中，上层系统的问题和需求很多，产生的项目机会也很多，项目的构思丰富多彩，有时甚至是"异想天开"的。人们可以通过许多途径和方法（即项目或非项目手段）达到目的，所以不可能将每一个构思都付诸更深入的研究，必须淘汰那些明显不现实或没有实用价值的构思。由于资源的限制，即使是有一定可实现性和实用价值的构思，也不可能都转化成项目。一般只能选择少数几个有价值和可能实现的构思进行更深入的研究和优化。由于构思往往产生于对上层系统直观的了解，而且仅仅是比较朦胧的概念，所以对它也很难进行系统的、定量的评价和筛选，一般只能从如下几方面来把握。

① 上层系统问题和需求的现实性。即上层系统的问题和需要是实质性的，而不是表象性的，预测通过采用工程项目手段可以顺利地解决这些问题。

② 考虑到环境的制约，充分利用资源和外部条件。

③ 充分发挥自身既有的长处，运用自己的竞争优势，或在项目中实现合作各方竞争优势的最佳组合。

对此综合考虑"构思—环境—能力"之间的平衡，以求达到主观和客观的和谐统一。经过认真研究后，判断某个工程项目是可行的、有利的，经过权力部门的认可，将项目的构思转化为目标设计，做更深入的研究。

2.1.3　工程项目的目标设计

项目目标设计及定义过程如图 2-3 所示。

1. 目标管理方法

工程项目不同于一般的研究和革新项目，一般的研究和革新项目的目标在项目初期常常是不太明确的，它们往往通过在项目过程中分析遇到的新问题和新情况，对项目中间成果进行分析、判断、审查，探索新的解决办法，作出决策，逐渐明确并不断修改目标，最终获得一个结果，可能是成功的、一般的或不成功的，也可能是新的成果或意外的收获。对这类项目必须加强变更管理，做好阶段决策和阶段计划工作。而工程项目必须采用严格的目标管理方法，这主要体现在如下几方面。

① 在项目实施前就必须确定明确的总目标，精心优化和论证，经过批准，将它落实到项目的各阶段，作为可行性研究的尺度，经过评价和批准后作为工程技术设计和计划、实施控制的依据，最后又作为项目后评价的标准。通常不允许在项目实施中仍存在目标的不确定性和对目标过多地修改。在实际工程项目中，有时也会出现调整、修改，甚至放弃目标的现象，但那常常预示着项目的失败。

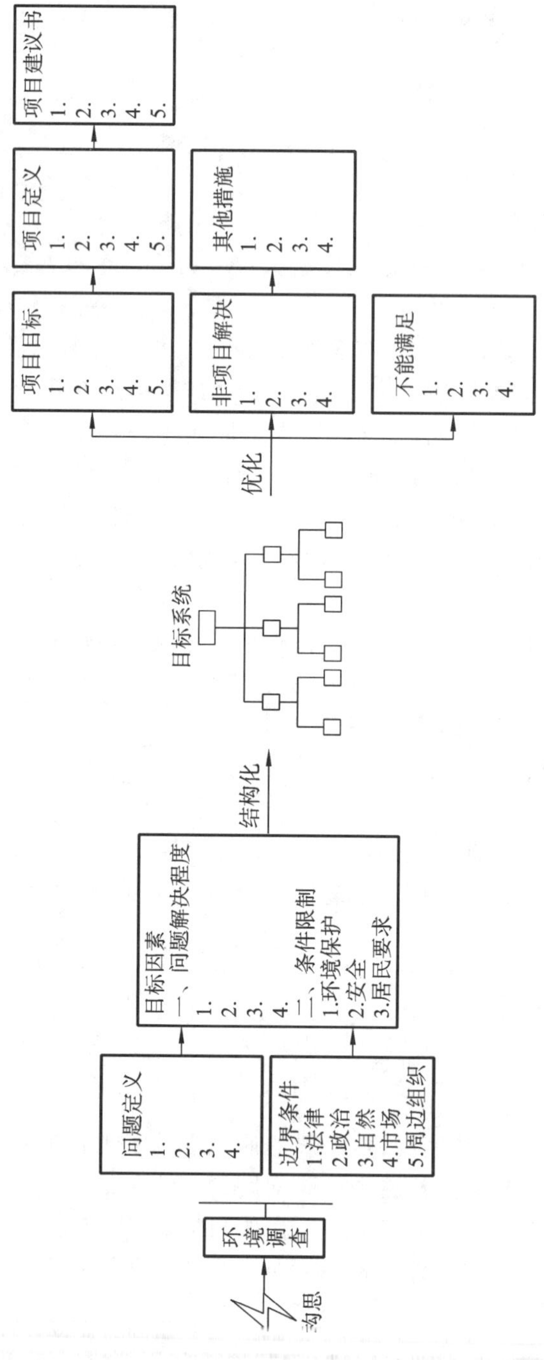

图 2-3 项目目标设计及定义过程

② 项目目标设计是一个连续反复循环的过程，必须按系统工作方法有步骤地进行。通常在项目前期进行项目总体目标设计，建立项目目标系统的总体框架，再采用系统方法将总目标分解成子目标和可执行目标。更具体的、详细的、完整的目标设计在可行性研究阶段和计划阶段进行。

③ 目标系统必须包括工程建设和运行的所有主要方面，并能够分解落实到各阶段和项目组织的各个层次上，将目标管理同职能管理高度地结合起来，使目标与组织任务、组织结构相联系，建立自上而下、由整体到分部的目标控制体系，并加强对项目组织各层次目标完成情况的考核和业绩评价，鼓励人们竭尽全力圆满地实现他们的目标。所以，采用目标管理方法能使项目目标顺利实现，促进良好的管理，使计划和控制工作十分有效。

④ 在现代项目中，人们强调工程全寿命期集成化管理，必须以工程全寿命期作为对象建立目标系统，以保证在工程全寿命期中目标、组织、过程、责任体系的连续性和整体性。在项目管理中推行目标管理存在许多问题，主要表现在：

a. 在项目前期就要求设计完整的、科学的目标系统是十分困难的；

b. 项目批准后，目标的刚性增大，不能随便改动，也很难改动；

c. 在目标管理过程中，人们常常注重近期的、局部的目标；

d. 影响项目目标实现的因素很多，有些并不是项目管理者能够控制的。

这些问题体现了工程项目管理自身的矛盾性，使项目早期目标系统的合理性和科学性受到限制。

2. 环境调查

（1）环境调查的内容

① 项目相关者，特别是用户、项目所属的企业（业主）、投资者、承包商等的组织状况，如项目产品的用户需求、项目所属企业（或项目发起人）状况、工程承包企业和供应商的基本情况等。

② 社会政治环境，如政治局面的稳定性，有无社会动乱、政权变更、种族矛盾和冲突，有无宗教、文化、社会集团利益的冲突。一个国家政治稳定程度对工程项目的各方面都会造成影响，而这个风险常常是难以预测和控制的，直接关系到工程项目的成败。

③ 社会经济环境，主要体现为社会的发展状况、国民经济计划安排、国家的工业布局及经济结构、国家的财政状况、国家及社会建设资金的来源、银行的货币供应能力和政策、市场情况等。

④ 法律环境，主要体现为工程的建设和运行受工程所在地的法律的制约和保护，法制的健全性和执法的严肃性，与项目有关的各项法律和法规的主要内容等。

⑤ 自然条件，主要体现为可以供工程项目使用的各种自然资源的蕴藏情况、对工程有影响的自然地理状况、气候情况等。

⑥ 技术因素，即与工程项目相关的技术标准、规范、技术能力和发展水平，解决工程施工和运行问题技术方面的可能性。

⑦ 工程周围基础设施、场地交通运输、通信状况，主要体现为场地周围的生活及配套设施，现场及周围可供使用的临时设施，现场周围公用事业状况，通往现场的运输状况，通信条件、能力及价格等。

（2）环境调查的要求

① 详细程度。通常对环境调查，不能说越详细越好，过于详细会造成信息量增大，管理费用增加，时间延长。业主在批准立项前，承包商在投标阶段如果调查得太细致、太广泛，而结果项目不能被批准，或未中标，则损失太大；但如果因调查得不细致或不全面，而造成决策失误或报价失误，则要承担经济损失。一般在立项前调查比较宏观的和总体的情况，而在立项后设计、计划中所做的调查必须

逐步具体和详细。

② 侧重点。不同的管理者所需资料不同,业主、投资者、施工单位、设计单位环境的调查内容、范围和深度都不尽相同。例如投资者注重工程产品或服务的市场和投资风险,估价师比较注重资源市场价格、通货膨胀,工程师在设计实施方案前多注重自然条件和技术条件。

③ 系统性。环境调查和分析应是全面的、系统的,应按系统工作方法有步骤地进行。在着手调查前,必须对调查内容进行系统的分析,以确定调查的整个体系,国外大的工程公司和项目管理公司针对不同类型的项目建立标准的、完整的环境调查内容的框架。这是将项目的环境系统结构化,使调查工作程序化、规范化,不会遗漏应该调查的内容。国外公司还会委派专人负责具体内容的调查工作,并要求其对调查内容的准确性承担责任;对调查内容作分析,数据处理,推敲它的真实性、可靠性;最后登记归档。这些调查内容不仅目前有用,而且在整个项目过程中,甚至在以后承担新的项目时还可能用到,这是企业和项目的信息资源,必须保存。

④ 客观性。实事求是,尽可能量化,用数据说话,要注意"软信息"的调查。

⑤ 前瞻性。由于工程的建设和运行是未来的事,所以环境调查不仅要着眼于历史资料和现状,还应对今后的发展趋向作出预测和初步评价,这是非常重要的。

3. 问题的定义

项目构思所提出的问题和需求主要表现为上层系统的症状(表象),经过环境调查可以从中认识和导出上层系统的问题,并对问题进行定义和说明。问题定义是目标设计的诊断阶段,进一步研究问题的原因、背景和界限,从中可以确定项目的目标和任务。

对问题的定义必须从上层系统全局的角度出发,并抓住问题的核心。问题定义的步骤如下。

① 对上层系统问题进行罗列、结构化,即上层系统有几个大问题,一个大问题又可分为几个小问题,例如企业存在利润下降、生产成本提高、废品增加、产品销路差等问题。

② 采用因果关系分析法对原因进行分析,将症状与背景、起因联系在一起。

③ 分析这些问题将来发展的可能性和对上层系统的影响。

4. 提出目标因素

(1) 目标因素的来源

项目的目标因素通常由如下几方面决定。

① 问题的定义,即按问题的结构,提出解决其中各个问题的程度,即为目标因素。

② 有些边界条件的限制也形成项目的目标因素,如资源限制、法律制约、工程项目相关者(如投资者、项目周边组织)的要求等。

③ 对于为完成上层系统战略目标和计划的项目,许多目标因素是由上层组织设置的,上层战略目标和计划的分解可直接形成项目的目标因素。

问题的多样性和复杂性,以及项目边界条件的多方面约束,造成了目标因素的多样性和复杂性。

(2) 常见的目标因素

① 问题解决的程度,包括工程建成后所实现的功能和所达到的运行状态。例如,项目产品市场占有份额,产品年产量或年增加量,拟达到的服务标准或产品质量标准等。

② 与工程建设相关的目标,包括工程规模、经济性目标、项目时间目标、工程的技术标准、技术水平等。

③ 其他,如由法律或项目相关者要求产生的目标因素,包括:生态环境保护的要求;职业健康保护程度、事故的防止和工程安全性要求;提高自动化机械化水平;节约能源程度或资源的循环利用水

平;对企业或当地其他产业部门的连带影响,对国民经济和地方发展的贡献;对企业发展能力的影响、用户满意程度、对企业形象影响等。

（3）各目标因素指标的初步确定

目标因素应尽可能明确,尽可能定量化,能用时间、成本(费用、利润)、产品数量和特性指标来表示,以便能进一步进行量化分析、对比和评价。在此仅对各目标因素指标进行初步定位。确定目标因素指标应注意如下几点。

① 应在环境调查和问题定义的基础上,真实反映上层系统的问题和需要。

② 切合实际,实事求是,一般经过努力能实现。

③ 目标因素指标的科学性和可行性并非在项目初期就可以达到。按照正常的系统过程,在目标系统优化、可行性研究、设计和计划中,还需要对它们做进一步分析、对比和优化。

④ 目标因素的指标要有一定的可变性和弹性,应考虑到环境的不确定性和风险因素,有利的和不利的条件,设定一定的变动范围。在进一步的研究论证(如目标系统分析、可行性研究、设计)中可以按具体情况进行适当的调整。

⑤ 工程项目的目标因素必须重视时间限定。

⑥ 项目的目标是通过对问题的解决而尽量满足上层系统和相关者各方对项目的需要,所以许多目标因素都是由项目相关者各方提出来的。

⑦ 目标因素指标可以采用同类(或相似)项目比较法、指标(参数)计算法、费用/效用分析法、头脑风暴法和价值工程等方法确定。

⑧ 其他因素。如投资额的大小,建设期和回收期的长短,项目对全局(如企业经营战略、企业形象)的影响等。

5. 目标系统的建立

（1）目标系统结构

对众多的目标因素进行分类、归纳、排序和结构化,并对它们的指标进行分析、对比、评价,可以构成一个协调的目标系统。通常工程项目目标系统可分为如下三个层次,如图 2-4 所示。

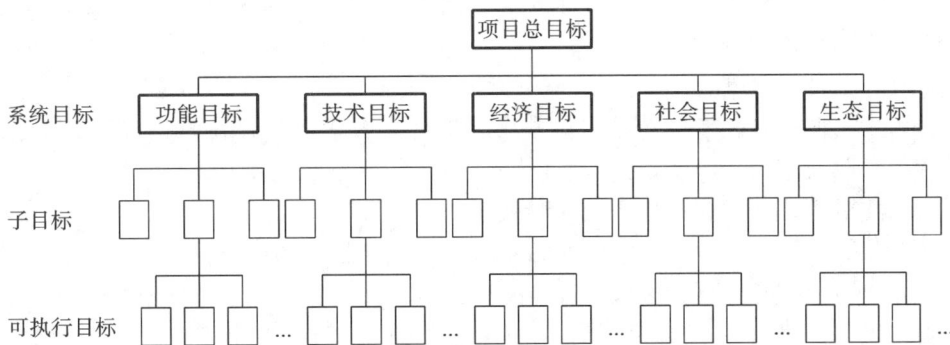

图 2-4 项目目标系统图

① 系统目标。系统目标是由项目的上层系统决定的,对整个工程项目具有普遍的适用性和影响。系统目标通常可以分为:

a. 功能目标,即工程建成后所达到的总体功能;

b. 技术目标,即对工程总体技术标准的要求或限定;

c. 经济目标,如总投资、投资回报率等;

d. 社会目标,如对国家或地区发展的影响,对其他产业的影响等;

e. 生态目标,如环境目标、对污染的治理程度等。

② 子目标。系统目标需要由子目标来支持。子目标通常由系统目标导出或分解得到,或是自我成立的目标因素,或是对系统目标的补充,或是边界条件对系统目标的约束。例如生态目标可以分解为废水、废气、废渣的排放标准,绿化标准,生态保护标准;三峡工程的功能目标可能分解为防洪、发电、水运、调水等子目标。

子目标仅适用于对某一个方面,或一个子系统的要求,可用于确定子项目(或专业工程系统)的范围。

③ 可执行目标。子目标可再分解为可执行目标。可执行目标以及更细的目标因素,一般在可行性研究以及技术设计和计划中形成、扩展、解释、定量化,逐渐转变为与设计、施工相关的任务。例如,为达到废水排放标准所应具备的废水处理装置规模、标准、处理过程、技术等均属于可执行目标。这些目标因素决定了工程的详细构成,常与工程的技术设计或施工方案相联系。因此,目标遗漏常常会造成工程系统的缺陷,如缺少一些专业工程子系统。

(2) 目标因素的分类

① 按性质,目标因素可以分为强制性目标和期望目标。

a. 强制性目标,即必须满足的目标因素,通常包括法律和法规的限制、政府规定和强制性技术规范等,例如环境保护法规定的排放标准,事故的预防措施,技术规范所规定的系统的完备性和安全性等。这些目标必须纳入项目系统中,否则项目不能成立。

b. 期望目标,即尽可能满足的、有一定弹性范围的目标因素,例如总投资、投资收益率、就业人数等。

② 按表达方式,目标因素又可以分为定量目标和定性目标。

a. 定量目标,即能用数字表达的目标因素,它们常常又是可考核的目标,如工程规模、投资回报率、总投资等。

b. 定性目标,即不能用数字表达的目标因素,它们常常又是不可考核的目标,如改善企业或地方形象,改善投资环境,使用户满意等。

(3) 目标因素之间的争执

诸多目标因素之间存在复杂的关系。最常见的是目标因素之间存在争执,即相克关系。例如环境保护标准和投资收益率,自动化水平和就业人数,技术标准与总投资等。

目标因素之间的争执通常包括以下几种情况。

① 强制性目标与期望目标发生争执,则必须满足强制性目标的要求。

② 强制性目标因素之间存在争执,即若不能保证两个强制性目标均能实现,则可能有两种处理:判定这个项目构思是不可行的,应重新构思,或重新进行环境调查;消除某一个强制性目标,或将它降为期望目标。在实际工作中,不同的强制性目标的强制程度常常是不一样的。例如国家法律是必须满足的强制性目标,但有些地方政府的规定,地方的税费,尽管也对项目具有强制性,但有一定的通融余地,或有一定的变化幅度,则可以通过一些措施将它降为期望的目标或降低该目标因素的水准。

③ 期望目标因素间的争执,可分为以下两种情况:

a. 如果定量的目标因素之间存在争执,则可采用优化的办法,追求技术经济指标最有利(如收益最大、成本最低、投资回收期最短)的解决方案;

　　b. 定性的目标因素的争执可通过确定优先级（或定义权重），寻求它们之间的妥协和平衡。有时可以通过定义权重将定性的目标转化为定量的目标并进行优化。

　　④ 在目标系统中，系统目标优先于子目标，子目标优先于可执行目标。

　　解决目标因素的争执是一个反复的过程。通常在目标系统设计时尚不能完全排除目标之间的争执，有些争执还有待于在可行性研究、技术设计和计划中，通过对各目标因素进行更进一步的分析、对比、修改、增删和调整来解决。

　　（4）目标系统设计的几个问题

　　① 项目的目标系统应注重工程的社会价值、历史价值，体现综合性和系统性，而不能仅顾及经济指标。

　　② 由于许多目标因素是项目相关者各方提出的，或为考虑相关者利益设置的，所以很多目标争执常常又是不同群体的利益争执。

　　项目相关者之间的利益存在很大矛盾，在项目目标系统设计中必须承认和照顾到项目相关不同群体和集团的利益，必须体现利益的平衡。若不平衡，项目就无法顺利实施。

　　项目目标中最重要的是满足用户、投资者和其他相关者明确的和隐含的需要。他们的利益（或要求）权重较大，应优先考虑。当项目产品或服务的用户与其他相关者的需求发生矛盾时，应首先考虑满足用户的需求，考虑用户的利益和心理需要。

　　③ 许多用户、投资者、业主和其他相关者的目标或利益在项目初期常常是不明确的，或是隐含着的，或是随意定义、估计的。甚至在项目的初期，业主或决策者对顾客和相关者的对象和范围都不清楚，这样的项目目标设计是很盲目的。应进行认真的调查研究，以界定和评价用户及其他相关者的要求，以确保目标体系能够满足他们的需要。最好是能够吸引他们参与项目的决策过程，并认同项目总目标。这对于项目的成功至关重要。

　　④ 在实际工作中，有许多项目所属企业的部门人员参与项目的前期策划工作，他们极可能将部门的利益和期望带入项目目标系统中，进而造成子目标与总目标相背离，所以应防止部门利益冲突导致的项目目标因素的冲突。

　　⑤ 尽管在目标设计阶段没有项目管理小组和项目经理，但实际确实存在复杂的项目管理工作，需要大量的信息和各学科专业知识，因此对于大型项目，应在有广泛代表性的基础上构建一个工作小组负责该项工作。小组成员包括目标系统设计的组织和管理人员、市场分析诊断人员、与项目相关的实施技术和产品开发人员等；同时，吸引上层组织的部门（如法律、合同、财务、销售、经营、后勤、人事和现场管理等）人员围绕在它的周围，形成一个外围圈子，广泛咨询，倾听各方的意见。应防止盲目性，避免思维僵化和思维定式。

　　⑥ 在确定工程的功能目标时，经常还会出现预测的市场需求与经济生产规模相矛盾。供需矛盾存在于许多工程项目中，而且常常不易圆满地解决。对一个有发展前景同时又是风险型的工程项目，特别是投资回收期较长的项目，最好分阶段实施。例如，一期先建设一个较小规模的工程，然后通过二期、三期追加投资扩大生产规模。对近期目标进行详细设计、研究，远期目标则通过战略计划（长期计划）来安排。

　　⑦ 在项目前期策划中应注意上层系统的问题、目标和项目之间的联系与区别。例如，某两地之间交通拥挤，随着社会和经济的发展会越来越严重；目标是解决交通拥挤问题，达到每天 4000 余辆车的通行量，通行速度 120 千米/时；形成项目两地之间高速公路的建设。

2.1.4 工程项目总方案策划

1. 提出项目总体方案

目标设计的重点是针对工程使用期的状况,即工程建成以后运行阶段的效果,如产品产量、市场占有份额、实现利润率等,提出解决方案。项目的任务是提供达到该状态所必需的具备生产产品或服务功能的工程系统。在本阶段,必须提出实现项目总目标与总体功能要求的总体方案或总的实施计划,以作为可行性研究的依据。其中包括:

① 工程规划、建设和运营的标准,如按照国内或国际标准;

② 工程总的功能定位和主要部分的功能分解、总的产品(或技术)方案;

③ 建筑总面积,工程的总布局,总体的建设方案,实施的总的阶段划分;

④ 工程建设和运行中环境保护和工作保护方案;

⑤ 总的融资方案、设计、实施、运行方面的组织策略等。

在此应有多方面的建议,而方案的选择在可行性研究中进行。如在 20 世纪 90 年代,南京长江大桥交通十分拥挤,要解决长江两岸的交通问题,这是项目的总体目标。工程总体方案可能有扩建南京长江大桥,建新大桥(二桥、三桥),建江底隧道或建轮渡码头等。

2. 项目定义

在确定项目构成及总体方案以后即可进行项目定义。项目定义是指以书面的形式描述项目目标系统,并初步提出完成方式的建议。它是将原来以直觉为主的项目构思和期望引导到经过分析、选择,有根据的项目建议,作为项目目标设计结果的检查和阶段决策的基础,是项目目标设计的里程碑。项目定义通常以一个报告的形式提出,其内容包括提出问题,说明问题的范围和问题的定义、项目对上层系统的影响和意义、项目目标系统说明、提出项目可能的解决方案和实施过程的总体建议、经济性说明、项目实施的边界条件分析和风险分析、需要进一步研究的各个问题和变量。

3. 项目的审查和选择

(1) 项目审查

对项目定义必须进行评价和审查,主要是目标决策、目标设计价值评价、风险评价,以及对目标设计过程的审查,而具体的方案论证和财务评价则要在可行性研究中进行。在审查中应防止自我控制、自我审查。项目定义一般由未直接参加目标设计,与项目没有直接利害关系,但又对上层系统(大环境)有深入了解的人员进行审查。必须提出书面审查报告,并补充审查部门的意见和建议。

(2) 项目选择

上层组织(如国家、企业)常常面临许多项目机会的选择(如许多招标工程信息,许多投资方向),但企业资源是有限的,不能四面出击、抓住所有的项目机会,一般只能在其中选择自己的主攻方向。应该确定一些指标,以作为项目的选择依据。

① 通过项目能够最有效地解决上层系统的问题,满足上层系统的需要。对于提供产品或服务的项目,应着眼于有良好的市场前景,如市场占有份额、投资回报等。

② 使项目符合上层组织的战略,以项目对战略的贡献作为选择尺度,例如,对企业竞争优势、长期目标、市场份额、利润规模等的影响。可以详细并全面地评价项目对这些战略的贡献,有时企业可通过项目达到一个新的战略高度。

③ 使企业的现有资源和优势得到最充分的利用。必须考虑自己筹建项目的能力,特别是财务能力。现在人们常常通过合作(如合资、合伙、项目融资等)建设大型的、特大型的且自身力所难及的项

目,这具有重大的战略意义。要考虑各方优势在项目上的优化组合,取得对各方都有利的成果。

④ 通过风险分析,选择成就(如收益)期望值大的项目。

4. 提出项目建议书,准备可行性研究

项目的定义通过了审查,并经批准,就要提出项目建议书,准备进行可行性研究。

① 项目建议书是对项目任务、目标系统和项目定义的说明和细化,同时作为后继的可行性研究、技术设计和计划的依据,将项目目标转变成具体的工程建设任务。

② 提出要求,确定责任者。项目建议书是项目前期策划人员与可行性研究人员及设计人员沟通的文件,若选择责任人,则这种要求即成为责任书。

③ 项目建议书必须包括项目可行性研究、设计和计划、实施所必需的信息、总体方针和说明。

2.1.5　工程项目的可行性研究和评价

1. 可行性研究前的工作

可行性研究作为项目立项前最重要的工作,是项目全过程中最关键的一步,不仅起到细化项目目标、承上启下的作用,而且其研究报告是项目决策的重要依据,在项目立项后作为设计和计划的依据,在项目结束后又作为项目后评价的依据。

可行性研究前,除了做好前述的项目目标设计等工作,还要完成如下工作。

① 任命项目经理。对大的工程项目进入可行性研究阶段,相关的项目管理工作很多,必须有专人负责联系工作,做各种计划和安排,协调各部门工作,进行文件管理等。

② 成立研究小组或委托研究任务。如果企业自己组织人员进行可行性研究则必须有专门的研究专家小组。对于一些大的项目可以委托咨询公司完成这项工作,必须洽谈商签咨询合同。

③ 指定工作圈子。无论是自己组织还是委托任务,在项目前期常常需要上层组织许多部门配合,如提供信息、资料,提出意见、建议和要求等,需要建立一个工作圈子。

④ 明确研究深度和广度要求,确定研究报告的内容。这是对研究者提出的任务。

⑤ 确定可行性研究开始和结束时间,安排工作计划。这与项目规模,研究的深度、广度、复杂程度以及项目的紧迫程度等因素有关。

2. 可行性研究步骤和内容

(1) 可行性研究的步骤

可行性研究是从市场、技术、法律、政策、经济、财务、环境等方面对项目进行全面策划和论证,它是一个很大的概念,实际上在整个项目前期策划阶段都是围绕着项目的"可行性"研究的。在有些领域,人们将项目前期策划工作按照研究重点和深度的不同分为如下各项。

① 一般机会研究。在项目的最初阶段,在项目的构思形成后进行一般机会研究,目的是在上层系统中寻求合适的项目机会,确定项目的方向和发展领域,以作进一步的研究。其研究重点是上层系统(如国家、地区、部门)的问题和战略,以寻求可行的项目机会。

② 特定项目机会研究。在确定项目方向和领域后,主要研究项目的市场、外部环境、项目发起者(参加者)的状况,提出项目的总方案构想。

③ 初步可行性研究,是对项目的初步选择、估计和计划,要解决的问题有:工程建设的必要性;工程建设所需要的时间、人力和物力资源、资金和资金的来源;项目财务上的可行性,经济上的合理性。

④ 详细可行性研究,是对项目的市场研究、生产能力、地点选择、工程建设的过程和进度的安排、运行的资源投入、投资与成本估算、资金的需求和来源渠道等进行更深入的研究。

（2）可行性研究的内容

① 实施要点。对可行性研究报告各章主要研究成果、关键性问题和结论作扼要叙述。

② 项目背景和历史。介绍项目背景(项目构思，项目宗旨，工程建设的必要性、理由和预期目标等)、项目的发起人、项目历史、启动过程及已完成的调查和研究工作。

③ 市场研究。在分析项目产品过去和目前的市场需求状况基础上，预测将来需求的增长，确定本项目产品的销售计划，估算年销售收入和费用(本国货币/外币)，进一步确定项目产品的生产计划和生产能力。

④ 厂址选择。按照项目对选址的要求，说明最合适的选择，以及选择理由，估算与选址有关的费用。

⑤ 工程方案。按照产品方案、生产计划和选址，确定工程建设规模、工程范围，以及生产系统、公用工程、辅助工程及运输设施的总体布局；确定工程技术方案、设备方案。土木建筑工程确定建筑物和构筑物的数量、规格、类型，以及总体布置，估算土建工程费用和年均运行费用。总体运输与公用辅助工程，确定场内外运输、公用工程与辅助工程方案，并估算费用。

⑥ 原材料和供应。按照工程正常生产确定原材料、构配件、辅助材料、用品及公用设施等的年均需要量，制定供应计划和供应方案，并估算相关费用。

⑦ 工厂组织机构和人员配置。按照正常生产和企业运营要求，确定工厂组织机构设置，工人、技术人员和管理人员需要量和配置方案，并估算企业管理费和人员相关的费用。

⑧ 工程建设计划。确定工程建设计划，划分工程建设的主要阶段、主要实施工作、时间目标和实施时间表，估算工程建设的费用，做工程建设"时间—费用"计划。

⑨ 财务和经济评价。包括总投资测算、生产成本和销售收入估算、项目资金筹措、财务评价和国民经济评价。

⑩ 社会影响评价。分析拟建项目对当地社会的影响和当地社会条件对项目的适应性和可接受程度，评价项目的社会可行性。

⑪ 环境影响评价及劳动安全和健康保护。识别和评价工程建设和运行对生态、自然景观、社会环境、基础设施等方面的影响，以及可能产生的对劳动者和财产不安全及有损健康的因素，提出治理和保护环境的措施。

⑫ 不确定性与风险分析。分析上述预测和估算中的不确定性与风险因素，识别项目的关键风险因素。不确定性分析包括盈亏平衡分析和敏感性分析等。

⑬ 总结结论。在前述各项研究论证的基础上，归纳总结，提出推荐项目方案，并对推荐方案进行总体论证，提出结论性意见和建议，指出可能的主要风险，并做出项目是否可行的明确结论。

（3）工程项目的评价

项目评价是对可行性研究报告的全面评价，有时还包括对项目前期策划工作过程的评价。项目评价是项目决策的依据，对立项后筹措资金、设计和计划以及防范风险有重要作用。

项目评价主要围绕着市场需求、工程技术、财务经济、生态、社会等方面，对拟实施项目在技术上的先进性和可行性，经济上的合理性和盈利状况，以及实施上的可能性和风险进行全面科学的综合分析。评价内容通常与可行性研究内容相对应。

① 市场评价。这是核心问题，包括项目产品和服务的市场前景。

② 项目与企业概况评价，项目承办者和合作者优劣势分析。

③ 产品结构、工艺方案、技术和设备方案、生产规模或生产能力的评价。

④ 工程建设的必要性、工程建设规模和工程标准评价。

⑤ 项目需要资源、原材料、燃料及公用设施条件评价。

⑥ 项目外部环境,如建厂条件和厂址方案及服务设施评价。

⑦ 项目实施进度、实施组织与经营管理评价。

⑧ 人力资源、劳动定员和人员培训计划评价。

⑨ 投资估算、现金流量及资金筹措评价。

⑩ 项目的财务效益评价。

⑪ 国民经济效益评价。

⑫ 社会效益评价。

⑬ 环境保护评价。

⑭ 项目风险评价。

⑮ 其他。

2.2 工程项目管理规划

2.2.1 工程项目管理规划的理解

1. 工程项目管理规划概念

从管理学的角度定义,项目管理规划是对工程项目全过程中的各种管理职能、各种管理过程以及各种管理要素进行完整的、全面的总体计划。它从总体上和宏观上对如下方面进行了分析和描述:①为什么要进行项目管理;②项目管理需要做什么工作;③怎样进行项目管理;④谁做项目管理的哪方面工作;⑤什么时候做哪些项目管理工作;⑥项目的总投资;⑦项目的总进度。

项目管理规划作为指导项目管理工作的纲领性文件,应对项目管理的目标、依据、内容、组织、资源、方法、程序和控制措施进行确定。它是针对项目管理各项工作综合、完整、全面的总体规划。

2. 工程项目管理规划分类

(1)按编制目的的不同分类

① 项目管理规划大纲。项目管理规划大纲是项目管理工作中具有战略性、全局性和宏观性的指导文件,作为投标人的项目管理总体构想或项目管理宏观方案,指导项目投标和签订合同。它由组织的管理层或组织委托的项目管理单位编制,目的是满足战略上、总体控制上和经营上的需要。

② 项目管理实施规划。项目管理实施规划是项目管理规划大纲的具体化和深化,作为项目经理部实施项目管理的依据,具有作业性和可操作性。它由项目经理组织编制,除对项目管理规划大纲进行细化外,还可根据需要补充更具体的内容。

(2)按项目管理组织分类

① 建设工程项目管理规划涉及项目整个实施阶段,它属于发包方项目管理的范畴。如果采用建设项目工程总承包的模式,发包方也可委托建设项目工程总承包方编制建设工程项目管理规划。

② 建设项目的其他参与单位为进行项目管理也需要编制项目管理规划。该项目管理规划只涉及项目实施的某一方面,体现一个方面的利益,可分为设计方项目管理规划、施工方项目管理规划和供货方项目管理规划。

3. 工程项目管理规划目的与作用

工程项目管理规划的目的是确定项目管理的目标、依据、内容、组织、资源、方法、程序和控制措施,以保证实施项目管理的项目成功进行。

从管理学对规划的定义看,规划实质上就是计划,所以规划的作用就是计划的作用。与传统的计划不同,项目管理规划的范围更大、综合性更强,所以它有更为特殊的作用。

4. 工程项目管理规划的要求

项目管理规划作为项目管理的一个重要工作,在项目立项后(如对建设项目在可行性研究批准后)编制。由于项目的特殊性和项目管理规划的独特作用,它应符合如下特殊的要求。

① 管理规划是为保证实现项目管理总目标而做的各种安排。必须详细地分析项目总目标,弄清总任务。如果对目标和任务理解有误,或理解得不完全,必然会导致项目管理规划的失误。

② 符合实际。管理规划要有可行性,不能纸上谈兵,应讲究实事求是。符合实际主要体现在符合环境条件、项目本身的客观规律性,反映项目管理相关各方的实际情况,全部工作内容等方面。

③ 规划内容更具有完备性和系统性。由于项目管理对项目实施和运营具有重要作用,项目管理规划的内容十分广泛,应包括项目管理中涉及的各方面问题。

④ 项目管理规划应是集成化的,规划所涉及的各项工作之间应有很好的接口。项目管理规划的体系应反映规划编制的基础工作、规划包括的各项工作,以及规划编制完成后相关工作之间的系统联系,主要包括:

a. 各个相关计划的先后次序和工作过程关系;

b. 各相关计划之间的信息流程关系;

c. 计划相关的各个职能部门之间的协调关系;

d. 项目各参加者(如业主、承包商、供应商、设计单位等)之间的协调关系;

e. 由于规划过程又是资源分配的过程,为了保证规划的可行性,人们还必须注意项目管理规划与项目规划、企业计划的协调。

⑤ 管理规划要有弹性,必须留有余地。项目管理规划在执行中受到以下方面的干扰时需要改变:

a. 由于市场变化、环境变化、气候的影响,原目标和规划内容可能不符合实际,必须做调整;

b. 投资者情况的变化,如产生新的主意、新的要求;

c. 其他方面的干扰,如政府部门的干预、新法律的颁布;

d. 可能存在计划、设计考虑不周、错误或矛盾,造成工程量的增加和减少、方案的变更,以及由于工程质量不合格而引起返工。

⑥ 规划中必须包括相应的风险分析的内容,对可能发生的困难、问题和干扰加以预计,并提出预防措施。

2.2.2 项目管理规划大纲

1. 项目管理规划大纲的作用

项目管理规划大纲是由组织的管理层或组织委托的项目管理单位在投标之前编制的,旨在作为投标依据、满足招标文件要求及签订合同要求的文件。

项目管理规划大纲主要有两方面的作用:

① 作为项目投标人的项目管理总体构思,指导项目投标,争取项目中标,是技术标书的一个组成

部分：

② 作为项目中标后详细编制可操作性强的项目管理实施规划的依据。

2. 项目管理规划大纲的编制依据

① 项目文件、相关法律法规和标准。

② 类似项目经验资料。

③ 实施条件调查资料。

3. 项目管理规划大纲的编制程序

项目管理规划大纲的编制程序如图 2-5 所示。

4. 项目管理规划大纲的主要内容

① 项目概况。主要是对项目性质、规模、结构形式和承包范围的描述。

② 项目范围管理规划。针对为完成项目所必需的专业工作、管理工作和行政工作进行详细分析、工作说明的制作，主要包括项目范围的确定、项目结构分析、项目范围控制等。

③ 项目管理目标规划。包括施工合同要求的目标，如合同规定的使用功能要求、合同工期、造价、质量标准、合同或法律规定的环境保护标准和安全标准；企业对施工项目的要求，如成本目标、企业形象、对合同目标的调整要求等。

④ 项目管理组织规划。遵循组织构架科学合理、有明确的管理目标和责任制度、工作人员具备相应的从业资格、根据实际需要对项目管理组织进行调整并保持相对稳定的原则，为各相关项目管理组织合理分配项目目标、责任和利益，并承担相应风险。重点在于确定项目经理的人选和项目部组织机构形式。

⑤ 项目过程管理规划。对工程项目建设进行阶段划分（或里程碑阶段划分），确定工程项目建设和管理的程序及过程中的主要工作内容，以及施工现场管理的目标、原则，现场平面规划图，施工现场的主要技术、组织措施等。

⑥ 项目成本管理规划。建立、健全项目成本管理责任体系，明确业务分工和责任关系，把管理目标分解与渗透到各项技术工作、管理工作和经营工作中去。包括编制施工预算和成本管理的总原则，项目的总成本目标、成本目标分解和成本计划，以及保证成本目标实现的技术组织措施。

⑦ 项目进度管理规划。招标文件的工期要求及工期目标的分解，确定进度目标，编制总进度计划和各分部分项工程进度计划，确定施工总进度计划主要的里程碑事件，以及保证工期目标实现的技术组织措施。

⑧ 项目质量管理规划。招标文件（或发包人）要求的总体质量目标，分解质量目标，建立项目质量保证体系，以及保证质量目标实现的技术组织措施；施工方案描述，如施工程序、重点单位工程或重点分部工程施工方案、保证质量目标实现的主要技术组织措施、拟采用的新技术和新工艺、拟选用的主要施工机械设备等。

⑨ 项目职业健康安全与环境管理规划。保证项目职业健康安全的主要技术组织措施，总体安全管理体系和目标责任制的建立，以及相关岗位安全职责的确定，工程项目文明施工和环境保护的特点、组织体系、内容及其技术组织措施。

⑩ 项目采购与资源管理规划。项目采购规划包括采购部门的设置，制定采购管理制度、工作程序和采购计划。项目资源管理规划的主要工作是建立和完善项目资源管理体系，建立资源管理制度，

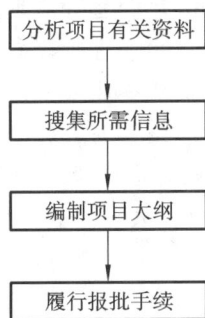

分析项目有关资料

↓

搜集所需信息

↓

编制项目大纲

↓

履行报批手续

**图 2-5　项目管理规划
大纲编制程序**

确定资源管理的责任分配和建立管理程序,并做到管理的持续改进,包括劳动力管理、材料管理、机械设备管理、技术管理和资金管理。

⑪ 项目信息管理规划。项目信息管理规划的目的是及时、准确地获得所需的信息。因此,其主要工作包括建立信息管理体系,确定信息传输途径,以及制定信息的分级处理制度和反馈制度等。

⑫ 项目风险管理规划。首先建立风险管理体系,明确各层次管理人员的风险管理责任,再针对项目的具体情况,预测风险因素、风险发生的概率及可能造成的损失,制定风险预防和控制的针对性措施。

5. 项目管理规划大纲的编制要求

① 由企业投标办公室(或经营部、项目部)组成工作小组进行编制,吸收拟委派的项目经理及技术负责人参加。

② 编制时,以为本工程的项目管理服务为宗旨。为了满足发包人的要求,可根据招标文件的要求对内容进行摘录,其余的内容作为企业机密。

③ "大纲"中规划的各种目标都应该满足合同目标的要求,但合同目标不能作为企业的计划管理目标,计划管理目标应比合同目标积极可靠,以调动项目管理者的积极性。

④ 各种技术组织措施的规划应立足于企业的经营管理水平和实际能力,做到可靠、可行、有效。

⑤ 由于开工前还要编制施工项目管理实施规划,故"大纲"应较好地掌握详略程度,实施性的内容宜粗不宜细,应能对施工项目管理实施规划起指导纲领的作用,待编制施工项目管理实施规划时再细化。

2.2.3 项目管理实施规划

项目管理实施规划必须由项目经理组织的项目经理部在工程开工之前编制完成,其是项目管理规划大纲的深化和具体化,要求具体、可行,并体现企业的管理特色。项目管理实施规划是对项目管理规划大纲进行细化,并使其具有可操作性。

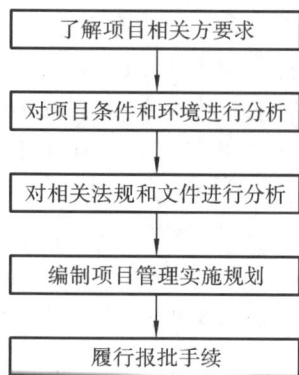

1. 项目管理实施规划编制的依据

① 适用的法律、法规和标准。

② 项目合同及相关要求。

③ 项目管理规划大纲。

④ 项目设计文件。

⑤ 工程情况与特点。

⑥ 项目资源和条件。

⑦ 有价值的历史数据。

⑧ 项目团队的能力和水平。

2. 项目管理实施规划编制程序

项目管理实施规划编制程序如图 2-6 所示。

3. 项目管理实施规划的主要内容

① 工程概况。包括工程特点、建设地点,以及环境特征、施工条件、项目管理特点、总体要求等。

② 工程施工部署和准备工作计划。主要内容有项目的质量、进度、成本及安全目标;拟投入的最高人数和平均人数;分包计划、

图 2-6 项目管理实施规划编制程序

了解项目相关方要求 → 对项目条件和环境进行分析 → 对相关法规和文件进行分析 → 编制项目管理实施规划 → 履行报批手续

劳动力使用计划、材料供应计划和机械设备供应计划;施工程序及项目管理总体安排等。

③ 工程实施方案。主要包括施工流向和施工顺序、施工阶段划分、施工方法和施工机械选择、安全施工设计、环境保护内容及方法等。

④ 进度计划。包括施工总进度计划、单位工程进度计划及分部分项工程施工进度计划。

⑤ 质量管理计划。包括对用于项目的质量管理体系的过程和资源做出规定的文件与规定项目实现过程和资源的文件。

⑥ 安全生产计划。包括工程概况、安全控制目标、安全控制程序、组织结构、职责权限、安全规章制度、资源配置、安全措施、安全检查评价及奖惩制度。

⑦ 成本管理计划。包括自下而上进行分级核算,逐层汇总;反映各成本项目指标和降低成本指标;反映各子项的成本和进度计划的相应成本。

⑧ 资源需求计划。

⑨ 风险管理计划。包括风险因素识别一览表、风险可能出现的概率及损失值估计、风险管理重点、风险防范对策等。

⑩ 信息管理计划。项目信息管理规划应包括与项目组织相适应的信息系统、项目管理软件的选择与使用规划、信息管理实施规划等。

⑪ 项目现场平面布置图。

⑫ 各项目标的控制措施。包括保证进度目标的措施、保证安全目标的措施、保证成本目标的措施、保证季节施工的措施、保护环境的措施、文明施工的措施等。

⑬ 技术经济指标。包括规划指标、规划指标的分析和评价、实施难点的对策。

4. 项目管理实施规划的管理规定

① 项目管理实施规划应经会审后,由项目经理签字并报企业主管领导人审批。

② 监理机构对项目管理实施规划应按专业和子项目进行交底,落实执行责任。

③ 当监理机构对项目管理实施规划有异议时,经协商后可由项目经理主持修改。

④ 执行项目管理实施规划过程中应进行检查和调整。

⑤ 项目管理结束后,必须对项目管理实施规划的编制、执行的经验和问题进行总结分析,并归档保存。

2.3　工程项目目标系统分析

2.3.1　工程项目系统分析过程和方法

1. 工程项目系统的特点

按照系统理论,工程项目系统具有如下特点。

① 结合性。任何工程项目系统都是由许多互相联系、互相影响、互相依赖的要素组合起来的,不管从哪个角度分析项目系统,如组织系统、行为系统、对象系统、目标系统等,都可以按结构分析方法进行多级、多层次分解,得到子单元(或要素),并可以对子单元进行描述和定义,这是项目管理方法使用的前提。

② 相关性。即各个子单元之间互相联系、互相影响,共同作用,构成一个严密的、有机的整体。项目的各个系统单元之间、项目各系统与环境系统之间都存在复杂的联系与界面。工程项目各系统

之间有内在的逻辑性，即它们之间存在决定和被决定的逻辑关系，以及出现的时间顺序。这种内在相关性对整个工程项目管理有很大影响，特别对计划、变更管理、项目组织设置、风险管理都有重要作用。

③ 目的性。工程项目有明确的目标，这个目标贯穿项目全过程和项目实施的各个方面。由于项目目标因素的多样性，它属于多目标系统。

④ 开放性。任何工程项目都是在一定的社会历史阶段，一定的时间和空间中存在的。在它的发展和实施过程中一直作为环境系统的一个子系统，与环境系统的其他方面有着各种联系，有直接的信息、材料、能源、资金的交换。

⑤ 动态性。项目的各个系统在项目过程中都显示出动态特性，例如整个项目是一个动态的、渐进的过程；在项目实施过程中，由于业主要求和环境的变化，必须相应地修改目标，修改技术设计，调整实施过程，修改项目范围；项目组织成员随相关项目任务的开始和结束，进入和退出项目。

⑥ 不确定性。现代工程项目都包含着许多风险，由于经济、政治、法律及自然等环境因素的变化造成对项目的外部干扰，项目的目标、项目的实施过程有很大的不确定性。

2. 项目系统分析的作用

按系统工作程序，在具体的项目工作，如设计、计划和实施之前必须对这个系统进行分析，把所有的工程和工作都考虑周全，透彻地分析各系统（子系统）的构成和内部联系。

项目系统分析是项目管理的基础工作，又是项目管理最有力的工具。实践证明，对于一个复杂的大型项目，没有科学的项目系统分析，或分析的结果得不到很好的利用，则不可能有高水平的项目管理，因为项目管理是分层次的、精细的目标管理。项目的设计、计划和控制不可能仅以整个笼统的项目为对象，必须考虑各个部分、各个专业工程系统和具体的工程活动。如果不进行项目的系统结构分析，在项目的设计和计划阶段，人们常常难以把所有的工作（工程）都考虑周全，也很难透彻地分析各子系统的内部联系，这会导致项目设计和计划的失误。在项目实施过程中进行频繁的变更，实施计划会被打乱，可能导致项目功能不全和质量缺陷，激烈的合同争执，甚至可能导致整个项目的失败。

3. 项目系统分析过程

对于不同种类、性质和规模的项目，从不同的系统角度，其分析方法和思路有很大的差别，但分析过程却很相近，其基本思路是：以项目目标体系为主导，以工程系统范围和项目的总任务为依据，由上而下、由粗到细地进行。一般经过如下几个步骤。

① 对项目的系统总目标和总任务进行全面研究，以划定整个项目系统的范围。

② 采用系统分解方法，将项目系统按照一定规则自上而下、由粗到细地进行分解。

a. 分析项目系统的主要组成部分，将项目系统范围分解成有独立性且范围明确的子部分（单元）。

b. 研究并确定每个子部分的特点、结构规则和构成，再分解到下层的系统单元。

c. 汇集各层次项目系统单元，按系统规则将项目单元分组，初步构成项目分解结构图。项目的系统结构一般是树状图形，它反映了项目系统的基本结构框架。

d. 分析评价各层次分解结果的正确性、完整性，分解的程度是否必要而且充分，是否遵循项目系统结构分解的原则。

e. 最终确定项目系统分解结构图（表），并建立项目系统编码规则，对分解结果进行编码。

③ 系统单元联系（界面）分析，包括界限的划分与定义、逻辑关系的分析，实施顺序安排。通过界面分析，将全部项目单元还原成一个有机的整体。这是进行网络分析、项目组织设计、项目管理工作

流程设计、沟通管理的基础工作。

④ 项目系统说明。通过设计文件、计划文件、合同文件和项目工作分解结构表等对各层次的单元进行说明,赋予项目系统单元具体的实质性内容。

项目系统分析是一个渐进的过程,它随着项目目标设计、规划、工程设计和计划工作的进展而逐渐细化。

4. 项目系统分解方法

系统分解是将复杂的管理对象分解,以观察其内部结构和联系,是项目系统分析最重要的工作,也是项目管理的基本方法之一。常用的项目系统分解方法如下。

1) 结构化分解方法

任何项目系统都有结构,都可以进行结构分解,分解的结果通常为树型结构图。工程项目中最常用的系统分解结构如下:

① 项目的目标系统可以分解成系统目标、子目标、可执行目标,得到目标分解结构(OBS);

② 工程的技术系统可以按照一定的规则分解成功能面和专业工程系统(EBS);

③ 项目的总成本可以分解为各成本要素,形成成本分解结构(CBS)。

此外还有环境系统分解结构、组织分解结构(OBS)、工作分解结构(WBS)、资源分解结构(RBS)、合同分解结构(CBS)、风险分解结构(RBS)等。

2) 过程化分解方法

项目由许多活动组成,活动的有机组合形成过程。过程还可以分为许多互相依赖的子过程或阶段。在项目管理中,可以从如下几个角度进行过程分解。

(1) 项目实施过程分解

根据系统原理,把工程项目科学地分为若干发展阶段,如前期策划、设计和计划、施工、建设过程结束等阶段,每一个阶段可以进一步分解成工作过程,如项目的前期策划可以形成如图 2-1 所示的工作程序。

不同的项目实施过程会有些差别,例如美国海军部将武器研制项目分为七大阶段:任务需求评估、初步可行性研究、可行性研究、项目决策、计划与研制、生产以及使用等阶段。每两个阶段之间有一个决策点和正式评审程序。同样每个阶段又可分解为许多工作过程。

项目实施过程的划分和界定是项目管理的一项重要工作。它对项目目标的分解,项目结构的分解,责任体系的建立,进度、成本和质量的控制,风险分析等都有重要影响。

(2) 管理工作过程分解

项目管理工作在项目实施过程中形成一定的工作过程。

① 项目管理系统按照职能分解为进度管理、成本(投资)管理、质量管理、合同管理等。每一种管理职能都可以分解为相应的预测、决策、计划、实施控制、反馈等管理活动,形成管理过程。后面各章就展示了各种职能管理的工作流程和内容。

② 项目管理按照阶段可以分解为计划过程、实施控制过程等。

如图 2-7 为项目的计划工作流程图,它清楚地描述了计划的构成和各种计划之间的关系。

项目管理系统过程描述了项目管理工作的基本逻辑关系,是项目管理系统设计的重要组成部分,也是项目信息系统设计的基础。

③ 事务性管理工作分解。在项目实施过程中还有各种申报和批准的过程、招投标过程等。

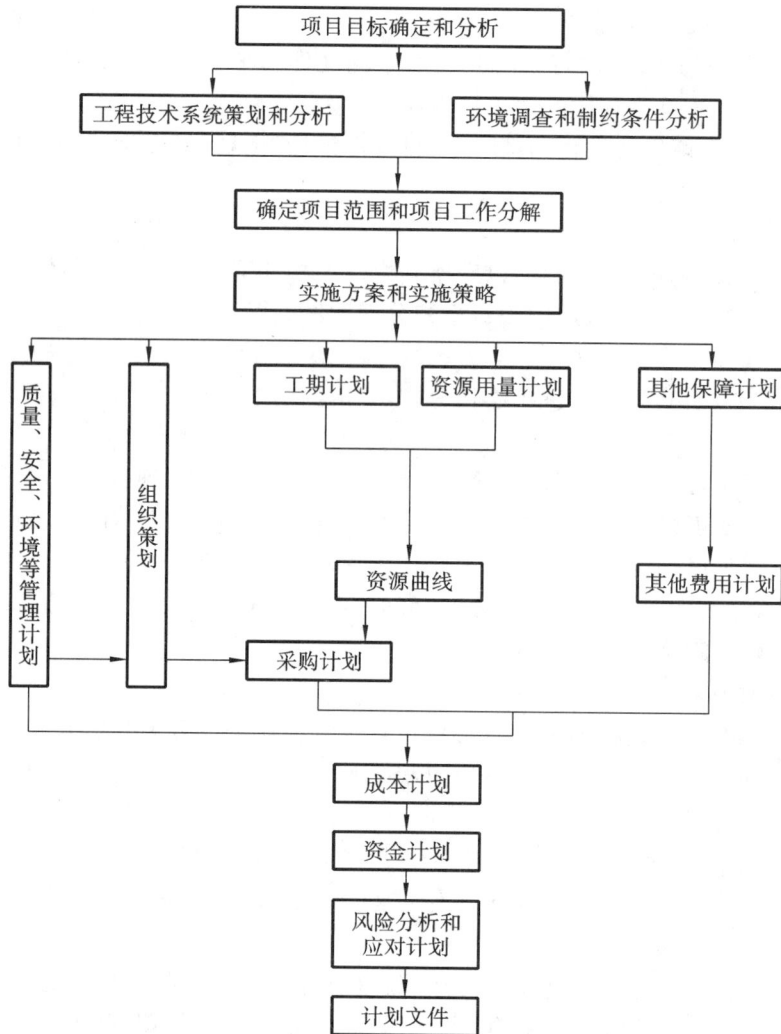

图 2-7 项目计划工作流程图

(3) 专业工作的实施过程分解

如一个房屋基础工程的施工可以分解为挖土、做垫层、扎钢筋、浇捣混凝土等工作。这种分解对工作包内工序(或更细的工程活动)的安排和构造工作包的子网络是十分重要的。

由于项目管理就是对这些过程的管理,因此它们对项目管理者十分重要。

2.3.2 工程系统分解结构

工程是在一定空间内的技术系统,它具有一定的功能,通过它的运行生产最终产品,或提供服务。对工程系统的结构分解,是假设工程已经建成,对它进行系统分解。

工程系统范围通常可以从以下两个角度定义。

① 工程的空间范围,如建筑工程的红线范围,是城市规划部门确定的工程法定占用的土地范围。例如沪宁高速公路的总体功能是为上海和南京两地间的车辆运输提供通道,它在两地之间延伸,占据着一定的土地空间。

② 工程系统的结构框架,即工程系统构成。一个工程由许多分部组成,可以按照系统方法进行结构分解,工程系统由一些功能面和专业工程系统构成。

1. 功能面

(1) 功能面的定义

功能是工程建成后应具有的作用,它与工程的用途有关,常常是在一定的平面上和空间中起作用的,所以被称为"功能面",有时又被称为"功能区"。

一个工程系统通常是由许多"功能面"组合起来的综合体。工程的总功能以及工程的运行是所属的各个功能面综合作用的结果。最常见的是一个工程系统由许多单体建筑组成,每个单体建筑在总系统中提供一定的使用(生产)功能。例如,一座工厂由各个车间、办公楼、仓库和生活区等构成;一条高速公路由各段路面、服务区、收费区、绿化区、桥梁等构成;一个校区由教学楼、图书馆、宿舍楼、实验楼、体育馆和办公楼等单体建筑物组成。

对功能面的分析、分解、综合、说明是工程规划、技术设计的重要工作。通常在工程设计前应将工程总功能目标逐步分解成各个部分功能目标,再做功能面目录,详细地说明该功能的特征,如面积和技术的(如建筑、结构、装备)、物理的(如采光、通风)要求等。

对一个复杂的工程,功能面还可能分为子功能面。

(2) 常见的工程系统的功能面分解方法

① 按产品结构进行分解。如果项目的目标是建设一个生产一定产品的工厂,则可以将它按生产(或提供、加工)的一定的中间产品或服务分解成各功能面(分厂或生产体系)。例如,新建一个汽车制造厂,则可将整个工程分解成发动机、轮胎、壳体、底盘、组装、油漆等分厂,以及办公区、库房(或停车场)等几个大区。

这类似于我国的单项工程,有时它们本身就是一个自成体系的独立工程。在这一层次的分解中要注意产品生产流程方向和产品生产过程的系列组合。

② 按平面或空间位置进行分解。如一个分厂可以按几何形体分解成几个建筑物(车间、仓库、办公室),一条道路可以分为几个区段。

一个车间、一栋建筑物还可以分解为多个功能面(或子功能面),但这里的功能是在局部被定义的。例如,一个车间厂房可能要划分为生产区和服务区,如油漆、冲压、装配、运输、办公、供应等。又如一栋办公楼可分为办公室、展览厅、会议厅、停车场、交通、公用区间等。办公室还可分为各个科室,如人事处、财务科、工会等。

2. 专业工程系统

(1) 专业工程系统的概念

每个功能面(每栋建筑)是由许多专业工程系统构成的。这些专业工程系统具有明显的专业特征,一般不能独立存在,它们必须通过系统集成共同组合成功能面。例如学校的教学楼提供教学功能,它包括建筑、结构、给水排水、电力、消防、通风、通信、多媒体、语音、智能化、电梯、控制等专业工程系统。一个办公楼可以分解为建筑、结构、供电系统、供排系统、通信系统、环卫系统、交通系统(如电梯)、办公设备。一个车间包括建筑、厂房结构、吊车设施、生产设备、电气设施、器具、系统工程等。

所以工程又是各个专业工程系统紧密结合,相互配合、相互依存的体系。

(2) 专业工程系统的形态

专业工程系统有不同的形态,有的是实体系统,如结构、给排水系统、通风系统等;有的是软件系统,如智能化系统、自动控制系统、信号系统、运行管理系统等。在现代工程中,软件系统工程也是工程技术系统的一个重要组成部分,它发挥着越来越重要的作用。随着科学技术的发展和人们对工程功能要求的提高,新的专业工程系统将会出现。

(3) 专业工程子系统

将一个工程的所有专业工程系统提取出来,就得到该工程所包含的专业工程系统结构,如地铁工程包括四十多个专业工程系统。

同类工程(如南京地铁和北京地铁、不同学校的校园)的功能面形态和布置差异可能很大,但它们的专业工程系统结构是相同的。

专业工程系统的分解对高等院校里的工程专业设置、工程设计、施工和供应企业分类,甚至工程设计专业小组和施工专业班组的划分都有很大的影响。对工程系统的结构分解思路与我国过去常用的分解方法是相似的,即一个工程可以分解为许多单项工程,单项工程分解为单位工程,进一步还可以分解为分部工程、分项工程。

2.3.3 工程项目工作分解结构

1. 工程项目工作结构分解的概念

项目是由许多互相联系、互相影响和互相依赖的活动组成的行为系统。按系统工作程序,在具体的项目工作开展之前,如设计、计划和施工之前就必须对这个系统进行分解,将项目范围规定的全部工作分解为较小的、便于管理的独立活动。通过定义这些活动的费用、进度和质量,以及它们之间的内在联系,将完成这些活动的责任赋予相应的单位和人员,建立明确的责任体系,达到控制整个项目的目的。在国外,人们将这项工作的结果称为工作分解结构,即 WBS(work breakdown structure)。

2. 项目工作结构分解的结果

项目工作结构分解是项目管理中一项十分困难的工作,专业性很强,显示不同种类工程项目的专业特点。它的科学性和实用性主要依靠项目管理者的经验和技能,分解结果的优劣也很难评价,只有在项目的设计、计划和实施控制过程中才能体现出来。项目工作结构分解的结果通常包括以下两种。

(1) 树型结构图

常见的工程项目的树型结构如图 2-8 所示。

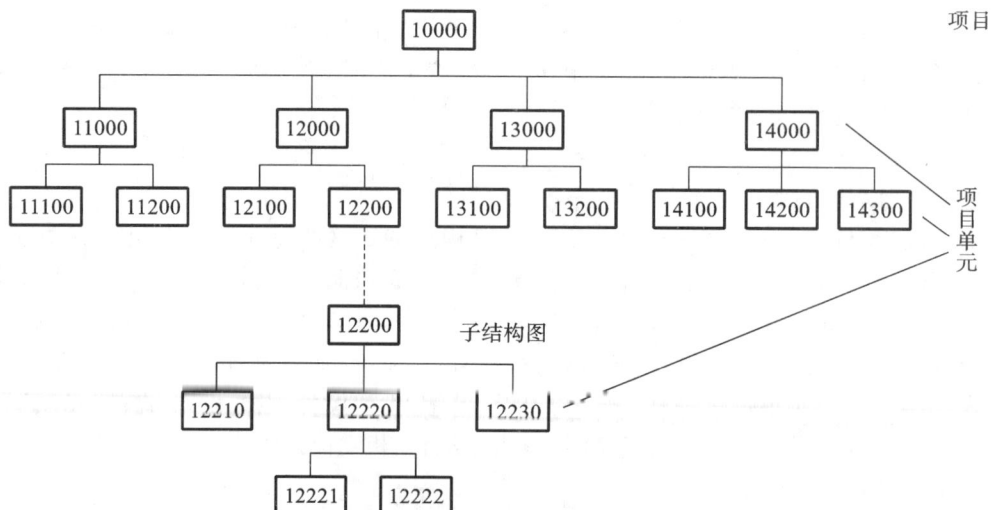

图 2-8　工程项目树形结构图

项目工作分解结构图表达了项目总体的结构框架。结构图中各层次的命名(技术术语)也各不相同,许多文献中常用"项目""子项目""任务(概括性工作)""子任务""工作包(工作细目)""活动"等表示项目结构图上不同层次的名称。本书中将图中的单元(不分层次,无论是在项目的总结构图中还是在子结构图中)又统一称为项目单元或工程活动。

(2)项目工作结构分析表(项目活动清单)

将项目工作结构图用表来表示则为项目工作结构分析表。它既是项目工作任务分配表,又是项目范围说明书。它的结构类似于计算机文件的目录路径。例如上面的项目工作分解结构图可以用一个简单的项目工作结构分析表来表示(表 2-1)。

工作结构分析表中包含了这些工作的编码、活动名称、范围定义或工作说明,以及可交付成果描述、负责人(单位)、开始和完成日期、必要的资源、成本估算、合同信息、质量要求等信息。

表 2-1　××项目工作结构分解表(项目活动清单)

编码	活动名称	负责人(单位)	预算成本	计划工期
10000				
11000				
11100				
11200				
12000				
12100				
12200				
12210				
12220				
13000				
14000				

3. 工程项目工作结构分解方法

项目工作结构分解是在工程系统分解结构(EBS)基础上进行的。由于整个工程系统、每一个功能面或专业工程系统必然都贯穿项目实施的全过程,通过项目实施活动逐渐由概念形成工程实体,因此可以按照过程化方法进行分解。

项目工作结构分解的实际工程应用表明,对大型工程项目一般在项目的早期就应进行结构分解,它是一个渐进的过程。首先,按照设计任务书或方案设计文件进行工程技术系统的结构分解,得到工程系统分解结构图,它是对工程项目作进一步设计和计划的依据。在按照实施过程作进一步的分解时,必须考虑项目实施、项目管理及各阶段的工作策略,所以项目的实施方式(承发包方式和管理模式)对项目工作结构分解有很大的影响。

常见的工程建设项目按照具体的实施过程可以分解为以下工作内容。

① 设计和计划。在对设计和计划工作进行进一步分解时,必须在工程系统的基础上考虑设计工作的实施策略,包括:

a. 按照设计阶段划分,可分为初步设计、技术设计、施工图设计等工作;

b. 不同的专业工程系统可能还有不同的设计工作的委托方式;

c. 按照设计工作的管理模式,可分为设计监理和设计审查(有时将它归入"项目管理"中);

d. 对大型和特大型工程项目(如城市地铁项目),可能还要分总体设计和不同标段(区段)的设计。

② 招投标。在对招投标工作进行进一步分解时,必须在工程系统的基础上考虑整个工程项目的发包(分标)策略,包括工程功能面标段的划分,设计、采购、施工、项目管理(包括咨询、监理)的发包方式等。

③ 实施准备。对实施准备工作做进一步分解,必须在工程系统的基础上考虑整个工程实施准备工作(如现场准备、技术准备、设备和材料的供应、采购、订货和制造)内容划分和实施准备工作责任归属(如业主责任、承包商或供应商责任)。

④ 施工。施工阶段工作进一步分解的子结构与工程系统的结构有很大的相似性,即在图 2-9 中"施工"单元下的分解在很大程度上就是技术系统的分解。有时要考虑如下问题:

a. 施工承发包方式,如采用设计—施工—供应总承包,还是采用分阶段分专业施工(土建、机械和电气安装、装饰工程)平行承包;

b. 在施工中功能面(标段)的划分;

c. 工程分阶段实施,还是一次性全面实施;

d. 有时还要考虑按照专业工作的内容分解,例如,对基础工程的施工,可以分解为打桩、挖土、基础混凝土工程、回填土等工程活动;

e. 对施工承包商,其项目任务是完成施工合同,施工项目范围由承包合同限定,则承包合同工作分解结构就是工程承包项目工作分解结构。

⑤ 试生产/验收。试生产/验收的进一步分解通常考虑以下两个方面:

a. 试生产的准备工作安排,如生产的原材料准备、操作人员培训、管理人员培训、运行管理系统建立等;

b. 工程验收的模式和验收工作的划分,如是否分阶段、分专业进行工程系统验收。

⑥ 对项目管理工作的分解。项目管理是工程项目的工作任务之一,则在工作分解结构图中必须有"项目管理"工作单元。项目管理工作包括项目的咨询工作、监理工作等。在工程项目工作结构分解图中可以分不同阶段开展项目管理,或分不同职能(如投资咨询、造价咨询、招标代理、施工监理等)开展项目管理。

4. 项目工作结构分解示例

例如某项目包括一栋楼和楼外工程的建设,其结构分解图式如图 2-9 所示。

5. 工程项目工作分解结构编码设计

对每个项目单元进行编码是现代信息化管理的要求。为了便于计算机数据处理,在项目初期应进行编码设计,建立整个项目统一的编码体系,确定编码规则和方法,并在整个项目中使用。这是项目管理规范化的基本要求,也是项目管理集成化的前提条件。

通过给予每个项目单元唯一的、不重复的数字或字母标识,使它们互相区别。编码能够标识项目单元的特征,使人们以及计算机可以方便"读出"这个项目单元的信息,如属于哪个项目、功能面(子项目)、专业工程系统和实施阶段等。在项目管理过程中,网络分析,成本管理以及数据的储存、分析、统计,均依靠编码识别。编码设计对整个项目的计划、控制和管理系统的正常运行都很关键。

项目的编码一般按照项目工作分解结构图,采用"父码+子码"的方法编制。例如在图 2-9 和表 2-1 中,项目编码为 1,则属于本项目次层子项目的编码是在项目的编码后加子项目的标识码,即为

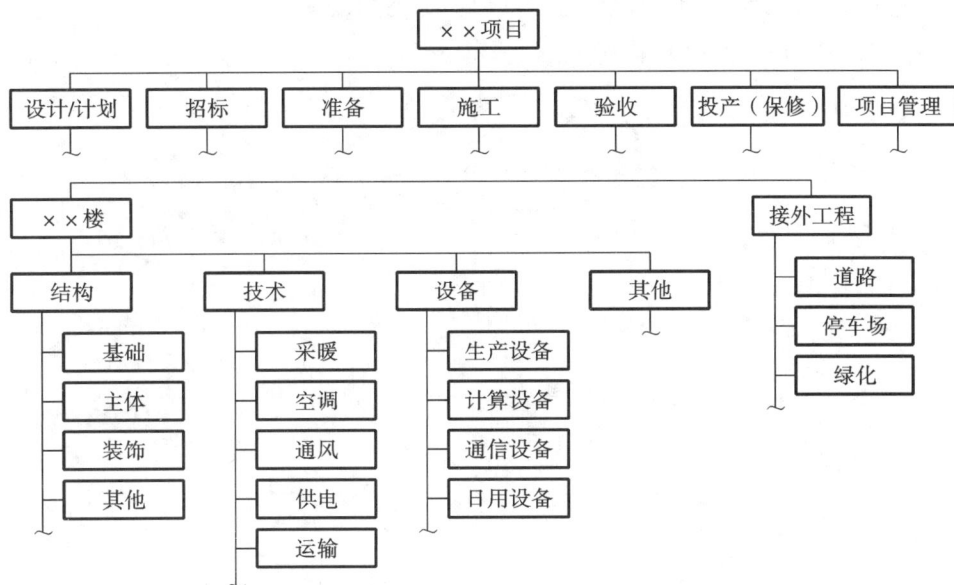

图 2-9　某办公楼工程项目工作分解结构图

11、12、13、14 等,子项目 11 的分解单元分别用 111、112、113 等表示。从一个编码中能"读"出它所代表的信息,如 14223 表示项目"1"的子项目"4",功能面"2",专业工程"2",工作包"3"。

6. 项目工作结构分解的作用

在整个项目管理中,WBS 具有十分重要的地位,是对项目进行设计、计划、目标和责任分解、成本核算、质量控制、信息管理、组织管理的工作对象。所以在国外被称为"项目管理最得力的、有用的工具和方法"。工程项目结构分解的基本作用如下。

① 项目工作分解结构既描述了项目的系统结构,又定义了项目的全部工作范围,不能有遗漏。通常列入项目工作分解结构中的工作即属于本项目的工作范围,反之则不属于本项目的工作范围。这样保证了项目结构的系统性和完整性,从而保证项目的设计、计划和控制的完整性。这是项目工作结构分解最基本的要求。

② 工作结构分解使项目的形象透明,使人们对项目范围和组成一目了然,使项目管理者,甚至不懂项目管理的业主、投资者也能方便地观察、了解和控制项目全过程。

③ 用于建立项目目标保证体系。工作分解结构能将项目实施过程、项目成果和项目组织有机地结合在一起,是进行项目任务承发包,建立项目组织,落实组织责任的依据。所以项目工作分解结构图对项目组织形式具有规定性。

④ 作为工程项目的工期计划、成本和费用估计的依据,有利于资源分配。

⑤ 将项目质量、工期、成本(投资)目标分解到各项目单元,这样可以对项目单元进行详细设计,确定实施方案,做各种计划和风险分析,实施控制,对完成状况进行评价。

如:在项目工作结构分解基础上,根据各活动间的逻辑关系,构建网络图,再确定完成各工作所需的持续时间、项目的开工日期,就可以确定整个项目的进度计划。

⑥ 作为项目报告系统的对象,是协调各部门、各专业的手段。项目工作分解结构和编码在项目中可以充当共同的信息交换语言,项目中的大量信息,如资源使用、进度报告、成本开支账单、质量检

查、变更、会谈纪要,都可以项目单元为对象进行收集、分类和沟通。

工程项目工作结构分解的作用可用图 2-10 表示。

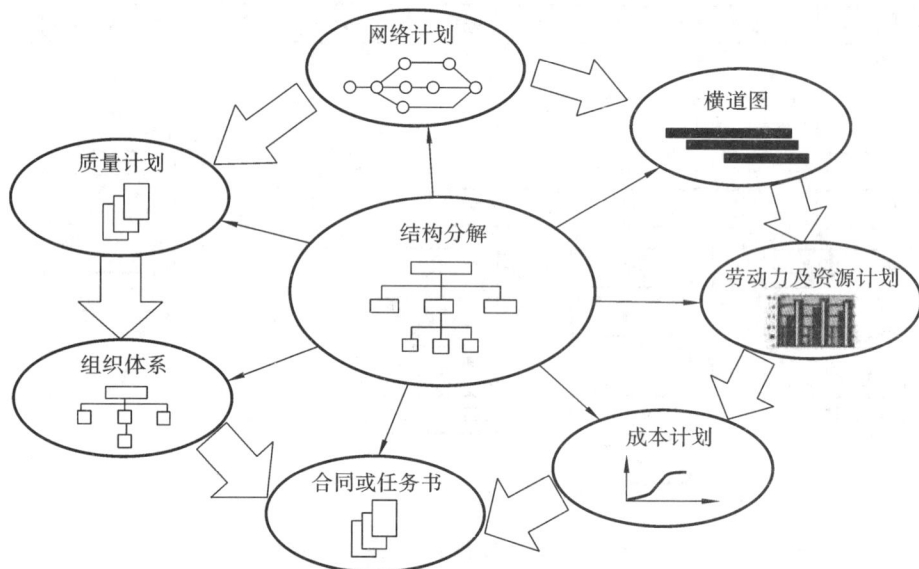

图 2-10　工程项目工作结构分解的作用

由于 WBS 在项目管理中的重要作用,在国外它又被称为"计划前的计划"或"设计前的设计"。项目规模越大,技术越复杂,越显示出该项工作的重要性。

7. 项目工作结构分解的基本原则

项目工作结构分解工作非常重要,但人们常常由于缺少经验和科学方法,分解时不系统、不科学,分解后不重视或不能充分地利用分解的结果。这往往是项目计划失误、实施失控的重要原因。目前对一些工程项目尚无统一的普遍适用的分解方法和规则,它常常受到管理者的工作经验和管理水平的影响及制约。在工作结构分解过程中应注意如下基本原则。

① 应在各层次上保持项目内容上的完整性,分解结果代表项目的范围和组成部分,它应包括项目的所有工作,不能有遗漏,要不断地检查项目工作分解结构的完整性。

② 一个项目单元只能从属于某一个上层单元,不能同时属于两个上层单元。

③ 项目单元应能区分不同的责任者和不同的工作内容,应有较高的整体性和独立性,单元之间的工作责任界面应尽可能小而明确,考虑工作任务的合理归属。这样能方便地进行项目目标和责任的分解及落实,能方便地进行成果评价和责任的分析。如果无法划定责任者,如必须由两个人(或部门)共同负责,则必须清楚说明双方的责任界限。

项目结构分解应适应组织管理的需要。由于工程项目的任务经常是通过合同委托的,而每个合同又是独立的,所以项目的分解结构应考虑项目的承包方式和合同结构。

④ 由于项目结构分解是为项目的计划和实施控制服务的,是计划和控制的主要对象,所以它还应符合项目实施者的要求和后继管理工作的需要,体现在如下两点。

a. 分解后的各个项目单元应该有可管理、可度量和相对独立的可交付成果,能方便地应用工期、质量、成本、合同、信息等管理方法和手段,符合计划和实施控制的需要。

通常,工作包是项目计划和控制的最小单元,项目目标的分解、信息、核算、组织责任要能落实到工作包。否则,这一层次的分解就没有意义。

　　b. 应符合工程的特点,考虑工程的功能或技术的特殊性,注意功能之间的有机组合,有利于提高项目的物流、工作流、资金流和信息流的效率及质量。

　　⑤ 项目工作分解结构应有一定的弹性,应能方便地扩展项目的范围、内容和变更项目的结构。在项目实施中设计变更、计划修改以及工程范围的扩大和缩小是难免的。分解结构若无弹性,则一个微小的变更就可能对结构图产生较大的影响,甚至导致一个新的分解版本或一套新的计划的出现。因此,项目编码体系设计的科学性很重要。

　　⑥ 要求适当的详细程度。对一个项目进行工作结构分解,究竟要达到什么样的详细程度比较适合? 例如分解到多少层次,分解到多少个工作包比较适合? 对此很难定量地规定。

　　总体方针是,在一个结构图内不要建立太多的层次。层次太多,不能进行有效的管理。

　　a. 如果项目工作分解层次和单元过少,则项目单元上的任务和信息容量太大,难以具体地、精细地设计、计划和控制,则失去分解的意义。项目工作分解较细,能够提高计划和控制的精度。

　　工作包上的成本(价格)量不要太大,工期不要太长,否则很难进行精确的控制。如工作包的持续时间跨几个控制期(或结算期),则它的进度和成本可控性就很差。

　　b. 如果分解得过细,层次与单元太多,结构图、表将极为复杂,则会产生如下问题。

　　Ⅰ. 项目结构失去弹性,机动灵活性较小,项目调整的余地较小,或变更的影响面太大。

　　Ⅱ. 给计划工作带来困难,增加计划费用。例如网络计划的节点、工作包说明表大量增加,则计划必须十分细致,这使得计划不可行。同时,对基层执行者(工作包责任人)的工作细节都做了详细的规定,这会束缚其工作的积极性、灵活性和创造力。

　　Ⅲ. 项目管理中信息的处理量会成倍增加。每个项目单元都是信息管理的对象。项目结构图中每增加一个单元,实施中就要增加许多相关的图表文件和管理工作量,则相应的管理费用会大幅度增加,从而降低管理工作效率。

　　Ⅳ. 有的项目管理者主观地想分解得很细,但难以实现。项目工作结构分解是专业性很强的工作,应吸引项目相关任务承担者参与结构分解工作,听取他们的意见,吸取他们的经验。这样不仅能保证分解的科学性和实用性,而且能够使他们理解和接受分解结果。

　　Ⅴ. 会造成项目组织跨度太大和(或)组织层次太多。

　　c. 通常确定结构分解的详细程度要综合考虑如下几方面因素。

　　Ⅰ. 项目承担者的角色。项目工作结构分解与项目管理者所处的层次和所负责的工作范围有关。不同的项目参加者对结构分解有不同的要求,如业主要求按项目任务书进行总体的、全面的分解,即以整个项目为对象,将项目的全过程、全部空间、所有专业均纳入分解范围,而且业主的结构分解主要用于合同体系策划和阶段控制,常常比较粗略,一般主要抓住上面几个层次。在业主的项目工作结构分解中,一个承包商所完成的项目任务(合同)可能仅作为一个项目单元。承包商的任务是完成合同规定的全部工程内容,要具体地组织施工,进行现场管理,必须对合同所规定的承包范围进行详细分解。对工作包的继续分解通常由工程小组或分包商完成。

　　Ⅱ. 工程的规模和复杂程度。大型复杂的工程项目的分解层次和单元较多,小型简单的工程项目的分解层次和单元较少。

　　Ⅲ. 风险程度。对风险程度较大的项目或项目单元(如子项目、任务等),如使用新技术、新工艺,在特殊环境内实施等,则分解得较细。这样就能详细、周密地计划,可以透彻地分析风险。而风险较小的、常规性的、技术上已经成熟的项目可以分解得较粗些。

Ⅳ. 承(分)包商或工程小组的数量。项目单元要区分不同的实施者,特别在最低层次的工作包上,即项目实施组织方式(如承包方式,采用专业班组或综合班组)对项目工作分解结构有很大的影响。如果专业化分工较细,承(分)包商数量较多,则项目单元也应分解得较细。

Ⅴ. 项目实施的不同阶段。项目工作结构分解是一个渐进的过程,随着项目目标设计、规划、设计和计划工作的进展而逐渐由粗到细、由上而下进行。

Ⅵ. 管理者要求。各层次管理者(特别是上层管理者)对项目计划和实施报告的结构、详细程度和深度的要求,如果项目成本、工期、质量报告要求详细则应分解得较细些。

2.3.4 工程项目系统界面分析

1. 界面的概念

项目系统分解是将一个项目分解成各自独立的项目单元,通过结构图对项目进行静态描述。但项目是一个有机的整体,是一个动态的过程,系统的功能常常是通过系统单元之间的互相作用、互相联系、互相影响实现的。各类项目单元之间存在着复杂的关系,即它们之间存在着界面。系统单元之间界面的划分和联系分析是项目系统分析的重要内容。

在工程项目中界面作为项目的系统特性具有十分广泛的意义,项目的各类系统,如目标系统、技术系统、行为系统、组织系统等,它们的内部系统单元之间,各类系统之间,以及各个系统与环境之间都存在界面,具体可分为如下各项。

① 目标系统的界面。目标因素之间在性质上、范围上互相区别,但它们之间又互相影响,有的有相互依存性,如产品的销售量与利润之间;有的目标因素之间存在冲突,如环境保护标准的提高会导致投资的增加和投资利润率的下降。

② 技术系统的界面。

a. 项目单元在技术上的联系最明显的是专业上的依赖和制约关系,例如结构和建筑之间,结构、建筑和工艺、设备、水、电、暖、通风各个专业之间。

b. 工程技术系统是在一定的空间上存在并起作用的,必然存在空间上的联系。例如给排水、暖通工程对结构工程有依赖性,弱电的综合布线依附于结构工程。又如各个功能面之间、各个专业工程系统之间都存在技术上的区别与复杂的联系,它们共同构成一个有序的工程技术系统。应按照生产流程安排各车间、仓库、办公楼等的位置,使工程运行有序、效率高、费用省。

技术系统界面的划分对项目工作结构分解和合理分标的影响很大,涉及合同界面划分及界面上工作责任的归属。

③ 行为系统的界面。行为系统的界面最主要的是工程活动之间的逻辑关系,通过对逻辑关系的安排将静态的项目结构转化成一个动态的整体过程,最终以网络计划的形式描述项目的过程。在项目阶段的界面上(如由可行性研究到设计、由设计到招标、由招标到施工、由施工到运行的过渡),各种管理工作,如计划、组织、指挥及控制最为活跃,也最重要。里程碑事件和许多项目控制点都位于项目阶段界面处。

④ 组织系统的界面。组织界面涉及的范围很广,包括以下内容:

a. 项目组织划分不同的单位和部门,它们有各自不同的任务、责任和权利,项目组织责任的分配、项目管理信息系统设计和组织沟通主要任务就是解决组织界面问题;

b. 不同的组织有不同的目标、组织行为和处理问题的风格,它们会带来组织冲突;

c. 组织之间有复杂的工作交往(工作流),信息交往和资源(如材料、设备和服务等)的交往;

　　d. 项目经理与协助本项目的企业职能经理之间、与业主之间以及与企业经理之间的界面是最重要的组织界面；

　　e. 组织责任的互相制衡是通过组织界面实现的；

　　f. 合同是项目组织的纽带，则签订合同实际上是一种关键性的组织界面活动；

　　g. 为了取得项目的成功，项目组织必须疏通与环境组织，如外部团体、上层组织、用户、承包企业、供应单位的关系，特别要获得上层系统的授权与支持。

　　⑤ 项目的各类系统（包括系统单元）与环境系统，以及上层组织系统之间存在着复杂的界面。总体上，项目所需要的资源、信息、资金、技术等都是通过界面输入的；项目向外界提供产品、服务、信息等也是通过界面输出的。环境对项目的影响是深远的，项目能否顺利实施并达到预期的目标在很大程度上依赖于项目与环境系统界面的契合程度。

2. 界面管理

　　在项目管理中，界面是十分重要的，大量的矛盾、争执、损失都发生在界面上。项目管理的大量工作都需要解决界面问题，如制定各种计划、组织设计、实施控制、召开相关职能会议、解决组织矛盾、项目变更、信息管理等。因此，对于复杂的大型工程项目，界面必须经过精心组织和设计，作为项目管理的一个重要对象。

　　① 界面管理首先要保证系统界面之间的相容性，使项目系统单元之间有良好的接口和相同的规格。这种良好的接口是工程安全、稳定、经济和高效率运行的基本保证。

　　② 保证系统的完备性，不失掉任何工作、设备、信息等，防止发生工作内容、成本和质量责任归属的争执。在实际工程中人们特别容易遗忘界面上的工作；同时，项目参加者们常常推卸界面上的工作任务，引起组织之间的界面争执。

　　③ 对界面进行定义，并形成文件，在项目的实施中保持界面清晰，当工程发生变更时特别应注意变更对界面的影响。

　　④ 大量的管理工作（如检查、分析和决策）都集中在界面上，必须在界面处设置检查验收点、里程碑、决策点和控制点，应采用系统方法从组织、管理、技术、经济和合同等方面主动地进行界面管理。

　　⑤ 在项目的设计、计划和施工中，必须注意界面之间的联系和制约，解决界面之间的不协调、障碍和争执，主动地、积极地处理系统界面的关系，对相互影响的因素进行协调。

　　现代项目管理强调集成化和综合化，界面管理尤为重要。

3. 项目系统界面的定义文件

　　由于界面具有非常广泛的意义，而一个工程项目的界面不胜枚举，数量极大，一般仅对重要的界面进行设计、计划、说明和控制。

　　项目系统界面定义文件应能够综合地表达界面的信息，如技术界限、工期界限、成本界限等（表2-2）。

表 2-2　界面说明

项目：		子项目：		
界面号：				
部门：		部门：		
技术界限			已清楚	尚未清楚

续表

工期界限		已清楚	尚未清楚
成本界限		已清楚	尚未清楚
签字：	签字：		

在项目实施过程中，通过图纸、规范、计划等进一步详细描述界面。如果项目目标、工程设计、实施方案、组织责任发生任何变更，都可能引起上述内容的变更，则界面文件必须作相应的修改。对于开发型项目，特别是软件开发项目或信息系统开发项目，界面的说明文件特别重要，常常关系到项目的成败。

2.3.5 工程项目系统的描述体系

1. 工程项目系统描述体系

项目结构图展现的是项目的总体范围和构成。对各个项目单元应有具体内容的定义，包括目标分解、功能要求、质量标准、时间的安排、责任人、工程活动的安排、成本及工期等。它们是各阶段项目目标设计、技术设计和计划的成果，同时又是进一步设计和计划的基础，也是实施控制的依据。按照项目管理的需要，项目系统的说明文件应是完备的，对项目的各个方面都应具有规定性，可以从各个角度系统地描述项目的形象。广义地说，项目系统是通过许多文件说明和定义的，包括项目目标设计、项目建议书、可行性研究报告、项目任务书、规划和设计文件（包括规范、模型和图纸）、项目工作分解结构图、计划文件（工期、费用计划）、招标文件、合同文件以及操作说明等。

工程项目的系统描述体系可以分解为以下几个层次。

（1）项目系统目标文件

项目系统目标文件是项目最高层次的文件，对项目的各方面都有规定，包括项目建议书、可行性研究报告、项目任务书等。

（2）工程系统设计（说明）文件

工程系统设计（说明）文件按照目标文件编制，主要通过工程规划文件、产品要求说明书、图纸、规范、工程量表和模型等，描述工程系统的要求、技术原则与特征。

① 工程规划文件。这是按照项目目标设计和批准的项目任务书对工程系统进行的总体策划。首先是对项目的总体目标和总功能的说明，并在建筑场地上进行区域和总体功能的布置。

② 各功能面或各栋建筑物的规划文件。包括建筑造型、楼层总面积、结构、水电等的设计要求，以及设备布置、功能说明和各建筑空间功能面的布置及面积的分配。

③ 专业工程系统设计说明。它主要说明功能面某一专业工程系统的技术要求，在功能面上的布置，与其他专业工程系统之间的关系，以及技术标准、材料等各方面的要求。

④ 专业工程设计文件，如各专业工程系统的施工图和技术规范等。

（3）实施方案和计划文件

这一类文件是按照项目目标文件和工程设计文件编制的，说明如何完成工程建设工作，包括工程的施工方案、各种实施计划、投标文件、技术措施、项目组织、项目管理计划等。

（4）工作包说明

为了进行有效的控制,必须将项目目标和任务分解落实到具体的项目单元上,从各个方面(质量、技术要求、实施活动的责任人、费用限制、工期、前提条件等)对它们进行详细的说明和定义。这个工作应与相应的技术设计、计划、组织安排等工作同步进行。项目任务书、承(分)包合同、供应合同、施工组织设计、工作包说明表等都是对项目单元综合性的定义文件。

在项目工作分解结构中,最低层次的项目单元是工作包,它是计划和控制的最小单位,是项目目标管理的具体体现。工作包所包括的工作范围的大小没有具体的规定,工作包说明表的格式、结构、粗细程度因项目管理的不同要求会有很大的变化,但它的实质内容是相似的。常见的工作包说明表的格式见表 2-3。

表 2-3　工作包说明表

项目名： 子项目名：	工作包编码：	日　期： 版　次：
工作包名称：		
结果：		
前提条件：		
工程活动(或事件)：		
负责人：		
费用 计划： 实际：	其他参加者：	工期 计划： 实际：

2. 项目系统描述体系的关系

项目系统的描述包含了上述几个层次,它们共同构成对项目的系统描述体系。在项目的实施过程中,上述文件之间存在时间顺序和依存关系。通常由目标文件决定技术设计,再共同决定实施方案和计划,以此类推。在该描述体系中,上层文件的修改必然会引起下层文件的变更。例如目标的变更会引起设计方案的变更,设计方案的修改会引起实施方案和计划的变更。而上述的任何一项变更都会引起工作包说明内容的变更。根据上述系统描述的关系可以分析一项变更(如目标变更、设计方案或图纸变更、实施方案变更)的影响范围和相应必须修改的文件的范围。

3. 项目系统描述体系的管理

在工程项目实施过程中,需要对项目的系统描述文件进行管理。

① 对项目系统状态描述体系进行标识并形成文件。在项目前期策划、设计和计划阶段,用一系列文件、规范和图纸来描述项目系统状态,使人们一开始就对项目的系统目标、系统构成、工程技术状态(技术性能、功能特性和物理特性)和系统实施过程等具有总体的、清晰的概念,并了解它们是由哪些文件表示的或实现的。所有的系统描述应形成文件和状态报告,应建立各种文档,记录并报告其实施状况。

② 在系统描述文件确定后,对项目系统状况的任何变更应进行严格控制,以确保工程项目变更不损害系统目标、性能、费用和进度,不造成混乱。这种对项目系统状态的把握能确保对项目实施过程以最低费用和最快的速度进行跟踪、变更和控制。

③ 在项目运行过程中,可以应用项目系统描述文件对设计、计划和施工过程进行经常性的检查和跟踪,例如对设计的完整性、技术方案的性能、实用性和安全性等做出审查、评价。

④ 在工程竣工交付前,应以项目系统描述体系对项目的实施过程和最终工程状况进行全面审核,其目的是验证项目的目标和范围是否全面完成,技术系统性能与功能状态是否符合规范和合同要求,并将这项工作成果带入工程的运行阶段。

在现代工程中,人们可以通过更直接明了的方法反映项目的系统状况,如通过模型、CAD 技术透视工程技术系统的状况。BIM 技术可以集成项目的整个描述体系,如其不仅可以展示工程规划成果、各专业工程系统结构和相互关系,各个专业工程系统特性,而且可以展示虚拟施工过程或运行过程,使人们能够更好地把握项目的系统结构和动态过程。

【案例】 某高速公路工程建设目标系统设计

1. 项目构思

我国某地区的两个大城市之间直线相距约 250 千米,有六个大中城市相连接。该地区是我国经济发达的地区之一。考虑到当地的交通条件,以及该地区的社会和经济发展状况,拟建一条沟通这六大城市的高速公路。

2. 环境调查和问题的定义

(1) 两地之间的交通状况

目前,连接两地的公路的路基路面较差,多为三级和四级公路,交通流量大大超过公路网的承受能力,交通阻塞,事故频发。进一步调查后,发现问题及其原因如下。

① 在两个城市间驱车常需 8~10 小时,行车速度平均为 30 千米/时,交通"瓶颈"问题严重。

② 交通混乱,经常出现堵塞和排队现象,主要表现在:

a. 交通管理问题,许多小商小贩侵占道路,交警太少,许多驾驶人员不按照交通规则行车;

b. 交叉路口多,许多路口无红绿灯;

c. 出现事故或堵塞状况时,排障不及时等。

③ 交通事故多,其原因有:

a. 交通混乱,容易引起事故;

b. 告示牌少,路面窄,岔路口多,弯道多;

c. 非机动车辆抢道,行人经常横穿马路等。

④ 污染严重,原因如下:

a. 车速低,堵车造成废气排放量大;

b. 燃油质量不符合标准,特别是路边许多私人加油站的燃油质量无法保证;

c. 许多旧车、破车的废气排放超过国家规定的排放标准;

d. 车辆太脏;

e. 周边居民向路上抛垃圾。

(2) 该地区社会和经济发展对公路交通的需求预测

① 该公路沿线地区面积占全国的 0.3%,人口占全国的 3%,而其国内生产总值却占全国的 9.4%,其经济地位在全国举足轻重。该地区又是外商投资的重点地区之一。然而,该地区人均公路占有里程屈居全国之末。

② 该地区具有优越的地理条件、雄厚的人才资源和较好的经济基础,尤其是第三产业飞速发展和乡镇企业的异军突起,都会带来公路运输量的增加。

③ 随着改革开放,该地区的旅游业将有更大的发展,对公路运输的需求会持续大幅度上升,并将长盛不衰。

（3）建设高速公路的必要性

① 世界各国经济发展的经验表明:在经济建设中,交通运输业必须超前发展,并有一定的储备能力,经济要大发展,必须构筑大通道。

② 公路运输所具备的优势。公路运输的密度大大高于铁路网与水运网,能深入其他运输方式不能到达的地区,是城乡交流的纽带,具备灵活、机动、迅速、方便等特点。

（4）存在的制约条件

① 该地区现有的交通已有一条国道,有铁路复线,有江河水道。

② 该地区人多地少,土地资源稀缺,建设高速公路要占用大量耕地,将会影响农业生产。

③ 修建高速公路投资大,工期长,见效慢,资金缺口大,技术难度高。

（5）相关法律、法规

土地管理法、城市规划法、水土保持法、环境保护法、文物保护法、公路工程技术标准、公路网规划编制办法等。

经国内外专家共同论证,在这两个城市之间建设高速公路的构思获得初步批准。

3. 目标因素

项目总体目标:建成国内领先水平的,能展现沿线现代化风貌的标志性高速公路工程。

项目的系统目标和主要子目标包括如下各项。

（1）功能目标:符合我国高速公路标准的交通和服务功能

① 交通功能（问题的解决程度）。

a. 正常运行后,2010年日平均交通量达2万辆,2020年日平均交通量达5.5万辆,设计的最大交通量为6万辆。

b. 设计最高时速为120千米,两地间的行车时间由原来的10个小时缩短为3~4个小时。

② 服务功能。预计运行期间,日均有2500辆车停靠服务区休息,日均加油90000升。

全线设6处服务区,有较为齐全的人、车服务系统,具备:

a. 汽车服务功能,如加油、汽修、停车、洗车等;

b. 旅客服务功能,如休息、卫生、购物、餐饮等。

③ 安全功能。为降低事故发生率,保证车辆快速安全行驶,全线设有齐全的交通安全设施,包括标志、标线、护栏、隔离栅、防落物网,以及防眩晕、防反光设施等。

④ 交通管理功能。

a. 监控功能:全路设总监控中心及六市分监控中心,沿路设备主要包括车辆检测器、可变情报板、可变限速标志、气象检测器、电视摄像机等。

b. 通信功能:主要包括光纤数字传输系统、光纤视频传输系统、程控数字交换系统、指令电话系统、紧急电话系统等。

c. 事故排障功能:达到确定的事故排障能力和排障速度要求,设置巡逻车辆和排障车辆,以及每千米设1部报警电话。

d. 收费功能:共设置2个立交收费站,1个支线收费站,17个匝道收费站。采用入口发卡、出口收费的封闭式收费方式,采用不接触IC卡人工收费系统和不停车电子收费系统。

e. 能源供应功能:为全线的管理、服务设施提供正常用电。

f. 照明功能：交通立交、收费广场、服务区等处均设较齐备的照明系统。

g. 公路的运行维护功能。

(2) 技术目标：符合我国高速公路的技术设计规范

① 全封闭，全立交，高速公路全长约 280 千米。

② 路基宽 26 m，中央分隔带宽 3 m，双向四车道。

③ 按照我国高速公路标准确定以下各项内容。

a. 路线：平面线形、纵面线形、平纵组合设计，全线采用最大平面曲率半径和最小平面曲率半径，设置弯道的数量等。

b. 路基：路基宽度，边坡，排水工程和防护工程要求。

c. 路面：主线为沥青混凝土路面，设计年限为 15 年；收费站广场、通道连接线为混凝土路面，设计年限为 30 年。

d. 桥梁涵洞：按照线路要求设置 431 座桥和 616 道涵洞，按照设计标准确定桥梁和涵洞的净宽度及设计车辆荷载。

e. 互通式立交：按照公路周边和规范要求共设互通式交叉 20 处，通道 294 条。

(3) 经济目标：高于国内已建成运行的几条高速公路的经济效益

① 总投资(建设成本)：项目总概算为 90 亿元人民币。

② 预计 ×××× 年前建成通车，本高速公路为收费道路，在各个互通立交上设收费站。持续经营 30 年，其收益现值为 X_1 亿元。

③ 预计 X_2 年收回投资，项目内部收益率为 $Y\%$。

④ 投资结构：采用股本融资和债务融资，包括国家股、法人股以及银行贷款。

(4) 社会目标：促进当地国民经济和社会的发展

① 加快沿线地区经济的发展，将沿线六个城市纳入一个统一的经济带，促进沿线乡镇经济更快发展。预计国民经济的产出效益为投入量的 X_3 倍。

② 带动沿线旅游业、餐饮业的发展。

③ 促进铁路部门提高列车运行速度，改善服务。

④ 创造良好的投资环境，改善地区投资形象。

⑤ 邮电业以高速公路为依托开通快速邮路。

⑥ 促进劳动就业程度。

⑦ 改善交通环境，降低事故发生率。

(5) 生态目标

① 环保绿化。为净化空气，美化环境，中央分隔带、边坡均设草皮绿化，服务区要单独进行绿化和景观设计。

② 服务区污染治理要求，妥善解决好环境污染问题(如噪声、废气、废水等)。

③ 公路周围景观要求。高速公路的路、桥、构筑物等相互配合，并与沿途山水地貌和沿线环境协调，保证公路建成后沿线路通、水通、管线相通。

④ 防噪声要求。在穿越城镇或居民区的路段必须按照国家标准设置防噪声屏障。

但是，有些要求不能满足，如周边许多小乡镇要求建立入口通道，若此将造成公路的不封闭。

【思考与练习】

1. 什么是工程项目策划工作？包括哪几个步骤？

2. 什么是工程项目管理规划？简述其作用。

3. 简述工程项目管理规划大纲的性质及作用。

4. 简述施工项目管理实施规划的内容。

5. 工程项目的目标因素是由什么决定的？

6. 简述工程项目目标系统的结构。

7. 简述工程项目可行性研究的主要内容。

8. 简述项目系统分析的过程。

9. 什么是工程项目工作分解结构？简述其作用。

10. 简述工程项目工作分解结构的基本原则。

11. 假设某领导视察某地大桥，看到大桥上拥挤不堪，则产生在该地建设长江二桥的构思。他翻阅了该地区长江段地图，指示在大桥下游某处建设长江二桥，并指示作可行性研究。试分析该工程项目在构思过程中存在的问题。

12. 分析题：在某中外合资项目中参加者各方有如下目标因素。

外商：投资回报率，增加其产品在中国市场的占有份额。

当地政府：发展经济，吸引外资，增加就业，增加当地税费收入，改善地方形象。

法律：环境保护法要求的"三废"排放标准，税法，劳动保护法。

中方企业：吸引外资，对老产品进行更新改造，提高产品的技术水平，增加产品的市场占有率和产品年产量，充分利用现有的厂房、技术人员、工人和土地。

试分析：

(1) 在上述目标中，哪些属于期望的目标？哪些属于强制性目标？哪些属于定量目标？哪些属于定性目标？

(2) 在上述目标因素中，哪些目标因素之间存在争执？

(3) 哪些目标因素可以通过项目解决？哪些不能依靠项目解决？

13. 以自己工作的办公楼或上课的教学楼的建设为例，进行项目结构分解。角度为承包商的项目经理，采用设计—施工总承包方式。

(1) 对工程的建筑、结构、设备和设施等作简单描述。

(2) 对项目的组织策略和实施过程作出说明。

(3) 在上述的基础上画出项目工作分解结构图。

第3章　工程项目组织与沟通管理

党的二十大报告中强调,严密的组织体系是党的优势所在、力量所在。作为工程项目,完备的组织结构体系对有效地实施工程项目管理有着十分重要的意义。

工程项目组织是指为完成特定的工程项目而建立的组织。先成立项目管理部,确定项目经理的工作目标任务,做好项目经理部门的人员工作安排,再对外公示项目经理部成员的工作职责,并对其工作内容进行明确,对其权力的使用进行解读。项目经理通过与人员的沟通交流来实施管理并解决工程项目管理的实际问题。

本章主要内容包括:工程项目组织概述;工程项目组织结构模式;工程项目组织形式;工程项目经理、项目经理部;工程项目的沟通管理。

3.1　工程项目组织概述

3.1.1　组织的基本理论

组织理论分为相互关联的两个研究方向:组织结构学和组织行为学。组织结构学侧重组织的静态研究,即组织结构的建立,研究目的是建立高效的组织结构;组织行为学侧重组织的动态研究,即组织结构的活动与运行,研究目的是通过合理的资源配置、良好的组织关系,实现组织职能。

1. 组织

组织是为了实现某种既定目标,通过明确分工协作关系,建立不同层次的权利、责任、利益制度而构成的能够一体化运行的人的系统。它可以理解为以下几个方面。

① 组织是人们具有共同目标的集合体。

② 组织是人们运用不同的知识和技术的技术系统,也是人们相互影响的社会心理系统。

③ 组织是人们通过某种形式的结构关系而共同工作的集合体。

2. 组织结构

组织结构是组织的实体,即组织的各要素相互作用的方式或形式,是执行管理任务的体制,通常用组织系统图表示。组织系统图的基本表现形式有组织结构图、职位描述图、工作流程图等。

3. 组织结构的构成因素

组织结构由管理层次、管理跨度、管理部门、管理职责四部分组成,它们相互联系、相互制约。在进行组织结构设计中,应考虑它们之间的相互关系。

1) 管理层次

管理层次是从最高层管理者到最低层执行者的等级层次。管理层次越少,信息传递就越快,不易失真,而且所需要的人员和设备越少,协调的难度也越小。

2) 管理跨度

管理跨度即管理幅度,是指上级管理者能够直接管理的下级人数。管理跨度越小,管理的人员就越越少,处理人与人之间关系的数量就越小,所承担的工作量也就少。

　　管理跨度与管理层次是相互联系与制约的,二者成反比例的关系,即管理跨度越小,则管理层次越多;反之,管理跨度越大,则管理层次越少。合理确定管理跨度的原则是管理人员能有效地领导、协调其下属的工作。

　　影响管理跨度的因素如下。

　　(1)管理者因素

　　通常情况下,处在较高管理层次的管理者,管理跨度较小,而处于较低管理层次的管理者,管理跨度较大。

　　对授权意识较强的管理者,可以设置较大的管理跨度,这样可以充分发挥下属的积极性,使他们能从工作中得到满足。

　　(2)被管理者因素

　　若被管理者的素质高,具有高度的责任感,受过良好的教育,管理者处理上下级关系所需的时间和次数就越少,可以设置较大的管理跨度。反之,应设置较小的管理跨度。

　　(3)工作因素

　　工作性质复杂,管理跨度应该设置得较小,相反,工作性质简单,则可以设置较大的管理跨度。因为面对复杂的工作,管理者需要与其下属之间保持经常的接触和联系,一起讨论完成工作的方法和措施,所以能够设置较小的管理跨度。

　　(4)组织因素

　　对具有较强凝聚力的组织,可以设置较大的管理跨度,也能够满足管理和协调的需要;而对群体凝聚力较弱的组织则应该设置较小的管理跨度。

　　3)管理部门

　　对管理部门的划分是将工程项目总目标划分为若干具体的子目标,然后把子目标对应的具体工作合并归类,并建立起符合专业分工与协作要求的管理部门,赋予其相应职责和权限。

　　4)管理职责

　　每个岗位均有相应的职责、权力、利益。为提高管理的效率和质量、便于考核,应职责明确,以保证和激励管理部门履行其职责。

3.1.2　工程项目组织的特点

　　工程项目组织是为实现工程目标而建立的项目管理工作组织系统。它包括项目业主、承包商、供应商等管理主体之间的项目管理模式,以及管理主体针对具体工程项目所建立的内部自身的项目管理模式。

　　不同的工程项目具有不同的组织特点,但其具有如下基本共性。

　　(1)一次性的项目组织

　　工程项目组织是为了实现项目目标而建立的。因为工程项目是一次性的,所以项目完成后,项目组织就解散。

　　(2)复杂的项目组织

　　由于工程项目的参与者多,且在项目中任务不同、目标不同,形成了由不同的组织结构形式组成的复杂的组织结构体系。但又是为了完成项目的共同目标,所以这些组织应该相互适应。同时,工程项目组织还要与本企业的组织形式相互适应,这也增加了项目组织的复杂性。

（3）动态变化的项目组织

项目在不同的实施阶段，工作内容不同、项目的参与者不同；同一参与者，在项目的不同阶段任务也不同。因此，项目组织随着项目的进展发生阶段性动态变化。

（4）与企业组织关系紧密的项目组织

项目组织是企业组建的，它是企业组织的组成部分；同时企业是项目组织的外部环境，项目组织人员来自企业，并回归企业。从企业的经营目标、企业的文化到企业资源、利益的分配都影响着项目组织效率。

3.1.3 工程项目管理组织的建立

工程项目管理组织的建立，首先确定工程项目的项目管理模式，然后确定各参与单位自身采用的项目组织形式。工程项目管理组织的建立步骤如下。

1. 确定工程项目管理模式

根据现阶段我国相关法律法规以及工程项目特点，在我国工程项目管理体制的基本框架下，选择工程项目管理模式。

2. 建立工程项目组织

（1）明确项目管理目标

工程项目管理目标取决于项目目标，主要是工期、质量、成本、安全四大目标。由于工程项目各参与单位的项目管理目标是不同的，建立项目组织时应该明确本组织的项目管理目标。

（2）明确管理工作内容

项目管理工作内容根据管理目标确定，是项目目标的细化和落实。细化依据项目的规模、性质、复杂程度以及组织人员的技术业务水平、组织管理水平等因素进行。

（3）选择项目组织结构形式

项目组织结构形式有多种，不同的组织结构形式适应不同的项目管理需要。根据项目的性质、规模、建设阶段的不同进行选择，选择应考虑有利于项目目标的实现、有利于决策的执行、有利于信息的沟通。

（4）确定项目组织结构管理层次和跨度

管理层次和管理跨度是影响项目组织工作的主要因素，应根据项目具体情况确定相互统一、协调一致的管理层次和跨度。

（5）定岗定职定编

项目组织机构设置的一项重要原则是以事设岗、以岗定人。根据工作划分岗位，根据岗位确定职责，根据职责确定权益；按岗位职务的要求和组织原则，选配合适的管理人员。

（6）理顺工作流程和信息流程

合理的工作流程和信息流程是保证项目管理工作科学有序进行的基础，是明确工作岗位考核标准的依据，是严肃工作纪律、使工作人员人尽其责的主要手段。

（7）制定考核标准，定期进行考核

为保证项目目标的最终实现和项目工作内容的完成，必须对各工作岗位制定考核标准，包括考核内容、考核时间、考核形式等，并按照考核标准，规范开展工作，定期进行考核。

3.2　工程项目组织结构模式

常用的组织结构模式包括职能组织结构(图 3-1)、线性组织结构(图 3-2)和矩阵组织结构(图 3-3)等。这几种常用的组织结构模式既可以在企业管理中运用,也可以在建设项目管理中运用。

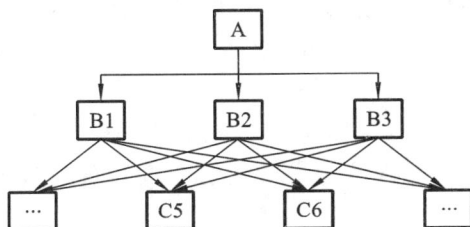

图 3-1　职能组织结构

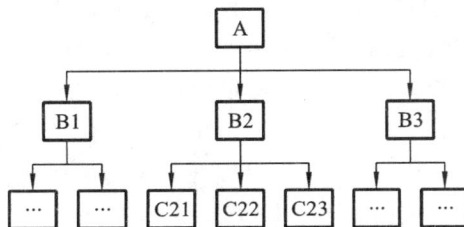

图 3-2　线性组织结构

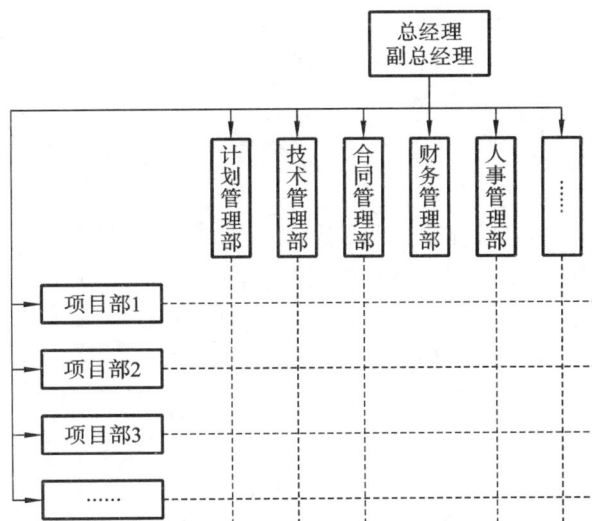

图 3-3　施工企业矩阵组织结构模式的示例

组织结构模式反映了一个组织系统中各子系统之间或各组织元素(如各工作部门)之间的指令关系。组织分工反映了一个组织系统中各子系统或各组织元素的工作任务分工和管理职能分工。组织结构模式和组织分工都是一种相对静态的组织关系。而工作流程组织则反映一个组织系统中各项工作之间的逻辑关系,是一种动态关系。在一个建设工程项目实施过程中,其管理工作的流程、信息处理的流程,以及设计工作、物资采购和施工流程的组织都属于工作流程组织的范畴。

3.2.1　职能组织结构的特点及其应用

在人类历史发展过程中,当手工业作坊发展到一定的规模时,一个企业内需要设置对人、财、物和产、供、销管理的职能部门,这样就产生了初级的职能组织结构。因此,职能组织结构是一种传统的组织结构模式。在职能组织结构中,每一个职能部门可根据它的管理职能对其直接和非直接的下属工作部门下达工作指令,因此,每一个工作部门可能得到其直接和非直接的上级工作部门下达的工作指令,它就会有多个矛盾的指令源。一个工作部门多个矛盾的指令源会影响企业管理机制的运行。

在一般的工业企业中,设有人、财、物和产、供、销管理的职能部门,另有生产车间和后勤保障机构等。虽然生产车间和后勤保障机构并不一定是职能部门的直接下属部门,但是职能管理部门可以在其管理的职能范围内对生产车间和后勤保障机构下达工作指令,这是典型的职能组织结构。在高等院校中,设有人事、财务、教学、科研和基本建设等管理的职能部门(处、室),另有学院、系和研究中心等教学和科研的机构,其组织结构模式也是职能组织结构,人事处和教务处等都可对学院和系下达其分管范围内的工作指令。我国多数的企业、学校、事业单位目前还沿用这种传统的组织结构模式。许多建设项目也沿用这种传统的组织结构模式,在工作中常出现交叉和矛盾的工作指令关系,严重影响了项目管理机制的运行和项目目标的实现。

在如图 3-1 所示的职能组织结构中、A、B1、B2、B3、C5 和 C6 都是工作部门,A 可以对 B1、B2、B3下达指令;B1、B2、B3 都可以在其管理的职能范围内对 C5 和 C6 下达指令,因此 C5 和 C6 有多个指令源,其中有些指令可能是矛盾的。

3.2.2　线性组织结构的特点及其应用

在军事组织系统中,组织纪律非常严谨,军、师、旅、团、营、连、排和班的组织关系按指令逐级下达,一级指挥一级,一级对一级负责。线性组织结构就是来自这种十分严谨的军事组织系统。在线性组织结构中,每一个工作部门只能对其直接的下属部门下达工作指令,每一个工作部门也只有一个直接的上级部门,因此,每一个工作部门只有唯一的指令源,避免了由于矛盾的指令而影响组织系统的运行。

在国际上,线性组织结构模式是建设项目管理组织系统的一种常用模式,因为一个建设项目的参与单位很多,少则数十,多则数百,大型项目的参与单位将数以千计,在项目实施过程中矛盾的指令会给工程项目目标的实现造成很大的影响,而线性组织结构模式可确保工作指令的唯一性。但在一个特大的组织系统中,由于线性组织结构模式的指令路径过长,有可能会在一定程度上造成组织系统运行的困难。图 3-2 所示的线性组织结构中:

① A 可以对其直接的下属部门 B1、B2、B3 下达指令;

② B2 可以对其直接的下属部门 C21、C22、C23 下达指令;

③ 虽然 B1 和 B3 比 C21、C22、C23 高一个组织层次,但是 B1 和 B3 并不是 C21、C22、C23 的直接上级部门,它们不被允许对 C21、C22、C23 下达指令。

在该组织结构中,每一个工作部门的指令源是唯一的。

3.2.3　矩阵组织结构的特点及其应用

矩阵组织结构是一种较新的组织结构模式。在矩阵组织结构最高指挥者(部门)下设纵向和横向两种不同类型的工作部门。纵向工作部门如人、财、物、产、供、销的职能管理部门,横向工作部门如生产车间等。一个施工企业,如采用矩阵组织结构模式,则纵向工作部门可以是计划管理、技术管理、合同管理、财务管理和人事管理部门等,而横向工作部门可以是项目部(图 3-3)。

一个大型建设项目如采用矩阵组织结构模式,则纵向工作部门可以是投资控制、进度控制、质量控制、合同管理、信息管理、人事管理、财务管理和物资管理等部门,而横向工作部门可以是各子项目的项目管理部(图 3-4)。矩阵组织结构适宜用于大的组织系统,在上海地铁和广州地铁一号线建设时都采用了矩阵组织结构模式。

在矩阵组织结构中,每一项纵向和横向交汇的工作,如图 3-4 所示的项目管理部 1 涉及的投资问

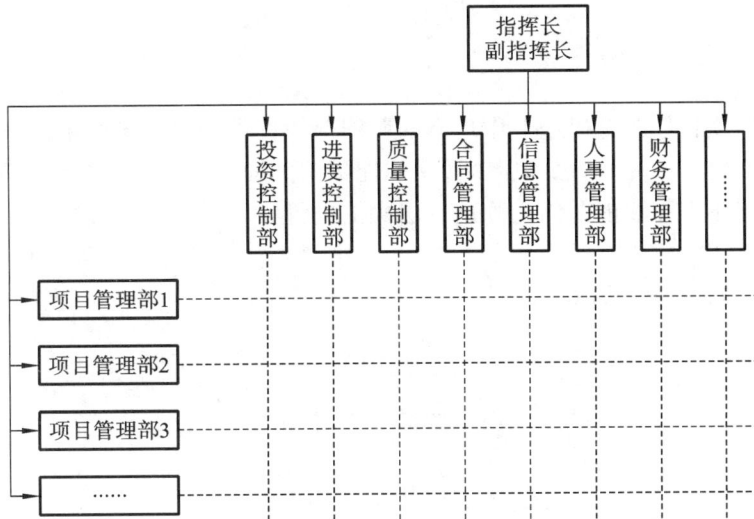

图 3-4　一个大型建设项目采用矩阵组织结构模式的示例

题,指令来自纵向和横向两个工作部门,因此其指令源为两个。当纵向和横向工作部门的指令发生矛盾时,由该组织系统的最高指挥者(部门),即如图 3-5(a)所示的 A 进行协调或决策。

在矩阵组织结构中,为避免纵向和横向工作部门指令矛盾对工作的影响,可以采用以纵向工作部门指令为主[图 3-5(b)]或以横向工作部门指令为主[图 3-5(c)]的矩阵组织结构模式,这样也可减轻该组织系统的最高指挥者(部门),即如图 3-5(b)和图 3-5(c)所示中 A 的协调工作量。

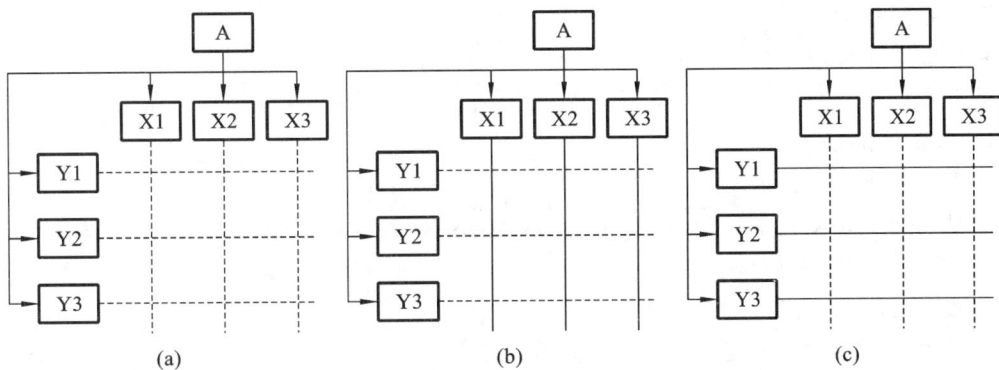

图 3-5　矩阵组织结构

(a)矩阵组织结构;(b)以纵向工作部门指令为主的矩阵组织结构;
(c)以横向工作部门指令为主的矩阵组织结构

3.3　工程项目组织形式

工程项目组织形式是组织中各要素相互联结的框架的形式。该形式按组织结构可划分为直线制、职能制、直线职能制、矩阵制、事业部制等;按项目组织与企业组织联系方式可划分为职能式、项目式、矩阵式等。本节主要介绍后一种划分形式。

3.3.1 职能式

1. 职能式组织

职能式组织是指项目任务是以企业中现有的职能部门作为承担任务的主体来完成的。一个项目可能由某一个职能部门负责完成,也可能由多个职能部门共同完成。在这种情况下,各职能部门之间与项目相关的协调工作需在职能部门主管这一层次上进行。

2. 职能式组织结构

职能式组织结构如图 3-6 所示。

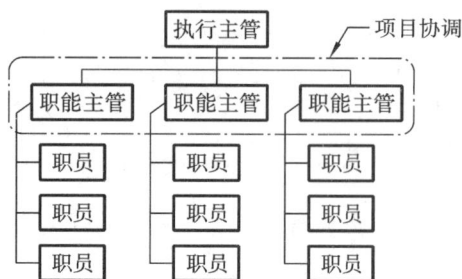

图 3-6 职能式组织结构

3. 职能式组织的优点

(1) 提高了人力资源利用率

各职能部门可以根据项目需要灵活调配人力,降低了资源闲置成本,尤其是技术专家在本部门内可同时为其他项目服务。

(2) 有利于提高管理的技术水平

同一职能部门人员可交流经验、共享资源,提高业务水平,而且保证项目技术管理的连续性。

4. 职能式组织的缺点

(1) 责任不明确,协调困难

各职能部门只负责项目的一部分,对项目的总体不明确,责任比较淡化,而且常从本部门利益出发,各部门之间的冲突很难协调。

(2) 局限性大,沟通困难

职能式项目组织形式有一定的局限性,对于技术复杂的项目较难适应,跨部门之间的沟通更为困难。

5. 职能式组织结构的适用条件

职能式组织结构适宜于规模较小、以技术为重点的项目,不适宜于时间限制性强或要求对变化快速响应的项目。

3.3.2 项目式

1. 项目式组织

在项目式组织方式中,为达到某一特定目标所必需的所有资源按确定的功能结构进行划分(项目式组织的内部结构仍然是功能化的),并建立以项目经理为首的自控制单元。项目经理可以调动整个组织内部或外部的资源。

2．项目式组织结构

项目式组织结构如图 3-7 所示。

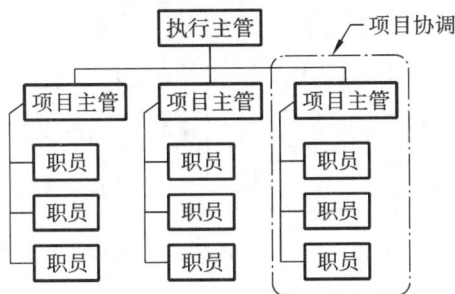

图 3-7　项目式组织结构

3．项目式组织主要优点

（1）权力集中

权力集中主要表现在项目经理在项目范围内具有绝对的控制权，决策迅速，指挥方便，避免多重领导，有利于提高工作效率。

（2）有利于全面型人才的成长

项目经理将从企业抽调或招聘的各种专业技术人员集中在一起解决问题，办事效率高，同时在项目管理中可以相互配合、学习、取长补短，有利于培养一专多能的人才并充分发挥其作用。

4．项目式组织主要缺点

（1）浪费人力资源

在工程项目进展同一时期，各类专业技术人员的工作量可能有很大的差别，因此很容易造成忙闲不均，从而导致人才的浪费，而企业难以进行调剂，导致企业的整体工作效率降低。

（2）效率降低

专业技术人员离开他们所熟悉的工作环境，容易产生临时观念和不满情绪，影响积极性的发挥。同时由于具有不同的专业背景，缺乏合作经验，难免配合不当，致使工作效率降低。

5．项目式组织结构的适用条件

项目式组织结构适用于包含多个相似项目的单位或组织，以及长期的、大型的、重要的和复杂的项目。

3.3.3　矩阵式

1．矩阵式组织

矩阵式组织结构是取各项目的职能组织结构和线性组织结构的特征，将各自的特点混合而成的一种项目组织结构，是一种多元化结构，力求最大限度地发挥项目式和职能式结构的优点并尽量避其弱点。它在职能式组织的垂直层次结构上，叠加了项目式组织的水平结构。矩阵式又分为弱矩阵式、平衡矩阵式和强矩阵式。

2．矩阵式组织结构

矩阵式组织结构如图 3-8、图 3-9、图 3-10 所示。

3．弱矩阵式、平衡矩阵式和强矩阵式的区别

弱矩阵式、平衡矩阵式和强矩阵式的区别如表 3-1 所示。

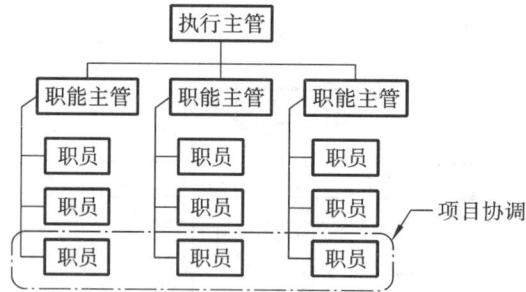

图 3-8 弱矩阵式组织结构

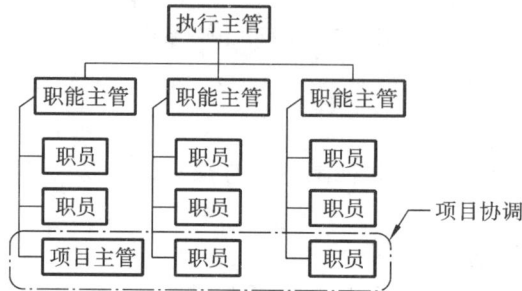

图 3-9 平衡矩阵式组织结构

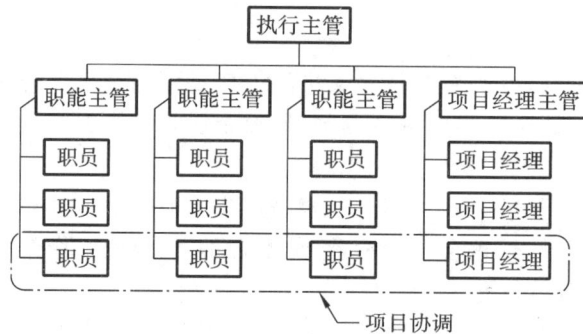

图 3-10 强矩阵式组织结构

表 3-1 弱矩阵式、平衡矩阵式和强矩阵式的区别

团队特性	弱矩阵式	平衡矩阵式	强矩阵式
团队负责人权力	低	低到中等	中等到高
职能部门人员投入团队工作的时间比率	0～25%	15%～60%	50%～95%
团队负责人的角色	兼职	专职	专职
团队负责人的头衔	团队协调人	团队经理	团队经理

4. 矩阵式组织的优点

（1）具有职能式和项目式两种组织形式的优点

此种组织形式既发挥了纵向职能式组织的优势，又发挥了横向项目式组织的优势，达到企业长期

例行管理和项目一次性管理的统一。

（2）人力资源得到最佳的利用

此种组织形式可以通过职能部门的协调，将闲置的人员及时调配到急需项目上去，有效地利用人力资源，提高项目管理的效率。

（3）全面培养人才

不同专业的人员在项目组织合作中相互取长补短，在实践中拓宽知识面，有利于人才的一专多能，又可以充分发挥纵向专业职能集中的优势，使人才的成长有深厚的专业训练基础。

5. 矩阵式组织的缺点

（1）双重领导

矩阵式组织中的成员要接受来自横向、纵向领导的双重指令。当双方目标不一致或有矛盾时，当事人会无所适从。当出现问题时，往往会出现相互推诿、无人负责的现象。

（2）项目经理的责任与权力不统一

一般情况下，职能部门对项目组织成员的控制力大于项目经理的控制力，导致项目经理的责任大于权力，工作难以开展。项目组织成员受到职能部门的控制，所以凝聚在项目上的力量减弱，使项目组织作用发挥受到影响。同时，管理人员兼管多个项目，难以确定管理项目的先后顺序，会顾此失彼。

6. 矩阵式组织结构的适用条件

矩阵式组织结构适用于需要利用多个职能部门的资源，而且技术相对复杂，但又不需要技术人员全职为项目工作的项目，特别是当几个项目需要同时共享某些技术人员时。

3.3.4　工程项目组织形式的选择

每一种组织形式都有它的优点和缺点，而每一个工程项目都有它的不同点。因此，选择组织结构形式要根据工程项目的特点和企业的资源，考虑未来项目的性质、各种组织形式的特征、各自的优缺点，经综合评价后才能确定。

1. 影响选择组织形式的因素

① 工程项目影响因素的不确定性。

② 技术的难易和复杂程度。

③ 工程的规模和工期。

④ 工程建设的外部条件。

⑤ 工程内部的依赖性等。

2. 项目组织结构形式选择的基本方法

在选择项目的组织结构时，首先根据项目目标确定需要完成的工作种类，然后确定实现每个目标的主要任务，接着要把工作分解成一些"工作集合"，最后可以考虑哪些个人和子系统应被包括在项目内，附带外环境是一个应受重视的因素。在了解各个组织结构和它们的优缺点之后，公司就可以选择能实现最有效工作的组织结构形式了。

3.4　工程项目经理

工程项目经理是企业法定代表人在工程项目上的一次性授权代理人，他/她应根据企业法定代表人授权的范围、时间和内容，对工程项目自开工准备至竣工验收，实施全过程、全面管理。

3.4.1 项目经理责任制

项目经理责任制是以项目经理为责任主体的工程公司项目管理目标责任制度,并以此确保项目履约,确立项目经理部与企业、职工三者之间的关系。即项目经理依据项目目标责任书,对工程项目全面负责,以创优质工程为目标,以求得项目成果的最佳经济效益为目的,实行的一次性、全过程的管理。

(1)项目经理责任制特点

① 全面负责制。它以项目为对象,对建筑产品形成过程实行一次性、全过程的管理。

② 经理负责制。它实行经理负责、全员管理、指标考核、标价分离、项目核算,强调项目经理个人的主要责任。

③ 目标责任制。它是以保证工程质量、缩短工期、降低成本、保证安全和文明施工等各项目标为内容的全过程目标责任制。

④ 风险责任制。项目经理责任制充分体现"指标突出、责任明确、利益直接、考核严格"的基本要求,其最终结果与项目经理、成员等个人利益直接挂钩,经济利益与责任风险同在。

(2)项目经理责任制的作用

① 明确企业、项目经理、职员三者之间的关系。

② 促使项目经理采用经济手段,强化工程项目的法制管理。

③ 促使项目经理对工程项目规范化、科学化管理和提高产品质量。

④ 有利于提高企业项目管理的经济效益和社会效益。

建立项目经理责任制,全面组织生产优化配置的责任、权力、利益和风险机制,更有利于对施工项目、工期、质量、成本、安全等各项目标实施强有力的管理,使项目经理有动力和压力,也有法律依据。

3.4.2 项目经理的地位和作用

项目经理是工程项目实施阶段全面负责的管理者,明确项目经理的地位是搞好项目管理的关键。

① 项目经理是企业法人代表在项目上的全权委托代理人,是项目管理的第一责任人。从企业内部看,项目经理是项目实施过程中所有工作的总负责人;从对外方面看,项目经理是履行合同义务、执行合同条款、承担合同责任、处理合同变更、行使合同权利的最高合法人。项目经理是项目目标的全面实现者,既要对建设单位的成果性目标负责,也要对企业效益性目标负责。

② 项目经理是协调各方关系,使之相互紧密协作配合的桥梁和纽带。他对项目管理目标的实现承担全部责任,在工程项目实施过程中要组织和协调各方关系,共同承担履行合同的责任。

③ 项目经理对项目实施进行控制,对各种信息进行管理、运用,使项目取得成功。

④ 项目经理是项目实施阶段的责任主体,是项目权力的主体,是项目利益的主体,是项目目标的最高责任者。

3.4.3 项目经理的素质和能力

项目经理的知识结构、素质和能力是有效地行使职责、胜任项目经理工作所应具备的主观条件,具体如下。

1. 知识结构

(1)专业知识

项目经理应接受过大学以上良好的专业教育,必须具有专业技术知识,且受过项目管理的专门培训或再教育,掌握项目管理的知识,同时具有综合性的、广阔的知识面,能够对所从事的项目迅速设计出解决问题的方法、程序,能抓住问题的关键,把握技术和实施过程逻辑上的联系,具有工程的系统知识。

（2）实践经验

项目管理过程中存在大量的不确定性因素以及可能遇到的各种实际、复杂问题,要求项目经理必须具有丰富的实践阅历和解决实际问题的技能,既是管理专家又是专业技术上的内行。

2. 素质

（1）品德素质

项目经理应当遵守国家的法律法规,服从企业的领导和监督;具有高度的事业心和责任感,坚忍不拔、开拓进取;具有良好的道德品质和团队意识,诚实信用、公道正直、以身作则,正确处理各方利益关系等。

（2）身体素质

繁重的管理任务、艰苦的工作与生活条件,要求项目经理必须具有健康的身体、充沛的精力、宽阔的心胸、坚强的意志。

3. 能力

（1）创新能力

项目管理是常新的工作,富于挑战性,所以项目经理在项目管理活动中应具有创新的精神、务实的态度、强烈的管理信心和愿望,勇于挑战、勇于决策、勇于承担责任和风险,并努力追求工作的完美,追求高的目标,不安于现状。

（2）决策能力

决策能力是项目经理根据外部经营条件和内部经营实力,构建多种建设管理方案并选择合理方案,确定建设方向的能力;是项目组织生命机制旺盛的主要因素;也是检验项目经理领导水平的一个重要标志。

（3）组织能力

项目经理为了实现项目目标,运用组织理论指导项目建设活动,有效地、合理地组织各个要素的能力。组织能力主要包括组织分析能力、组织设计能力和组织变革能力。

（4）领导能力

项目经理下达命令的单一性和指导的多样性的统一,是项目经理指挥能力的基本内容。

（5）控制能力

自我控制能力是指项目经理通过检查自己的工作,进行自我调整的能力;差异发现能力是对执行结果与预期目标之间产生的差异能及时测定并与实际结果进行比较的能力。

（6）协调能力

协调能力是指项目经理解决各方面的矛盾,使各个部门以及全体职工为实现项目目标密切配合、统一行动的能力。现代大型工程项目的管理,除了需要依靠科学的管理方法、严密的管理制度,很大程度上还要依靠项目经理的协调能力。协调主要是协调人与人之间的关系。协调能力具体表现为解决矛盾的能力、沟通的能力、鼓动和说服的能力。

3.4.4　项目经理的职责与任务

1. 项目经理的职责

① 贯彻执行国家和地方政府法律、法规和政策,执行企业各项管理制度、维护企业整体利益和经

济利益。

② 组织制定项目经理部各类管理人员的职责和权限、各项管理制度,并认真贯彻执行。

③ 签订和组织履行"项目管理目标责任书",执行企业与业主签订的工程项目承包合同中应由项目经理负责履行的各项条款。

④ 对工程项目施工进行有效控制,执行有关技术规范和标准,积极推广应用新技术、新工艺、新材料和项目管理软件集成系统,确保工程质量和工期,实施安全、文明生产,努力提高经济效益。

⑤ 编制施工管理规划及目标实施措施,编制施工组织设计并组织实施。

⑥ 根据项目总工期的要求编制年度进度计划,组织编制季(月)度施工计划,包括劳动力、材料、构件及机械设备的使用计划,签订分包及租赁合同并严格执行。

⑦ 严格财务制度,加强成本核算,积极组织工程款回收,正确处理国家、企业和项目及其个人的利益关系。

⑧ 科学地组织施工和加强各项管理。做好建设单位、监理和各分包单位之间的协调工作,及时解决施工中出现的问题。

⑨ 做好内、外层各种关系的协调工作,为施工创造优越的施工条件。做好与企业各职能部门的业务联系和经济往来工作,接受公司的宏观控制。

⑩ 做好工程竣工结算、资料整理归档工作,接受企业审计并做好项目经理部解体与善后工作。

2. 项目经理的任务

项目经理的任务因项目管理目标而异。一般应当包括以下各项内容:

① 组建项目经理部,确定项目管理组织机构并配备相应人员;

② 制订岗位责任制等各项规章制度,以有序地组织项目、开展工作;

③ 制订项目管理总目标、阶段性目标以及总体控制计划,并实施控制,保证项目管理目标的全面实现;

④ 及时、准确地做出项目管理决策,严格管理,保证合同的顺利实施;

⑤ 协调项目组织内部及外部各方面关系,并代表企业法人在授权范围内进行有关签证工作;

⑥ 建立完善的内部和外部信息管理系统,确保信息畅通无阻,保障工作高效进行。

3.4.5 项目经理的权力

授权既是项目经理履行职责的前提,又是项目取得成功的保证。为了确保项目经理完成所担负的任务,必须授予其相应的权力。项目经理应当有以下权力。

① 参与企业进行施工项目投标和签订施工合同。

② 用人管理权。项目经理应有权决定项目经理部的设置,选择、聘任成员,对任职情况进行考核监督、奖惩,乃至辞退。

③ 财务管理权。在企业财政制度规定的范围内,根据企业法定代表人的授权和施工项目管理的需要,决定资金的投入和使用,决定项目经理部的计酬办法。

④ 物资采购管理权。按照企业物资分类和分工,对采购方案、目标、到货要求,以及对供货单位的选择、项目现场存放等进行决策和管理。

⑤ 进度计划控制权。根据项目进度总目标和阶段性目标的要求,对项目建设的进度进行检查、调整,并在资源上进行调配,从而对进度计划进行有效的控制。

⑥ 技术质量决策权。根据项目管理实施规划或施工组织设计,项目经理有权批准重大技术方案

和重大技术措施,必要时召开技术方案论证会,把好技术决策关和质量关,防止技术上决策失误,主持处理重大质量事故。

⑦ 现场管理协调权。代表公司协调与施工项目有关的内外部关系,有权处理现场突发事件,事后及时报公司主管部门。

3.5　项目经理部

工程项目经理部是为实现一个具体的工程项目目标而组建的协同工作团队,是具有高度凝聚力和团队精神的群体,也是工程项目组织的核心,更是实现项目目标的基本组织保障。项目经理部需要精心组织建设,在工程项目实施过程中不断发展、完善。

当企业签订工程项目合同,进入工程项目建设实施阶段,企业会依据工程项目的性质和规模聘任项目经理,同时抽调或招聘相应的工程技术人员组成项目经理部。

3.5.1　项目经理部的特征

1. 工程项目经理部具有明确的目的性

项目经理部是为实现具体工程项目目标而设立的专门组织,其任务就是实现项目目标。因此,项目经理部具有明确的目的性。

2. 工程项目经理部是非永久性组织

工程项目是一次性的任务,因而为完成工程项目组建的项目经理部也是一种非永久性的组织。当工程项目完成后,项目经理部的任务随之完成,即可解散。

3. 工程项目经理部具有团队精神

项目经理部成员之间的相互平等、相互信任、相互合作是高效完成项目目标的前提和基础;项目管理任务的多元性要求项目经理部具有高度凝聚力和团队精神。

4. 工程项目经理部是动态的组织

工程项目经理部是动态的组织,是指项目经理部成员的人数和人员结构是动态变化的,随着工程项目的进展和任务的展开,成员的人数及其专业结构也会作出相应的调整。

3.5.2　项目经理部职责

1. 项目经理部领导的职责

（1）实现项目经理部的目标

项目经理部的领导,应通过以下过程保证项目目标得以实现:选择适当的人选制定计划;召开项目经理部会议,对项目经理部目标进行分解、细化;负担起代表整个项目经理部的责任。

（2）保证项目经理部的效率

确保所有成员明确各自的职责与任务,并尽职尽责地完成;监督项目经理部工作以确保成员齐心协力、高效率地工作。

2. 项目经理部成员的职责

① 项目经理部成员要明确自己的职责,要有责任感。

② 项目经理部成员应做好本职工作,尽可能地完成分配给自己的任务。

③ 为了使项目经理部能共同工作,应将项目经理部职责放在第一位。

3.5.3 工程项目经理部成长过程

一个工程项目经理部从建立到解体,具有一定的发展规律。依据组织行为学理论,项目经理部的成长过程可划分为初期建立阶段、试运作阶段、正常运作阶段、高效运作阶段和末期解散阶段。这五个阶段是项目经理部从建立、发展、壮大到解散的过程。工程项目经理部的各成长阶段具有如下特点。

1. 初期建立阶段

工程项目经理部成员刚组合在一起,处于一种新的工作环境之中,都有一种积极向上的意愿,并急于展示自己的工作才能。但他们对于自己的职责及岗位、对工程项目的目标与自身工作之间的关系的认识还比较模糊,还处于一种茫然和摸索阶段。项目经理应及时为每个项目经理部成员确定其职责和岗位,使每位成员明确项目目标和任务、工程项目的质量标准、预算及进度计划的要求、标准和限制,顺利通过项目经理部的组建阶段。

2. 试运作阶段

项目经理部成立之后,成员对项目的目标有所了解,并明确了自己的职责与岗位,开始按照分工进行初步的合作,并逐步产生一些矛盾与问题,如人际关系不融洽,工作环境、工作待遇等与自己当初的设想不一致,自己感到工作任务繁重或困难、难以完成等。项目经理部可能出现信心不足、士气下沉、消极地对待工作。

项目经理应针对出现的各种问题和矛盾,尽快地解决。要创造一些聚会的机会来协调项目经理部成员之间的人际关系,加深相互间了解,增进友谊,提高相互间的认知度,使每位成员抛开个人利益与恩怨,全身心地投入工作中去。

3. 正常运作阶段

通过前期磨合考验后,项目经理部成员之间的关系理顺了,各成员的个人情绪也得到较好的调整,并熟悉和接受了现有的工作环境和条件,项目经理部凝聚力开始形成,成员合作意识增强,并能积极提出各种建议、积极参与项目管理工作。此阶段成员可以自由地、建设性地表达他们的情绪及评论意见,项目经理部进入健康发展阶段。

4. 高效运作阶段

在此阶段,项目经理部成员在工作中相互帮助,在生活中相互扶持;同时每位成员的工作能力得到了长足的锻炼和发展,创造能力得到充分发挥,集体感和荣誉感增强。项目经理部成员已经具有合作互助、开放坦诚的团队精神,项目经理部工作进入高效阶段。

5. 末期解散阶段

随着项目目标的实现——工程项目竣工,项目经理部进入解散阶段。此时,项目经理部成员间的认知度、满意度较高,相互间产生浓厚的工作和私人友谊,并且怀念曾经在项目经理部的工作,同时开始考虑自己今后的工作,使项目经理部出现人心涣散的情况。项目经理最好能够帮助项目经理部成员安排好新的工作,必须改变工作方式才能完成最后的各项具体任务。

3.5.4 高效能的工程项目经理部的建设

高效能的项目经理部的标志:项目经理部成员有着共同的价值观和明确的共同目标,具有完成项目目标所需的基本能力和素质,相互尊重、相互信任,人际关系融洽,能够共享知识、经验和信息,愿意采纳外界意见,对项目工作富有激情和信心,齐心协力、默契合作共同完成项目目标。

高效能的项目经理部需要精心建设才能形成,这需要进行大量的工作,其基本工作如下。

1. 员工培训

根据项目经理部成员的情况,制订培训计划,实施培训,提高项目经理部成员的管理能力和素质,同时通过培训来影响和改变项目经理部成员的思维模式,让他们成为具有挑战精神、敢于面对风险和承担责任的人。

2. 明确目标

项目经理部成员应明确工程项目目标及其各自的工作职责,各司其职,并保证每个环节的目标得到实现;同时,项目经理还要善于授权,因为有责无权,项目经理部成员根本无法开展工作,只有责、权、利统一,才能有效地提高项目经理部成员的积极性,高效率地完成任务。

3. 沟通与激励

创造机会让项目经理部成员相互了解,只有在此基础上项目经理部成员才能就某些重要的问题或信息进行沟通、处理。因此,沟通是项目经理部中进行合作和控制的前提条件。

同时调动项目经理部成员的积极性和创造精神,应针对不同成员的不同主观需要,采取多元化的激励手段,例如让事业心强的人到一个责任比较重的岗位,充分发挥其聪明才智,努力工作才是他们最大的享受;或者企业组织承诺在项目中表现突出者将有可能获得晋升的机会;或者对工作表现突出者给予通报表扬和将其树立为榜样等。只有这样才能适应项目经理部成员的多元化需要,激发每位成员的工作热情。

3.6 工程项目的沟通管理

3.6.1 工程项目沟通管理概述

工程项目沟通管理是对工程项目实施过程中各种形式和各种内容的沟通行为进行的管理,其目的是保证工程项目的有关信息能够在适当的时间以适当的方式产生、收集、处理、贮存和交流。沟通管理贯穿工程项目管理的全过程,以排除障碍、解决矛盾、保证项目目标的顺利实现。

1. 沟通

沟通是双方进行信息和思想的交流与传递,是解决参与者之间的矛盾,达到相互理解的基本方法与手段。它不仅可以解决各种技术、管理程序和方法等方面的问题,而且可以解决参与者心理和行为的障碍及争执。沟通可以达到以下成效:

① 使所有工程项目参与者明确项目目标及各自应完成的任务,并达成共识;

② 增进工程项目参与者对彼此的理解,建立融洽的人际关系,提高项目团队凝聚力;

③ 减少不和谐情况的发生,增进工程项目参与者间的协作精神,提高工作效率;

④ 提高各项工作的透明性,有效避免工程项目实施过程中可能出现的腐败行为,并且能够群策群力,更加准确和高效地处理问题。

2. 协调

协调是联合、调和所有工程项目参与者的能力,共同努力解决工作中的矛盾和冲突,并达成共识,使工程项目顺利进行。所以,协调是项目管理工作的重要内容。

3. 沟通与协调的工作内容

(1)人际关系沟通

人际关系沟通包括工程项目组织内部、外部人际关系的协调,以及人与人之间在管理工作中的联系和矛盾。

（2）组织机构沟通

组织机构沟通包括协调项目经理部与企业管理层及劳务作业层之间的关系,以实现合理分工、有效协作。

（3）供求关系沟通

供求关系沟通包括协调项目经理部与本企业后勤保障部门、业主、工程承包商及供应商之间的关系,以保证人力、材料、机械设备、技术、资金等各项生产要素供应的优质、优价、适时、适量。

（4）协作配合关系沟通

协作配合关系沟通包括近外层关系的配合,以及内部各部门、上下级、管理层与劳务作业层之间关系的协调。

（5）约束关系沟通

约束关系沟通包括法律法规约束关系、合同约束关系,主要通过提示、教育、监督、检查等手段防范矛盾,并及时、有效地解决矛盾。

4. 工程项目协调与沟通的方法

在工程项目实施过程中,项目经理采用较正式的协调与沟通方式如下。

① 会议协调,通过召开工地例会、专题会议与各方进行沟通、协调。

② 书面协调,通过信函、电子邮件等方式进行沟通、协调。

而非正式的协调与沟通方式有面对面会谈、电话交谈、走访、邀请等。

3.6.2 工程项目经理部内部关系的沟通

工程项目协调的范围和层次可以分为项目经理部内部和外部的协调。内部的协调可分为人际关系协调、组织关系协调和供求关系协调。

1. 项目经理部内部人际关系协调

人是项目组织中最积极的要素,组织要提高效率,取决于人际关系的协调程度。项目经理部应重视以下工作。

（1）人力资源开发

在项目管理中以人为本、以能力为本,项目经理部应有效利用人力资源,营造一个能发挥创造能力的环境,充分调动人的智慧,为实现项目目标服务。

（2）加强协调与沟通

协调与沟通使项目各参与者成为一个具有凝聚力的整体。各参与者相互交流意见,统一思想认识,自觉地协调各个个体的工作,保证项目目标的完成。只有沟通与协调,才能保证完成项目目标。

（3）及时处理矛盾

矛盾是由某种差异引起的抵触、争执或争斗的对立状态。由于利益、观点、掌握的信息以及对事件的理解都可能存在差异,就有可能引起矛盾。项目管理者要及时处理好各种矛盾,以减少由于矛盾所造成的损失。

2. 项目经理部内部组织关系协调

项目经理部与本企业管理层关系的协调,主要依靠严格执行"项目管理目标责任书"、公司的规章制度等方法实现。项目经理部与劳务作业层关系协调,主要依靠履行劳务合同以及执行"施工项目管理实施规划"等方法实现。

工程项目由若干个参与者共同参加完成任务。每个参与者都有自己的目标和任务，并按规定的和自定的方式运行。项目内部组织关系的协调，就是使各参与者都能从项目组织整体目标出发，理解和履行自己的职责，相互协作和支持，使工程项目处于协调有序的高效运行状态。

3. 项目经理部内部供求关系协调

在工程项目实施中，项目经理部内部的各个部门为了完成任务，在不同的阶段需要各种不同的资源，如对人员的需求、材料的需求、设备的需求、能源动力的需求、配合力量的需求等。工程项目始终是在有限资源的约束条件下实施的，因此理顺项目经理部内部需求关系，既可以合理利用各种资源，保证工程项目建设的需要，又可以充分地提高项目经理部内部各部门的积极性，保证组织的运行效率。

3.6.3 工程项目经理部外部关系的沟通

项目经理部外部的协调可分为近外层协调和远外层协调。项目经理部与近外层关联单位一般有合同关系，而与远外层关联单位一般没有合同关系。近外层关系属于合同关系，即法人对法人的关系。因此，项目经理部开展近外层关系的组织协调时，必须在企业法定代表人的授权范围内实施。

1. 项目经理部与业主的沟通

项目经理部与业主之间的沟通与协调，应贯穿工程项目管理的全过程，且协调的最有效方法是严格执行合同。

业主按规定的时间履行合同约定的责任，保证工程顺利进行；项目经理部也应在规定时间内承担合同约定的责任，接受业主的组织、协调和监督。

2. 项目经理部与监理单位的沟通

项目经理部提供的是工程产品，而监理单位则是针对工程项目提供监理服务，两者地位平等，只是分工不同而已。

项目经理部应按《建设工程项目管理规范》《建设工程监理规范》的规定和施工合同的要求，接受项目监理机构的监督和管理，并按照相互信任、相互支持、相互尊重、共同负责的原则，做好协作配合，确保项目实施质量。

3. 项目经理部与设计单位的沟通

项目经理部与设计单位的工作联系原则上应通过建设单位进行，并须按图施工。项目经理部要领会设计文件的意图，取得设计单位的理解和支持；设计单位要对设计文件进行技术交底。

项目经理部应在设计交底、图纸会审、设计洽商变更、地基处理、隐藏工程验收和交工验收等环节中与设计单位密切配合，同时接受业主和项目监理对于双方进行的协调。

4. 项目经理部与供应商的沟通

项目经理部与供应商应依据供应合同，充分运用市场的价格机制、竞争机制和供求机制搞好协作配合。

5. 项目经理部与公用部门的沟通

公用部门是指与项目施工有直接关系的社会公用性单位，如供水、供电、供气等单位。项目经理部与公用部门有关单位的关系，应通过加强计划性以及通过业主或项目监理机构进行协调。

6. 项目经理部与分包单位的沟通

项目经理部与分包单位关系的协调应严格执行分包合同，正确处理技术关系、经济关系，正确处理项目进度控制、质量控制、成本控制、安全控制、生产要素管理和现场管理中的协作关系。同时，项目经理部还应对分包单位的工作进行监督和支持。

7. 项目经理部与政府有关部门的沟通

项目经理部与政府属于远外层关系,项目经理部接受政府的监督管理,在工作中必须严格遵守法律,遵守公共道德,并充分利用中介组织和社会管理机构的力量。

【案例1】 上海世博村项目管理组织(业主方)

1. 工程概况

上海世博村项目是中国2010年上海世博会的重要配套工程,主要功能是在世博会期间为参展工作人员和演出人员提供住宿和其他配套服务。项目位于世博园区浦东G片区,占地约29.4万平方米,总建筑面积约55万平方米,工程范围包括由5条道路划分的10个街区地块。其中,A地块、B地块、D地块、J地块是酒店生活区,包括高级酒店、酒店式公寓、普通公寓、经济型酒店等多种业态,建筑面积约43万平方米;E地块为办公服务区,建筑面积约6万平方米。世博村项目由上海世博土地控股有限公司(以下简称世博土控公司)负责开发建设工作。项目于2007年2月8日正式开工,各地块在世博园开园前陆续竣工并投入使用,为上海世博会的成功举办提供了有力的保障。

2. 业主方工程项目管理难点及重点分析

(1)建设规模大,参建单位多,组织协调工作难度高

世博村项目的建设规模占到整个世博会工程建设总量的四分之一左右。项目的参建单位众多,包括项目管理方、勘察设计方、工程监理方、施工总承包方、专业分包方、设备材料供应方等,整个项目建设过程中涉及的参建单位超过100家。2007年8月20日,五大主要地块中的E地块最后一个开工,标志着世博村工程建设进入高峰期,在有限的场地内同时施工的单位近50家。这些参建单位之间的组织关系复杂,交叉工作面多,造成业主方的组织协调工作量大且难度高。因此,只有理顺项目实施组织关系,建立高效的管理组织体系,才能为项目的顺利开展创造有利条件。

(2)建设意义重大,社会关注度高,质量安全目标必须确保

世博村项目是上海世博会开工建设的第一个项目,是上海世博会工程建设正式启动的标志,所以项目建设全过程受到了社会各界的高度关注。如果在项目建设过程中出现任何偏差,特别是质量问题和安全事故,都会产生非常恶劣的社会影响,因此,必须重视项目风险管理,严格控制项目的质量目标和安全目标。

(3)建设工期紧,施工难度大,必须建立有效的激励机制

世博村项目的建设工期可谓是"后门关死",否则将影响上海世博会的顺利举办。在三年时间里,要完成酒店、办公用房、餐饮娱乐设施等各类功能建筑的施工,其中不但有新建工程,还有许多施工难度极高的旧建筑改造工程,建设任务非常艰巨。作为业主方,必须建立有效的工作激励机制,充分调动参建单位的工作积极性,促进各参建单位主动开展技术攻关、突击活动,在参建单位中形成良好的竞争氛围,确保项目目标的顺利完成。

3. 组织体系创新与实践

项目实施组织结构的合适与否是决定世博村项目建设成败的关键性因素。世博土控公司作为业主方,成立了世博村建设部,全面负责世博村项目的管理和协调工作。但由于世博村项目管理具有复杂性、专业性和综合性的特点,业主方难以配备所需的所有项目管理资源,因此必须充分利用社会力量,通过采购获得专业项目管理服务,以有限的内部资源调配无限的外部资源。通过公开招标,最终选择并聘请了上海科瑞建设项目管理有限公司负责世博村工程的项目管理咨询服务。业主方遵循"以我为主,咨询为辅"的思路,根据"从实际出发、目标决定组织、效率和效能兼顾"三大原则,通过与

项目管理单位反复沟通,最终确定由对方派出近 30 人的现场管理团队,与世博土控公司世博村建设部联合组成世博村项目管理团队,形成"一体化项目管理"的组织模式。

联合项目管理团队成立后,除积极优选施工企业和监理单位外,最主要的工作就是理顺关系,建立合理的项目实施组织结构,明确工作任务分工和管理职能分工。世博村项目包括多个子项目,必须统一组织、统一协调和统一管理,才能实现项目的总体目标。世博村项目组织体系的建立充分考虑了以下因素。

① 世博村建设部与项目管理单位要有明确的职能分工,不能因为成立了联合项目管理团队而模糊二者的工作界面。因此要注意控制项目管理单位的工作到位而不越位。

② 充分考虑到酒店项目的特点和难点以及其他大型建设项目业主方管理组织的经验和教训,同时顾及随后的设计管理、工程发包与设备材料采购、施工管理的有序性。

③ 坚持"最终用户导向"的指导思想,时刻意识到项目建设是为今后的运营管理服务的,因此要注重运营管理部门和酒店咨询单位同其他部门的沟通,以服务于世博村在世博会中和会后的运营管理。

经过探索实践,世博村项目最终形成了以世博土控公司世博村建设部指挥、项目管理单位组织实施、监理单位监督、施工单位落实的三级管理组织架构(图 3-11)。

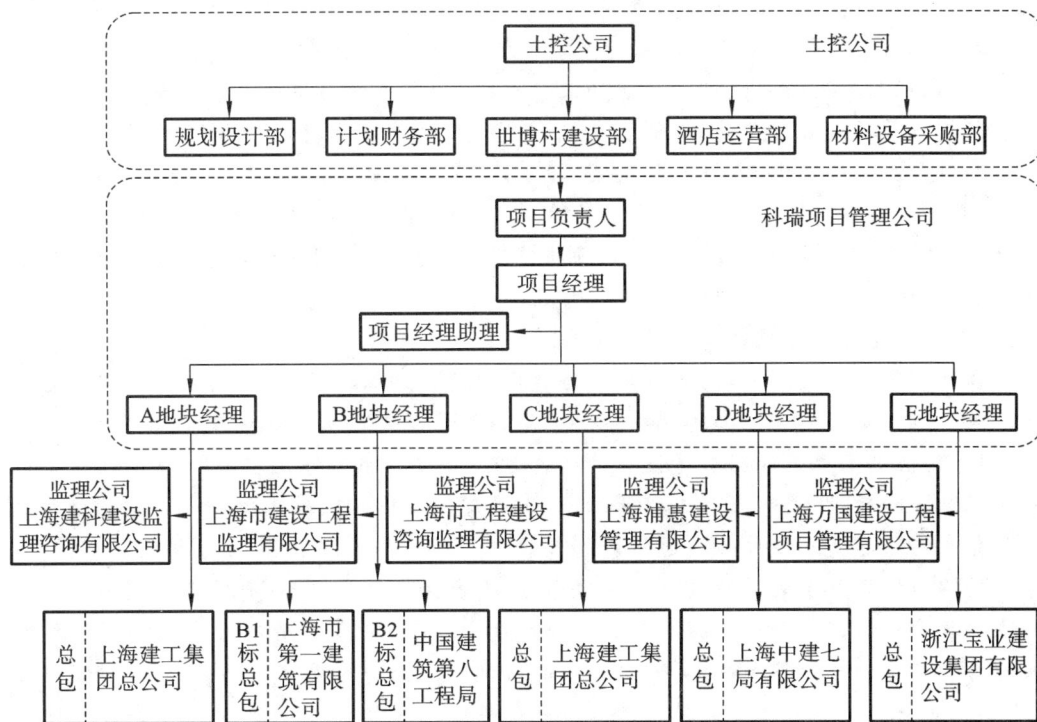

图 3-11　世博村项目组织结构

世博土控公司作为项目业主方,承担整个项目的总控制和总指挥;项目管理公司则主要作为业主方现场管理团队的支撑,与业主方相关职能部门对接,协调、推进和督促现场施工作业,并及时向业主方汇报情况,协调设计、施工、投资和采购等问题的解决;监理单位直接向业主负责,项目管理单位对其实施总协调,并对其工作进行督促、指导和评价。

该组织架构避免了传统组织架构上现场管理人员庞大的弊端,通过引入专业化、社会化的项目管理公司,既提高了业主方工作的效能和效率,又实现了资源整合。通过建立分层次、系统化的多目标控制体系,最大限度发挥各参建单位的优势,从而达到整体最优,为世博村项目实施建设提供了有力的组织保障。

【案例2】　沟通管理在北京鸟巢建设监理过程中的应用

1. 工程概况

国家体育场"鸟巢"位于奥林匹克公园中心区南部,工程总占地面积21万平方米,建筑面积25.8万平方米,场内观众座席约为91000个,在2008年和2022年分别成功举行北京奥运会和北京残奥会开幕式、闭幕式、田径比赛,以及北京冬季奥运会开幕式、闭幕式,奥运会后成为北京市民参与体育活动及享受体育娱乐的大型专业场所,并成为地标性的体育建筑和奥运遗产。项目于2003年12月24日开工建设,2008年6月28日正式竣工,总造价22.67亿元。作为国家标志性建筑、2008年奥运会主体育场,国家体育场结构特点十分显著:体育场为特级体育建筑,大型体育场馆;主体结构设计使用年限100年,基础形式为桩基础,采用框架—剪力墙结构和钢结构的结构形式;耐火等级为一级,抗震设防烈度为8度,地下工程防水等级为一级。

2. 鸟巢监理沟通规划及其沟通管理

鸟巢工程建设项目监理沟通规划的步骤:明确项目干系人;明确项目干系人对信息的需求;确定管理者描述的信息种类包括项目建设状况等等;确定项目进行控制的要求和标准;确定信息的来源与信息获取的时间;确定信息沟通交流和报告的文件样式;确定书面与口头交流的形式。

鸟巢项目建设是巨大且复杂的工程,在工期、质量、安全等方面存在着许多的不确定因素。涉及各方的利益和种种关系的协调,各方包括政府、投资人、业主(国家体育场项目公司)、设计院、总承包商和分包商,鸟巢项目在协调上工作量巨大、难度较高。监理部在管理和协调的业务能力上面对着很大的挑战和极高的要求。监理的沟通管理必须与监理部的组织结构结合,使沟通管理与监理部的日常工作保持一致,才能真正做好监理的协调工作。

3. 鸟巢工程建设项目监理沟通规划的成果

在鸟巢监理部的沟通规划中,明确鸟巢工程建设项目协调工作的措施,目的是正确处理好合同内外协调和建筑工地上每个参建方之间的关系。合同内的协调包括确认并清晰承包单位具体的权利和责任等,合同外的协调主要是外围与建设有关的各方。沟通协调工作主要是处理工程项目上每个环节的工作协调配合问题,相关环节有工程开工、施工进度、合同索赔、竣工验收等。沟通协调的方式有长效机制的信息沟通和突发事件的沟通协调。长效机制的信息沟通在协调的方式上有会议、信函等等。突发事件沟通协调是在施工的过程中发现问题,需要进行协调处理,产生问题的双方需派单位责任部门的主要负责人和监理部中相关人员及时查看现场,寻求问题的解决方案。参与协调的监理工程师需要有协调工作的连续性和权威性,每一次的协调都比上一次更好,并在上一次达成共识的基础上进行,避免在同一次协调上反反复复进行。突发事件的沟通协调要根据双方签署的合同和现场的实际状况来分析,致力于达到双方都满意的汇合点,具体问题具体分析去解决矛盾。

鸟巢沟通规划成果包括:信息沟通的要求;信息采集和收集结构;信息发布的结构;对发布信息的解释说明。

沟通管理在监理过程中的应用可以保障工作的协调性,有助于良好工作氛围的构建。监理人员需要采用合理的沟通方式,应用多样的沟通管理技巧,并保障项目管理沟通的及时性。同样,同学们在日后的工作中会跟各行各业的人进行沟通交流,要积极运用系统性和全局性的思维去沟通。

【思考与练习】

一、单项选择题

1. 组织结构模式不包括( )。

A. 职能组织结构
B. 混合组织结构
C. 矩阵组织结构
D. 线性组织结构

2. 矩阵式组织的缺点是( )。

A. 全面培养人才
B. 人力资源得到最佳的利用
C. 双重领导
D. 具有职能式和项目式两种组织形式的优点

二、多项选择题

1. 组织结构的构成因素包括( )。

A. 管理部门
B. 管理组织
C. 管理职责
D. 管理跨度
E. 管理层次

2. 工程项目组织形式按项目组织与企业组织联系方式分为( )。

A. 框架式
B. 职能式
C. 项目式
D. 流线式
E. 矩阵式

3. 项目经理责任制包括( )等特点。

A. 全面负责制
B. 经理负责制
C. 目标责任制
D. 风险责任制
E. 终身责任制

三、简答题

1. 什么是项目经理责任制?

2. 项目经理有哪些职责?

四、案例题

小李是某建筑公司的项目经理,近一段时间,小李发现他所管理的员工经常抱怨公司没有工作氛围,而且每个人之间并不沟通交流,以至于沟通不足。为了改善这个状况,小李要求每周开例会,并且每个人都要参加并进行自我发言,但小李本人对例会具体如何安排并不知道,于是过了两周项目组成员对例会目的不明、效率低下等情况开始抱怨,而且在例会上有的组员因意见不同而开始争吵,有的已经影响到了人际关系。小李知道后,对这个事情十分苦恼。

1. 请分析上述问题的产生原因。

2. 除了上述项目例会,小李还可以采取哪些措施来促进有效沟通?

第4章 工程项目成本管理

党的二十大报告和"十四五"规划中明确提出,我们要推进高质量发展,把实施扩大内需战略同深化供给侧结构性改革有机结合起来。"供给侧结构性改革"分为六块核心内容,分别是调整结构、提高质量、促进一体化、消除库存、降低成本、弥补不足。建设项目的成本是项目管理的一级指标,如何在完成一个建设项目的过程中,对所发生的成本费用支出有组织、有系统地进行预测、规划、核算、对比、分析、控制等一系列的科学管理工作,使建设项目在预定的时间、预定的质量前提下,充分采用经济、技术、组织措施,以尽可能少的劳动消耗实现预定的目标成本,是建设项目成本管理的重要课题。只有充分了解市场信息,把成本管理和工程项目实际运营情况相结合,增强成本计算与管理的科学性,才能从根本上提高整个工程项目的层次与竞争力。

工程项目成本管理工作纵向贯穿工程投标、施工、竣工结算的全过程,横向涉及企业经营、技术、物资、财务、成本等职能部门和项目经理部现场各分管部门。因其本身的特殊性和连续性,也就决定了要保证项目成本管理达到预期目标,必须要树立全过程项目成本管理的理念。针对每一个拟投标项目,在接到招标文件后,施工企业最先要做的工作就是进行成本预测,根据预测结果和投标战略来综合考虑是否投标。项目上场前需要制定成本计划,它是企业总部落实项目总体效益指标的依据,也是项目经理带领项目部人员实施成本全要素管理的依据。通过优化实施性施工组织设计及重大方案、严格控制材料成本、确保劳务成本合理最低、加强对间接管理费用支出的控制、建立定期成本核算制度等一系列措施明确职责分工和业务关系,把成本管理目标分解到各项技术和管理过程,实现全要素成本管控。

本章主要内容包括:工程项目成本管理概述;施工阶段项目成本预测;施工成本计划;施工阶段成本控制;施工成本的核算;施工成本分析与考核。

4.1 工程项目成本管理概述

4.1.1 工程项目成本概念及构成

1. 工程项目成本概念

工程项目成本即工程建设项目总投资,一般是指进行某项工程建设花费的全部费用,由固定资产投资和流动资产投资两大部分组成。其中形成的固定资产投资费用部分在习惯上称为工程造价,包括设备及工器具购置费用、建筑安装工程费用、工程建设其他费用、预备费、建设期贷款利息、固定资产投资方向调节税等几项。其中建筑安装工程费用是工程项目在施工过程中所发生的全部生产费用的总和,简称施工成本,包括所消耗的原材料、辅助材料、构配件的费用,周转材料的摊销费或租赁费用,施工机械的使用费和租赁费用,支付给生产工人的工资、奖金、工资性质的津贴等,以及进行施工组织与管理所发生的全部费用支出。施工成本是建筑业企业的产品成本,亦称工程成本,一般以项目的单位工程作为成本核算对象,通过各单位工程成本核算的综合来反映施工项目成本。施工成本是工程项目成本管理的核心,是工程项目管理的重点。以下主要以施工项目成本为研究对象探讨成本管理。

2. 建筑工程造价的构成

建筑工程造价即建筑安装工程费用,是建设项目费用的重要组成部分,是确定单项工程造价的重要依据。

建筑安装工程费用,是建筑安装工程价值的货币表现,是指在建筑安装工程施工过程中直接发生的费用和施工企业在组织管理施工中间接为工程支出的费用,以及按国家规定施工企业应获得的利润和应缴纳的税金的总和。

1)建筑安装工程费用的内容

建筑安装工程费用的内容包括建筑工程费用和安装工程费用两部分。

(1)建筑工程费用

建筑工程费用包括以下各项。

① 各类房屋建筑工程及其装饰、油饰工程的费用,列入房屋建筑工程预算的供水、供暖、卫生、通风、煤气等设备费用,以及各种管道、电力、电信和电缆导线敷设工程的费用。

② 设备基础、工作台、烟囱、水塔、水池等建筑工程以及各种炉窑的砌筑工程和金属结构工程的费用。

③ 为施工而进行的场地平整、工程和水文地质勘察以及原有建筑物和障碍物的拆除费用,施工临时用水、电、气、路以及完工后的场地清理、环境绿化、美化等费用。

④ 矿井开凿、井巷延伸、露天矿剥离,石油和天然气钻井,修建铁路、公路、桥梁、水库、堤坝、渠灌及防洪等工程的费用。

(2)安装工程费用

安装工程费用包括以下各项。

① 生产、动力、起重、运输、传动和医疗、实验等各种需要安装的机械设备的装配费用,与设备相连的工作台、梯子、栏杆等装设工程费用,附属的管线敷设工程费用,以及绝缘、防腐、保温、油漆等工作的材料费和安装费。

② 为测定安装工程质量,对单台设备进行单机试运转、对系统设备进行系统联动无负荷试运转的调试费。

2)建筑安装工程费用的构成

住房和城乡建设部、财政部颁布的《住房城乡建设部　财政部关于印发〈建筑安装工程费用项目组成〉的通知》(建标〔2013〕44 号)文件规定,我国现行的建筑安装工程费用按构成要素组成划分为人工费、材料费、施工机具使用费、企业管理费、利润、规费和税金;按造价形成划分为分部分项工程费、措施项目费、其他项目费、规费和税金。

(1)按构成要素划分

① 人工费:按工资总额构成规定,支付给从事建筑安装工程施工的生产工人和附属生产单位工人的各项费用。内容包括以下方面。

a. 计时工资或计件工资:按计时工资标准和工作时间或对已做工作按计件单价支付给个人的劳动报酬。

b. 奖金:对超额劳动和增收节支支付给个人的劳动报酬,如节约奖、劳动竞赛奖等。

c. 津贴补贴:为了补偿职工特殊或额外的劳动消耗和因其他特殊原因支付给个人的津贴,以及为了保证职工工资水平不受物价影响支付给个人的物价补贴,如流动施工津贴、特殊地区施工津贴、高温(寒)作业临时津贴、高空津贴等。

d. 加班加点工资:按规定支付的在法定节假日工作的加班工资和在法定日工作时间外延时工作的加点工资。

e. 特殊情况下支付的工资:根据国家法律、法规和政策规定,因病、工伤、产假、计划生育假、婚丧假、事假、探亲假、定期休假、停工学习、执行国家或社会义务等原因按计时工资标准或计时工资标准的一定比例支付的工资。

② 材料费:施工过程中耗费的原材料、辅助材料、构配件、零件、半成品或成品、工程设备(构成或计划构成永久工程一部分的机电设备、金属结构设备、仪器装置及其他类似的设备和装置)的费用。内容包括以下方面。

a. 材料原价:材料、工程设备的出厂价格或商家供应价格。

b. 运杂费:材料、工程设备自来源地运至工地仓库或指定堆放地点所发生的全部费用。

c. 运输损耗费:材料在运输装卸过程中不可避免的损耗。

d. 采购及保管费:为组织采购、供应和保管材料、工程设备的过程中所需要的各项费用,包括采购费、仓储费、工地保管费、仓储损耗。

③ 施工机具使用费:施工作业所发生的施工机械、仪器仪表使用费或其租赁费。

a. 施工机械使用费:以施工机械台班耗用量乘以施工机械台班单价表示。

b. 仪器仪表使用费:工程施工所需使用的仪器仪表的摊销及维修费用。

④ 企业管理费:建筑安装企业组织施工生产和经营管理所需的费用。内容包括以下方面。

a. 管理人员工资:按规定支付给管理人员的计时工资、奖金、津贴补贴、加班加点工资及特殊情况下支付的工资等。

b. 办公费:企业管理办公用的文具、纸张、账表、印刷、邮电、书报、办公软件、现场监控、会议、水电、烧水和集体取暖降温(包括现场临时宿舍取暖降温)等费用。

c. 差旅交通费:职工因公出差、调动工作的差旅费、住勤补助费,市内交通费和误餐补助费,职工探亲路费,劳动力招募费,职工退休、退职一次性路费,工伤人员就医路费,工地转移费以及管理部门使用的交通工具的油料、燃料等费用。

d. 固定资产使用费:管理和试验部门及附属生产单位使用的属于固定资产的房屋、设备、仪器等的折旧、大修、维修或租赁费。

e. 工具用具使用费:企业施工生产和管理使用的不属于固定资产的工具、器具、家具、交通工具和检验、试验、测绘、消防用具等的购置、维修和摊销费。

f. 劳动保险和职工福利费:由企业支付的职工退职金、按规定支付给离休干部的经费、集体福利费、夏季防暑降温、冬季取暖补贴、上下班交通补贴等。

g. 劳动保护费:企业按规定发放的劳动保护用品的支出。如工作服、手套、防暑降温饮料以及在有碍身体健康的环境中施工的保健费用等。

h. 检验试验费:施工企业按照有关标准规定,对建筑以及材料、构件和建筑安装物进行一般鉴定、检查所发生的费用,包括自设试验室进行试验所耗用的材料等费用。不包括新结构、新材料的试验费,对构件做破坏性试验及其他特殊要求检验试验的费用和建设单位委托检测机构进行检测的费用,对此类检测发生的费用,由建设单位在工程建设其他费用中列支。但对施工企业提供的具有合格证明的材料进行检测不合格的,该检测费用由施工企业支付。

i. 工会经费:企业按《工会法》规定的全部职工工资总额比例计提的工会经费。

j. 职工教育经费：按职工工资总额的规定比例计提，企业为职工进行专业技术和职业技能培训、专业技术人员继续教育、职工职业技能鉴定、职业资格认定以及根据需要对职工进行各类文化教育所发生的费用。

k. 财产保险费：施工管理用财产、车辆等的保险费用。

l. 财务费：企业为施工生产筹集资金或提供预付款担保、履约担保、职工工资支付担保等所发生的各种费用。

m. 税金：企业按规定缴纳的房产税、车船使用税、土地使用税、印花税等。

n. 其他：包括技术转让费、技术开发费、投标费、业务招待费、绿化费、广告费、公证费、法律顾问费、审计费、咨询费、保险费等。

o. 城市维护建设税、教育费附加以及地方教育附加。

⑤ 利润：施工企业完成所承包工程获得的盈利。

⑥ 规费：按国家法律、法规规定，由省级政府和省级有关权力部门规定必须缴纳或计取的费用。包括以下方面。

a. 社会保险费：在社会保险基金的筹集过程当中，职工和企业（用人单位）按照规定的数额和期限向社会保险管理机构缴纳费用，它是社会保险基金的最主要来源，包括养老保险费、医疗保险费、失业保险费、工伤保险费、生育保险费。

b. 住房公积金：企业按规定标准为职工缴纳的住房公积金。

其他应列而未列入的规费，按实际发生计取。

⑦ 税金：增值税。

（2）按造价形成划分

建筑安装工程费按照造价形成由分部分项工程费、措施项目费、其他项目费、规费、税金组成，分部分项工程费、措施项目费、其他项目费包含人工费、材料费、施工机具使用费、企业管理费和利润。

① 分部分项工程费：各专业工程的分部分项工程应予列支的各项费用。

a. 专业工程：按现行国家计量规范划分的房屋建筑与装饰工程、仿古建筑工程、通用安装工程、市政工程、园林绿化工程、矿山工程、构筑物工程、城市轨道交通工程、爆破工程等各类工程。

b. 分部分项工程：按现行国家计量规范对各专业工程划分的项目，如房屋建筑与装饰工程划分的土石方工程、地基处理与桩基工程、砌筑工程、钢筋及钢筋混凝土工程等。

各类专业工程的分部分项工程划分见现行国家或行业计量规范。

② 措施项目费：为完成建设工程施工，发生于该工程施工前和施工过程中的技术、生活、安全、环境保护等方面的费用。内容包括以下方面。

a. 安全文明施工费：按照国家现行的建筑施工安全、施工现场环境与卫生标准和有关规定，购置和更新施工防护用具及设施、改善安全生产条件和作业环境所需要的费用，包括环境保护费、文明施工费、安全施工费、临时设施费。

b. 夜间施工增加费：因夜间施工所发生的夜班补助费、夜间施工降效、夜间施工照明设备摊销及照明用电等费用。

c. 二次搬运费：因施工场地条件限制而发生的材料、构配件、半成品等一次运输不能到达堆放地点，必须进行二次或多次搬运所发生的费用。

d. 冬雨季施工增加费：在冬季或雨季施工需增加的临时设施、防滑、排除雨雪，人工及施工机械效率降低等费用。

e. 已完工程及设备保护费:竣工验收前,对已完工程及设备采取的必要保护措施所发生的费用。

f. 工程定位复测费:工程施工过程中进行全部施工测量放线和复测工作的费用。

g. 特殊地区施工增加费:工程在沙漠或其边缘地区、高海拔、高寒、原始森林等特殊地区施工增加的费用。

h. 大型机械设备进出场及安拆费:机械整体或分体自停放场地运至施工现场或由一个施工地点运至另一个施工地点,所发生的机械进出场运输及转移费用及机械在施工现场进行安装、拆卸所需的人工费、材料费、机械费、试运转费和安装所需的辅助设施的费用。

i. 脚手架工程费:施工需要的各种脚手架搭、拆、运输费用以及脚手架购置费的摊销(或租赁)费用。

措施项目及其包含的内容详见各类专业工程的现行国家或行业计量规范。

③ 其他项目费。

a. 暂列金额:建设单位在工程量清单中暂定并包括在工程合同价款中的一笔款项。用于施工合同签订时尚未确定或者不可预见的所需材料、工程设备、服务的采购,施工中可能发生的工程变更、合同约定调整因素出现时的工程价款调整以及发生的索赔、现场签证确认等的费用。

b. 计日工:在施工过程中,施工企业完成建设单位提出的施工图纸以外的零星项目或工作所需的费用。

c. 总承包服务费:总承包人为配合、协调建设单位进行的专业工程发包,对建设单位自行采购的材料、工程设备等进行保管以及施工现场管理、竣工资料汇总整理等服务所需的费用。

d. 暂估价:发包人在工程量清单或预算书中提供的用于支付必然发生但暂时不能确定价格的材料、工程设备的单价、专业工程以及服务工作的金额。

④ 规费:同按构成要素划分内容。

⑤ 税金:同按构成要素划分内容。

3) 设备及工器具购置费用的构成

(1) 设备购置费

设备购置费是指为建设项目而购置或自制的达到固定资产标准的各种设备的购置费用。它由设备原价和设备运杂费构成,见式(4-1)

$$设备购置费＝设备原价＋设备运杂费 \tag{4-1}$$

上式中的设备运杂费是指除设备原价之外的有关设备采购、运输、途中包装及仓库保管等方面费用的总和。

① 国产设备原价的构成及计算。

国产设备原价一般是指设备制造厂的交货价,即出厂价或订货合同价。它一般根据生产厂或供应商的询价、报价、合同价确定,或采用一定的方法计算确定。国产设备原价分为国产标准设备原价和国产非标准设备原价。

a. 国产标准设备原价。国产标准设备原价有两种,即带有备件的原价和不带有备件的原价。在计算时,一般采用带有备件的出厂价确定原价。

b. 国产非标准设备原价。国产非标准设备原价有多种不同的计算方法,如成本计算估价法、系列设备插入估价法、分部组合估价法、定额估价法等。但无论采用哪种方法都应该使非标准设备计价接近实际出厂价。按成本计算估价法,非标准设备的原价由材料费、加工费、辅助材料费、专用工具费、废品损失费、外购配套件费以及包装费、利润、税金、非标准设备设计费等组成。综上所述,单台非

标准设备原价可用式(4-2)表达

$$单台非标准设备原价=\{[(材料费+加工费+辅助材料费)\times(1+专用工具费率)\times$$
$$(1+废品损失率)+外购配套件费]\times(1+包装费率)-$$
$$外购配套件费)\}\times(1+利润率)+增值税+$$
$$非标准设备设计费+外购配套件费 \qquad (4-2)$$

② 进口设备原价的构成及计算。

进口设备的原价是指进口设备的抵岸价,即抵达买方边境港口或边境车站,且交完关税为止形成的价格。

通常,进口设备采用最多的是装运港交货方式,即卖方在出口国装运港交货,主要有以下几种价格:装运港船上交货价(FOB),习惯称离岸价格;运费在内价(CFR)以及运费、保险费在内价(CIF),习惯称到岸价格。装运港船上交货价(FOB)是我国进口设备采用最多的一种货价。进口设备抵岸价的构成可概括为式(4-3)

$$进口设备抵岸价=货价+国外运费+运输保险费+银行财务费$$
$$+外贸手续费+关税+增值税+消费税$$
$$+海关监管手续费+车辆购置税 \qquad (4-3)$$

③ 设备运杂费的构成及计算。

设备运杂费通常由下列各项构成。

a. 运费和装卸费。国产设备是由设备制造厂交货地点起至工地仓库(或施工组织设计指定的需要安装设备的堆放地点)止所发生的运费和装卸费;进口设备是由我国到岸港或边境车站起至工地仓库(或施工组织设计指定的需要安装设备的堆放地点)止所发生的运费和装卸费。

b. 包装费。在设备原价中没有包含的、为运输而进行的包装所支出的各种费用。

c. 设备供销部门手续费。按有关部门规定的统一费率计算。

d. 采购与仓库保管费。指采购、验收、保管和收发设备所发生的各种费用,包括设备采购人员、保管人员和管理人员的工资、工资附加费、办公费、差旅交通费、仓库和设备供应部门的固定资产使用费、工具用具使用费、劳动保护费、检验试验费等。这些费用应按有关部门规定的采购与保管费费率计算。

设备运杂费按设备原价乘以设备运杂费率计算,见式(4-4)

$$设备运杂费=设备原价\times设备运杂费率 \qquad (4-4)$$

其中,设备运杂费率按有关部门的规定计取。

(2) 工具、器具及生产家具购置费

工具、器具及生产家具购置费,是指新建或扩建项目初步设计规定的,为保证初期正常生产所必须购置的,没有达到固定资产标准的设备、仪器、工卡模具、器具、生产家具和备品备件的购置费用。一般以设备购置费为计算基数,按照部门或行业规定的工具、器具及生产家具费率计算。计算公式见式(4-5)

$$工具、器具及生产家具购置费=设备购置费\times定额费率 \qquad (4-5)$$

4) 工程建设其他费用的构成

(1) 土地使用费

土地使用费是指建设项目通过划拨或出让方式取得土地使用权所需的土地征用及迁移补偿费或土地使用权出让金。

① 土地征用及迁移补偿费。

土地征用及迁移补偿费是指建设项目通过划拨方式取得无限期的土地使用权,依照《中华人民共和国土地管理法》等规定所支付的费用,包括征用集体土地的费用和对城市土地实施拆迁补偿所需的费用。具体内容包括:土地补偿费,青苗补偿费,被征用土地上的房屋、水井、树木等附着物补偿费,安置补助费,耕地占用税或城镇土地使用税,土地登记费及征地管理费,征地动迁费,水利水电工程、水库淹没处理补偿费等。

② 土地使用权出让金。

土地使用权出让金是指建设项目通过土地使用权出让方式,取得有限期的土地使用权,依照《中华人民共和国城镇国有土地使用权出让和转让暂行条例》规定支付的土地使用权出让金。

(2) 与项目建设有关的其他费用

① 建设单位管理费。

建设单位管理费是指建设项目从立项、筹建、建设、联合试运转到竣工验收交付使用全过程管理所需费用,内容包括以下各项。

a. 建设单位开办费。建设单位开办费是指新建项目为保证筹建和建设工作的正常进行所需要的办公设备、生活家具、用具、交通工具等的购置费用。

b. 建设单位经费。建设单位经费包括工作人员的基本工资、工资性津贴、职工福利费、劳动保护费、劳动保险费、办公费、差旅交通费、工会经费、职工教育经费、固定资产使用费、工具用具使用费、技术图书资料费、生产人员招募费、工程招标费、合同契约公证费、工程质量监督检测费、工程咨询费、法律顾问费、审计费、业务招待费、排污费、竣工交付使用清理及竣工验收费、后评价费等费用,不包括应计入设备和材料预算价格的、建设单位采购及保管设备材料所需的费用。

② 研究试验费。

研究试验费是指为本建设项目提供或验证设计参数、数据资料等进行必要的研究试验以及设计规定在施工中必须进行的试验、验证所需的费用,包括自行或委托其他部门研究试验所需要的人工费、材料费、实验设备及仪器使用费,支付的科技成果和先进技术的一次性技术转让费。

③ 勘察设计费。

勘察设计费是指为本建设项目提供项目建议书、可行性研究报告及设计文件等所需要的费用,内容包括:

a. 编制项目建议书、可行性研究报告及投资估算、工程咨询、评价以及为编制上述文件所进行的勘察、设计、研究试验等所需要的费用;

b. 委托勘察和设计单位进行初步设计、施工图设计及概预算编制等所需要的费用;

c. 在规定范围内由建设单位自行完成的勘察、设计工作所需要的费用。

④ 工程监理费。

工程监理费是指委托工程监理单位对工程实施监理工作所需支出的费用。

⑤ 工程保险费。

工程保险费是指建设项目在建设期间根据需要实施工程保险所支出的费用,包括以各种建筑工程及其在施工过程中的物料、机器设备为保险标的的建筑工程一切险,以安装工程中的各种机器、机械设备为保险标的的安装工程一切险,以及机器损坏保险等。

⑥ 建设单位临时设施费。

建设单位临时设施费是指建设期间建设单位所需临时设施的搭设、维修、摊销费用或租赁费用。

临时设施包括临时宿舍，文化福利及公用事业房屋与构筑物，仓库，办公室，加工厂，以及规定范围内的道路、水、电、管线等临时设施和小型临时设施。

⑦ 供电贴费。

供电贴费是指按照国家规定，建设项目应交付的供电工程贴费、施工临时用电贴费，是解决电力建设资金不足的临时对策。供电贴费是用户申请用电时，由供电部门统一规划并负责建设的 110 kV 以下各级电压外部供电工程的建设、扩充、改建等费用的总和。

⑧ 施工机构迁移费。

施工机构迁移费是指施工机构根据建设任务的需要，经有关部门决定成建制地（指公司或公司所属工程处、工区）由原驻地迁移到另一个地区的一次性搬迁费用。

⑨ 引进技术和设备进口项目的其他费用。

此项费用主要包括：

a. 为了引进技术和进口设备，派出人员进行设计联络、设备材料监检、培训等所发生的差旅费、置装费、生活费用等；

b. 国外工程技术人员来华差旅费、生活费和接待费用等；

c. 国外设计及技术资料费、专利和专用技术费、延期或分期付款利息；

d. 引进设备检验及商检费。

（3）与未来生产经营有关的其他费用

① 联合试运转费。

联合试运转费是指新建企业或新增加生产工艺过程的扩建企业在竣工验收前，按照设计规定的工程质量标准，进行整个车间的负荷或无负荷联合试运转发生的费用支出超出试运转收入的亏损部门。其内容包括：试运转所需的原料、燃料、油料和动力的费用，机械使用费，低值易耗品及其他物品的购置费用和施工单位参加联合试运转人员的工资等。试运转收入包括试运转产品销售和其他收入，不包括应在设备安装工程费项目下列支的单台设备调试费和试车费用。联合试运转费一般根据不同性质的项目，按需要试运转车间的工艺设备购置费的百分比计算。

② 生产准备费。

生产准备费是指新建企业或新增生产能力的企业，为保证竣工交付使用进行必要的生产准备所发生的费用。内容包括：

a. 生产人员培训费，包括自行培训、委托其他单位培训的人员的工资、工资性补贴、职工福利费、差旅交通费、学习资料费、学习费、劳动保护费等；

b. 生产单位提前进厂参加施工、设备安装、调试以及熟悉工艺流程和设备性能等人员的工资、工资性补贴、职工福利费、差旅交通费、劳动保护费等。

③ 办公和生活家具购置费。

办公和生活家具购置费是指为保证新建、改建、扩建项目初期的正常生产、使用和管理所必须购置的办公和生活家具、用具的费用。改、扩建项目所需的办公和生活用具的购置费应低于新建项目。

5）预备费、建设期贷款利息、固定资产投资方向调节税

（1）预备费

预备费包括基本预备费和涨价预备费。

① 基本预备费。

基本预备费是指在初步设计及概算范围内难以预料的工程费用。内容包括：

a. 在批准的初步设计范围内,技术设计、施工图设计及施工过程中所增加的工程费用,设计变更、局部地基处理等增加的费用;

b. 一般自然灾害造成的损失和预防自然灾害所采取的措施费用,实行工程保险的工程项目费用应适当降低;

c. 竣工验收时为鉴定工程质量,对隐蔽工程进行必要的挖掘修复产生的费用。

② 涨价预备费。

涨价预备费是指建设项目在建设期间内由于价格变化引起工程造价变化的预测预留费用。内容包括人工费,设备费,材料费,施工机械的价差费,建筑安装工程费及工程建设其他费用调整、利率和汇率调整等增加的费用。

(2)建设期贷款利息

建设期贷款利息是指为筹措建设项目资金而发生的各项费用,包括建设期间投资贷款利息、企业债券发行费、国外借款招待费费和承诺费、汇兑净损失及调整外汇手续费、金融机构手续费以及为筹措建设资金发生的其他财务费用等。

(3)固定资产投资方向调节税

按国家有关部门规定,自 2000 年 1 月起新发生的投资额,暂停征收固定资产投资方向调节税。

4.1.2 工程项目成本分类

由于工程项目本身具有建设周期长、投资巨大、风险性高、技术条件复杂等特点,工程项目成本可以从以下不同的角度进行分类。

1. 按照工程项目实施阶段进行分类

(1)投资估算成本

投资估算成本是指在项目投资决策阶段,依据有关资料和一定的方法,对工程项目未来可能发生的全部费用进行的预测和估算,其估算准确性的影响因素很多,如历史资料的全面性、估价人员的水平、项目所在地的自然条件和经济状况、工程标准以及项目实施的管理水平等。

(2)设计概算成本

设计概算成本是指在投资估算的控制下,在项目设计阶段由设计单位根据初步设计或技术设计的图纸或说明、概算定额、各项费用定额获取费标准(指标)、设备、材料预算价格等资料,编制和确定的项目从筹建至竣工交付使用所需的全部费用。

(3)施工图预算成本

施工图预算成本是在施工图设计完成后,由施工企业根据施工图设计及施工组织设计按照现行的预算定额分部分项地计算出工程量,在此基础上套用相应的预算单价计算出工程直接费用,再根据规定的各种规费及定额计算出建筑安装工程预算造价。它是企业根据施工图纸对建筑安装工程成本的估算。

(4)竣工结算成本

竣工结算成本是指施工企业或承包商在工程实施过程中,依据承包合同中关于付款条件的规定和已经完成的工程量,并按照规定的程序向建设单位(业主、开发商)收取的工程价款,是反映工程进度和考核经济效益的主要指标,反映工程项目在施工阶段的实际消耗成本。此阶段是成本控制的关键阶段。

（5）竣工决算成本

竣工决算成本是指由建设单位编制的反映工程项目实际造价和投资效果的文件,办理交付动用验收的依据,是竣工验收报告的重要组成部分。它包括从筹划到竣工投产的全部实际费用,即建设工程费用、安装工程费用、设备及器具购置费用和工程建设其他费用以及预备费用和投资方向调节支出费用等。它反映出工程项目在整个建设期内的所有实际消耗的费用总和,是工程项目的实际成本。

2. 事前成本和事后成本

根据成本控制要求,工程项目成本可分为事前成本和事后成本。

（1）事前成本

工程成本的计算和管理活动是与工程实施过程紧密联系的,在实际成本发生和工程决算之前所计算和确定的成本都是事前成本,带有计划性和预测性。根据实施阶段常用的概念有投资估算、概算成本、预算成本（包括施工图预算、标书合同预算）和计划成本（包括责任目标成本、项目计划成本）之分。

（2）事后成本

事后成本即实际成本。实际成本是工程项目在报告期内实际发生的各项费用的总和。将实际成本与计划成本比较,可揭示成本的节约和超支,考核施工企业技术水平及技术组织措施的贯彻执行情况和企业的经营效果。实际成本与预算成本比较,可以反映工程项目盈亏情况。因此,计划成本和实际成本都反映开发企业的管理水平和施工企业的成本水平,它与开发企业本身的经营水平、施工企业本身的生产技术水平、施工条件及生产管理水平相对应。

4.1.3 工程项目成本管理的内容

工程项目成本管理就是要在保证工期和质量满足要求的情况下,采取相应管理措施,包括组织措施、经济措施、技术措施、合同措施,把成本控制在计划范围内,并进一步寻求最大限度的成本节约。

成本管理首先要做好基础工作。成本管理的基础工作是多方面的,成本管理责任体系的建立是最重要的基础工作,涉及成本管理的一系列组织制度、工作程序、业务标准和责任制度的建立。此外,应从以下各方面为成本管理创造良好的基础条件。

① 统一组织内部工程项目成本计划的内容和格式。其内容应能反映成本的划分、各成本项目的编码及名称、计量单位、单位工程量计划成本及合计金额等。这些成本计划的内容和格式应由各个企业按照自己的管理习惯和需要进行设计。

② 建立企业内部施工定额并保持其适应性、有效性和相对的先进性,为成本计划的编制提供支持。

③ 建立生产资料市场价格信息的收集网络和必要的派出询价网点,做好市场行情预测,保证采购价格信息的及时性和准确性。同时,建立企业的分包商、供应商评审注册名录,发展稳定、良好的供方关系,为编制成本计划与采购工作提供支持。

④ 建立已完项目的成本资料、报告报表等的归集、整理、保管和使用管理制度。

⑤ 科学设计成本核算账册体系、业务台账、成本报告报表,为成本管理的业务操作提供统一的范式。

1. 工程项目成本管理的任务

工程项目成本管理的任务和环节主要包括工程项目成本预测、工程项目成本计划、工程项目成本控制、工程项目成本核算、工程项目成本分析、工程项目成本考核。

（1）工程项目成本预测

工程项目成本预测是通过成本信息和工程项目的具体情况,并运用一定的专门方法,对未来的成本水平及其可能的发展趋势作出科学的估计,其实质就是在项目实施以前对成本进行估算。

通过成本预测,可以在满足项目业主和本企业要求的前提下,选择成本低、效益好的最佳成本方案,并能够在工程项目成本形成过程中,针对薄弱环节,加强成本控制,克服盲目性,提高预见性。因此,工程项目成本预测是施工项目成本决策与计划的依据。工程项目成本预测,通常是对工程项目计划工期内影响其成本变化的各个因素进行分析,比照近期已完工工程项目或将完工工程项目的成本(单位成本),预测这些因素对工程成本中有关项目(成本项目)的影响程度,预测出工程的单位成本或总成本。

（2）工程项目成本计划

工程项目成本计划是项目经理对项目施工成本进行计划管理的工具,是以货币形式编制施工项目在计划期内的生产费用、成本水平、成本降低率以及为降低成本所采取的主要措施和规划的书面方案。它是建立工程项目成本管理责任制、开展成本控制和核算的基础。一般来说,一个工程项目成本计划应包括从项目立项到竣工所必需的工程项目成本,它是该施工项目降低成本的指导文件,是设立目标成本上升的依据。可以说,成本计划是目标成本的另一种形式。

（3）工程项目成本控制

工程项目成本控制是指在项目实施过程中,对影响工程项目成本的各种因素加强管理,采取各种有效措施(组织、技术、经济、合同),将实际发生的各种消耗和支出严格控制在成本计划范围内。通过动态监控并及时反馈,严格审查各项费用是否符合标准,计算实际成本和计划成本之间的差异并进行分析,进而采取多种措施,减少或消除损失浪费。

建设工程项目施工成本控制应贯穿项目从投标阶段开始直至保证金返还的全过程,它是企业全面成本管理的重要环节。工程项目成本控制可分为事先控制、事中控制(过程控制)和事后控制。因此,必须明确各级管理组织和各级人员的责任及权限,这是成本控制的基础之一,必须给予足够的重视。

（4）工程项目成本核算

项目管理机构应根据项目成本管理制度明确项目成本核算的原则、范围、程序、方法、内容、责任及要求,健全项目核算台账。

工程项目成本核算包括两个基本环节:一是按照规定的成本开支范围对施工成本进行归集和分配,计算出施工成本的实际发生额;二是根据成本核算对象,采用适当的方法,计算出该施工项目的总成本和单位成本。

工程项目成本核算一般以施工阶段的成本核算为主要研究对象,施工成本核算一般以单位工程为对象,但也可以按照承包工程项目的规模、工期、结构类型、施工组织和施工现场等情况,结合成本管理要求,灵活划分成本核算对象。施工阶段成本核算的基本内容包括人工费核算、材料费核算、周转材料费核算、构件费核算、机械使用费核算、其他措施费核算、分包工程成本核算、间接费核算、项目月度施工成本报告编制。

项目管理机构应按规定的会计周期进行项目成本核算。

项目管理机构应编制项目成本报告。

对竣工工程的成本核算,应区分为竣工工程现场成本和竣工工程完全成本,分别由项目管理机构和企业财务部门进行核算分析,其目的在于分别考核项目管理绩效和企业经营效益。

（5）工程项目成本分析

工程项目成本分析是在成本核算的基础上，对成本的形成过程和影响成本升降的因素进行分析，以寻求进一步降低成本的途径，包括有利偏差的挖掘和不利偏差的纠正。成本分析贯穿成本管理的全过程，它是在成本的形成过程中，主要利用项目的成本核算资料（成本信息），与目标成本、预算成本以及类似项目的实际成本等进行比较，了解成本的变动情况；同时也要分析主要技术经济指标对成本的影响，系统地研究成本变动的因素，检查成本计划的合理性，并通过成本分析，深入研究成本变动的规律，寻找降低项目成本的途径，以便有效地进行成本控制。成本偏差的控制，分析是关键，纠偏是核心，因此要针对分析得出的偏差发生原因，采取切实措施，加以纠正。

通常施工阶段的成本分析是整个工程项目成本管理的关键环节，本书把施工阶段的成本分析作为重点来研究。

（6）工程项目成本考核

工程项目成本考核是指在项目完成后，对项目成本形成中的各责任者，按项目成本目标责任制的有关规定，将成本的实际指标与计划、定额、预算进行对比和考核，评定施工项目成本计划的完成情况和各责任者的业绩，并以此给予相应的奖励和处罚。通过成本考核，做到有奖有惩，赏罚分明，才能有效地调动每一位员工在各自施工岗位上努力完成目标成本的积极性，从而降低施工项目成本，提高企业的效益。

当前，建筑企业面临着激烈的市场竞争，企业能否在市场竞争中立于不败之地，关键在于企业能否为社会提供质量高、工期短、造价低的工程产品；而企业能否获得较大的经济效益，关键在于有无低廉的成本。因此，建筑企业在项目实施过程中，要研究降低成本的策略，研究企业质量效益改进计划，争创名牌；提高市场的占有率，不断开拓经营领域，使企业走上良性循环的发展道路。

成本管理的每一个环节都是相互联系和相互作用的。成本预测是成本决策的前提，成本计划是成本决策所确定目标的具体化。成本控制则是对成本计划的实施进行监督，保证决策的成本目标实现，成本核算又是成本计划是否实现的最后检验，它所提供的成本信息又将为下一个施工项目成本预测和决策提供基础资料。成本考核是实现成本目标责任制的保证和实现决策目标的重要手段。目前施工阶段的成本超支问题尤其严重，所以本书重点为研究施工阶段的成本控制。

2. 工程项目成本管理的程序

工程项目成本管理应遵循下列程序：

① 掌握生产要素的价格信息；

② 确定项目合同价；

③ 编制成本计划，确定成本实施目标；

④ 进行成本控制；

⑤ 进行项目过程成本分析；

⑥ 进行项目过程成本考核；

⑦ 编制项目成本报告；

⑧ 项目成本管理资料归档。

3. 工程项目成本管理的措施

为了取得成本管理的理想成效，应当从多方面采取措施实施管理，通常可以将这些措施归纳为组织措施、技术措施、经济措施和合同措施。

（1）组织措施

组织措施是从成本管理的组织方面采取的措施。成本管理是全员的活动,如实行项目经理责任制,落实成本管理的组织机构和人员,明确各级成本管理人员的任务和职能分工、权力和责任。成本管理不仅仅是专业成本管理人员的工作,各级项目管理人员都负有成本控制责任。

组织措施的另一方面是编制成本管理工作计划,确定合理、详细的工作流程。要做好施工采购计划,通过生产要素的优化配置、合理使用、动态管理,有效控制实际成本;加强施工定额管理和施工任务单管理,控制活劳动和物化劳动的消耗;加强施工调度,避免因施工计划不周和盲目调度造成窝工损失、机械利用率降低、物料积压等问题。成本管理工作只有建立在科学管理的基础之上,具备合理的管理体制、完善的规章制度、稳定的作业秩序、完整准确的信息传递,才能取得成效。组织措施是其他各类措施的前提和保障,而且一般不需要增加额外的费用,运用得当可以取得良好的效果。

（2）技术措施

施工过程中降低成本的技术措施包括:进行技术经济分析,确定最佳的施工方案;结合施工方法,进行材料使用的比选,在满足功能要求的前提下,通过代用、改变配合比、使用外加剂等方法降低材料消耗的费用;确定最合适的施工机械、设备使用方案;结合项目的施工组织设计及自然地理条件,降低材料的库存成本和运输成本;应用先进的施工技术,运用新材料,使用先进的机械设备等。在实践中,也要避免仅从技术角度选定方案而忽视对其经济效果的分析论证。

技术措施不仅对解决成本管理过程中的技术问题是不可缺少的,而且对纠正成本管理目标偏差也有相当重要的作用。因此,运用技术纠偏措施的关键,一是要能提出多个不同的技术方案,二是要对不同的技术方案进行技术经济分析比较,选择最佳方案。

（3）经济措施

经济措施是最易为人们所接受和采用的措施。管理人员应编制资金使用计划,确定、分解成本管理目标。对成本管理目标进行风险分析,并制定防范性对策。在施工中严格控制各项开支,及时准确地记录、收集、整理、核算实际支出的费用。对各种变更,应及时做好增减账,落实业主签证并结算工程款。通过偏差分析和对未完工程的预测,发现一些潜在的可能引起未完工程成本增加的问题,及时采取预防措施。因此,经济措施的运用绝不仅仅是财务人员的事情。

（4）合同措施

采用合同措施控制成本,应贯穿整个合同周期,包括从合同谈判开始到合同终结的全过程。对于分包项目,首先是选用合适的合同结构,对各种合同结构模式进行分析、比较,在合同谈判时,要争取选用适合工程规模、性质和特点的合同结构模式。其次,在合同的条款中应仔细考虑一切影响成本和效益的因素,特别是潜在的风险因素。通过对引起成本变动的风险因素的识别和分析,采取必要的风险对策,如通过合理的风险分摊方式增加承担风险的个体数量以降低损失发生的比例,并最终将这些策略体现在合同的具体条款中。在合同执行期间,合同管理的措施既要密切注视对方合同执行的情况,以寻求合同索赔的机会,同时也要密切关注自己履行合同的情况,以防被对方索赔。

4.2 施工阶段项目成本预测

施工阶段项目成本预测简称施工成本预测,它是通过取得的历史数字资料,采用经验总结、统计分析及数字模型的方法对成本进行判断与推测。对施工阶段的成本进行预测,可以为建筑企业和施工企业进行经营决策及项目部编制成本计划等提供数据。它是实施项目科学管理的一种很重要的工具,越来越被人们重视,并日益发挥作用。

4.2.1　成本预测的影响因素

① 环境因素。施工项目不同于一般项目,其具有独特性,在复杂的环境中施工,项目的成本管理要考虑的因素就更多,可能相应的施工成本会大大高于在简单环境中的施工成本。通常施工项目固定在同一地点,在露天环境中进行,施工环境会受到当地自然和社会环境的强烈影响。在对施工项目进行成本预测和成本管理的同时,必须考虑到施工环境的复杂性,将环境因素纳入预测指标体系。

② 资源因素。资源耗费是施工项目直接成本中的重要组成部分,通常来说,施工项目要投入大量资源,在建筑施工项目中,资源因素对成本的影响是重大的,这种影响不仅仅体现在实际施工的资源耗费上,也体现在施工现场以外的材料采购环节。

③ 管理因素。管理者素质的优劣很大程度上影响成本支出的多少,优秀的管理团队能够充分利用每一份资源并发挥其应有的价值,而拙劣的团队需要耗费大量资源才能勉强达到建设单位对项目工期和质量的要求。如果施工项目团队施工经验丰富,管理理念先进,专业知识水平高超,就能够对成本进行有效控制,为成本预测提供可靠的信息依据,也为成本目标的实现提供充分的保障。

④ 质量因素。施工项目的成本与其质量有着十分密切的关系,通常来说,建设单位对施工项目质量要求越高,施工企业所耗费的成本支出就越多。而如果忽视质量控制,导致施工项目因质量不合格而进行整改或修复,会使得施工企业承担额外的成本支出,最终也无法实现成本控制的目标。

⑤ 工期因素。施工项目的成本和项目工期的长短有着直接关系,尤其是涉及人员工资方面的支出。施工项目的管理团队在制定施工计划时,要综合考虑各种因素,在保证项目施工质量满足建设单位要求的同时,要严格制定工期计划,减少直接费用支出。同时,要对项目管理团队的管理费用进行严格把控;减少不必要的管理费用支出,进而从总体上控制人工成本,减少企业成本支出,从而保证施工企业的利润,在保证质量和工期的同时增强建筑施工企业的核心竞力。

4.2.2　量本利分析法在成本预测中的应用

项目成本预测方法很多,有线性回归法、市场比较法、估算法及量本利分析法,本节只介绍量本利分析法。

量本利分析就是产量成本利润分析,用于研究价格、单位变动成本和固定成本总额等因素之间的关系。这是比较简单而实用的管理技术,用于施工项目成本管理中,可以分析项目的合同价格、工程量、单位成本及总成本之间的相互关系,为工程决策阶段提供依据。

1. 量本利分析的基本原理

量本利分析法传统上是研究企业在经营中一定时期的成本、业务量(生产量或销售量)和利润之间的变化规律,从而对利润进行规划的一种技术方法。它是在成本划分为固定成本和变动成本的基础上发展起来的。以下举例来说明这个方法的原理。

2. 量本利分析的基本数学模型

设某企业生产甲产品,本期固定成本总额为 C_1,单位售价为 P,单位变动成本为 C_2。并设销售量为 Q,销售收入为 Y,总成本为 C,利润为 TP。

则成本、收入、利润之间存在以下关系:

$$C = C_1 + C_2 \times Q$$
$$Y = P \times Q$$

$$TP = Y - C = (P - C_2) \times Q - C_1$$

(1) 盈亏分析图和盈亏平衡点

以纵轴表示收入与成本,以横轴表示销售量,建立坐标图,并分别在图上画出成本线和收入线,称之为盈亏分析图,如图 4-1 所示。

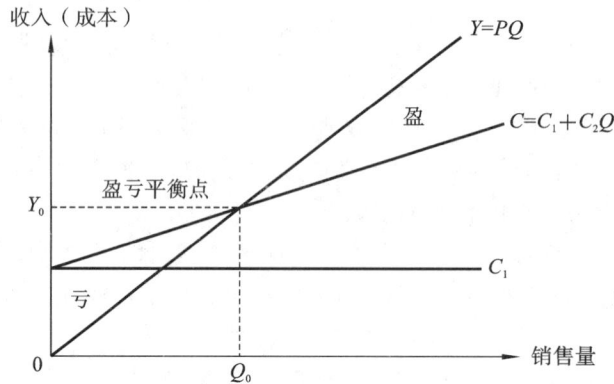

图 4-1 盈亏分析图

从图上看出,收入线与成本线的交点称为盈亏平衡点。在该点上,企业该产品收入与成本正好相等,即处于不亏不盈状态,也称为保本状态。

(2) 保本销售量和保本销售收入

保本销售量和保本销售收入,就是对应盈亏平衡点销售量 Q 和销售收入 Y 的值,分别以 Q_0 和 Y_0 表示。由于在保本状态下,销售收入与生产成本相等,即

$$Y_0 = C_1 + C_2 \times Q_0$$
$$P \times Q_0 = C_1 + C_2 \times Q_0$$

因此
$$Y_0 = P \times C_1 / (P - C_2) = \frac{C_1}{(P - C_2)/P}$$

式中,$(P - C_2)$ 称为边际利润,$(P - C_2)/P$ 称为边际利润率,则

保本销售量=固定成本/(单位成本销售价-单位产品变动成本)

保本销售收入=单位产品销售价×固定成本/(单位产品销售价-单位产品变动成本)

【例 4-1】 设 $C_1 = 50000$ 元,$C_2 = 10$ 元/件,$P = 15$ 元/件,求保本销售量和保本销售收入。

【解】 保本销售量 $Q_0 = 50000/(15 - 10)$ 件 $= 10000$ 件,保本销售收入 $Y_0 = 10000 \times 15$ 元 $= 150000$ 元。

(3) 量本利分析在施工阶段项目成本管理中应用的模型和方法

① 量本利分析的因素特征。

a. 量。在施工成本管理中,量本利分析的量不是一般意义上单件工业产品的生产数量或销售数量,而是指一个施工项目的建筑面积或建筑体积(以 S 表示)。对于特定的施工项目,由于建筑产品具有"期货交易"特征,所以其生产量即是销售量,且固定不变。

b. 成本。量本利分析是在成本划分为固定成本和变动成本的基础上发展起来的,所以进行量本利分析首先应从成本形态入手,即把成本按其与产销量的关系分解为固定成本和变动成本。在施工项目管理中,就是把成本随工程规模大小而变化划分为固定成本(以 C_1 表示)和变动成本(以 C_2 表示,这里指单位建筑面积变动成本)。

c. 价格。不同的工程项目,其单位平方价格是不相同的,但在相同的施工期间,同结构类型项目的单位平方价格是基本接近的。因此,施工项目成本管理量本利分析中可以按工程结构类型建立相应的盈亏分析图和量本利分析模型。

② 盈亏分析图。

假设项目的建筑面积(或体积)为 S,合同单位平方造价为 P,施工项目的固定成本为 C_1,单位平方变动成本为 C_2,项目合同总价为 Y 元,则盈亏分析图如图 4-2 所示。

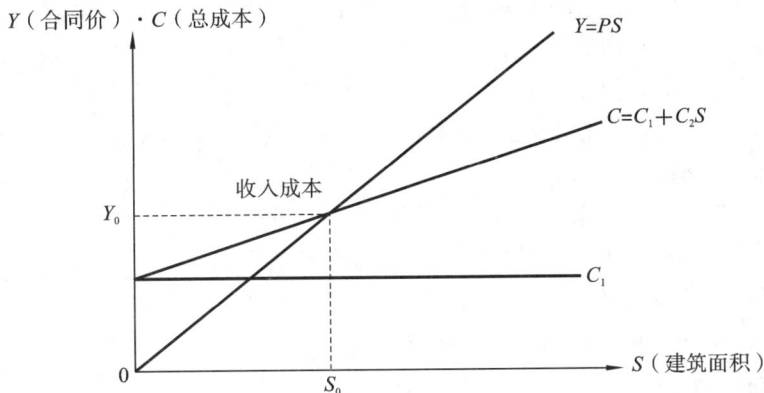

图 4-2　盈亏分析图

项目保本规模 $S_0 = C_1/(P-C_2)$,项目保本合同价 $Y_0 = P \times C_1/(P-C_2)$。

【例 4-2】　某工程 2021 年框架结构合同价为 1547 元/m²,固定成本为 48 万元,单位平方变动成本为 550 元/m²,据此建立该工程盈亏平衡分析图 4-3。

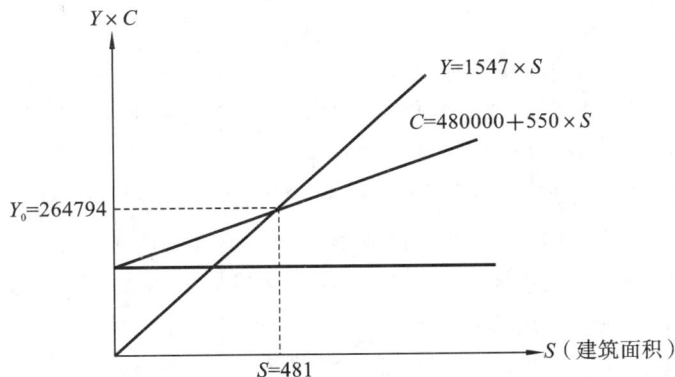

图 4-3　框架工程盈亏分析图

【解】　项目保本规模 $S_0 = C_1/(P-C_2) = 480000/(1547-550)$ m² $= 481$ m²,项目保本合同价 $Y_0 = P \times C_1/(P-C_2) = 550 \times 480000/(1547-550)$ 元 $= 264794$ 元。

从盈亏分析图中看出,该框架结构工程项目的建筑面积不能低于 481 m²,或者其合同价不能低于 264794 元,否则不宜承建施工。如果承建施工,则会亏本。对于现承建 A 施工项目(面积 2000 m²),通过量本利分析模型,可估算出总成本。

总成本 $C = (480000 + 550 \times 2000)$ 元 $= 1580000$ 元,可达到投标总价 $Y = 1547 \times 2000$ 元 $= 3094000$ 元,可达到的利润 $TP = (3094000 - 1580000)$ 元 $= 1514000$ 元。

4.2.3 施工阶段目标成本的编制与分解

1. 目标成本预测

所谓目标成本,即项目(或企业)对未来期产品成本所规定的奋斗目标,它比已经达到的实际成本要低,但又是经过努力可以达到的。目标成本管理是现代化企业经营管理的重要组成部分,它是市场竞争的需要,是企业挖掘内部潜力,不断降低产品成本,提高企业整体工作质量的需要,是衡量企业实际成本节约或开支,考核企业在一定时期内成本管理水平高低的依据。施工阶段项目的成本管理实质就是一种目标管理。项目管理的最终目标是低成本、高质量、短工期,而低成本是质量目标和成本目标的价格反映。目标成本有很多形式,在制定目标成本作为编制施工项目成本计划和预算的依据时,可能以计划成本、定额成本或标准成本作为目标成本,这将随成本计划编制方法的变化而变化。

一般而言,目标成本的计算公式如下:

$$项目目标成本=预计结算收入-税金-项目目标利润$$

而预计结算收入又和我国现行投资构成及工程造价有密切关系。

2. 施工阶段目标成本的组成

施工阶段目标成本一般由施工直接目标成本和间接目标成本组成。

(1) 施工直接目标成本

施工直接目标成本主要反映工程成本的目标价值,具体来说,要对材料、人工、机械费、运费等主要支出项目加以分解并各自制定目标。以材料费为例,应说明钢材、木材、水泥、砂石、加工订货制品等主要材料和加工制品的目标用量、价格,模板摊销列入成本的幅度,脚手架等租赁用品计划应付款项,材料采购发生成本差异的处理等,以便在实际施工中加以控制与考核。

(2) 间接目标成本

间接目标成本主要反映施工现场管理费用的目标支出数。间接目标成本应根据工程项目的核算期,以项目总收入费的管理费用为基础,制定各部门的目标成本收支,汇总后作为工程项目的目标管理费用。在间接目标成本制定中,各部门费用的口径应该一致,支出应与会计核算中管理费用的各级科目一致。间接目标成本的金额应与项目目标成本中管理费一栏的数额相符。各部门应按照节约开支、压缩费用的原则,制定"管理费用归口包干指标落实办法",以保证该目标的实现。

在编制目标成本以后还需要通过各种目标成本表格的形式将成本降低任务落实到整个项目的施工全过程,以便于在项目实施过程中实现对成本的控制。目标成本表格通常通过直接目标成本总表的形式反映,间接目标成本表格可用施工目标管理费用表格来控制。

① 直接目标成本总表。它主要是工程项目的目标成本分解为各个组成部分,通过在目标成本栏中加入实际成本栏的方式,并且要对存在的较大原因进行解释,达到在实际中对施工中发生的费用进行有力控制的目的(见表4-1)。

表 4-1　直接目标成本总表

工程名称:　　　　　　项目经理:　　　　　　日期:　　　　　　单位:

项目	目标成本	实际发生成本	差异	差异说明
(1) 直接成本				
人工费				
材料费				

续表

项目	目标成本	实际发生成本	差异	差异说明
机械使用费				
措施费				
（2）间接成本				
规费				
企业管理费				

② 施工目标管理费用表格见表 4-2。

表 4-2　施工目标管理费用表

工程名称：　　　　　项目经理：　　　　　日期：　　　　　单位：

项目	目标成本	实际发生成本	差异	差异说明
① 工作人员工资				
② 办公费				
③ 差旅交通费				
④ 固定资产使用费				
⑤ 工具用具使用费				
⑥ 劳动保险费				
⑦ 工会经费				
⑧ 教育经费				
⑨ 财务费				
⑩ 税金				
⑪ 其他				

3. 施工项目目标成本的编制

1）目标成本的编制

凡承建的施工项目，在开工前项目经理必须组织项目部各部门人员编制好工程目标成本，提出各部门在实施目标成本过程中的管理措施和岗位责任制，保证目标成本计划的实施，并取得实效。目标成本的编制可以以单位工程或分部工程为对象进行编制。当建设单位施工图纸不能全数提供时，可按已提供的图纸，通过分析合同有利及不利因素，结合施工组织设计及各项成本节超因素，按分部工程甚至分项工程编制目标成本，但在图纸到齐后仍须编制好全部目标成本。

2）目标成本编制依据

设计预算或合同报价书、施工预算；施工组织设计或施工方案；本省市颁布的材料指导价、机械台班价、劳动力价；周转设备租赁价格；已签订的工程合同，分包合同（或估价书）；结构件外加工计划和合同；有关财务成本核算制度和财务历史资料；项目部与公司签订的内部承包合同。

3）目标成本的编制要求

（1）编制设计预算

当仅需编制工程基础地下室、结构部分时，要剔除非工程结构范围的预算收入，如各分项中综合预算定额包含粉刷工程的费用,并使用计算机预算软件上机操作,提供设计预算各预算成本项目和工料分析汇总,分包项目应单独编制设计预算,以便同目标成本比较。高层工程项目,标准层部门要单独编制一层的设计预算,作为成本过程控制的预算收入标准。

（2）编制施工预算

包括进行"两算"审核,实物量对比,纠正差错。施工预算实际上是计报产值的依据,同时起到指导生产、控制成本的作用,也是编制项目目标成本的主要依据。

（3）人工费目标成本的编制

以施工图预算人工费为收入依据。按施工预算计划工日数,对照包清工人工挂牌价,列出实物量定额用工内的人工费支出,并根据本工程实际情况可能发生的各种无收入的人工费支出,不可预计用工的比例,参照以往同类型项目对估点工的处理及公司对估点工控制的要求而确定。对自行加工构件、周转材料整理、修理、临时设施及机械辅助用工,提供资料列入相应的成本费用项目。

（4）材料费、构件费目标成本的编制

由施工图预算提供各种材料、构件的预算用量、预算单价,施工预算提供计划用量,在此基础上,根据对实物量消耗控制的要求以及技术节约措施等,计算目标成本的计划用量。单价根据指导价,无指导价的参照定额站提供的中准价,并根据合同约定的下浮率计算出单价。根据施工图预算、目标成本所列的数量、单价,计算出量差、价差,构成节超额。材料费、构件费目标成本的确定:目标成本＝预算成本－节超额。

（5）周转材料目标成本的编制

以施工图预算周围材料费为收入依据。按施工方案和模板排列图,作为周转材料需求量的依据,以施工部门提供的该阶段计划施工工期作为使用天数(租赁天数),再根据施工的具体情况,分期分批量进行量的配备。单价的核定,钢模板、扣件管及材料的修理费、赔偿费(报废)依据租赁分公司的租赁单价。在编制目标成本时,同时要考虑钢模、扣件修理费、赔偿费,一般是根据以前历史资料进行测算的。项目部使用自行采购的周转材料,同样以施工方案和模板排列图作为周转材料需求量的依据,预计使用天数和周转次数,并预计周转材料的摊销和报废数量。

（6）机械费用目标成本的编制

以施工图预算机械费为收入依据。按施工方案计算所需机械类型、使用台班数、机械进出场费、机操工人工费、修理用工和用工费用,计算小型机械、机具使用费。

（7）措施费目标成本的编制

以措施费为收入依据。按施工方案和施工现场条件计算环境保护、文明施工、安全施工、临时设施、夜间施工、二次搬运、大型机械设备进出场和安拆、混凝土、钢筋混凝土模板及支架、脚手架、已完工程及设备保护、施工排水、降水费。

（8）施工间接费用目标成本的编制

以施工图预算管理费为收入依据。按实际项目管理人员数和费用标准计算施工间接费的开支。

（9）分包成本的目标成本的编制

以预算部门提供的分包项目施工图预算为收入依据。按施工预算编制的分包项目施工预算的工程量,单价按市场价,计算分包项目的目标成本。

4）目标成本的编制程序

① 编制施工方案并进行优化,制定技术降本措施。

② 编制"两算"。

③ 进行"两算"审核,实物量对比,纠正差错。

④ 对施工图预算进行定额费用拆分。

⑤ 计算材料、结构件、机械、劳动力计划消耗量和费用。

⑥ 制定大临设施搭建计划和计算费用。

⑦ 根据施工方案指定模板、脚手架使用设备和计算费用。

⑧ 根据现场管理人员的开支标准和项目承包上交基数及其他财务历史资料,计算施工间接费用。

⑨ 根据分包合同或分包部位估价书计算分建成本。

⑩ 各部门拟定编制说明资料。

⑪ 审定各部门提供的计算资料和编制说明,纠正差错。

⑫ 汇总所有资料,形成目标成本初稿,要各部门会审、签字。

⑬ 项目经理审定、签发、实施。

5)编制目标成本各相关部门需提供的资料

(1)预算部门

① 使用计算机预算软件编制设计预算,提供施工图预算各成本项目和工料分析汇总,并提供单独编制的分包项目设计预算,以便同目标成本比较。

② 高层项目,标准层部门要提供单独编制一层的预算,作为成本过程控制的预算收入标准。

(2)技术部门

① 以技术和经济相结合的原则,经多方案比较后,提供最佳施工方案。

② 提供实际可行、有经济效益的技术节约措施,并附计算公式和书面说明。

(3)生产部门

① 提供按合同要求和资源配置情况,以获取最大的经济效益为前提而编制的施工计划。

② 提供成型钢筋、预埋件加工计划,明确数量和费用。

③ 提供模板需要类型和数量(按翻样排列图)。

④ 提供分建工程合同或估价书。

⑤ 提供大临设施搭建数量和费用(不包括永久性道路)。

⑥ 对提供的各类资料附书面说明。

(4)材料部门

① 以分部分项列表,提供工程所需各类主要材料和辅助料计划用量及费用(商品混凝土拆分泵送费、硬管费列入机械费)。

② 提供以施工方案和模板排列图为依据计算的周转材料所需数量、使用天数、损耗量和费用总量(包括整理、运输、修理赔偿费用)。

③ 提供施工用水费。

④ 对提供的各类资料附书面说明。

(5)劳动部门

① 提供外包劳务单价(定额内用工、估点工)。

② 以分部分项列表,提供工程所需用工数量和费用(点工需要有项目分析)。

③ 对自行加工构件、周转材料整理、修理、临设及机械辅助用工,提供资料列入相应的成本费用项目。

④ 提供因使用商品混凝土而按规定扣除的后台用工数量和含钢量调整而相应增加的用工数量。

⑤ 对提供的各类资料附书面说明。

（6）机械部门

① 提供以施工方案为依据计算的使用台班数、机械进出场费、塔基加固费、机械升降费及机械总费用（按机械类别列表）。

② 提供小型机械使用费（自有机械有偿使用、租借计费）。

③ 提供借用机械操作、修理用工和用工费用。

④ 提供施工用电费。

⑤ 对提供的各类资料附书面说明。

（7）财务部门

① 提供按实际项目管理人员数和费用标准计算的施工间接费开支。

② 提供按项目承包合同规定的上缴率计算的承包基数上缴数。

③ 提供按公司规定计算的开办食堂的费用。

④ 提供按历史财务资料计算的其他施工间接费用。

⑤ 提供经汇总计算的其他直接费的开支。

4.3 施工成本计划

4.3.1 施工成本计划的编制依据

施工成本计划是工程项目成本管理的一个重要环节，是实现降低施工阶段成本任务的指导性文件。如果针对承包项目所编制的成本计划达不到目标成本要求，就必须组织工程项目管理班子的有关人员重新研究寻找降低成本的途径，重新编制；同时，编制计划成本的过程也是动员施工项目经理部全体人员挖掘潜力降低成本的过程；还是检验施工技术质量管理、进度管理、物资消耗和劳动力消耗管理等效果的过程。

编制施工成本计划，需要广泛收集相关资料并进行整理，以作为施工成本计划编制的依据。施工成本计划的编制依据包括：

① 合同报价书；

② 企业定额、施工预算；

③ 施工组织设计及施工方案；

④ 人工、材料、机械台班的市场价；

⑤ 企业颁布的材料指导价、企业内部机械台班价、劳动力内部挂牌价；

⑥ 周转设备内部租赁价、摊销损耗标准；

⑦ 已签订的工程合同、分包合同；

⑧ 结构件内加工计划和合同；

⑨ 结构件外加工计划和合同；

⑩ 有关财务成本核算资料；

⑪ 施工成本预测资料；

⑫ 拟采取的施工成本措施；

⑬ 其他相关资料。

在此基础上,按照施工阶段应投入的生产要素,结合各种因素的变化和拟采取的各种措施,估算施工阶段生产费用支出的总水平,进而提出施工成本计划控制指标,确定目标总成本。目标成本确定后,应将总目标分解落实到各个机构、班组、便于进行控制的子项目或工序。最后,通过综合平衡,编制完成施工成本计划。

4.3.2 施工成本计划的编制方法

1. 施工成本计划的编制方式

施工阶段成本计划的编制以成本预测为重要基础,关键前提是确定目标成本。需结合施工组织设计的编制过程,通过不断地优化施工技术方案和合理配置生产要素,进行工料机消耗的分析,制订一系列节约成本和挖潜措施,来确定施工成本计划。一般情况下,计划施工成本总额应控制在目标成本的范围内,并使成本计划建立在切实可行的基础上。

施工总成本目标确定之后,还需通过施工成本计划把目标成本层层分解,落实到施工过程的每个环节,有效地进行成本控制。施工成本计划的编制方式如下。

(1)按施工成本组成编制施工成本计划

施工成本可以按成本构成分解为人工费、材料费、施工机具使用费和企业管理费等(见图 4-4)。

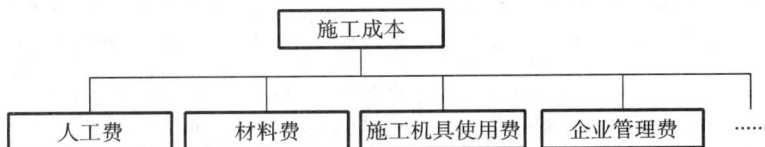

图 4-4 按成本构成分解

(2)按项目结构编制施工成本计划

大中型的工程项目通常是由若干单项工程构成的,而每个单项工程包括了多个单位工程,多个单位工程又是由若干个分部分项工程构成的。因此,首先要把项目总施工成本分解到单项工程和单位工程中,再进一步分解到分部工程和分项工程中,如图 4-5 所示。

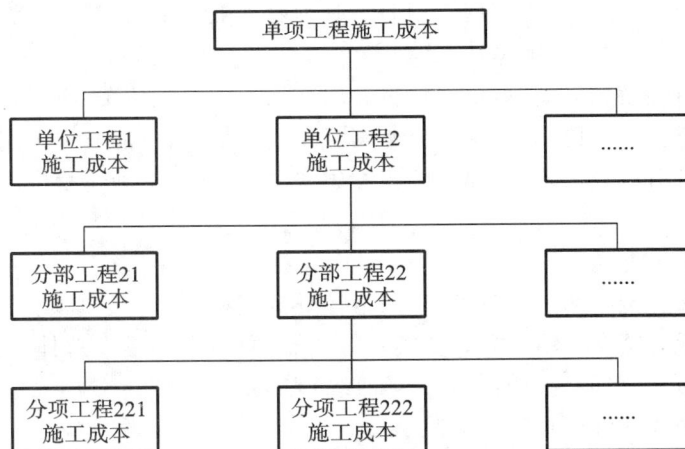

图 4-5 按项目结构分解

一般来说,由于概算和预算大都是按照单项工程和单位工程来编制的,所以将项目总投资分解到各单项工程和单位工程是比较容易的。需要注意的是,按这种方法分解项目总投资,不能只分解建筑工程投资、安装工程投资和设备工器具购置投资,还应该分解项目的其他投资。但项目的其他投资所包含的内容既与具体单项工程或单位工程直接相关,也与整个项目建设相关,因此必须采取适当的方法将项目其他投资合理地分解到各个单项工程和单位工程中。最常用的也是最简单的方法,就是按照单项工程的建筑安装工程投资和设备工器具购置投资之和的比例分摊。但其结果可能与实际支出的投资相去甚远。因此实践中一般应对工程项目的其他投资和具体内容进行分析,将其中确实与各单项工程和单位工程有关的投资分离出来,按照一定的比例分解到相应的工程内容上。

(3) 按工程实施阶段编制施工成本计划

按工程实施阶段编制成本计划,可以按实施阶段,如基础、主体、安装、装修等,或按月、季、年等实施进度进行编制。按实施进度编制施工成本计划,通常可在控制项目进度的网络图的基础上进一步扩充得到,即在建立网络图时,一方面确定完成各项工作所需花费的时间,另一方面确定完成这一工作合适的成本支出计划。在实践中,将工程项目分解为既能方便地表示时间,又能方便地表示成本支出计划的工作是不容易的,通常如果项目分解程度对时间控制合适的话,则对成本支出计划来说可能分解过细,以至于不能确定每项工作的成本支出计划;反之亦然。因此在编制网络计划时,应在充分考虑进度控制对项目划分要求的同时,还要考虑确定成本支出计划对项目划分的要求,做到两者兼顾。

三种编制施工成本计划的方法并不是相互独立的。在实践中往往是将几种方法结合起来使用,从而达到扬长避短的效果。例如:将按子项目分解项目总成本与按施工成本构成分解项目总施工成本两种方法相结合,横向按施工成本构成分解,纵向按子项目分解,或相反。这种分解方法有助于检查各分部分项工程施工成本构成是否完整,有无重复计算或漏算;同时还有助于检查各项具体的施工成本支出的对象是否明确或落实,并且可以从数字上校核分解的结果有无错误。或者还可以将按子项目分解的项目总施工成本计划与按时间分解的项目总施工成本计划结合起来,一般纵向按子项目分解,横向按时间分解。

2. 施工成本资金使用计划的形式

(1) 按子项目分解得到的施工成本资金使用计划表

在完成工程项目施工成本目标分解之后,接下来就要具体地分配投资,编制分项工程的投资支出计划,从而得到详细的施工成本资金使用计划表。其内容一般包括:工程分项编码、工程内容、计量单位、工程数量、计划综合单价、本分项总计。

在编制施工成本资金使用计划时,要在项目总的方面考虑总预备费,也要在主要的工程分项中安排适当的不可预见费,避免在具体编制施工成本奖金使用计划时,可能发现个别单位工程工程量表中某项内容的工程量计算有较大出入,使原来的预算失实,并在项目实施过程中对其尽可能地采取一些措施。

(2) 时间—投资累计曲线

对项目施工成本目标按时间进行分解,在网络计划的基础上,可获得项目进度计划的横道图,并在此基础上编制施工成本资金使用计划。其表示方法有两种:一种是在总体控制时标网络图中表示(见图 4-6);另一种是利用时间—投资曲线(S 形曲线)表示(见图 4-7)。

时间—投资累计曲线的绘制步骤如下。

① 确定工程项目进度计划,编制进度计划的横道图。

② 根据每单位时间内完成的实物工程量或投入的人力、物力和财力,计算单位时间(月或旬)的

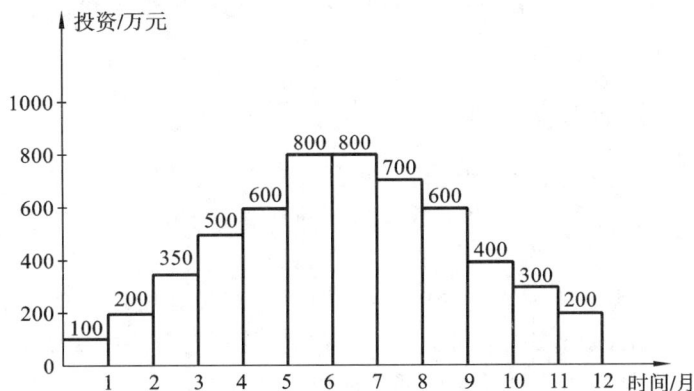

图 4-6　时标网络图按月编制的资金使用计划

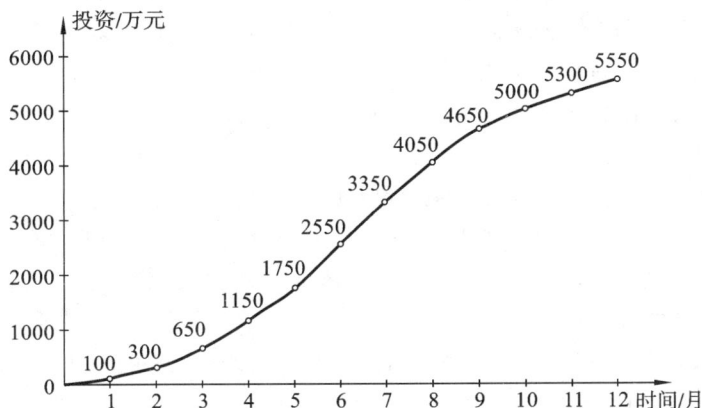

图 4-7　时间—投资累计曲线

投资,在时标网络图上按时间编制投资支出计划,如图 4-6 所示。

③ 计算规定时间 t 计划累计完成投资额,其计算方法为各单位时间计划完成的投资额累加求和。

④ 按各规定时间的累计完成投资额 Q 值,绘制 S 形曲线,如图 4-7 所示。每一条 S 形曲线都对应某一特定的工程进度计划。因为在进度计划的非关键线路中存在许多有时差的工序或工作,因而 S 形曲线(投资计划值曲线)必然包括在由全部工作都按最早开始时间开始和全部工作都按最迟必须开始时间开始的曲线所组成的"香蕉图"内。建设单位可根据编制的投资支出预算来合理安排资金,同时建设单位也可以根据筹措的建设资金来调整 S 形曲线,即通过调整非关键线路上的工作的最早或最迟开工时间,力争将实际的投资支出控制在计划的范围内。

一般而言,所有工作都按最迟开始时间开始,对节约建设单位的建设资金贷款利息是有利的,但同时,也降低了项目按期竣工的保利率。因此,成本控制部门必须合理地确定施工成本的资金支出计划,达到节约投资支出,又能控制项目工期的目的。

(3) 综合分解施工成本资金使用计划表

将投资目标的不同分解方法相结合,会得到比前者更详尽、有效的综合分解施工成本资金使用计划表。综合分解施工成本资金使用计划表,一方面有助于检查各单项工程和单位工程的投资构成是否合理,有无缺陷或重复计算;另一方面也可以检查各项具体的投资支出的对象是否明确和落实,并可校核分解的结果是否正确。

4.3.3 项目经理部的责任目标成本

在施工合同签订后,由企业根据合同造价、施工图和招标文件中的工程量清单,确定正常情况下的企业管理费、财务费用和制造成本。将正常情况下的制造成本确定为项目经理的可控成本,形成项目经理的责任目标成本。

每个工程项目,在实施项目管理之前,首先由公司主管部门与项目经理协商,将合同预算的全部造价收入分为现场施工费用(制造成本)和企业管理费用两部分。其中,现场施工费用核定的总额,作为项目成本核算的界定范围和确定项目经理部责任成本目标的依据。

将正常情况下的制造成本确定为项目经理的可控成本,形成项目经理的责任目标成本。按制造成本法计算出来的施工成本,实际上是项目的施工现场成本,反映了项目经理部的成本水平,既便于对项目经理部成本管理责任的考核,也为项目经理部节约开支、降低成本提供了可靠的基础。

1. 责任目标成本的确定过程和方法

① 按投标报价时所编制的工程量清单计价中,将各项单价换成总价格,就构成直接费用中的材料费、人工费的目标成本。

② 以施工组织设计为依据,确定机械台班和周围设备材料的使用量。

③ 其他直接费用中的各子项目均按具体情况或内部价格来确定。

④ 现场施工管理费,也按各子项目视项目的具体情况来加以确定。

⑤ 投标中压价让利的部分也要加以考虑。

以上确定的过程,应在仔细研究投标报价时的各项目清单、计价的基础上,由公司主管部门主持,有关部门共同参与,分析、研究确定。

2. 项目经理部的责任目标成本

项目经理在接受企业法定代表人委托之后,应通过主持项目管理实施规划寻求降低成本的途径,组织编制施工预算,确定项目的计划目标成本。

施工预算是项目经理部根据企业下达的责任成本目标,在详细编制施工组织设计过程、不断优化施工技术方案和合理配置生产要素的基础上,通过工料消耗分析和制定节约措施之后,制定的计划成本。一般情况下,施工预算总额应控制在责任成本目标的范围内,并留有一定余地。在特殊的情况下,项目经理部通过反复挖潜,不能把施工预算总额控制在责任成本目标的范围内时,应与公司主管部门协商修正责任成本目标或共同探讨进一步降低成本的措施,使施工预算建立在切实可行的基础上,作为控制施工过程生产成本的依据。

4.4 施工阶段成本控制

4.4.1 施工阶段成本控制概述

1. 施工阶段成本控制的概念

成本控制是在施工过程中,对影响成本的各种因素加强管理,并采取各种有效措施,将实际发生的各种消耗和支出严格控制在成本计划范围内;通过动态监控并及时反馈,严格审查各项费用是否符合标准,计算实际成本和计划成本之间的差异并进行分析,进而采取多种措施,减少或消除损失浪费。

建设工程项目施工成本控制应贯穿项目从投标阶段开始直至保证金返还的全过程,它是企业全面成本管理的重要环节。施工成本控制,通常是指在项目成本的形成过程中,对生产经营所消耗的人力资源、物质资源和费用开支进行指导、监督、调节和限制,及时纠正将要发生和已经发生的偏差,把各项生产费用控制在计划成本的范围之内,以保证成本目标的实现。

施工成本目标,有企业下达或目标责任书规定的,也有项目经理自行制定的。但这些成本目标一般只有一个成本降低率或降低额,即使加以分解,也不过是相对明细的降本指标而已,难以具体落实,以致目标管理往往流于形式,无法发挥控制成本的作用。因此,项目经理部必须以成本目标为依据,联系项目的具体情况,制订明细而又具体的成本计划,使之成为"看得见、摸得着、能操作"的实施性文件。这种成本计划应该包括每一个分部分项工程的资源消耗水平,以及每一项技术组织措施的具体内容和节约数量(金额),既可指导项目管理人员有效地进行成本控制,又可作为企业对项目成本检查考核的依据。

由于项目管理是一次性行为,它的管理对象只有一个工程项目,且将随着项目建设的完成而结束其历史使命。因而,在施工期间,项目成本能否降低,有无经济效益,有很大的风险性。为了确保项目成本必盈不亏,成本控制不仅必要,而且必须做好。

从上述观点来看,施工成本控制的目的在于降低项目成本,提高经济效益。然而项目成本的降低,除控制成本支出以外,还必须增加收入。因为,只有在增加收入的同时节约支出,才能降低施工项目成本。

2. 施工阶段成本控制的作用

施工阶段成本控制有以下四个方面的作用。

(1)监督工程收支,实现计划利润

在投标阶段分析的利润仅是理论计算而已,只有在实施过程中采取各种措施监督工程的收支,才能保证计划利润变为现实的利润。

(2)做好盈亏预测,指导工程实施

根据单位成本增高和降低的情况,对各分部项目的成本增减情况进行计算,不断对工程的最终盈亏做出预测,指导工程实施。

(3)分析收支情况,调整资金流动

根据工程实施中情况和成本增减的预测,对于流动资金需要的数量和时间进行调整,使流动资金更符合实际,从而可供筹集资金和偿还借贷资金参考。

(4)积累资料,指导今后投标

对实施过程中的成本统计资料进行积累并分析单项工程的实际成本,用来验证原来投标计算的正确性。所有这些资料均是十分宝贵的,特别是对该地区继续投标承包新的工程,有着十分重要的参考价值。

4.4.2 施工阶段成本控制程序

要做好成本的过程控制,必须制定规范化的过程控制程序。成本的过程控制有两类控制程序:一是管理行为控制程序;二是指标控制程序。管理行为控制程序是对成本全过程控制的基础,指标控制程序则是成本进行过程控制的重点。两个程序既相对独立又相互联系,既相互补充又相互制约。

1. 管理行为控制程序

管理行为控制的目的是确保每个岗位人员在成本管理过程中的管理行为符合事先确定的程序和方法的要求。从这个意义上讲,首先要清楚企业建立的成本管理体系是否能对成本形成的过程进行有效的控制,其次要考察体系是否处在有效的运行状态。管理行为控制程序就是为规范项目成本的管理行为而制定的约束和激励体系,内容如下。

(1)建立项目成本管理体系的评审组织和评审程序

成本管理体系的建立不同于质量管理体系,质量管理体系反映的是企业的质量保证能力,由社会有关组织进行评审和认证,而成本管理体系的建立是企业自身生存发展的需要,没有社会组织来评审和认证。因此企业必须建立项目管理体系的评审组织和评审程序,定期进行评审和总结,持续改进。

(2)建立项目成本管理体系运行的评审组织和评审程序

项目成本管理体系的运行有一个逐步推行的渐进过程。一个企业的各分公司、项目管理机构的运行质量往往是不平衡的。因此,必须建立专门的常设组织,依照程序定期地进行检查和评审,发现问题,总结经验,以保证成本管理体系的保持和持续改进。

(3)目标考核,定期检查

管理程序文件应明确每个岗位人员在成本管理中的职责,确定每个岗位人员的管理行为,如应提供的报表、提供的时间和原始数据的质量要求等。要把每个岗位人员是否按要求去履行职责作为一个目标来考核。为了方便检查,应将考核指标具体化,并设专人定期或不定期地检查。表4-3是为规范管理行为而设计的考核表。

表 4-3　项目成本岗位责任考核表

序号	岗位名称	职责	检查方法	检查人	检查时间
1	项目经理	1. 建立项目成本管理组织 2. 组织编制项目成本管理手册 3. 定期或不定期地检查有关人员管理行为是否符合岗位职责要求	1. 查看有无组织结构图 2. 查看项目成本管理手册	上级或自查	开工初期检查一次,以后每月检查一次
2	项目工程师	1. 指定采用新技术降低成本的措施 2. 编制总进度计划 3. 编制总的工具及设备使用计划	1. 查看资料 2. 现场实际情况与计划进行对比	项目经理或其委托人	开工初期检查一次,以后每月检查 1~2 次
3	主管材料员	1. 编制材料采购计划 2. 编制材料采购月报表 3. 对材料管理工作每周组织检查一次 4. 编制月材料盘点表及材料收发结存报表	1. 查看资料 2. 对现场实际情况与管理制度中的要求进行对比	项目经理或其委托人	每月或不定期抽查

续表

序号	岗位名称	职责	检查方法	检查人	检查时间
4	成本会计	1. 编制月度成本计划 2. 进行成本核算,编制月度成本核算表 3. 每月编制一次材料复核报告	1. 查看资料 2. 审核编制依据	项目经理或其委托人	每月检查一次
5	成本员	1. 编制月度用工计划 2. 编制月度材料需求计划 3. 编制月度工具及设备计划 4. 开具限额领料单	1. 查看资料 2. 计划与实际对比,考核其准确性及实用性	项目经理或其委托人	每月或不定期抽查

应根据检查的内容编制相应的检查表,由项目经理或其委托人检查后填写检查表。检查表要由专人负责整理归档。

（4）制定对策,纠正偏差

对管理工作进行检查的目的是保证管理工作按预定的程序和标准进行,从而保证项目成本管理能够达到预期的目的。因此,对检查中发现的问题,要及时进行分析,然后根据不同的情况,及时采取对策。

2. 指标控制程序

达到成本目标是成本控制成功的关键。对各岗位人员的成本管理行为进行控制,就是为了保证成本目标的实现。项目成本指标控制程序如下。

（1）确定成本管理分层次目标

在工程开工之初,项目管理机构应根据公司与项目签订的项目承包合同确定项目的成本管理目标,并根据工程进度计划确定月度成本计划目标。

（2）采集成本数据,监测成本形成过程

在施工过程中要定期收集反映成本支出情况的数据,并将实际发生情况与目标计划进行对比,从而保证有效控制成本的整个形成过程。

（3）找出偏差,分析原因

施工过程是一个多工种、多方位立体交叉作业的复杂活动,成本的发生和形成是很难按预定的目标进行的,因此,需要及时分析偏差产生的原因,分清是客观因素（如市场调价）还是人为因素（如管理行为失控）。

（4）制定对策,纠正偏差

过程控制的目的就在于不断纠正成本形成过程中的偏差,保证成本项目的发生是在预定范围之内。针对产生偏差的原因及时制定对策并予以纠正。

（5）调整改进成本管理方法

用成本指标考核管理行为,用管理行为来保证成本指标。管理行为的控制程序和成本指标的控制程序是对项目成本进行过程控制的主要内容,这两个程序在实施过程中,是相互交叉、相互制约又相互联系的。只有把成本指标的控制程序和管理行为的控制程序相结合,才能保证成本管理工作有序、富有成效地进行。图 4-8 所示是成本指标控制程序图。

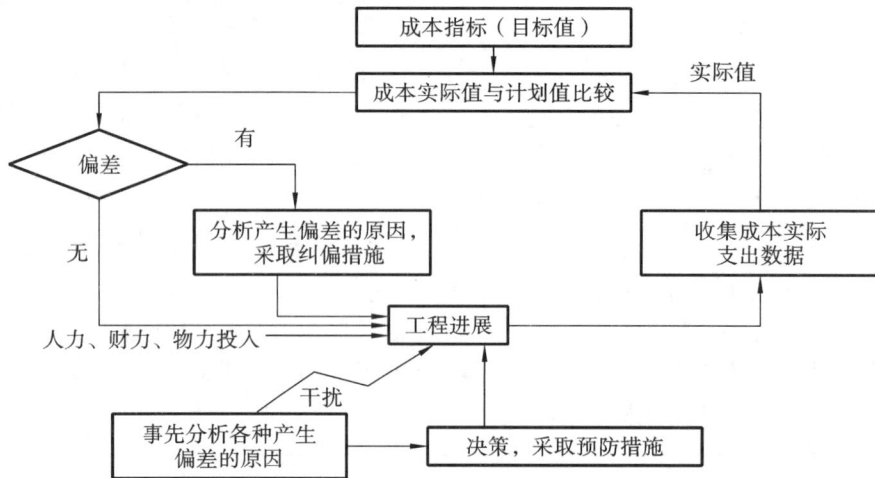

图 4-8 成本指标控制程序图

4.4.3 施工阶段成本控制的种类和方法

1. 施工阶段目标成本控制的种类和依据

1）施工成本控制的种类

施工成本控制可分为事先控制、事中控制(过程控制)和事后控制。

（1）事先控制

事先控制是通过成本预测和决策,落实降低成本措施,编制目标成本计划而层层展开的。事先控制要求认真做好承包合同分析,在施工图预算和施工预算两算对比基础上,进行各项成本拆分,确定目标成本计划。项目成本控制是一个系统,施工组织设计的任何一环,无论是工期、质量或技术方案的一个变动都足以影响控制的目标成本。所以,进行事先控制要做的第一件事就是在对合同内容全面分析的基础之上,通过开展合同造价分析,建立控制目标。首先,由经营部门召开合同交底会,对合同主要条款的含义以及在招投标过程中双方作出的承诺进行合同交底,加深项目核算人员对合同内容的理解。接着是提出实施合同及控制造价的措施,由项目管理人员分类列出钢材、水泥、木材三大材的交料方式,部分定额内容的按实结算,材料价格的闭口包干,特殊施工项目的单价合同,标价的上下浮率和隐性让利,施工期、场容等的特殊要求等内容对工程总造价的影响程度,提出技术节约措施和目标成本控制措施,以编制目标成本计划。最后是根据目标成本计划建立相关控制台账。控制台账务求实效,由相关性最强的业务部门建立,如商品混凝土台账由预算部门建立,便于进行设计预算和施工预算"两算"对比,作为控制实际成本的依据,台账所记录的级配、价格、数量等数据也是预算部门向业主办理结算的重要依据;外包费用台账由成本核算部门建立,便于进行工程总合同有关条款与分包合同对比,控制分包成本支出和分包付款。统计、劳务、材料、动力、构件等各业务部门都有各自的控制台账,形成了成本控制网络的基石。

（2）事中控制

事中控制要以工程合同造价为依据,从预算成本和实际成本两方面控制项目成本。实际成本控制应包括对主要工料的数量和单价、分包成本和各项费用等影响成本主要因素的控制。其方法通常要求严格按照成本、费用计划和各项消耗定额,对一切生产费用进行随时随地审核,及时制止不合理开支,建立严格的限额领料制度和费用开支审批制度。同时建立反映出现成本差异的信息反馈体系,随时把成本形成过程中出现的偏离目标的差异反馈给责任部门和个人,及时采取纠正的具体措施。

（3）事后控制

事后控制主要是对照合同结算价的变化,将实际成本与目标成本之间的差距加以分析,进一步挖掘降本潜力,落实成本责任制。首先掌握成本的实际情况,将实际成本与计划成本进行比较,计算成本差异,明确是节约还是浪费。其次分析成本节约或超支的原因和责任归属,采取有效措施改进工作,使实际成本支出符合计划标准的要求。对于计划标准脱离实际的部分,要在下一期计划制定前加以修正。同时,要根据计划成本的实际完成情况,对成本责任部门的成绩进行评价和考核,对于降低成本效果较大者给予奖励,对于造成损失浪费的责任者给予一定的经济制裁。

2）施工成本控制的依据

项目管理机构实施成本控制的依据包括合同文件、成本计划、进度报告、工程变更与索赔资料及各种资源的市场信息。

（1）合同文件

成本控制要以合同为依据,围绕降低工程成本这个目标,从预算收入和实际成本两方面,研究节约成本、增加收益的有效途径,以求得最大的经济效益。

（2）成本计划

成本计划是根据项目的具体情况制定的成本控制方案,既包括预定的具体成本控制目标,又包括实现控制目标的措施和规划,是成本控制的指导文件。

（3）进度报告

进度报告提供了对应时间节点的工程实际完成量,工程成本实际支出情况等重要信息。成本控制工作正是通过实际情况与成本计划相比较,找出二者之间的差别,分析偏差产生的原因,从而采取措施改进以后的工作。此外,进度报告还有助于管理者及时发现工程实施中存在的隐患,并在可能造成重大损失之前采取有效措施,尽量避免损失。

（4）工程变更与索赔资料

在项目的实施过程中,由于各方面的原因,工程变更与索赔是很难避免的。工程变更一般包括设计变更、进度计划变更、施工条件变更、技术规范与标准变更、施工次序变更、工程量变更等。一旦出现变更,工程量、工期、成本都有可能发生变化,从而使得成本控制工作变得更加复杂和困难。因此,成本管理人员应当通过对变更与索赔中各类数据的计算、分析,及时掌握变更情况,包括已发生工程量、将要发生工程量、工期是否拖延、支付情况等重要信息,判断变更与索赔可能带来的成本增减。

（5）各种资源的市场信息

根据各种资源的市场价格信息和项目的实施情况,计算项目的成本偏差,估计成本的发展趋势。

2. 施工成本控制的步骤

在确定了施工成本计划之后,必须定期进行施工成本计划值与实际值的比较,当实际值偏离计划值时,分析产生偏差的原因,采取适当的纠偏措施,以确保施工成本控制目标的实现。其步骤如下。

① 比较。按照某种确定的方式将施工成本计划值逐项进行比较,以发现施工成本是否已超支。

② 分析。在比较的基础上,对比较的结果进行分析,以确定偏差的严重性及偏差产生的原因。这一步是施工成本控制工作的核心,其主要目的在于找出产生偏差的原因,从而采取有针对性的措施,减少或避免相同原因的事故再次发生,或减少由此造成的损失。

③ 预测。根据项目实施情况估算整个项目完成时的施工成本。预测的目的在于为决策提供支持。

④ 纠偏。当工程项目的实际施工成本出现了偏差,应当根据工程的具体情况、偏差分析和预测的结果,采取适当的措施,以期达到使施工成本偏差尽可能小的目的。纠偏是施工成本控制中最具实质性的一步。只有通过纠偏,才能最终达到有效控制施工成本的目的。

⑤ 检查。它是指对工程的进展进行跟踪和检查,及时了解工程进展状况以及纠偏措施的执行情况和效果,为今后的工作积累经验。

4.4.4 施工阶段成本控制的方法

1. 成本的过程控制方法

施工阶段是成本发生的主要阶段,这个阶段的成本控制主要是通过确定成本目标并按计划成本组织施工,合理配置资源,对施工现场发生的各项成本费用进行有效控制,其具体的控制方法如下。

1) 人工费的控制

人工费的控制是实行"量价分离"的方法,按定额工日的一定比例综合确定作业用工及零星用工的用工数量与单价,通过劳务合同进行的。

(1) 人工费的影响因素

① 社会平均工资水平。社会平均工资水平取决于经济发展水平。我国自改革开放以来经济迅速增长,社会平均工资也有大幅增长,从而导致人工单价大幅提高。

② 生产消费指数。生产消费指数的提高会导致人工单价的提高,以减少生活水平的下降,维持原来的生活水平。生活消费指数的变动取决于物价的变动,尤其取决于生活消费品物价的变动。

③ 劳动力市场供需变化。劳动力市场如果供不应求,人工单价就会提高;供过于求,人工单价就会下降。

④ 政府推行的社会保障和福利政策也会影响人工单价的变动。

⑤ 经会审的施工图、施工定额、施工组织设计等决定人工的消耗量。

(2) 控制人工费的方法

加强劳动定额管理,提高劳动生产率,降低工程耗用人工工日,是控制人工费支出的主要手段。

① 制定先进合理的企业内部劳动定额,严格执行劳动定额,并将安全生产、文明施工及零星用工下达到作业队进行控制。全面推行全额计件的劳动管理办法和单项工程集体承包的经济管理办法,以不超出施工图预算人工费指标为控制目标,实行工资包干制度。认真执行按劳分配的原则,使职工个人所得与劳动贡献一致,充分调动广大职工的劳动积极性,以提高劳动效率。把工程项目的进度、安全、质量等指标与定额管理结合起来,提高劳动者的综合能力,实行奖励制度。

② 提高生产工人的技术水平和作业队的组织管理水平,根据施工进度、技术要求,合理搭配各工种工人的数量,减少和避免无效劳动。不断地改善劳动组织,创造良好的工作环境,改善工人的劳动条件,提高劳动效率。合理调节各工序人数安排情况,安排劳动力时,尽量做到技术工不做普通工的工作,高级工不做低级工的工作,避免人才的浪费,既要加快工程进度,又要节约人工费用。

③ 加强职工的技术培训和多种施工作业技能的培训,不断提高职工的业务技术水平和熟练操作程度,培养一专多能的技术工人,提高作业工效。提倡技术革新和推广新技术,提高技术装备水平和工厂化生产水平,提高企业的劳动生产率。

④ 实行弹性需求的劳务管理制度。对施工生产各环节上的业务骨干和基本的施工力量,要保持相对稳定。对短期需要的施工力量,要做好预测、计划管理,通过企业内部的劳务市场及外部协作队

伍进行调剂。严格做到项目部的定员随工程进度要求及时进行调整,进行弹性管理。要打破行业、工种界限,提倡一专多能,提高劳动力的利用效率。

2)材料费的控制

材料费控制同样按照"量价分离"原则,控制材料用量和材料价格。

(1)材料用量的控制

在保证符合设计要求和质量标准的前提下,合理使用材料,通过定额控制、指标控制、计量控制、包干控制等手段有效控制物资材料的消耗,具体方法如下。

① 定额控制。对于有消耗定额的材料,以消耗定额为依据,实行限额领料制度。

a. 限额领料的形式。

Ⅰ. 按分项工程实行限额领料。

按分项工程实行限额领料,就是按照分项工程进行限额,如钢筋绑扎、混凝土浇筑、砌筑、抹灰等,它是以施工班组为对象进行的限额领料。

Ⅱ. 按工程部位实行限额领料。

按工程部位实行限额领料,就是按工程施工工序分为基础工程、结构工程和装饰工程,它是以施工专业队为对象进行的限额领料。

Ⅲ. 按单位工程实行限额领料。

按单位工程实行限额领料,就是对一个单位工程从开工到竣工全过程的建设工程项目的用料实行的限额领料,它是以项目管理机构或分包单位为对象开展的限额领料。

b. 限额领料的依据。

Ⅰ. 准确的工程量。它是按工程施工图纸计算的正常施工条件下的数量,是计算限额领料量的基础。

Ⅱ. 现行的施工预算定额或企业内部消耗定额,它是制定限额用量的标准。

Ⅲ. 施工组织设计是计算和调整非实体性消耗材料的基础。

Ⅳ. 施工过程中发包人认可的变更洽商单,它是调整限额量的依据。

c. 限额领料的实施。

Ⅰ. 确定限额领料的形式。施工前,根据工程的分包形式,与使用单位确定限额领料的形式。

Ⅱ. 签发限额领料单。根据双方确定的限额领料形式,以及有关部门编制的施工预算和施工组织设计,将所需材料数量汇总后编制材料限额数量,经双方确认后下发。

Ⅲ. 限额领料单的应用。限额领料单一式三份,一份交保管员作为控制发料的依据;一份交使用单位,作为领料的依据;一份由签发单位留存,作为考核的依据。

Ⅳ. 限额量的调整。在限额领料的执行过程中,许多因素会影响材料的使用,如:工程量的变更、设计更改、环境因素等。限额领料的主管部门在限额领料的执行过程中要深入施工现场,了解用料情况,根据实际情况及时调整限额数量,以保证施工生产的顺利进行和限额领料制度的连续性、完整性。

Ⅴ. 限额领料的核算。根据限额领料形式,工程完工后,双方应及时办理结算手续,检查限额领料的执行情况,对用料情况进行分析,按双方约定的合同,对用料节超进行奖罚兑现。

② 指标控制。对于没有消耗定额的材料,则实行计划管理和按指标控制的办法。根据以往项目的实际耗用情况,结合具体施工项目的内容和要求,制定领用材料指标,以控制发料。超过指标的材料,必须经过一定的审批手续方可领用。

③ 计量控制。准确做好材料物资的收发计量检查和投料计量检查。

④ 包干控制。在材料使用过程中,对部分小型及零星材料(如钢钉、钢丝等)根据工程量计算出所需材料量,将其折算成费用,由作业者包干使用。

(2) 材料价格的控制

材料价格主要由材料采购部门控制。由于材料价格是由买价、运杂费、运输中的合理损耗等组成的,因此,主要是通过掌握市场信息,应用招标和询价等方式控制材料、设备的采购价格。

施工项目的材料物资,包括构成工程实体的主要材料和结构件,以及有助于工程实体形成的周转使用材料和低值易耗品。从价值角度看,材料物资的价值约占建筑安装工程造价的 60% 以上,因此,对材料价格的控制非常重要。由于材料物资的供应渠道和管理方式各不相同,所以控制的内容和所采取的控制方法也有所不同。

3) 施工机械使用费的控制

合理选择施工机械设备,合理使用施工机械设备对成本控制具有十分重要的意义,尤其是高层建筑施工。据某些工程实例统计,高层建筑地面以上部分的总费用中,垂直运输机械费用占 6%～10%。由于不同的起重运输机械各有不同的特点,因此在选择起重运输机械时,首先应根据工程特点和施工条件确定采取的起重运输机械的组合方式。在确定采用何种组合方式时,首先应满足施工需要,其次要考虑到费用的高低和综合经济效益。

施工机械使用费主要由台班数量和台班单价两方面决定,因此为有效控制施工机械使用费支出,应从这两个方面进行控制。

(1) 台班数量

① 根据施工方案和现场实际情况,选择适合项目施工特点的施工机械,制定设备需求计划,合理安排施工生产,充分利用现有机械设备,加强内部调配,提高机械设备的利用率。

② 保证施工机械设备的作业时间,安排好生产工序的衔接,尽量避免停工、窝工,尽量减少施工中所消耗的机械台班数量。

③ 核定设备台班定额产量,实行超产奖励办法,加快施工生产进度,提高机械设备单位时间的生产效率和利用率。

④ 加强设备租赁计划管理,减少不必要的设备闲置和浪费,充分利用社会闲置机械资源。

(2) 台班单价

① 加强现场设备的维修、保养工作。降低大修、经常性修理等各项费用的开支,提高机械设备的完好率,最大限度地提高机械设备的利用率,避免因使用不当造成机械设备的停置。

② 加强机械操作人员的培训工作。不断提高操作技能,提高施工机械台班的生产效率。

③ 加强配件的管理。建立健全配件领发料制度,严格按油料消耗定额控制油料消耗,做到修理有记录,消耗有定额,统计有报表,损耗有分析。通过经常分析总结,提高修理质量,降低配件消耗,减少修理费用的支出。

④ 降低材料成本。做好施工机械配件和工程材料采购计划,降低材料成本。

⑤ 成立设备管理领导小组,负责设备调度、检查、维修、评估等具体事宜。对主要部件及其保养情况建立档案,分清责任,以便尽早发现问题,找到解决问题的办法。

4) 施工分包费用的控制

分包费用的变化,必然对项目管理机构的施工项目成本产生一定的影响。因此,施工项目成本控制的重要工作之一是对分包费用的控制。项目管理机构应在确定施工方案的初期就要确定需要分包的工程范围,决定分包范围的因素主要是施工项目的专业性和项目规模。对分包费用的控制,主要是要做好分包工程的询价、订立平等互利的分包合同、建立稳定的分包关系网络、加强施工验收和分包结算等工作。

2. 赢得值(挣值)法

赢得值法(Earned Value Management,EVM)作为一项先进的项目管理技术,最初是美国国防部于 1967 年首次确立的。目前,国际上先进的工程公司已普遍采用赢得值法进行工程项目的费用、进度综合分析控制。用赢得值法进行费用、进度综合分析控制,基本参数有三项,即已完工作预算费用、计划工作预算费用和已完工作实际费用。

1) 赢得值法的三个基本参数

(1) 已完工作预算费用

已完工作预算费用为 BCWP(Budgeted Cost for Work Performed),是指在某一时间已经完成的工作(或部分工作),以批准认可的预算为标准所需要的资金总额,由于发包人正是根据这个值为承包人完成的工作量支付相应的费用,也就是承包人获得(挣得)的金额,故称赢得值或挣值。已完工作预算费用计算公式见式(4-6)

$$已完工作预算费用(BCWP) = \sum(已完成工作量 \times 预算单价) \tag{4-6}$$

(2) 计划工作预算费用

计划工作预算费用,简称 BCWS(Budgeted Cost for Work Scheduled),即根据进度计划,在某一时刻应当完成的工作(或部分工作),以预算为标准所需要的资金总额。一般来说,除非合同有变更,BCWS 在工程实施过程中应保持不变。计算公式见式(4-7)

$$计划工作预算费用(BCWS) = \sum(计划工作量 \times 预算单价) \tag{4-7}$$

(3) 已完工作实际费用

已完工作实际费用,简称 ACWP(Actual Cost for Work Performed),即到某一时刻为止,已完成的工作(或部分工作)所实际花费的总金额。计算公式见式(4-8)

$$已完工作实际费用(ACWP) = \sum(已完成工作量 \times 实际单价) \tag{4-8}$$

2) 赢得值法的四个评价指标

在这三个基本参数的基础上,可以确定赢得值法的四个评价指标,它们都是时间的函数。

(1) 费用偏差 CV(Cost Variance)

费用偏差计算公式见式(4-9)

$$费用偏差(CV) = 已完工作预算费用(BCWP) - 已完工作实际费用(ACWP) \tag{4-9}$$

当费用偏差 CV 为负值时,即表示项目运行超出预算费用;当费用偏差 CV 为正值时,表示项目运行节支,实际费用没有超出预算费用。

(2) 进度偏差 SV(Schedule Variance)

进度偏差计算公式见式(4-10)

$$进度偏差(SV) = 已完工作预算费用(BWP) - 计划工作预算费用(BCWS) \tag{4-10}$$

当进度偏差 SV 为负值时,表示进度延误,即实际进度落后于计划进度;当进度偏差 SV 为正值时,表示进度提前,即实际进度快于计划进度。

(3) 费用绩效指数(CPI,Cost Performance Index)

费用绩效指数计算公式见式(4-11)

$$费用绩效指数(CPI) = 已完工作预算费用(BCWP) / 已完工作实际费用(ACWP) \tag{4-11}$$

当费用绩效指数(CPI)<1时,表示超支,即实际费用高于预算费用;当费用绩效指数(CPI)>1时,表示节支,即实际费用低于预算费用。

(4)进度绩效指数(SPI,Schedule Performance Index)

进度绩效指数计算公式见式(4-12)

$$进度绩效指数(SPI)=已完工作预算费用(BCWP)/计划工作预算费用(BCWS) \quad (4-12)$$

当进度绩效指数(SPI)<1时,表示进度延误,即实际进度比计划进度慢;当进度绩效指数(SPI)>1时,表示进度提前,即实际进度比计划进度快。

费用(进度)偏差反映的是绝对偏差,结果很直观,有助于费用管理人员了解项目费用出现偏差的绝对数额,并依此采取一定措施,制定或调整费用支出计划和资金筹措计划。但是,绝对偏差有其不容忽视的局限性。如同样是10万元的费用偏差,对于总费用1000万元的项目和总费用1亿元的项目而言,其严重性显然是不同的。因此,费用(进度)偏差仅适合于对同一项目作偏差分析。费用(进度)绩效指数反映的是相对偏差,它不受项目层次的限制,也不受项目实施时间的限制,因而在同一项目和不同项目比较中均可采用。

在项目的费用、进度综合控制中引入赢得值法,可以克服过去进度、费用分开控制的缺点,即当发现费用超支时,很难立即知道是由于费用超出预算,还是由于进度提前。相反,当发现费用低于预算时,也很难立即知道是由于费用节省,还是由于进度拖延。而引入赢得值法即可定量地判断进度、费用的执行效果。

3. 偏差分析的表达方法

偏差分析可以采用不同的表达方法,常用的有横道图法、表格法和曲线法。

(1)横道图法

用横道图法进行费用偏差分析,是用不同的横道标识已完工作预算费用(BCWP)、计划工作预算费用(BCWS)和已完工作实际费用(ACWP),横道的长度与其金额成正比,如图4-9所示。

项目编码	项目名称	施工成本参数数额/万元	施工成分偏差/万元	进度偏差/万元	偏差原因
041	木门窗安装	30 30 30	0	0	—
042	钢门窗安装	40 30 50	10	−10	
043	铝合金钢门窗安装	40 40 50	10	0	
		...... 10 20 30 40 50 60 70			
合	计	110 100 130 100 200 300 400 500 600 700	20	−10	

其中

已完工程实际施工成本　　拟完工程计划施工成本　　已完工程计划施工成本

图 4-9 费用偏差分析的横道图

　　横道图法具有形象、直观、一目了然等优点,它能够准确表达出费用的绝对偏差,而且能直观地表明偏差的严重性。但这种方法反映的信息量少,一般在项目的较高管理层应用。

　　(2) 表格法

　　表格法将项目编号、名称、各费用参数以及费用偏差数综合归纳入一张表格中,并且直接在表格中进行比较。由于各偏差参数都在表中列出,使得费用管理者能够综合地了解并处理这些数据。

　　用表格法进行偏差分析具有如下优点。

　　① 灵活、适用性强。可根据实际需要设计表格,进行增减项。

　　② 信息量大。可以反映偏差分析所需的资料,从而有利于费用控制人员及时采取针对性措施,加强控制。

　　③ 表格处理可借助于计算机,从而节约大量数据处理所需的人力,并大大提高速度。如表 4-4 就是用表格法进行偏差分析的例子。

表 4-4　费用偏差分析表

项目编码	(1)	041	042	043
项目名称	(2)	木门窗安装	钢门窗安装	铝合金门窗安装
单位	(3)			
预算(计划)单价	(4)			
计划工作量	(5)			
计划工作预算费用(BCWS)	(6)=(5)×(4)	30	30	40
已完成工作量	(7)			
已完工作预算费用(BCWP)	(8)=(7)×(4)	30	40	40
实际单价	(9)			
其他款项	(10)			
已完工作实际费用(ACWP)	(11)=(7)×(9)+(10)	30	50	50
费用局部偏差	(12)=(8)-(11)	0	-10	-10
费用绩效指数(CPI)	(13)=(8)÷(11)	1	0.8	0.8
费用累计偏差	(14)=$\sum$(12)	-20		
进度局部偏差	(15)=(8)-(6)	0	10	0
进度绩效指数(SPI)	(16)=(8)÷(6)	1	1.33	1
进度累计偏差	(17)=$\sum$(15)	10		

　　(3) 曲线法

　　在项目实施过程中,以上三个参数可以形成三条曲线,即计划工作预算费用(BCWS)、已完工作预算费用(BCWP)、已完工作实际费用(ACWP)曲线,如图 4-10 所示。

　　图中:CV=BCWP-ACWP,由于两项参数均以已完工作为计算基准,所以两项参数之差反映项目进展的费用偏差;SV=BCWP-BCWS,由于两项参数均以预算值(计划值)作为计算基准,所以两者之差反映项目进展的进度偏差。

　　采用赢得值法进行费用、进度综合控制,还可以根据当前的进度、费用偏差情况,通过原因分析,

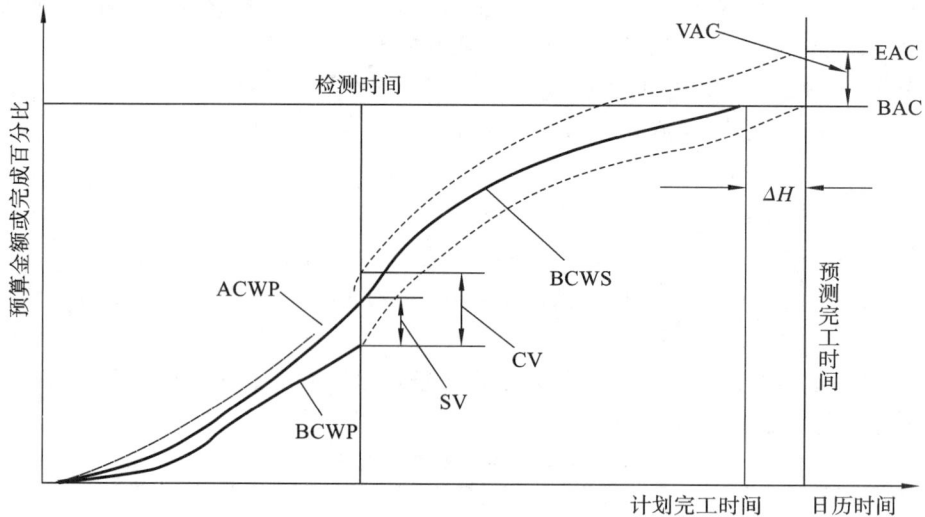

图 4-10 赢得值法评价曲线

对趋势进行预测,预测项目结束时的进度、费用情况。图 4-10 中:

BAC(Budget at Completion)——项目完工预算,指编计划时预计的项目完工费用。

EAC(Estimate at Completion)——预测的项目完工估算,指计划执行过程中根据当前的进度、费用偏差情况预测的项目完工总费用。

VAC(Variance at Completion)——预测项目完工时的费用偏差。VAC＝BAC－EAC。

4.4.5 降低施工成本的措施

降低施工成本的途径,应该是既开源又节流,或者说既增收又节支。只开源不节流,或者只节流不开源,都不可能达到降低成本的目的,至少不会有理想的降低成本效果。

1. 认真会审图纸,积极提出修改意见

在项目实施过程中,施工单位必须按图施工。但是,图纸是由设计单位按照用户要求和项目所在地的自然地理条件(如水文地质情况等)设计的,其中起决定作用的是设计人员的主观意图,很少考虑为施工单位提供方便,有时还可能给施工单位出些难题。因此,施工单位应该在满足用户要求和保证工程质量的前提下,结合项目施工的主客观条件,对设计图纸进行认真会审,并提出积极的修改意见,在取得用户和设计单位的同意后,修改设计图纸,同时办理增减账。

在会审图纸的时候,对于结构复杂、施工难度高的项目,更要加倍认真,并且要从方便施工,有利于加快工程进度和保证工程质量,又能降低资源消耗、增加工程收入等方面综合考虑,提出有科学根据的合理化建议,保证工程顺利进行。

2. 加强合同预算管理,降低工程成本

深入研究合同内容,正确编制施工图预算,根据工程变更资料,及时办理增减账。

在编制施工图预算的时候,要充分考虑可能发生的成本费用,包括合同规定的属于包干(闭口)性质的各项定额外补贴,并将其全部列入施工图预算,作为成本控制的依据。设计、施工和建设单位使用要求等各种原因导致项目施工过程中经常发生工程变更,随着工程的变更,必然会带来工程内容的增减和施工工序的改变,从而也必然会影响成本费用的支出。因此,应就工程变更对既定施工方法、机械设备使用、材料供应、劳动力调配和工期目标等的影响程度,以及为实施变更内容所需要的各种资源进行合理估价,并及时办理增减账手续,核定成本。

3. 制订先进的、经济合理的施工方案

施工方案主要包括四项内容:施工方法的确定、施工机具的选择、施工顺序的安排和流水施工的组织。施工方案不同,工期就会不同,所需机具也不同,因而发生的费用也会不同。因此,正确选择施工方案是降低成本的关键所在。

制订施工方案要以合同工期和上级要求为依据,联系项目的规模、性质、复杂程度、现场条件、装备情况、人员素质等因素综合考虑。可以同时制订几个施工方案,倾听现场施工人员的意见,以便从中优选最合理、最经济的方案。必须强调,施工方案应该同时具有先进性和可行性。如果只先进而不可行,不能在施工中发挥有效的指导作用,那就不是最佳施工方案。

4. 落实技术组织措施

落实技术组织措施,走技术与经济相结合的道路,以技术优势来取得经济效益,是降低项目成本的又一个关键。一般情况下,项目应在开工以前根据工程情况制订技术组织措施计划,作为降低成本计划的内容之一列入施工组织设计,在编制月底施工作业计划的同时,也可以按照作业计划的内容编制月度技术组织措施计划。

为了保证技术组织措施计划的落实,并取得预期的效果,应在项目经理的领导下明确分工:由工程技术人员订措施,材料人员供材料,现场管理人员和班组负责执行,财务成本员结算节约效果;最后由项目经理根据措施执行情况和节约效果对有关人员进行奖励,形成落实技术组织措施的一条龙。必须强调,在结算技术组织措施执行效果时,除要按照定额数据等进行理论计划外,还要做好节约实物的验收,防止"理论上节约,实际上超支"的情况发生。

5. 组织均衡施工,加快施工进度

凡是按时间计划的成本费用,如项目管理人员的工资和办公费,现场临时设施费和水电费,以及施工机械和周转设备的租赁等,在加快施工进度、缩短施工周期的情况下,都会有明显的节约效果。因此,加快施工进度也是降低项目成本的有效途径之一。

为了加快施工进度,将会增加一定的成本支出。例如:在组织两班制施工的时候,需要增加夜间施工的照明费、夜点费和工效损失费;同时,还将增加模板的使用量和租赁费。因此,在签订合同时,应根据用户和赶工要求,将赶工费列入施工图预算。如果事先并未明确,而由用户在施工中临时提出的赶工要求,则应请用户签证,费用按实结算。

由于加快施工进度,资源的使用相对集中,往往会出现作业面太小,工作效率难以提高,以及物资供应脱节,造成施工间隙等现象。因此,在加快施工进度的同时,必须根据实际情况,组织均衡施工,切实做到快而不乱,以免产生不必要的损失。

6. 降低材料成本

材料成本在整个项目成本中的比重最大,一般可达 70%,而且有较大的节约潜力,往往在其他成本项目(如人工费、机械费等)出现亏损时,要靠材料成本的节约来弥补。因此,材料成本的节约,也是降低项目成本的关键。

节约材料费用的途径十分广阔,大体有如下几种。

① 节约采购成本:选择运费少、质量好、价格低的供应单位。

② 认真计量验收:如遇数量不足、质量差的情况,要进行索赔。

③ 严格执行材料消耗定额:通过限额领料落实。

④ 正确核算材料消耗水平:坚持余料回收。

⑤ 改进施工技术:推广新技术、新工艺、新材料。

⑥ 利用工业废渣:扩大材料代用。

⑦ 减少资金占用:根据施工需要合理储备。

⑧ 加强现场管理:合理堆放,减少搬运,减少仓储和堆积损耗。

7. 提高机械利用率

机械使用费占项目预算成本的比重并不大,一般在5%左右。但是,预算成本中的机械使用费,是按机械购建时的历史成本计算的,而且折旧率也偏低,以致实际支出超过预算收入的亏损现象相当普遍。为了改变这种情况,现行的财会制度已对机械折旧率和折旧方法作了适当的调整,工程预算定额也将对机械费的取定作相应的修改。对项目管理来说,则应联系实际,从合理组织机械施工、提高机械利用率着手,努力节约机械使用费。

节约机械使用费要做好以下三方面的工作。

① 结合施工方案的制订,从机械性能、操作运行和台班成本等方面综合考虑,选择最适合项目施工特点的施工机械,要求做到既实用又经济。

② 做好工序、工种机械施工的组织工作,最大限度地发挥机械效能;同时,对机械操作人员的技能也要有一定的要求,防止因不规范操作或操作不熟练影响正常施工,降低机械利用率。

③ 做好平时的机械维修保养工作,使机械始终保持完好状态,随时都能正常运转。严禁在机械维修时将零部件拆东补西,人为损坏机械。

8. 运用激励机制,调动职工增产节约的积极性

激励机制,应从项目施工的实际情况出发,有一定的随机性。在实际管理过程中应从以下角度考虑。

(1) 对关键工序施工的关键班组要实行重奖

如高层建筑的第一层结构施工结束后,应对在进度和质量起主要保证作用的班组实行重奖,而且要说到做到,立即兑现。这对激励职工的生产积极性,促进项目建设的高速、优质、低耗有明显的效果。

(2) 对材料操作损耗特别大的工序,可由生产班组直接承包

例如:玻璃易碎,陶瓷锦砖容易脱胶,在采购、保管和施工等过程中,往会超过定额规定的损耗系数,甚至超过很多。如果将采购来的玻璃、陶瓷锦砖直接交生产班组验收、保管和使用,并按规定的损耗率由班组承包,所发奖金有限,节约效果却相当可观。

(3) 实行钢模零件和脚手螺丝有偿回收

项目施工需要大量的钢模零件和脚手螺丝,有时多达几万只,甚至几十万只。如果任意丢弃,回收率很低,由此而造成的经济损失也很大。假如对这些零件实行有偿回收,班组就会在拆除钢模和钢管脚手架时,自觉地将这些零件收集起来,从而减少浪费。

(4) 实行班组落手清承包

施工现场的落手清,一直是现场管理的老大难问题。它不仅带来材料的浪费,还影响场容的整洁。如果把落手清工作交给班组承包,落手清问题就会在很大程度上得到解决。具体方法可以采用:经验收做到了落手清,按定额用工增加10%;如果没有做到落手清,按定额用工倒扣10%。如此奖罚,必须引起班组对落手清的重视,从而可使建筑垃圾减少到最低限度。

4.4.6　施工成本控制的主要途径

1. 合同造价的过程控制

为了在各个项目中合理使用人力、物力、财力,取得比较好的投资效益和社会效益,合理确定和有效控制合同造价尤为重要。合同造价控制是指在投资决策阶段、设计阶段、建设实施阶段,把合同造价的发生控制在批准的造价限额之内,不得突破,并随时纠正发生的偏差,保证合同造价控制和投资目标的实现。因此,合同造价控制是工程造价管理的重要工作。

合同造价控制包括项目决策阶段投资控制数的控制、设计(技术设计)阶段设计概算额的控制、施工阶段施工图预算额的控制、竣工结算控制和竣工决算控制、其他方面的控制。

（1）项目决策阶段的合同造价控制

工程项目决策阶段的主要工作包括建设项目建议书、可行性研究报告的确定,并提出建设项目投资控制数。投资控制数一经批准就作为合同造价的最高限额,不得任意突破。

为了编好投资控制数,首先必须按照有关文件的规定,对投资估算的编制依据进行审查,保证投资估算具有一定的科学性、可靠性,保证各种资料和数据的时效性、准确性和实用性;其次应该对投资估算的费用划分、费用项目、费用系数进行分析审查,使之符合规定的要求及具体情况。投资估算应该留有余地,既要防止漏项少算,又要防止多估冒算,使整个项目的宏观控制得以实现。

（2）设计阶段的合同造价控制

在这个阶段,各有关部门或造价工程师应对设计概算产品计划价格和施工图预算、建筑安装工程产品计划价格等进行控制,使之符合工程造价控制方案的目标要求。设计阶段是合同造价控制的关键环节,也是节约工程造价可能性最大的一个阶段,包括设计概算控制、招标标底控制、技术与经济相结合控制合同造价、推行限额设计控制合同造价,还可采用工程设计招投标、方案竞赛来选择优秀设计和优秀方案。勘察设计单位不仅应对设计人员落实技术,而且还应落实经济,使设计人员具有控制工程造价的意识。

（3）施工阶段的合同造价控制

这一阶段的合同造价控制主要体现在施工图预算控制、承包合同价的控制、施工预算额的控制、资金使用的控制,还体现在施工组织设计、施工方案的优选、施工企业的资质、施工人员的作业水平等方面,这对于提高工程质量、缩短工期、杜绝不正当费用支出等都是必要的,而且是合同造价控制目标实现的基础。

对建设项目的投资进行跟踪控制,加强对投资支出的管理,及时采取措施控制合同造价的上扬也是十分重要的。

（4）竣工结（决）算的合同造价控制

竣工结（决）算的控制应注意按合同条款执行,若需要进行合同价款的调整,必须有充足的理由和根据。竣工结（决）算额,可以与施工图预算和设计概算对比,检查工程造价控制的目标和投资效果是否达到。

（5）其他方面的合同造价控制

① 工程变更控制合同造价。

工程变更是指由于多方面的情况变化,而出现的工程量的变化、施工进度变化和施工条件变化。工程变更的出现往往会造成工期拖延、工程造价增加。因此,工程变更的控制对合同造价控制有重要作用。

工程变更控制,首先应控制工程变更的次数,明确工程变更指令来源,应由设计、建设、施工三方相互制约以减少工程变更。其次是在工程变更价款计算上应按合同规定执行或按照工程造价管理部门的规定执行。

② 建设单位工程索赔控制合同造价。

建设单位工程索赔是指承建企业不履行或不完全履行约定的义务,或者由于承建企业的行为使建设单位受到损失时,建设单位向承建企业提出的工程索赔。

建设单位工程索赔可以减少建设项目投资费用,为建设单位挽回部分经济损失,提高投资效益。

③ 承建方工程索赔控制合同造价。

承建方工程索赔是指因建设单位或其他各方的过失或责任,致使承建方在工程施工中增加了额外的费用,承建方根据合同条款的有关规定,以合法的程序要求建设单位或其他各方赔偿其在施工中遭受的损失。

承建方工程索赔增加了工程费用,对合同造价控制十分不利。因此,建设单位及造价工程师、监理工程师应及时处理施工现场所发生的不可预见的事情、事故、事件等,减少发生承建方工程索赔的可能性。

2. 成本构成的分类控制

针对工程项目施工过程复杂、技术程度要求较高等特点,应集中对施工成本进行分类控制。施工成本大体由以下几种成本构成:人工费、材料费、周转材料费、机械使用费、其他直接费、施工间接费和分包工程成本。对于人工费和材料费,可直接计入成本;对于周转材料费、机械使用费、其他直接费和施工间接费,可将分清受益对象的直接计入成本,分不清受益对象的可按人工费、直接费或产值比例分摊进成本;对于分包工程成本,可采取归集计入的办法。

分类控制的重点应首推材料费,材料费所占成本的比重大,最有潜力。在材料费中,占比例最大的是 A 类材料,故重点要节约 A 类材料费用。节约的主要环节首推采购和运输,其次才是现场的保管与使用。为节约材料费,应充分发挥施工任务书和限额领料单的作用。

人工费的控制要抓住合同环节,因为现在项目经理部没有固定作业人员,是通过合同雇用劳务分包公司的劳动力,在签订合同时要就劳务费用达成协议。

机械费用的控制要分几种情况。如果使用本企业的机械设备,则应提高利用率和完好率。利用率的提高会形成完善的管理制度,机械设备会得到合理使用;完好率的提高靠做好维修与保养工作。如果是租赁的机械设备,则应抓合同环节,确定有利于节约机械费的合同价格。

其他直接费的控制应在施工方案的设计上下功夫。

现场管理费的控制应抓两个环节:一是做好施工平面图设计;二是制定责任制,实行费用包干。

临时设施费的节约途径包括两种:一是尽量减少投入,使用已有建筑物和临时设施;二是做好施工平面图设计并合理调整,节约开支。

各种费用的节约,都应抓好业务核算。核算可获得动态的成本实际数据,不断与承包成本及目标成本进行对比,找出差距,反馈给可控成本责任者,然后有针对性地制定节约措施,纠正成本偏差,实现计划目标成本。

3. 分包项目成本控制

以工程承包合同约束外分包、外协作、外加工合同。完善对外合同付款前的审批流程,衔接总分包合同,防止"跑冒滴漏",健全会计内部控制制度。如项目采购材料首先由施工员提出采购申请,生产人员核准数量,材料员报价,项目经济师审价,报项目经理审批后交财务部门付款。所有对外合同都是送交项目核算员一份,项目核算员设置对外合同台账记录,并据此控制付款。

4.5　施工成本的核算

4.5.1　施工成本核算概述

施工成本核算是指项目施工过程中所发生的各种费用和形成施工项目成本的核算。它包括两个基本环节:一是按照规定的成本开支范围对施工费用进行归类,计算出施工费用的实际发生额;二是根据成本核算对象,采用适当的方法,计算出该施工项目的总成本和单位成本。项目经理部应作为企业的成本中心,大力加强施工成本核算,为成本控制各环节提供必要的资料。成本核算应贯穿成本管理的各个环节。

1. 施工成本核算的特点

由于建筑产品具有多样性、固定性、形体庞大、价值巨大等不同于其他工业产品的特点,所以在建筑产品的生产过程中,施工成本核算不同于一般产品成本核算,主要体现在以下五个方面。

(1) 项目成本核算内容繁杂、周期长

由于施工生产的周期长,项目组成的内容多,多个施工过程同时进行,项目成本核算又是定期地、不停地在进行,所以成本核算是一项内容繁杂、伴随项目施工全过程的重要工作。

(2) 成本核算需要全体人员的分工与协作、共同完成

成本核算不是一个人或一个岗位所能完成的,准确及时的成本核算需要全员配合,按照分工与职责,做到全员管理。

(3) 成本核算满足"三同步"要求难度大

项目成本核算应坚持施工形象进度、施工产值统计、实际成本归集"三同步"的原则,生产建筑产品是一个相当复杂的过程,包括众多的施工过程,各施工过程又相互联系、相互制约。一个施工过程发生改变,会影响相关的其他工序,在施工过程中的某一个时点上,很难掌握确切的成本资料。

(4) 在项目总承包制条件下,对分包商的实际成本很难把握

由于各分包商的各项成本支出的原始记录,未进入总承包商的管理控制之中,所以在项目成本核算时,不能以各分包商的实际支出成本进行核算,只能以分包价格作为成本核算的成本支出。

(5) 在成本核算过程中,数据处理工作量巨大

在成本核算过程中,需对各种成本数据进行收集、加工、整理,特别是要将实际成本、施工预算成本与合同预算成本进行比较,数据处理工作量巨大,为了更好地做好成本核算工作,应充分利用计算机,使成本核算工作程序化和标准化。

2. 施工成本核算的任务

施工成本核算是在施工阶段进行成本分析和成本考核的基本依据。因而,施工成本核算应完成以下基本任务。

① 执行国家有关成本开支范围、费用开支标准、工程预算定额、企业施工预算和成本计划的有关规定,控制费用,促使项目合理,节约使用人力、物力和财力。这是施工成本核算的前提和首要任务。

② 正确及时地核算施工过程中发生的各项费用,计算施工项目实际成本。这是施工成本核算的主体和中心任务。

③ 反映和监督施工成本计划的完成情况,为项目成本预测,为参与项目施工生产、技术和经营决策提供可靠的成本报告和有关资料,促使项目改善经营管理,降低成本,提高经济效益。这是施工成本核算的根本目的。

3. 施工成本核算的原则

为了发挥施工项目成本管理职能,提高施工项目管理水平,施工成本核算必须讲求质量,如此才能提供对决策有用的成本信息。要提高成本核算质量,必须遵循以下成本核算原则。

① 分期核算原则。成本核算的分期应与会计核算的分期相一致,这样便于财务成果的确定。

② 相关性原则。会计信息应当符合国家宏观经济管理的要求,满足有关方面了解企业财务状况和经营成果的需要,满足企业加强内部经营管理的需要。

③ 一贯性原则。成本核算所采用的方法应前后一致,只有这样,才能使企业各期成本核算资料口径统一,前后连贯,相互可比。

④ 实际成本核算原则。企业应当按实际发生额核算费用和成本。采用定额成本或者计划成本方法的,应当合理计算成本差异,月终编制会计报表时,调整为实际成本,即必须根据计算期内实际产量(已完工程量)以及实际消耗和实际价格计算实际成本。

⑤ 及时性原则,指企业(项目)成本的核算、结转和成本信息的提供应当在要求时期内完成。

⑥ 配比原则,是指营业收入与其相对应的成本、费用应当相互配合。为取得本期收入而发生的成本和费用,应与本期实现的收入在同一时期内确认入账。

⑦ 权责发生制原则。其核心是根据权责关系的实际发生和影响期间来确认企业的支出和收益。

⑧ 谨慎原则,是指在市场经济条件下,在成本、会计核算中应当对可能发生的损失和费用作出合理预计,以增强抵御风险的能力。

⑨ 划分收益性支出与资本性支出原则,是指成本、会计核算应当严格区分收益性支出与资本性支出界限,以正确地计算当期损益。

⑩ 重要性原则,是指对于成本有重大影响的业务内容,应作为核算的重点,力求精确,而对于那些不太重要的琐碎的经济业务内容,可以相对从简处理。

4. 施工成本核算的要求

① 每一个月为一个核算期,在月末进行。

② 核算对象按单位工程划分,并与责任目标成本的界定范围相一致。

③ 坚持施工形象进度、施工产值统计、实际成本归集"三同步"。

④ 采取会计核算、统计核算、业务核算"三算结合"的方法。

⑤ 在核算中做好实际成本与责任目标成本的对比分析、实际成本与计划目标成本的对比分析。

⑥ 编制月度项目成本报告上报企业,以接受指导、检查和考核。

⑦ 每月末预测后期成本的变化趋势和状况,制定改善成本控制的措施。

⑧ 搞好施工产值和实际成本的归集。包括月工程结算收入、人工成本、材料成本、机械使用成本、其他直接费和现场管理费。

5. 施工成本核算的依据

施工成本核算的依据包括如下各项。

① 各种财产物资的收发、领退、转移、报废、清查、盘点资料。做好各项财产物资的收发、领退、清查和盘点工作,是正确计算成本的前提条件。

② 与施工成本核算有关的各项原始记录和工程量统计资料。

③ 工时、材料、费用等各项内部消耗定额以及材料、结构件、作业、劳务的内部结算指导价。

6. 施工成本核算的范围

根据《企业会计准则第 15 号——建造合同》，施工成本包括从建造合同签订开始至合同完成止所发生的、与执行合同有关的直接费用和间接费用。

直接费用是指为完成合同所发生的、可以直接计入合同成本核算对象的各项费用支出。直接费用包括：① 耗用的材料费用；② 耗用的人工费用；③ 耗用的机械使用费；④ 其他直接费用，指其他可以直接计入合同成本的费用。

间接费用是企业下属的施工单位或生产单位为组织和管理施工生产活动所发生的费用。《财政部关于印发〈企业产品成本核算制度（试行）〉的通知》（财会〔2013〕17 号）则将成本项目分为以下类别。

① 直接人工，是指按照国家规定支付给施工过程中直接从事建筑安装工程施工的工人以及在施工现场直接为工程制作构件和运料、配料等工人的职工薪酬。

② 直接材料，是指在施工过程中所耗用的、构成工程实体的材料、结构件、机械配件和有助于工程形成的其他材料，以及周转材料的租赁费和摊销等。

③ 机械使用费，是指施工过程中使用自有施工机械所发生的机械使用费，使用外单位施工机械的租赁费，以及按照规定支付的施工机械进出场费等。

④ 其他直接费用，是指施工过程中发生的材料搬运费、材料装卸保管费、燃料动力费、临时设施摊销、生产工具用具使用费、检验试验费、工程定位复测费、工程点交费、场地清理费，以及能够单独区分和可靠计量的为订立建造承包合同而发生的差旅费、投标费等费用。间接费用，是指企业各施工单位为组织和管理工程施工所发生的费用。

⑤ 分包成本，是指按照国家规定开展分包，支付给分包单位的工程价款。

施工企业在核算产品成本时，就是按照成本项目来归集企业在施工生产经营过程中所发生的应计入成本核算对象的各项费用。其中，属于人工费、材料费、机械使用费和其他直接费等直接成本费用，直接计入有关施工成本。间接费用可先通过费用明细科目进行归集，期末再按确定的方法分配计入有关施工成本核算对象的成本。

7. 施工成本核算的程序

成本核算是企业会计核算的重要组成部分，应当根据施工成本核算的要求和作用，按照企业会计核算程序总体要求，确立施工成本核算程序。

根据会计核算程序，结合施工成本发生的特点和核算的要求，施工成本的核算程序如下。

① 对所发生的费用进行审核，以确定应计入施工成本的费用和计入各项期间费用的数额。

② 将应计入施工成本的各项费用，区分为哪些应当计入本月的施工成本，哪些应由其他月份的施工成本负担。

③ 将每个月应计入施工成本的生产费用，在各个成本对象之间进行分配和归集，计算各施工成本。

④ 对未完工程进行盘点，以确定本期已完工程实际成本。

⑤ 将已完工程成本转入工程结算成本；核算竣工工程实际成本。

4.5.2　施工成本核算的基础工作

1. 健全企业和项目两个层次的核算组织体制

项目管理和企业生产经营管理是相互联系的，但又有不同责任目标，因此必须从核算组织体制上

打好基础。为了科学有序地开展施工项目成本核算,分清责任,合理考核,应做好如下基础工作:

① 建立健全原始记录制度;

② 建立健全各种财产物资的管理制度;

③ 制定先进合理的成本核算标准(定额);

④ 对成本核算人员进行培训,使其具备熟练的必要核算技能。

2. 规范以项目核算为基点的成本会计账表

主要包括工程账、施工间接费账、其他直接费账、项目企业间接费表、项目工程成本表(含利润、税金和附加)等。

3. 建立项目成本核算的辅助记录台账

项目应根据"必须、适用、简便"的原则,建立有关辅助记录台账。主要有以下四类:

① 为项目成本核算积累资料的台账,如产值构成台账、预算成本构成台账、增减账台账等;

② 对项目资源消耗进行控制的台账,如人工耗用台账、材料耗用台账、结构件耗用台账、周转材料耗用台账、机械使用台账临时设施台账等;

③ 为项目成本分析积累资料的台账,如技术组织措施执行情况台账、质量成本台账等;

④ 为项目管理服务和"备忘"性质的台账,如甲方供应材料台账、分包合同台账及其他必须设立的台账等。

4.5.3 施工成本核算的方法

施工成本核算的方法主要有表格核算法和会计核算法。

1. 表格核算法

表格核算法是通过对施工项目内部各环节进行成本核算,以此为基础,核算单位和各部门定期采集信息,按照有关规定填制一系列的表格,完成数据比较、考核和简单的核算,形成工程项目成本的核算体系,作为支撑工程项目成本核算的平台。这种核算方法的优点是简便易懂,方便操作,实用性较好;缺点是难以实现较为科学严密的审核制度,精度不高,覆盖面较小。

2. 会计核算法

会计核算法建立在会计对工程项目进行全面核算的基础上,再利用收支全面核实和借贷记账法的综合特点,按照施工项目成本的收支范围和内容,进行施工成本核算,不仅要核算工程项目施工的直接成本,还要核算工程项目在施工过程中出现的债权债务、为施工生产而自购的工具、器具摊销、向发包单位的报量和收款、分包完成和分包付款等。这种核算方法的优点是科学严密,人为控制的因素较少,而且核算的覆盖面较大;缺点是对核算工作人员的专业水平和工作经验都要求较高。项目财务部一般采用此种方法。

3. 两种核算方法的综合使用

因为表格核算具有操作简单和表格格式自由等特点,因而对工程项目内各岗位成本的责任核算比较实用。施工单位除对整个企业的生产经营进行会计核算外,还应在工程项目上设成本会计,进行工程项目成本核算,以减少数据的传递,提高数据的及时性,便于与表格核算的数据接口。总的来说,用表格核算法进行工程项目施工各岗位成本的责任核算和控制,用会计核算法进行工程项目成本核算,两者互补,相得益彰,确保工程项目成本核算工作的顺利开展。

4.6 施工成本分析与考核

4.6.1 施工成本分析的依据、内容和步骤

1. 成本分析的依据

项目成本分析的依据包括:项目成本计划;项目成本核算资料;项目的会计核算、业务核算和统计核算的资料。成本分析的主要依据是会计核算、业务核算和统计核算所提供的资料。

(1) 会计核算

会计核算主要是价值核算。会计是对一定单位的经济业务进行计量、记录、分析和检查,做出预测、参与决策、实行监督,旨在实现最优经济效益的一种管理活动。它通过设置账户、复式记账、填制和审核凭证、登记账簿、成本计算、财产清查和编制会计报表等一系列有组织的系统方法,来记录企业的一切生产经营活动,然后据此提出一些用货币来反映的有关各种综合性经济指标的数据,如资产、负债、所有者权益、收入、费用和利润等。由于会计记录具有连续性、系统性、综合性等特点,所以它是成本分析的重要依据。

(2) 业务核算

业务核算是各业务部门根据业务工作的需要建立的核算制度,它包括原始记录和计算登记表,如单位工程及分部分项工程进度登记,质量登记,工效、定额计算登记,物资消耗定额记录,测试记录等。业务核算的范围比会计、统计核算要广。会计和统计核算一般是对已经发生的经济活动进行核算,而业务核算不但可以核算已经完成的项目是否达到原定的目的、取得预期的效果,而且可以对尚未发生或正在发生的经济活动进行核算,以确定该项经济活动是否有经济效果,是否有执行的必要。它的特点是对个别的经济业务进行单项核算,例如各种技术措施、新工艺等项目。业务核算的目的在于迅速取得资料,以便在经济活动中及时采取措施进行调整。

(3) 统计核算

统计核算是利用会计核算资料和业务核算资料,把企业生产经营活动客观现状的大量数据按统计方法加以系统整理,以发现其规律性。它的计量尺度比会计核算宽,可以用货币计算,也可以用实物或劳动量计量。它通过全面调查和抽样调查等特有的方法,不仅能提供绝对数指标,还能提供相对数和平均数指标,可以计算当前的实际水平,还可以确定变动速度以预测发展的趋势。

2. 成本分析的内容

成本分析的内容包括:

① 时间节点成本分析;

② 工作任务分解单元成本分析;

③ 组织单元成本分析;

④ 单项指标成本分析;

⑤ 综合项目成本分析。

3. 成本分析的步骤

成本分析应遵循下列步骤:

① 选择成本分析方法;

② 成本信息;

③ 进行成本数据处理；

④ 分析成本形成原因；

⑤ 确定成本结果。

4.6.2 施工成本分析方法

由于施工成本涉及的范围很广，需要分析的内容较多，因此应该在不同的情况下采取不同的分析方法，除了基本的分析方法，还有综合成本的分析方法等。

1. 成本分析的基本方法

成本分析的基本方法包括比较法、因素分析法、差额计算法、比率法等。

（1）比较法

比较法又称"指标对比分析法"，是指对比技术经济指标，检查目标的完成情况，分析产生差异的原因，进而挖掘降低成本的方法。这种方法通俗易懂、简单易行、便于掌握，因而得到了广泛的应用，但在应用时必须注意各技术经济指标的可比性。比较法的应用通常有以下形式。

① 将实际指标与目标指标对比。

以此检查目标完成情况，分析影响目标完成的积极因素和消极因素，以便及时采取措施保证成本目标的实现。在进行实际指标与目标指标对比时，还应注意目标本身有无问题，如果目标本身出现问题，则应调整目标，重新评价实际工作。

② 本期实际指标与上期实际指标对比。

通过本期实际指标与上期实际指标对比，可以看出各项技术经济指标的变动情况，反映施工管理水平的提高程度。

③ 与本行业平均水平、先进水平对比。

这种对比可以反映本项目的技术和经济管理水平与行业的平均及先进水平的差距，进而采取措施提高本项目管理水平。

以上三种对比可以在一张表中同时反映。例如，某项目本年计划节约"三材"100000元，实际节约120000元，上年节约95000元，本企业先进水平节约130000元。根据上述资料编制分析表4-5。

表 4-5　实际指标与上期指标、先进水平对比表（单位：元）

指标	本年计划数	上年实际数	企业先进水平	本年实际数	差异数		
					与计划比	与上年比	与先进比
"三材"节约额	100000	95000	130000	120000	20000	25000	−10000

（2）因素分析法

因素分析法又称连环置换法，可用来分析各种因素对成本的影响程度。在进行分析时，假定众多因素中的一个因素发生了变化，而其他因素则不变，然后逐个替换，分别比较其计算结果，以确定各个因素的变化对成本的影响程度。因素分析法的计算步骤如下：

① 确定分析对象，计算实际与目标数的差异；

② 确定该指标是由哪几个因素组成的，并按其相互关系进行排序（排序规则是：先实物量，后价值量；先绝对值，后相对值）；

③ 以目标数为基础，将各因素的目标数相乘，作为分析替代的基数；

④ 将各个因素的实际数按照已确定的排列顺序进行替换计算,并将替换后的实际数保留下来;

⑤ 将每次替换计算所得的结果,与前一次的计算结果相比较,两者的差异即为该因素对成本的影响程度;

⑥ 各个因素的影响程度之和,应与分析对象的总差异相等。

【例 4-3】　商品混凝目标成本为 443040 元,实际成本为 473697 元,比目标成本增加 30657 元,资料见表 4-6,分析成本增加的原因。

表 4-6　商品混凝土目标成本与实际成本对比表

项目	单位	目标	实际	差额
产量	m³	600	630	+30
单价	元	710	730	+20
损耗率	%	4	3	−1
成本	元	443040	473697	+30657

【解】

① 分析对象是商品混凝土的成本,实际成本与目标成本的差额为 30657 元,该指标是由产量、单价、损耗率三个因素组成的,其排序见表 4-6。

② 以目标数 443040 元(产量因素为 600,单价因素为 710,损耗率因素为 1.04)为分析替代的基础。

第一次替代产量因素,以 630 替代 600:
$$630 \times 710 \times (1 + 4\%) = 465192(元)$$

第二次替代单价因素,以 730 替代 710,并保留上次替代后的值:
$$630 \times 730 \times (1 + 4\%) = 478296(元)$$

第三次替代损耗率因素,以 1.03 替代 1.04,并保留上两次替代后的值:
$$630 \times 730 \times (1 + 3\%) = 473697(元)$$

③ 计算差额:

第一次替代与目标数的差额 = 465192 − 443040 = 22152(元)

第二次替代与第一次替代的差额 = 478296 − 465192 = 13104(元)

第三次替代与第二次替代的差额 = 473697 − 478296 = −4599(元)

④ 产量增加使成本增加了 22152 元,单价提高使成本增加了 13104 元,而损耗率下降使成本减少了 4599 元。

⑤ 各因素的影响程度之和 = 22152 + 13104 − 4599 = 30657(元),与实际成本与目标成本的总差额相等。

为了使用方便,企业也可以通过运用因素分析表来求出各因素变动对实际成本的影响程度,其具体形式见表 4-7。

表 4-7　商品混凝土成本变动因素分析表

顺序	连环替代计算	差异/元	因素分析
目标数	600×710×(1+4%)		

续表

顺序	连环替代计算	差异/元	因素分析
第一次替代	630×710×(1+4%)	22152	由于产量增加 30 m³,成本增加 22152 元
第二次替代	630×730×(1+4%)	13104	由于单价提高 20 元,成本增加 13104 元
第三次替代	630×730×(1+3%)	−4599	由于损耗率下降 1%,成本减少 4599 元
合计	22152+13104−4599=30657	30657	

(3)差额计算法

差额计算法是因素分析法的一种简化形式,它利用各个因素的目标值与实际值的差额来计算其对成本的影响程度。

【例 4-4】 某施工项目某的实际成本降低额比计划提高了 2.40 万元,见表 4-8。

表 4-8 降低成本计划与实际对比表

项目	单位	计划	实际	差额
预算成本	万元	300	320	+20
成本降低率	%	4	4.5	+0.5
成本降低额	万元	12	14.40	+2.40

根据表 4-8 资料,应用差额计算法分析预算成本和成本降低率对成本降低额的影响程度。

【解】

① 预算成本增加对成本降低额的影响程度:

$$(320-300)×4\%=0.80(万元)$$

② 成本降低率提高对成本降低额的影响程度:

$$(4.5\%-4\%)×320=1.60(万元)$$

以上两项合计:0.80+1.60=2.40(万元)。

(4)比率法

比率法是指用两个以上的指标的比例进行分析的方法。它的基本特点是:先把对比分析的数值变成相对数,再观察其相互之间的关系。常用的比率法有以下几种。

① 相关比率法。

由于项目经济活动的各个方面是相互联系、相互依存、相互影响的,因而可以将两个性质不同且相关的指标加以对比,求出比率,并以此来考察经营成果的好坏。例如,产值和工资是两个不同的概念,但它们是投入与产出的关系。在一般情况下,都希望以最少的工资支出完成最大的产值。因此,用产值工资率指标来考核人工费的支出水平,可以很好地分析人工成本。

② 构成比率法。

构成比率法又称比重分析法或结构对比分析法。构成比率可以考查成本总量的构成情况及各成本项目占总成本的比重,同时也可看出预算成本、实际成本和降低成本的比例关系从而寻求降低成本的途径,见表 4-9。

表 4-9　成本构成比例分析表

成本项目	预算成本		实际成本		降低成本		
	金额 /万元	比重 /(%)	金额 /万元	比重 /(%)	金额 /万元	占本项 /(%)	占总量 /(%)
一、直接成本	1263.79	93.2	1200.31	92.38	63.48	5.02	4.68
1. 人工费	113.36	8.36	119.28	9.18	−5.92	−5.22	−0.441
2. 材料费	1006.56	74.23	939.67	72.32	66.89	6.65	4.93
3. 机具使用费	87.6	6.46	89.65	6.9	−2.05	−2.34	−0.15
4. 措施费	56.27	4.15	51.71	3.98	4.56	8.1	0.34
二、间接成本	92.21	6.8	99.01	7.62	−6.8	−7.37	−0.5
总成本	1356	100	1299.32	100	56.68	4.18	4.18
比例/(%)	100	—	95.82	—	4.18	—	—

③ 动态比率法。

动态比率法是将同类指标不同时期的数值进行对比,求出比率,以分析该项指标的发展方向和发展速度。动态比率的计算,通常采用基期指数和环比指数两种方法,见表 4-10。

表 4-10　指标动态比较表

指标	第一季度	第二季度	第三季度	第四季度
降低成本/万元	45.60	47.80	52.50	6430
基期指数(第一季度=100)/(%)		104.82	115.13	141.01
环比指数(上一季度=100)/(%)		104.82	109.83	122.48

2. 综合成本的分析方法

综合成本是指涉及多种生产要素,并受多种因素影响的成本费用,如分部分项工程成本、月(季)度成本、年度成本等。由于这些成本都是随着项目的进展而逐步形成的,与生产经营有着密切的关系。因此,做好上述成本的分析工作,无疑将促进项目的生产经营管理,提高项目的经济效益。

(1)分部分项工程成本分析

分部分项工程成本分析是施工成本分析的基础。分部分项工程成本分析的对象为已完成分部分项工程,分析的方法是进行预算成本、目标成本和实际成本的"三算"对比,分别计算实际偏差和目标偏差,分析偏差产生的原因,为今后的分部分项工程成本寻求节约途径。分部分项工程成本分析的资料来源为:预算成本来自投标报价成本,目标成本来自施工预算,实际成本来自施工任务单的实际工程量、实耗人工和限额领料单的实耗材料。由于施工项目包括很多分部分项工程,无法也没有必要对每一个分部分项工程都进行成本分析,特别是一些工程量小、成本费用少的零星工程。但是,对于那些主要分部分项工程必须进行成本分析,而且要做到从开工到竣工进行系统的成本分析。因为通过主要分部分项工程成本的系统分析,可以基本了解项目成本形成的全过程,为竣工成本分析和今后的项目成本管理提供参考资料。

分部分项工程成本分析表的格式见表 4-11。

表 4-11　分部分项工程成本分析

单位工程:＿＿＿＿＿＿＿＿

分部分项工程名称:＿＿＿＿＿＿＿　　工程量:＿＿＿＿＿＿＿　　施工班组:＿＿＿＿＿＿＿

施工日期:＿＿＿＿＿＿＿

工料名称	规格	单位	单价	预算成本		目标成本		实际成本		实际与预算比较		实际与目标比较	
				数量	金额	数量	金额	数量	金额	数量	金额	数量	金额
合计													
实际与预算比较(预算＝100)/(%)													
实际与计划比较(计划＝100)/(%)													
节超原因说明													

　　　　　　　　编制单位:　　　　　　　成本员:　　　　　　　填表日期:

　(2) 月(季)度成本分析

　　月(季)度成本分析,是施工项目定期的、经常性的中间成本分析,对于施工项目来说具有特别重要的意义。通过月(季)度成本分析,可以及时发现问题,以便按照成本目标指定的方向进行监督和控制,保证项目成本目标的实现。

　　月(季)度成本分析的依据是当月(季)的成本报表,通常包括以下几个方面。

　　① 通过实际成本与预算成本的对比,分析当月(季)的成本降低水平;通过累计实际成本与累计预算成本的对比,分析累计的成本降低水平,预测实现项目成本目标的前景。

　　② 通过实际成本与目标成本的对比,分析目标成本的落实情况以及目标管理中的问题和不足,进而采取措施,加强成本管理,保证成本目标的实现。

　　③ 通过对各成本项目的成本分析,可以了解成本总量的构成比例和成本管理的薄弱环节。例如:在成本分析中,若发现人工费、机械费等项目大幅度超支,则应该对这些费用的收支配比关系进行研究,并采取应对措施,防止今后再超支。如果是属于规定的"政策性"亏损,则应从控制支出着手,把超支额压缩到最低限度。

　　④ 通过主要技术经济指标的实际与目标对比,分析产量、工期、质量"三材"节约率、机械利用率等对成本的影响。

　　⑤ 通过对技术组织措施执行效果的分析,寻求更加有效的节约途径。

　　⑥ 分析其他有利条件和不利条件对成本的影响。

（3）年度成本分析

企业成本要求一年结算一次，不得将本年成本转入下一年度。而项目成本则以项目的周期为结算期，要求从开工到竣工直至保修期结束连续计算，最后结算出总成本及其盈亏。由于项目的施工周期一般较长，除进行月（季）度成本核算和分析外，还要进行年度成本的核算和分析。这不仅是企业汇编年度成本报表的需要，同时也是项目成本管理的需要。通过年度成本的综合分析，可以总结一年来成本管理的成绩和不足，为今后的成本管理提供经验和教训，从而可对项目成本进行更有效的管理。

年度成本分析的依据是年度成本报表。年度成本分析的内容，除月（季）度成本分析的六个方面以外，重点是针对下一年度的施工进展情况制定切实可行的成本管理措施以保证施工项目成本目标的实现。

（4）竣工成本的综合分析

凡是有几个单位工程且单独进行成本核算（即成本核算对象）的施工项目，其竣工成本分析应以各单位工程竣工成本分析资料为基础，再加上项目管理层的经营效益（如资金调度、对外分包等所产生的效益）进行综合分析。如果施工项目只有一个成本核算对象（单位工程），就以该成本核算对象的竣工成本资料作为成本分析的依据。单位工程竣工成本分析，应包括以下三方面的内容：

① 竣工成本分析；

② 主要资源节超对比分析；

③ 主要技术节约措施及经济效果分析。

通过以上分析，可以全面了解单位工程的成本构成和降低成本的来源，为今后同类工程的成本管理提供参考。

4.6.3　施工成本考核

成本考核是衡量成本降低的实际成果，也是对成本指标完成情况的总结和评价。组织应根据项目成本管理制度，确定项目成本考核目的、时间、范围、对象、方式、依据、指标、组织领导、评价与奖惩原则。

1. 施工成本考核的目的、内容及方法

1）施工成本考核的目的

施工成本考核的目的是通过衡量项目成本降低的实际成果，对成本指标完成情况进行总结和评价。

2）施工成本考核的内容

（1）施工企业对项目经理（部）考核的内容

① 项目成本目标和阶段成本目的完成情况。

② 建立以项目经理为核心的成本控制责任制的落实情况。

③ 成本计划的编制和落实情况。

④ 对项目经理部各部门、各作业队和班组责任成本的检查和考核情况。

⑤ 在成本控制中贯彻责、权、利相结合原则的执行情况。

（2）项目经理部对所属各部门、各作业队和班组考核的内容

① 本部门、本岗位责任成本的完成情况。

② 本部门、本岗位成本控制责任的执行情况。

③ 对劳务合同规定的承包范围和承包内容的执行情况。

④ 对班组施工任务单的管理情况,以及班组完成施工任务后的考核情况。

(3) 施工成本考核的方法

公司应以项目成本降低额、项目成本降低率作为对项目管理机构成本考核主要指标。

要加强公司层对项目管理机构的指导,并充分依靠管理人员、技术人员和作业人员的经验和智慧,防止项目管理在企业内部异化为靠少数人承担风险的以包代管模式。成本考核也可分别考核公司层和项目管理机构。

公司应对项目管理机构的成本和效益进行全面评价、考核与奖惩。公司层对项目管理机构进行考核与奖惩时,既要防止虚盈实亏,也要避免实际成本归集差错等的影响,使成本考核真正做到公平、公正、公开,在此基础上落实成本管理责任制的奖惩措施。项目管理机构应根据成本考核结果对相关人员进行奖惩。

2. 施工成本考核的实施

(1) 施工成本考核的依据和条件

施工成本考核采用评分制,具体方法是先按考核内容评分,然后按一定比例(一般为7∶3)对责任成本完成情况和成本控制业绩进行加权平均,求出总得分,以该总得分作为依据进行奖罚。

当然,进行施工成本考核还要以相关指标的完成情况为奖罚的前提条件。这些指标一般有进度、质量、安全和现场标准化管理等。下面以某施工项目经理部质量指标的完成情况为例进行说明:

① 质量达到优良,以应得奖金加奖20%;

② 质量合格,奖金不加不扣;

③ 质量不合格,扣除应得奖金的50%。

(2) 加强施工成本的中间考核

① 月度成本考核。一般是在月度成本报表编制以后,根据月度成本报表的内容进行成本考核。进行月度成本考核时,不能仅仅进行奖罚,还要结合成本分析资料和施工生产、成本控制的实际情况进行正确评价,带动今后的成本控制工作,保证项目成本目标的实现。

② 阶段性成本考核。一般是在施工项目的基础结构(高层建筑的每层)、装饰和总体完成后进行成本考核。进行阶段性成本考核时,一定要注意将成本与施工阶段的其他指标(如进度、质量、安全等)的考核相结合,以便更全面地反映施工项目的管理水平。

(3) 施工成本考核的奖罚

施工成本考核可分为月度成本考核、阶段性成本考核和竣工后的成本考核三种,对成本完成情况的经济奖罚,也应分别在上述三种成本考核的基础上立即兑现,不能只考核不奖罚,或者考核后拖了很长时间才奖罚。因为职工所担心的就是领导对贯彻责、权、利相结合原则的执行不力,忽视群众利益。

由于月度成本考核和阶段性成本考核都是假设性的,正确程度有高有低,因此在进行月度成本考核奖罚和阶段性成本考核奖罚时不妨留有余地,最后再按竣工后的成本考核的奖罚总额进行调整,多退少补。

施工成本奖罚的标准,应通过合同的形式明确规定,任何人都无权中途变更,以使群众明确努力的目标和方向,在实现项目成本目标的过程中发挥积极作用。

在确定施工成本奖罚标准时,必须经过认真测算,从项目的实际出发,既要考虑职工的利益,又要考虑项目成本的承受能力。此外,企业领导和项目经理还可对完成项目成本目标有突出贡献的部门、作业队、班组和个人进行随机奖励。这是项目成本奖励的另一种形式,不属于上述成本奖罚的范围。实践证明,这种奖励形式往往能起到立竿见影的效果。

【**案例**】　港珠澳大桥岛隧工程

1. 港珠澳大桥岛隧工程设计施工总承包项目情况介绍

港珠澳大桥岛隧工程,是目前世界最大规模的桥岛隧集群工程,是中国工程界向世界讲述的中国故事。起点位于粤港边界,终点位于西人工岛结合部不能航行孔桥的西部,长 7440 米。包括东西人工岛、沉管隧道、不能航行孔桥、岛上建筑及其附属设施、沉管预制场,以及施工现场。设计施工总承包的管理方式是:由业主提供初步设计方案,并有特定组建要求的联合体的设计施工总承包方式。相对于传统的"设计—招投标—施工"的工程管理方式,它可以有效地控制工程的风险,缩短工程的工期,并使工程的经营效益得到明显的提高。

2. 港珠澳大桥岛隧工程设计施工总承包成本控制管理系统模式

① 项目总部成立财务中心,对项目总的成本进行有效控制。项目总部财务中心是对整个工程项目各项成本进行控制的核心组织,对整个工程的进展起到了监督和规范的作用。

② 实施行之有效的全过程成本控制管理。成本的管理程序按照成本预测、成本计划、成本控制、成本核算、成本分析、成本考核程序进行。

a. 成本预测:项目中标后,根据现有的施工图纸和施工方案,结合初步设计施工图,进行市场调查,按照各工区的分配任务及投入的资源情况,结合项目的实际情况,对项目的总体成本进行预测的管理,是成本目标确定的主要依据,在项目实施过程中可根据实际情况进行调整。

b. 成本计划:对成本目标的任务进行分解,按照工程单元、分部分项工程的划分和工程进度,合理制定成本计划。

c. 成本控制:成本控制的原则,是在确保工程的安全、质量和进度的基础上,制定合理的成本控制措施。

其中,成本控制的措施如下。

第一,方案优化。根据设计图纸,进行多种方案的经济性比较,选择合理的施工方案,节约材料用量或缩短工程工期,以减少费用,控制成本。

第二,材料和船机设备管理。费用中的物资管理,要从物资的来源入手,根据有关的管理规定,对物资进行公开招标,并以"质量保证"和"价格优惠"为原则,对物资进行使用和回收,在物资的入库、库存、领用、现场运输、施工等各个环节,都要严格控制物资的消耗,以节省物资。船机设备应该对自购和租赁的使用方式进行经济性分析,并选择一种既经济又合理的使用方式,在制定施工方案的时候,应该对船机设备进行合理的配置,将设备的闲置率降到最低,还应该避免设备的低效率乃至无效工作时间。

第三,分包管理。制定合理的标底标价,并按相关规定在招标、比选或直接委托的过程中严格控制,并在合同的履行过程中加强管理,防止分包费用超过该分包项目的成本目标费用。

第四,现场管理费的使用管理。应在办公费用、生活费用、差旅费用、车船使用费用、业务费用的使用中注重节约,节省开支。

d. 成本核算:财务部门按照财务的相关规定对发生的实际成本进行成本核算。

e. 成本分析:在成本核算的基础上,按照一定的成本分析方法,评价成本计划、成本控制的执行情况,揭示成本升降的原因,正确地查明影响成本高低的各种因素及其原因,寻求进一步降低成本的途径和方法。

f. 成本考核:对成本预测工作、成本计划工作、成本核算工作、成本控制工作及成本分析工作的全面考核。做好成本预报工作,确保预报的准确性和合理性,以及对所设定和调整的费用指标的控制;对成本计划进行考核,检查成本计划的编制是否合理、全面,实施是否及时、有效,是否达到了根据成本计划所制定的成本目标;开展成本管控工作,审核成本管控报告,验证并评价各项管控措施的实施情况;在成本计算方面,要根据会计准则来评价;负责对成本分析报告进行合理性、准确性和有效性的审核,并对其进行评价和反馈。

工程项目成本控制管理的最终目的是以最小的成本投入,获得最大的利润。成本控制贯穿项目建设的全过程,涉及全员的参与、配合、协调。如果有一方出现问题,牵一发而动全身,影响巨大。在工程项目中,除了要正确地应用成本控制,还必须注意成本控制手段的应用是否符合实际,是否适用于整个项目。通过对港珠澳大桥岛隧工程的成本控制实例的剖析,阐述了该工程的整体概况和特征,并就该工程在设计和施工总承包方式下的成本管理措施和所获得的经济效益进行了分析,实现了以最低的费用取得效益最大化。

【思考与练习】

一、单选题

1. 建设工程项目的成本管理是在保证工期和质量满足要求的情况下采取各种措施,基本任务是( ),并寻求成本节约。

   A. 全面分析实际成本的变动状态   B. 将实际成本控制在计划范围内

   C. 严格控制计划成本的变动范围   D. 把计划成本控制在目标范围内

2. 企业内部施工定额的管理是成本管理的基础工作之一,应建立企业内部施工定额,并保持其( ),为成本计划的编制提供支持。

   A. 准确性、有效性和相对的稳定性

   B. 科学性、准确性和相对的适应性

   C. 先进性、稳定性和相对的准确性

   D. 适应性、有效性和相对的先进性

3. 成本管理的基础工作是多方面的,其中最根本最重要的基础工作是( )。

   A. 成本管理计划体系的建立   B. 成本管理制度体系的建立

   C. 成本管理责任体系的建立   D. 成本管理程序体系的建立

4. 成本管理的成本包括成本计划编制、进行成本控制、开展成本核算、进行成本分析和成本考核等,其成果可以用于设立目标成本依据的是( )。

   A. 成本核算   B. 成本计划   C. 成本预测   D. 成本分析

5. 编制施工项目成本计划的基础是( )。

   A. 成本目标   B. 成本核算   C. 成本考核   D. 成本预测

6. 关于实施性成本计划编制依据和作用的说法,正确的是( )。

   A. 以合同标价为依据

   B. 选派项目经理阶段的预算成本计划

   C. 工程项目投标及签订合同阶段的估算成本计划

   D. 以项目实施方案为依据

7. 在编制成本计划时通常需要进行"两算"对比,"两算"指的是( )。

   A. 概算成本和目标成本   B. 预算成本和目标成本

C. 施工图预算和施工预算　　　　　D. 预算成本和计划成本

8. 编制成本计划的基础是建设工程项目施工成本的分解,施工成本按成本构成可分解为(　　)。

A. 直接成本、间接成本、利润、税金等

B. 单位工程施工成本及分部分项施工成本等

C. 人工费、材料费、施工机具使用费、措施项目费等

D. 人工费、材料费、施工机具使用费、企业管理费等

9. 在项目成本的形成过程中,通过成本控制来指导、监督、检查和调整的内容是生产经营(　　)。

A. 所消耗的人力、物资资源和费用开支

B. 所消耗的人力、物资资源和费用计划

C. 已经发生的成本偏差

D. 将要发生的成本偏差

10. 关于成本控制程序的说法,正确的是(　　)。

A. 管理行为控制程序是对成本全过程控制的重点

B. 指标控制程序是成本进行过程控制的基础

C. 能否达到预期的成本目标是成本控制是否成功的关键

D. 成本控制程序是对项目成本进行结果控制的主要内容

11. 下列涉及施工成本材料费的影响因素中,属于可对材料价格产生影响的是(　　)。

A. 材料消耗量的大小　　　　　　B. 材料领用的指标

C. 材料的投料计量　　　　　　　D. 材料的采购运输

12. 项目管理机构在对施工机具使用费支出的控制过程中,采取合理安排施工生产、加强机械调度工作等的成本控制措施,主要作用是控制机械的(　　)。

A. 台班单价　　B. 台班数量　　C. 台班保养费　　D. 台班质量

13. 下列选项中,不属于施工成本核算原则的是(　　)。

A. 分期核算原则　　　　　　　　B. 宽松原则

C. 配比原则　　　　　　　　　　D. 及时性原则

14. 施工企业在核算产品成本时,需归集在施工生产经营过程中所发生的各项费用,其是按照(　　)来归集的。

A. 概算项目　　B. 预算项目　　C. 结算项目　　D. 成本项目

15. 施工成本核算程序的确立,是结合工程成本发生的特点和核算的要求,根据的是企业(　　)。

A. 财务核算程序　　　　　　　　B. 会计核算程序

C. 业务核算程序　　　　　　　　D. 基本核算程序

16. 施工成本核算的表格核算法,用来进行工程项目(　　)核算。

A. 施工各岗位成本的责任　　　　B. 施工的直接成本

C. 施工过程中出现的债权债务　　D. 分包完成和分包付款

17. 项目成本分析依据之一的业务核算的特点是(　　)。

A. 核算的范围比较小　　　　　　B. 能对个别的经济业务进行单项核算

C. 主要是价值核算　　　　　　　D. 只能对已经发生的经济活动进行核算

18. 通过会计核算提出的有关各种综合性经济指标的数据,是用(　　)来反映的。

A. 实物　　　　B. 货币　　　　C. 劳动量　　　　D. 质量

19. 下列为成本分析提供依据的各种核算中,范围最广的是(   )。

A. 会计核算　　　B. 统计核算　　　C. 动态核算　　　D. 业务核算

20. 针对各种技术措施、新工艺等项目,既可以核算已经完成的项目是否达到原定的目的,也可以对准备采取措施的项目进行核查和审查,看是否有效果的核算方法是(   )。

A. 会计核算　　　　B. 业务核算　　　　C. 统计核算　　　　D. 成本核算

二、多选题

1. 工程项目成本核算时,应由项目管理机构承担的工作有(   )。

A. 按规定的会计周期进行项目成本核算

B. 编制项目成本报告

C. 健全项目核算台账

D. 核算竣工工程完全成本

E. 考核项目管理成本绩效

2. 下列工程项目成本管理的措施中,属于技术措施的有(   )。

A. 编制成本控制工作计划

B. 对成本目标进行风险分析,并制定防范性对策

C. 进行技术经济分析,确定最佳的施工方案

D. 确定最合适的施工机械使用方案

E. 结合施工组织设计,降低材料的库存成本

3. 按照成本计划发挥的作用不同,相应的计划类型有(   )。

A. 竞争性成本计划　　　　　　　B. 规划性成本计划

C. 控制性成本计划　　　　　　　D. 指导性成本计划

E. 实施性成本计划

4. 下列项目建设文件中,属于建设工程项目成本计划编制依据的有(   )。

A. 建设投资估算书　　　　　　　B. 投标报价文件

C. 施工组织设计或施工方案　　　D. 施工成本预测资料

E. 施工招标公告

5. 关于施工成本偏差分析方法特点的说法,正确的有(   )。

A. 表格法具有灵活、适用性强的优点

B. 曲线法能够直接用于定量分析

C. 表格法反映的信息量大

D. 横道图法形象、直观,一目了然

E. 横道图法是最常用的一种方法

6. 在成本控制过程中,采取措施纠正成本偏差之前需要完成的工作有(   )。

A. 检查纠偏的执行情况和效果

B. 比较计划值与实际值

C. 确定偏差的严重性及偏差产生的原因

D. 估计完成项目所需的总费用

E. 考核成本降低的实际效果

7. 施工成本核算的依据主要有(   )。

A. 各种财产物资的收发、领退、转移、报废、清查、盘点资料

B. 工程量统计与工程结算资料

C. 与成本核算有关的各项原始记录

D. 材料、结构件、作业、劳务的市场指导价

E. 工时、材料、费用等各项内部消耗定额

8. 关于成本核算方法的说法,正确的有(　　)。

A. 表格核算法简单易懂,方便操作

B. 表格核算法精度不高,实用性较差

C. 项目财务部门一般采用表格核算法

D. 会计核算法对工程项目内各岗位成本的责任核算比较适用

E. 会计核算法科学严密,覆盖面较大

9. 在分部分项工程成本分析的过程中"三算"对比是指(　　)之间的比较。

A. 预算成本　　　B. 动态成本　　　C. 目标成本　　　D. 实际成本　　　E. 偏差成本

10. 关于分部分项工程成本分析特点的说法,正确的有(　　)。

A. 必须对施工项目的所有分部分项工程进行成本分析

B. 分部分项工程成本分析是定期的中间成本分析

C. 分部分项工程成本分析的对象为已完分部分项工程

D. 分部分项工程成本分析是施工项目成本分析

E. 主要分部分项工程要做到从开工到竣工进行系统的成本分析

三、计算题

1. 某土方工程合同约定的某月计划工程量为 3200 m^3,计划单价为 15 元/m^3。到月底检查时,确认的承包商实际完成工程量为 2800 m^3,实际单价为 20 元/m^3,则该工程的计划工作预算费用(BCWS)为多少元?

2. 某工程公司某月计划开挖土方 4000 m^3,预算单价 72 元/m^3,月末检查时实际完成工程量为 4500 m^3,实际单价 68 元/m^3,则该工程的费用偏差(CV)为多少元?

3. 对总额 1000 万元的工程项目进行期中检查,截至检查时已完工作预算费用为 410 万元,计划工作预算费用为 400 万元,已完工作实际费用为 430 万元,则其费用绩效指数为多少?

4. 某工程主体结构混凝土工程量约 3200 m^3,预算单价 550 元/m^3,计划 4 个月内均衡完成。开工后,混凝土实际采购价格为 560 元/m^3。施工至第二个月底,实际完成混凝土工程量 1800 m^3。运用赢得值法,可分析得到该工程的进度偏差(SV)为多少万元?

5. 某施工项目某月的成本数据如下表,应用差额计算法得到预算成本增加对成本的影响是多少万元?

项目	单位	计划	实际
预算成本	万元	600	640
成本降低率	%	4	5

四、简答题

1. 工程项目成本管理的内容有哪些?

2. 建筑安装工程造价由哪些项目组成?

3. 施工阶段目标成本的编制程序是什么?

4. 施工阶段成本计划的编制依据是什么?

5. 项目经理部责任目标成本的确定过程有哪些方面?

6. 成本控制的概念是什么?

7. 项目经理部确定施工预算的依据是什么?

8. 施工成本控制的作用是什么?

9. 成本控制的程序及主要内容是什么?

10. 施工成本控制的种类有哪些?

11. 施工成本控制的依据有哪些?

12. 成本控制的步骤是什么?

13. 降低工程成本的主要途径有哪些?

14. 分类控制的内容有哪些?

15. 施工成本核算的特点、主要任务及核算内容、要求有哪些?

第 5 章　工程项目进度管理

党的二十大报告总结过去十年:"我国建成世界最大的高速铁路网、高速公路网,机场港口、水利、能源、信息等基础设施建设取得重大成就。"这些项目的成功离不开工程项目进度管理。工程项目进度管理,是在费用目标约束下,在保证工程质量的前提下,通过进度计划及进度控制,使项目在预期的时间内完成。工程项目进度管理是工程项目成功的关键管理环节。有效的进度管理不仅可以在保证质量目标的基础上缩短工期,还可以缩短项目全寿命周期中投资回收期,从而促进项目费用目标实现。工程项目进度管理更可以在国家需要的时候,迎难而上,逆风而行,创造中国传奇,展现中华民族的凝聚力和创造力!

本章主要内容,从工程项目进度计划入手,学习横道图进度计划、双代号网络计划、单代号网络计划、双代号时标网络计划、工程项目进度计划实施中的检查与调整方法,实现对工程项目进度的控制及工程项目进度的优化。

5.1　工程项目进度计划

5.1.1　工程项目进度计划系统的内涵

建设工程项目进度计划系统是由多个相互关联的进度计划组成的系统,它是项目进度控制的依据。由于各种进度计划编制所需要的必要资料是在项目进展过程中逐步形成的,因此项目进度计划系统的建立和完善也有一个过程,它是逐步形成的。图 5-1 是一个建设工程项目进度计划系统的示例,这个计划系统有 4 个计划层次。

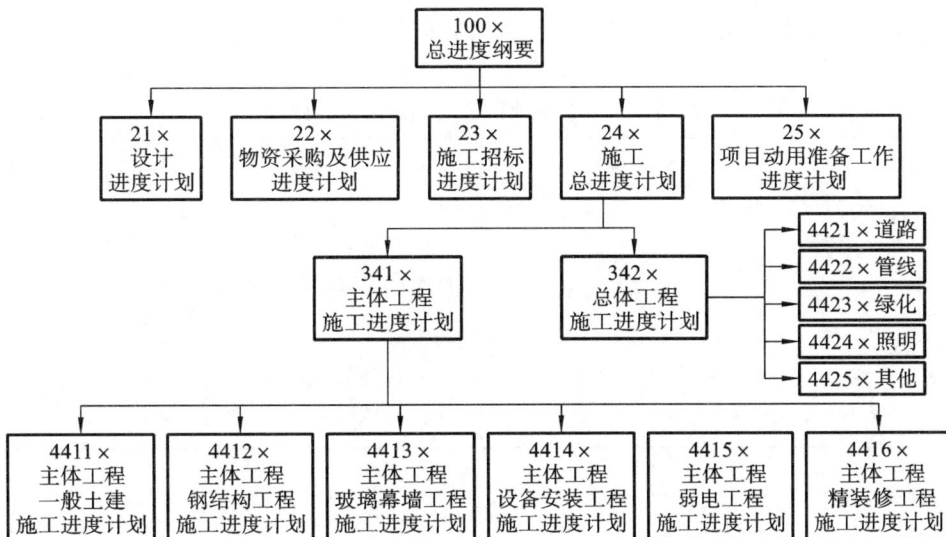

图 5-1　建设工程项目进度计划系统的示例

5.1.2 工程项目进度计划的表示方法

编制工程项目进度计划通常需借助两种方式,即文字说明与各种进度计划图表。前者是用文字形式说明各时间阶段内应完成的工程建设任务及所需达到的工程形象进度要求。后者是用图表形式来表达工程建设各项工作任务的具体时间顺序安排。根据图表形式的不同,工程进度计划的表达形式有横道图、斜线图、线型图、网络图等。其中,横道图又称甘特(gantt)图,即水平指示图;斜线图即垂直指示图。

1. 用线型图表示工程进度计划

线型图是利用二维直角坐标系中的直线、折线或曲线来表示完成一定工作量所需时间或在一定的时间内所能完成的工作量的一种进度计划表达方式。线型图可以用时间-距离图和时间-速度图等不同表现形式。其中时间-距离图一般用于长距离管道安装、线路敷设、隧道施工及道路建设工程的进度计划表达;而时间-速度图则一般用于表达计划完成任务量(或金额)与时间之间的相互关系,如在进度计划执行情况检查中使用的"S"形曲线图和"香蕉"曲线图即两种典型的时间-速度图。线型图的优点在于对进度计划进行表达的概括性强,且效果直观;不足之处是线型图需针对总体工程任务所含多项工作——画线,其实际绘图操作较为困难,特别是其绘图结果也往往不易被理解。

2. 用网络图表示工程进度计划

网络图是利用由箭线和节点所组成的网状图形来表示总体工程任务和各项工作系统安排的一种进度计划表达方式。与横道图相比,网络图具有如下优点:网络图能全面而明确地表达出各项工作的逻辑关系;能进行各种时间参数的计算;能找出决定工程进度的关键工作;能从许多可行方案中找出最优方案;某项工作推迟或者提前完成时,可以预见到它对整个计划的影响程度,而且能够迅速进行调整;利用各项工作反映出的时差,可以更好地调配人力、物力,达到降低成本的目的。更重要的是,它的出现与发展使电子计算机在进度计划管理中得以应用。网络图的缺点是,与横道图相比,它在计算劳动力消耗量、资源消耗量时较为困难。

5.1.3 工程项目进度计划的编制程序

当应用网络计划技术编制工程项目进度计划时,其编制程序一般包括 4 个阶段 10 个步骤(见表5-1)。

表 5-1 工程项目进度计划编制程序

编制阶段	编制步骤	编制阶段	编制步骤
Ⅰ.计划准备阶段	① 调查研究	Ⅲ.计算时间参数及确定关键线路阶段	⑥ 计算工作持续时间
	② 确定网络计划目标		⑦ 计算网络计划时间参数
Ⅱ.绘制网络图阶段	③ 进行项目分解		⑧ 确定关键线路和关键工作
	④ 分析逻辑关系	Ⅳ.编制正式网络计划阶段	⑨ 优化网络计划
	⑤ 绘制网络图		⑩ 编制正式网络计划

1. 计划准备阶段

(1)调查研究

调查研究的方法有:实际观察、测算、询问;会议调查;资料检索;分析预测等。

（2）确定网络计划目标

网络计划的目标由工程项目的目标所决定,一般可分为时间目标、时间-资源目标和时间-成本目标三类。时间目标即工期目标,是指规定工期或要求工期。时间-资源目标分为资源有限、工期最短和工期固定、资源均衡两类。时间-成本目标是指以限定的工期寻求最低成本或寻求最低成本时的工期安排。

2. 绘制网络图阶段

（1）进行项目分解

将工程项目由粗到细进行分解,是编制网络计划的前提。对于控制性网络计划,其工作应划分得粗一些,而对于实施性网络计划,工作应划分得细一些。工作划分的粗细程度,应根据实际需要来确定。

（2）分析逻辑关系

分析逻辑关系的主要依据是施工方案、有关资源供应情况和施工经验等。

（3）绘制网络图

根据已确定的逻辑关系,即可按绘图规则绘制网络图。

3. 计算时间参数及确定关键线路阶段

（1）计算工作持续时间

其计算方法是根据流水节拍计算的。对于搭接网络计划,还需要确定出各项工作之间的搭接时间。如果有些工作有时限要求,则应确定其时限。

（2）计算网络计划时间参数

其计算方法包括图上计算法、表上计算法、公式法等。

（3）确定关键线路和关键工作

在计算出网络计划时间参数的基础上,便可根据有关时间参数及其特征确定网络计划中的关键线路和关键工作。

4. 编制正式网络计划阶段

（1）优化网络计划

根据所追求的目标不同,网络计划的优化包括工期优化、费用优化和资源优化三种。

（2）编制正式网络计划

根据网络计划的优化结果,便可绘制正式的网络计划,同时编制网络计划说明书。网络计划说明书的内容应包括编制原则和依据、主要计划指标一览表、执行计划的关键问题、需要解决的主要问题及其主要措施、其他需要说明的问题。

5.2　横道图进度计划

横道图是一种最简单、运用最广泛的传统的进度计划方法,尽管有许多新的计划技术,但横道图在建设领域中的应用仍非常普遍。

通常横道图的表头为工作及其简要说明,项目进展表示在时间表格上,如图 5-2 所示。按照所表示工作的详细程度,时间单位可以为小时、天、周、月等。这些时间单位经常用日历表示,此时可表示非工作时间,如:停工时间、公众假日、假期等。根据此横道图使用者的要求,工作可按照时间先后、责任、项目对象、同类资源等进行排序。

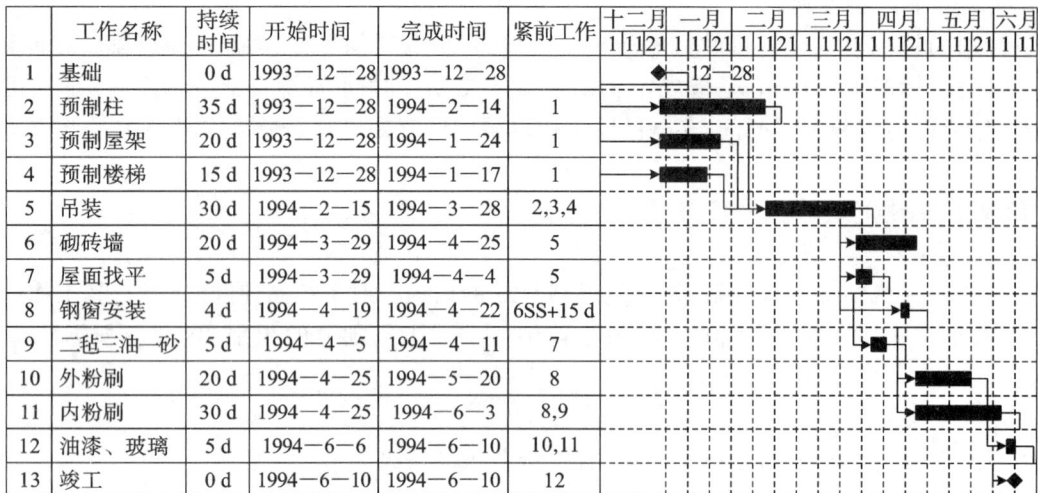

	工作名称	持续时间	开始时间	完成时间	紧前工作	十二月 1 11 21	一月 1 11 21	二月 1 11 21	三月 1 11 21	四月 1 11 21	五月 1 11 21	六月 1 11
1	基础	0 d	1993—12—28	1993—12—28		◆┐12—28						
2	预制柱	35 d	1993—12—28	1994—2—14	1							
3	预制屋架	20 d	1993—12—28	1994—1—24	1							
4	预制楼梯	15 d	1993—12—28	1994—1—17	1							
5	吊装	30 d	1994—2—15	1994—3—28	2,3,4							
6	砌砖墙	20 d	1994—3—29	1994—4—25	5							
7	屋面找平	5 d	1994—3—29	1994—4—4	5							
8	钢窗安装	4 d	1994—4—19	1994—4—22	6SS+15 d							
9	二毡三油一砂	5 d	1994—4—5	1994—4—11	7							
10	外粉刷	20 d	1994—4—25	1994—5—20	8							
11	内粉刷	30 d	1994—4—25	1994—6—3	8,9							
12	油漆、玻璃	5 d	1994—6—6	1994—6—10	10,11							
13	竣工	0 d	1994—6—10	1994—6—10	12							

图 5-2　横道图

横道图也可将工作简要说明直接放在横道上。横道图可将最重要的逻辑关系标注在内,但是,如果将所有逻辑关系均标注在图上,则横道图的最大优点简洁性将丧失。

横道图可用于小型项目或大型项目的子项目,或用于计算资源需要量和概要预示进度,也可用于其他计划技术的表示结果。

横道图计划表中的进度线(横道)与时间坐标相对应,这种表达方式较直观,易看懂计划编制的意图。但是,横道图进度计划法也存在一些问题,如:

① 工序(工作)之间的逻辑关系可以设法表达,但不易表达清楚;

② 适用于手工编制计划;

③ 没有通过严谨的进度计划时间参数计算,不能确定计划的关键工作、关键路线与时差;

④ 计划调整只能用手工方式进行,其工作量较大;

⑤ 难以适应大的进度计划系统。

5.3　双代号网络计划

编制进度计划可以使用文字说明、里程碑表、工作量表、横道计划、网络计划等方法,但对于编制作业性计划,按照《建设工程项目管理规范》的规定必须采用网络计划方法或横道计划。网络计划是在网络图上加注工作时间参数而编制的进度计划。网络计划技术的基本原理是:首先应用网络图形来表示一项计划中各项工作的开展顺序及其相互之间的关系;通过对网络图进行时间参数计算,找出计划中的关键工作和关键路线;通过不断改进网络计划,寻求最优方案,以求在设计计划执行过程中对计划进行有效的控制和监督,保证合理地使用人力、物力和财力,以最小的消耗取得最大的经济效益。网络计划技术的基本模型是网络图,网络图是由箭线和节点组成的用来表示工作流程的有向、有序的网状图形。一般的网络图有双代号网络图和单代号网络图两种。

5.3.1　双代号网络图

双代号网络图由若干表示工作的箭线和节点组成,其中每一项工作都用一根箭线和箭线两端的两个节点来表示。每个节点都编以号码,箭线两端节点的号码代表该箭线所表示的工作,"双代号"的名称由此而来。双代号网络图通常被使用在工程项目施工阶段的进度计划中。如图 5-3 所示的就是双代号网络图。

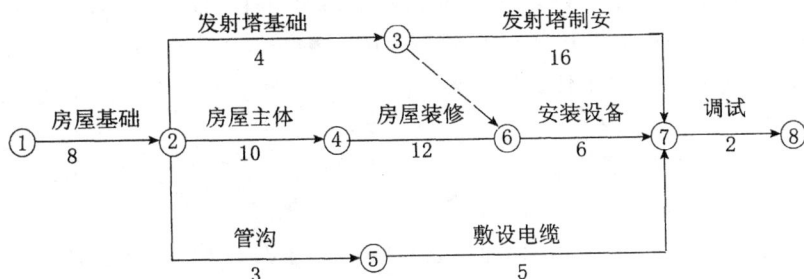

图 5-3　某项目双代号网络图

5.3.2　双代号网络图的构成要素

双代号网络图由工作(工序)、节点(事件)和线路等基本要素组成。

1. 工作(工序)

(1)基本单元

在一个工程项目的施工过程中,可划分许多工作项目,这些工作项目被称为工序,在网络图中称为"工作"。工作是指计划任务按需要的粗细程度划分的既消耗时间又消耗资源的子项目或子任务,是双代号网络图的组成要素之一。工作用一根箭线和两个节点表示,是网络计划的基本单元。箭线的箭尾节点表示该工作的开始,箭头节点表示该工程的结束,工作名称或代号写在箭线的上方,完成该工作的持续时间写在箭线的下方,如图 5-4 所示。

工作通常可以分为三种:第一种是既消耗时间又耗费资源的工作,如框架结构施工中的浇筑混凝土梁或柱;第二种是只消耗时间而不耗费资源的工作,如混凝土的养护;第三种是既不占用时间又不耗费资源的虚工作,虚工作在双代号网络图中,只表示相邻前后工作之间的逻辑关系,虚工作的表示方法如图 5-3 中③→⑥所示。

(2)虚工作(虚箭线)

虚工作在双代号网络图绘制中非常重要,如果应用不当就不能正确反映各工作间的逻辑关系。逻辑关系是指工作间的先后顺序关系。逻辑关系又划分为由生产工艺技术决定的工艺关系和由于组织安排需要或资源调配需要而规定的组织关系两种。

虚工作在双代号网络图中,一般起着联系、区分和断路三个作用。联系作用是指应用虚工作正确表达工作之间的工艺联系和组织联系的作用;区分作用是指双代号网络图中应用两个代号表示一项工作,若两项工作用同一代号就应用虚工作加以区分,如图 5-5 所示;断路作用则是指当网络图中的中间节点有逻辑错误时,应用虚工作断路,从而能正确表达工作间的逻辑关系。

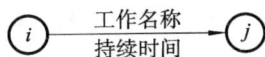

图 5-4　双代号网络图工作的表示方法

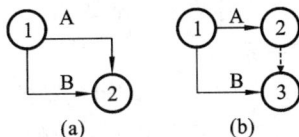

图 5-5　虚工作的区分作用

（3）工作间的关系

双代号网络图中,诸工作之间的关系,通常用工作表示被研究的对象,并称为本工作。紧排在本工作之前的工作称为紧前工作,紧排在本工作之后的工作称为紧后工作,与之平行的工作称为平行工作。在网络图中,自起点节点至本工作之间各条线路上的所有工作称为本工作的先行工作。本工作之后至终点节点各条线路上的所有工作称为本工作的后续工作。没有紧前工作的工作称为起始工作,没有紧后工作的工作称为结束工作。

2. 节点(事件)

节点是双代号网络图中工作之间的交接之点,用圆圈表示。节点一般表示该节点前一项或若干项工作的结束,同时也表示该节点后一项或若干项工作的开始。

在双代号网络图中,节点与工作概念不同,它只表示工作的开始和完成的瞬时时刻,具有承上启下的衔接作用。它既不占用时间又不耗费资源。如图 5-3 中的节点②,它既表示房屋基础工作的结束时刻,也表示发射塔基础、房屋主体和管沟工作的开始时刻。

代表工作的箭线,其箭尾节点表示该工作的开始,称为开始节点;其箭头节点表示该工作结束,称为结束节点。双代号网络图中的第一个节点称为起点节点,它表示一项工程或任务的开始,最后一个节点称为终点节点,它表示一项工程或任务的完成。除此以外的节点都称为中间节点。

3. 网络图的编号

为了便于计算网络图的时间参数和检查调整网络图,在图中每一个节点都有自己的编号,网络图的编号要在绘制好正确的网络图后方可进行,不要一边绘制网络图一边编号,否则当发现需要增加某些工作(箭线)后又需重新编号。网络图节点编号应遵循以下两条规则。

① 从起点节点到终点节点,编号由小到大,一根箭线的箭头节点的编号必须大于箭尾节点的编号,节点编号的方法可根据节点编号的方向不同分为沿水平方向编号和沿垂直方向编号。

② 同一个网络图中所有的节点不能出现重复的编号。

为了便于在网络图中增减一个或几个工作,同一个网络图中的节点编号无须连续,可每隔一个网络区段留出若干空号,为调整或变动所用。

4. 线路

网络图中从起点节点开始,沿箭线方向连续通过一系列箭线和节点,最后到达终点节点的通路称为线路。线路上所有工作持续时间之总和称为该线路的计算工期。网络图中有多条线路,其中时间最长的线路称为关键线路,位于关键线路上所有工作持续时间之总和称为该工程的总工期,位于关键线路上的工作称为关键工作。网络图中除了关键线路外都称为非关键线路。如图 5-3 中则有①→②→③→⑦→⑧、①→②→③→⑥→⑦→⑧、①→②→④→⑥→⑦→⑧和①→②→⑤→⑦→⑧四条线路。

关键线路在网络图中并不唯一,可能同时存在几条,但持续时间是相同的。一般用粗实线或双箭线表示。关键工作无时差,自由时差和总时差均为零。当项目在实施过程中采用与计划不同的技术或组织措施,缩短了关键线路上某些工作的持续时间时,关键线路就变成了非关键线路了,所以关键线路在网络图中不是一成不变的。

5. 逻辑关系

在网络图中,工作之间相互制约或相互依赖的关系称为逻辑关系,它包括工艺关系和组织关系,在网络图中均应表现为工作之间的先后顺序。

（1）工艺关系

生产性工作之间由工艺过程决定的,非生产性工作之间由工作程序决定的先后顺序称为工艺关系。

（2）组织关系

工作之间由于组织安排需要或资源(人力、材料、机械设备和资金等)调配需要而确定的先后顺序关系称为组织关系。

5.3.3　双代号网络图的绘制

1. 双代号网络图的绘制规则

网络图必须正确地表达整个工程或任务的工艺流程,各工作开展的先后顺序及它们之间的相互制约、相互依存的逻辑关系。要使网络图达到图面布置合理、条理清楚、突出重点的目的,绘制网络图必须遵守一定的规则:

① 网络图必须根据施工工艺或组织关系正确表达已定的逻辑关系;

② 在网络图中不允许出现循环回路;

③ 在网络图中,节点之间禁止出现双向箭头或无向箭头的连线;

④ 网络图中严禁出现没有箭头或箭尾节点的箭线;

⑤ 在双代号网络图中,同一项工作只能有唯一的一条箭线和相应的一对节点编号;

⑥ 双代号网络图的某些节点有多条外向箭线或多条内向箭线时,为使图面清楚,工作布置合理,允许使用多条箭线经一条共用母线段引入或引出节点;

⑦ 绘制网络图时,应尽可能避免箭线交叉,当交叉不可避免时,应采用过桥法或指向法;

⑧ 肯定型的关键线路法双代号网络图中只允许有一个起始节点和一个终点节点;

⑨ 在网络图中,为了表达分段流水作业的情况,每个工作只能反映每一施工段的工作。

2. 双代号网络图的绘制方法

绘制正确的网络图必须遵守上述基本规则,并且根据施工对象的生产工艺和施工组织的顺序,在网络图中正确反映出各个工作之间相互联系和制约的关系。

① 正确反映各工作之间的逻辑关系。由计划人员根据工程要求编制逻辑关系表,要求明确提供各工作名称和各工作的紧前工作;根据已知的紧前工作,确定出紧后工作,对于逻辑关系比较复杂的网络图,可绘出关系矩阵图,以确定紧后工作。

表 5-2 列举了七种各工作之间逻辑关系在网络图中的表示方法。只有熟悉各工作之间的逻辑关系才能够正确而熟练地编制工程项目网络计划,从而指导项目的进度管理。

② 对于网络图中无逻辑关系的各工作,必须切断在工艺与组织上不发生逻辑关系的工作,并在网络图中用虚箭线将其断开。

③ 网络图的布置应该条理清楚。确定各工作的开始节点位置号和结束节点位置号。

表 5-2　各工作之间逻辑关系在网络图中的表示方法

序号	各工作之间的逻辑关系	用双代号网络图的表达方式
①	A 完成后,进行 B 和 C	

序号	各工作之间的逻辑关系	用双代号网络图的表达方式
②	A、B 完成后,进行 C 和 D	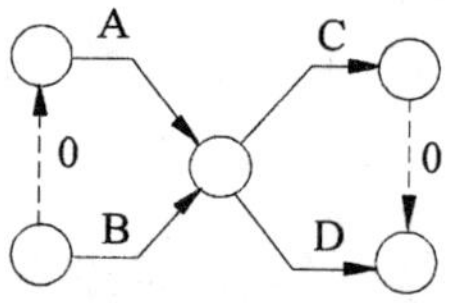
③	A、B 完成后,进行 C	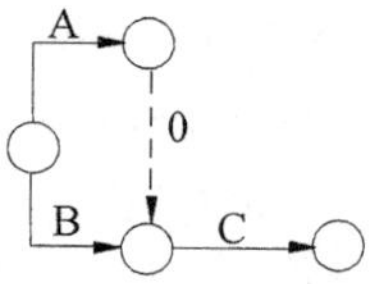
④	A 完成后,进行 C A、B 完成后,进行 D	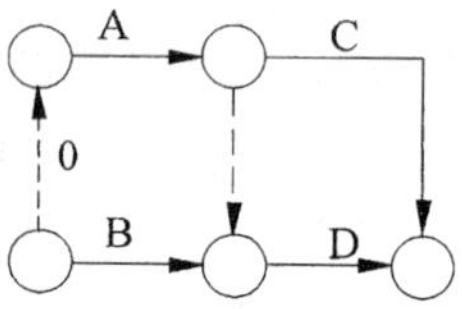
⑤	A、B 完成后,进行 D A、B、C 完成后,进行 E D、E 完成后,进行 F	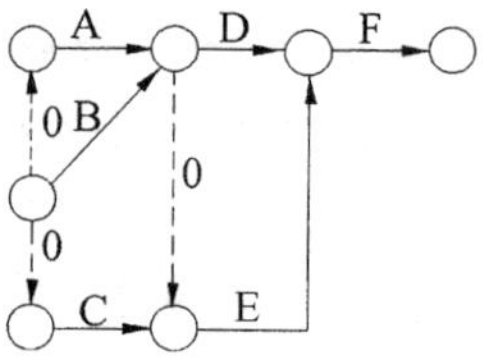
⑥	A、B 工作分成三个施工段 A₁ 完成后,进行 A₂、B₁ A₂ 完成后,进行 A₃ A₂ 及 B₁ 完成后,进行 B₂ A₃ 及 B₂ 完成后,进行 B₃	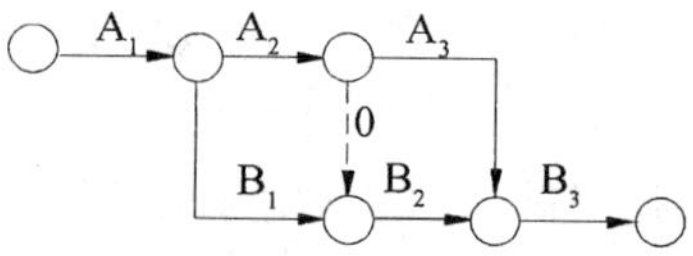
⑦	A 完成后,进行 B B、C 完成后,进行 D	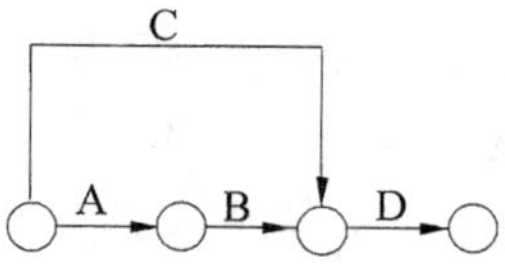

④ 当双代号网络图的某些节点有多条外向箭线或多条内向箭线时,为使图形简洁,可使用母线法绘制(但应满足一项工作用一条箭线和相应的一对节点表示),如图 5-6 所示。

⑤ 绘制网络图时,箭线不宜交叉。当交叉不可避免时,可用过桥法或指向法,如图 5-7 所示。

5.3.4 双代号网络图的绘制示例

【例 5-1】 某工程项目工作及逻辑关系见表 5-3,绘制双代号网络图。

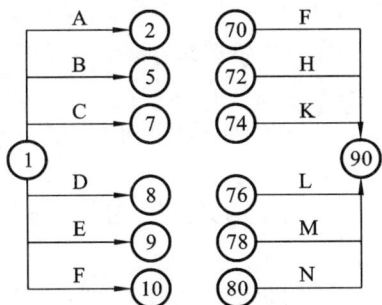

图 5-6　母线法绘图

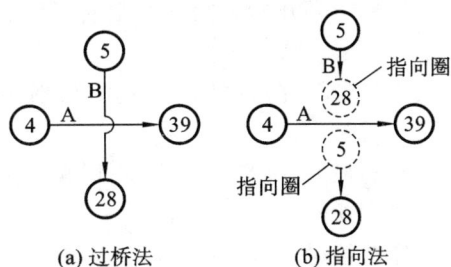

(a) 过桥法　　　(b) 指向法

图 5-7　箭线交叉的表示方法

表 5-3　某工程项目工作及逻辑关系

工程活动	A	B	C	D	E	F	G	H	I	J
持续时间/d	5	4	10	2	4	6	8	4	3	3
紧后活动	B、C	E、D	F、G	F、G	H、I	H、I	I	J	J	/

　　【解】　刚开始绘图时很难布置得整齐,当活动之间逻辑关系不好表示时,常常要加上虚箭线,它能防止错误。初次布置的网络图如图 5-8 所示。经过整理,同时划去不必要的零杆,并给节点编号,则可得图 5-9 所示的网络图。

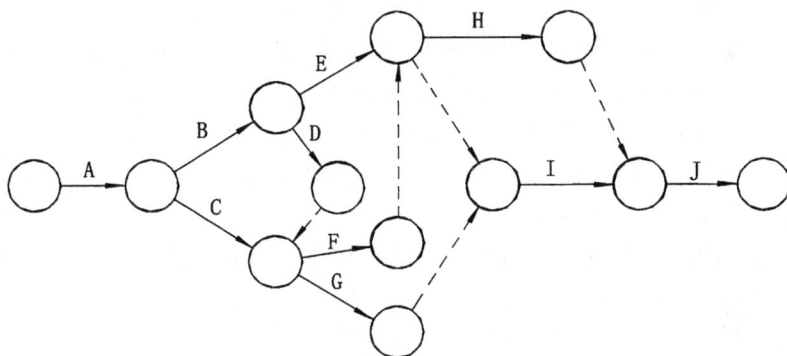

图 5-8　初次布置的网络图

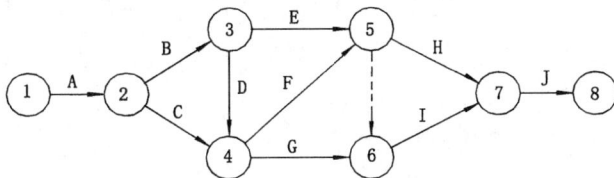

图 5-9　整理后的网络图

5.3.5　网络计划的时间参数

1. 基本概念

① 时限。时限是网络计划或其中的工作因外界因素影响而在时间安排上所受到的某种限制。

② 工作持续时间。对一项工作规定的从开始到完成的时间,以符号 D_{i-j} 表示。

③ 工作的最早开始时间。在紧前工作和有关时限约束下,工作开始的最早时刻,以符号 ES_{i-j}、ES_i 表示。

④ 工作的最早完成时间。在紧前工作和有关时限约束下,工作完成的最早时刻,以符号 EF_{i-j}、EF_i 表示。

⑤ 工作的最迟开始时间。在不影响任务按期完成和有关时限约束的条件下,工作最迟必须开始的时刻,以符号 LS_{i-j}、LS_i 表示。

⑥ 工作的最迟完成时间。在不影响任务按期完成和有关时限约束的条件下,工作最迟必须完成的时刻,以符号 LF_{i-j}、LF_i 表示。

⑦ 事件。在双代号网络图中,工作开始或完成的时间点(节点)。

⑧ 节点时间。亦称事件时间,在双代号网络计划中,用来表明事件开始或完成时刻的时间参数。

⑨ 节点最早时间。在双代号网络计划中,该节点后各工作的最早开始时刻,以符号 ET_i 表示。

⑩ 节点最迟时间。在双代号网络计划中,该节点前各工作的最迟完成时刻,以符号 LT_i 表示。

⑪ 时间间隔。在单代号网络计划中,一项工作的最早完成时间与其紧后工作最早开始时间可能存在的差值,以符号 LAG_{i-j} 表示。

⑫ 工作的总时差。在不影响工期和有关时限的前提下,一项工作可以利用的机动时间,以符号 TF_{i-j}、TF_i 表示。

⑬ 工作的自由时差。在不影响其紧后工作最早开始时间和有关时限的前提下,一项工作可以利用的机动时间,以符号 FF_{i-j}、FF_i 表示。

⑭ 相关时差。与紧后工作共同利用的机动时间,以符号 DF_{i-j}、DF_i 表示。

⑮ 计算工期。根据网络计划时间参数计算出来的工期,以符号 T_c 表示。

⑯ 要求工期。任务委托人所要求的工期,以符号 T_r 表示。

⑰ 计划工期。在要求工期和计算工期的基础上综合考虑而确定的工期,以符号 T_p 表示。

2. 双代号网络计划时间参数的标注形式

双代号网络计划中的时间参数基本内容和形式可按以下两种方式标注。

① 按工作计算法的时间参数的标注形式(见图5-10、图5-11)。

② 按节点计算法的时间参数的标注形式(见图5-12)。

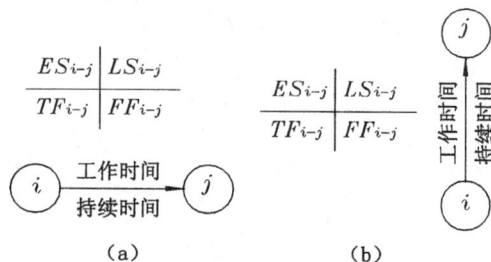

图 5-10 双代号网络计划时间参数标注形式之一

5.3.6 双代号网络计划时间参数的计算

在网络计划时间参数的计算中,首先应根据有关理论确定各项工作的持续时间,然后根据各参数的计算方法计算参数。

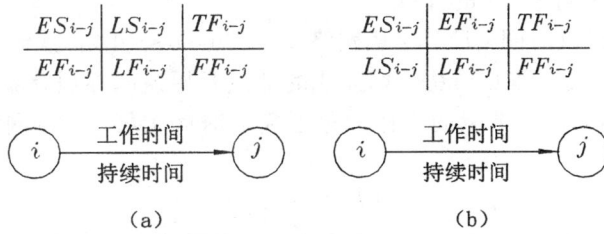

图 5-11　双代号网络计划时间参数标注形式之二

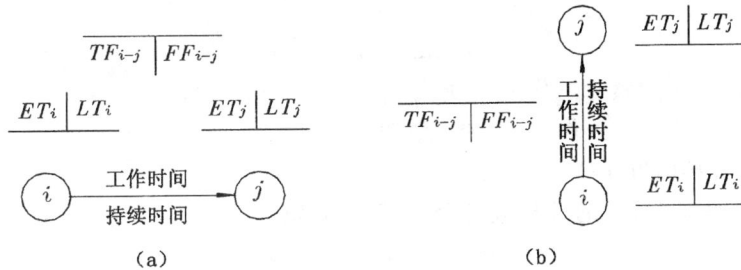

图 5-12　双代号网络计划时间参数标注形式之三

1. 双代号网络计划时间参数的计算步骤

按工作计算法的时间参数计算顺序如下：①计算 ES_{i-j} 和 EF_{i-j}；②确定 T_c 和 T_p；③计算 LF_{i-j} 和 LS_{i-j}；④计算 TF_{i-j}；⑤计算 FF_{i-j}。

2. 双代号网络计划按工作计算法计算时间参数的方法

（1）工作的最早开始时间的计算

① 工作 $i-j$ 的最早开始时间 ES_{i-j} 应从网络图的起点节点开始，顺着箭线方向依次逐项计算。

② 以起点节点 i 为箭尾节点的工作 $i-j$，如未规定其最早开始时间 ES_{i-j} 时，其值等于零，即

$$ES_{i-j} = 0 \tag{5-1}$$

③ 其他工作 $i-j$ 的最早开始时间 ES_{i-j} 应为其所有紧前工作最早开始时间与该紧前工作的持续时间之和中的最大值，其计算表达式为

$$ES_{i-j} = \max\{ES_{h-i} + D_{h-i}\} \tag{5-2}$$

式中：ES_{h-i}——工作 $i-j$ 的紧前工作 $h-i$ 的最早开始时间；

D_{h-i}——工作 $i-j$ 的紧前工作 $h-i$ 的持续时间。

（2）工作 $i-j$ 的最早完成时间 EF_{i-j} 的计算

$$EF_{i-j} = ES_{i-j} + D_{i-j} \tag{5-3}$$

（3）网络计划计算工期 T_c 的计算

$$T_c = \max\{EF_{i-n}\} \tag{5-4}$$

式中：EF_{i-n}——以终点节点（$j=n$）为箭头节点的工作 $i-n$ 的最早完成时间。

（4）网络计划的计划工期 T_p 的计算

① 当已规定了要求工期 T_r 时

$$T_p \leqslant T_r \tag{5-5}$$

② 当未规定要求工期 T_r 时

$$T_p = T_c \tag{5-6}$$

(5) 工作的最迟完成时间 LF_{i-j} 的计算

① 工作 $i-j$ 的最迟完成时间 LF_{i-j} 应从网络图的终点节点开始,逆着箭线方向依次逐项计算。当部分工作分期完成时,有关工作必须从分期完成的节点开始逆向逐项计算。

② 以终点节点$(j=n)$为箭头节点的工作的最迟完成时间 LF_{i-j} 应按网络计划的计划工期 T_p 计算,即

$$LF_{i-j} = T_p \tag{5-7}$$

以分期完成的节点为箭头节点的工作的最迟完成时间应等于分期完成的时刻。

③ 其他工作 $i-j$ 的最迟完成时间 LF_{i-j} 应为其所有紧后工作最迟完成时间与该紧后工作的持续时间之差中的最小值,其计算表达式为

$$LF_{i-j} = \min\{LF_{j-k} - D_{j-k}\} \tag{5-8}$$

式中:LF_{j-k}——工作 $i-j$ 的紧后工作 $j-k$ 的最迟完成时间;

D_{j-k}——工作 $i-j$ 的紧后工作 $j-k$ 的持续时间。

(6) 工作的最迟开始时间 LS_{i-j} 的计算

工作的最迟开始时间 LS_{i-j} 的计算应符合式(5-9)的规定

$$LS_{i-j} = LF_{i-j} - D_{i-j} \tag{5-9}$$

(7) 工作 $i-j$ 的总时差 TF_{i-j} 的计算

总时差 TF_{i-j} 是在不影响工期的前提下,工作所具有的机动时间,其计算应符合式(5-10)或式(5-11)的规定

$$TF_{i-j} = LS_{i-j} - ES_{i-j} \tag{5-10}$$

$$TF_{i-j} = LF_{i-j} - EF_{i-j} \tag{5-11}$$

(8) 工作 $i-j$ 的自由时差 FF_{i-j} 的计算

自由时差 FF_{i-j} 是在不影响其紧后工作最早开始的前提下,工作所具有的机动时间,其计算应符合式(5-12)或式(5-13)的规定

$$FF_{i-j} = ES_{j-k} - ES_{i-j} - D_{i-j} \tag{5-12}$$

$$FF_{i-j} = ES_{j-k} - EF_{i-j} \tag{5-13}$$

式中:ES_{j-k}——工作 $i-j$ 的紧后工作 $j-k$ 的最早开始时间。

3. 双代号网络计划按工作计算法计算时间参数举例

【例 5-2】 计算图 5-13 所示双代号网络计划各工作的时间参数。

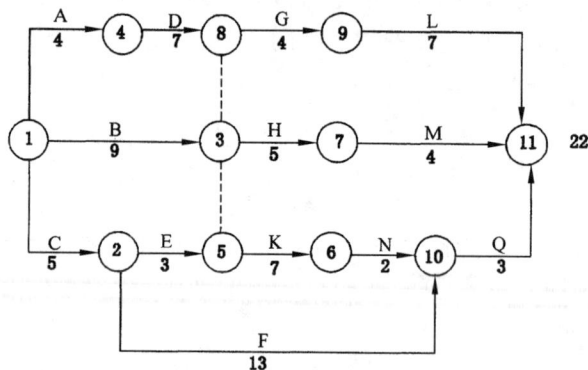

图 5-13 双代号网络计划

【解】　（1）自①节点开始顺着箭线方向算到最后节点，计算最早时间参数

$ES_{1-2}=0$　　　　　　　　　　　$EF_{1-2}=0+5=5$

$ES_{1-3}=0$　　　　　　　　　　　$EF_{1-3}=0+9=9$

$ES_{1-4}=0$　　　　　　　　　　　$EF_{1-4}=0+4=4$

$ES_{4-8}=0+4=4$　　　　　　　$EF_{4-8}=4+7=11$

$ES_{2-5}=0+5=5$　　　　　　　$EF_{2-5}=5+3=8$

$ES_{2-10}=0+5=5$　　　　　　　$EF_{2-10}=5+13=18$

$ES_{8-9}=\max\{11,9\}=11$　　　$EF_{8-9}=11+4=15$

$ES_{3-7}=0+9=9$　　　　　　　$EF_{3-7}=9+5=14$

$ES_{5-6}=\max\{9,8\}=9$　　　　$EF_{5-6}=9+7=16$

$ES_{6-10}=9+7=16$　　　　　　$EF_{6-10}=16+2=18$

$ES_{7-11}=9+5=14$　　　　　　$EF_{7-11}=14+4=18$

$ES_{9-11}=11+4=15$　　　　　　$EF_{9-11}=15+7=22$

$ES_{10-11}=\max\{11,18\}=18$　　$EF_{10-11}=18+3=21$

以此类推，计算各工作的最早时间参数（见图 5-14）。

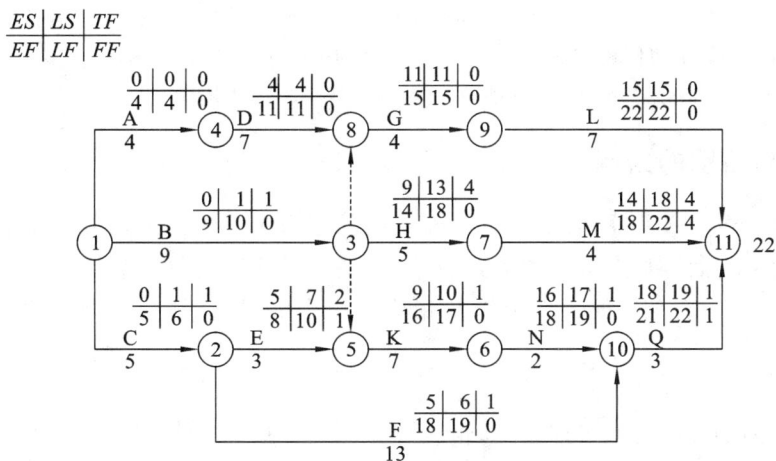

图 5-14　双代号网络计划按工作计算法计算时间参数的结果

（2）确定计算工期

$$T_c = \max\{EF_{10-11}, EF_{7-11}, EF_{9-11}\} = 22$$

（3）计算最迟时间参数，逆着箭线方向计算

$LF_{10-11}=LF_{9-11}=LF_{7-11}=22$　　$LS_{10-11}=22-3=19$

$LS_{9-11}=22-7=15$　　　　　　　　$LS_{7-11}=22-4=18$

$LF_{6-10}=19$　　　　　　　　　　　$LS_{6-10}=19-2=17$

$LF_{5-6}=17$　　　　　　　　　　　$LS_{5-6}=17-7=10$

$LF_{1-3}=\min\{11,13,10\}=10$　　　$LS_{1-3}=10-9=1$

以此类推，计算各工作的最迟时间参数（见图 5-14）。

（4）计算总时差 TF

按式（5-10）、式（5-11）计算，计算结果标注在图 5-14 中。

其中关键线路为:1→4→8→9→11。

(5) 计算自由时差 FF

按式(5-12)计算,计算结果标注在图 5-14 中。

5.4 单代号网络计划

5.4.1 单代号网络计划的特点

单代号网络图是以节点及其编号表示工作,以箭线表示工作之间的逻辑关系的网络图。在单代号网络图中加注工作的持续时间就形成单代号网络计划。单代号网络计划与双代号网络计划相比,特点如下:

① 单代号网络图是以节点及其编号表示工作,以箭线表示工作之间的逻辑关系,故逻辑关系容易表达;

② 单代号网络图中无虚箭线,故编制单代号网络计划产生逻辑错误的概率较小,绘图较简单;

③ 由于工作的持续时间表示在节点之中,没有长度,故不够形象,也不便于绘制时标网络计划,更不能据图优化;

④ 便于网络图的检查和修改;

⑤ 表示工作之间逻辑关系的箭线可能产生较多的纵横交叉现象。

5.4.2 单代号网络图的绘制

单代号网络图的逻辑关系用箭线表示,工作之间的逻辑关系包括工艺关系和组织关系,在网络图中表现为工作之间的先后顺序。其基本元素有节点、箭线和线路。每个节点表示一项工作,用圆圈或方框表示;一项工作必须有唯一的一个节点及相应的一个编号;箭线应画成水平直线、折线或斜线。具体规则如下。

1. 绘图符号

单代号网络计划的表达形式很多,符号也各种各样。一般用一个圆圈或方框代表一项工作或活动工序,至于圆圈或方框内的内容(项目)可以根据实际需要来填写和列出。一般将工作的名称、编号填写在圆圈或方框的上半部分,完成工作所需要的时间写在圆圈或方框的下半部分(也有的写在箭线下面),如图 5-15(a)、(b)所示,而连接两个节点圆圈或方框间的箭线用来表示两项工作间的直接前导(紧前)和后继(紧后)关系。这种只用一个节点(圆圈或方框)代表一项工作的表示方法称为单代号

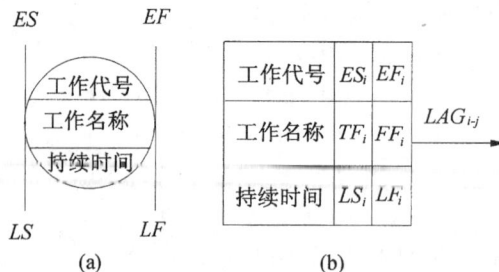

图 5-15 单代号表示法

表示法。

2. 绘图规则

同双代号网络图的绘制一样,绘制单代号网络图也必须遵循一定的逻辑规则。这些基本规则主要如下。

① 为了保证单代号网络计划有唯一起点和终点,在网络图的开始和结束增加虚拟的起点节点和终点节点,这是单代号网络图所特有的。

② 在单代号网络图中不允许出现循环回路。

③ 单代号网络图中不允许出现重复编号的工作,一个编号只能代表一项工作。

④ 在网络图中除起点节点和终点节点,不允许出现其他没有内向箭线的工作节点和没有外向箭线的工作节点,严禁出现双向箭头或无箭头的连线。

⑤ 节点编号为了计算方便,网络图的后继节点编号应大于前导节点编号。

以上都是以单目标单代号网络图的情况来说明其基本规则的。

3. 单代号网络的绘制

单代号网络图的绘制步骤与双代网络图的绘制步骤基本相同,主要包括两部分。

① 首先计算各工作的持续时间,列出工作一览表及各工作的直接紧前、紧后工作名称,根据工程计划中各工作在工艺上、组织上的逻辑关系来确定其直接紧前、紧后工作名称。

② 根据上述关系绘制网络图。首先根据逻辑关系绘制草图,接着对一些不必要的交叉进行整理,绘出简化网络图,然后进行编号。在绘制之前,要首先给出一个虚设的起点节点,网络图绘制最后要有一个虚设的终点节点。下面举例说明。

【例 5-3】　某工程项目各工作名称及其紧前工作见表 5-4,试绘制单代号网络图。

【解】　根据表 5-4 各工作逻辑关系首先设一个起点节点 ST,然后根据所列紧前、紧后关系,从左向右进行绘制,最后设一个终点节点 FI,绘制的单代号网络图如图 5-16 所示。

表 5-4　工作逻辑关系表

工作	A	B	C	D	E	F	G	I
紧前工作	—	—	A,B	C	C	E	E	D,G

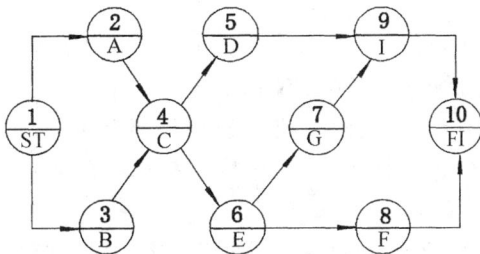

图 5-16　单代号网络图

5.5　双代号时标网络计划

双代号时标网络计划是以时间坐标为尺度编制的双代号网络计划。在时标网络图中,以实箭线表示工作,实箭线的水平投影长度表示该工作的持续时间;以虚箭线表示虚工作,由于虚工作持续时间为零,所以虚箭线垂直画;以波形线表示工作与其紧后工作的自由时差。

5.5.1 双代号时标网络计划的特点

时标网络计划是网络计划的另一种表示形式,被称为带时间坐标的网络计划。在前述网络计划中,箭线长短并不表明工作持续时间的长短;而在时标网络计划中,箭线长短和所在位置即表示工作的时间进程,即持续时间,这是时标网络计划与一般网络计划的主要区别。

时标网络计划形同水平进度计划,它是网络图与横道图的结合,表达清晰醒目,编制方便,前后各工作的逻辑关系清晰。双代号时标网络计划是以水平时间坐标为尺度编制的双代号网络计划,它有以下特点。

① 时标网络计划既是一个网络计划,又是一个水平进度计划,它能表明计划的时间进程,便于网络计划的使用,兼有网络计划与横道计划的优点。

② 时标网络计划能在图上直观显示各项工作的开始与完成时间、自由时差和关键线路。

③ 时标网络计划便于在图上计算劳动力、材料等资源需用量,并能在图上调整时差,进行网络计划的时间和资源的优化与调整。

④ 调整时标网络计划的工作较繁杂。对一般的网络计划,若改变某一工作的持续时间,只需变动箭线上所标注的时间数字就可以,十分简便。但是,时标网络计划是用箭线或线段的长短来表示每一工作的持续时间的,若改变时间,就需改变箭线的长度和位置,这样往往会引起整个网络图的变动。

5.5.2 双代号时标网络计划的应用范围

实践经验表明,双代号时标网络图比较接近习惯使用的横道图,比较直观,易于理解,在工程项目的施工中比较受欢迎。目前双代号时标网络计划对以下几种情况比较适用。

① 编制工作项目(工序)较少并且工艺过程较简单的建筑施工计划。

它能迅速地边绘、边算、边调整。对于工作项目较多,并且工艺复杂的工程仍以采用常用的网络计划为宜。

② 将已编制并计算好的网络计划再复制成时标网络计划,以便在图上直接表示各工作(工序)的进程。

目前我国已编出相应的程序,可应用电子计算机来完成这项工作,并已经用于生产实际。

③ 使用实际进度前锋线进行进度控制的网络计划。

在工程项目的进度控制过程中,针对进度进行检查与调整时,通过在双代号时标网络图上绘制实际进度前锋线来检查工程项目的进度情况,针对进度的提前和延后对进度做出调整。

④ 局部网络计划和作业性网络计划。

对于大型复杂的工程项目,可先绘制总网络计划图,然后根据各分部分项工程的特点绘制各分部分项工程的双代号时标网络图,便于对各分部分项工程进行管理。

5.5.3 编制双代号时标网络计划的一般规定

① 时标网络计划必须以时间坐标为尺度表示工作时间,时标的时间单位应根据需要在编制网络计划之前确定,可为时、天、周、旬、月或季。

② 时标网络计划应以实箭线表示工作,以虚箭线表示虚工作,以波形线表示工作的自由时差。

③ 时标网络计划中所有符号在时间坐标上的水平位置及其水平投影,都必须与其所代表的时间值相对应。

④ 节点的中心必须对准时标的刻度线,虚工作必须以垂直虚箭线表示,有自由时差时加波形线表示。

⑤ 时标网络计划宜按最早时间编制。编制时标网络计划之前,应先按已确定的时间单位绘出时标表。时标可标注在时标表的顶部或底部,并须注明时标的长度单位,必要时还可在顶部时标之上或底部时标之下加注日历的对应时间。为使图面清晰,时标表中部的刻度线宜为细线。

⑥ 时标网络计划的编制应先绘制无时标网络计划草图,并可按以下两种方法之一进行。

a. 间接法绘制。先计算网络计划的时间参数,再根据时间参数按草图在时标表上进行绘制。

b. 直接法绘制。不计算网络计划的时间参数,直接按草图在时标表上编绘。

⑦ 用间接法绘制时,应先按每项工作的最早开始时间将其箭尾节点定位在时标表上,再用规定线型绘出工作及其自由时差,形成时标网络计划图。

⑧ 用直接法绘制时标网络计划时,应按下列方法逐步进行:

a. 将起点节点定位在时标表的起始刻度线上;

b. 按工作持续时间在时标表上绘制起点节点的外向箭线;

c. 工作的箭头节点必须在其所有内向箭线绘出以后,定位在这些内向箭线中最晚完成的实箭线箭头处,某些内向实箭线长度不足以到达该箭头节点时,可用波形线补足;

d. 用上述方法自左至右依次确定其他节点位置,直至终点节点定位绘完。

5.5.4　双代号时标网络计划的绘制

双代号时标网络计划,是在时间坐标上绘制的双代号网络计划,每项工作的时间长度(箭线长度)和每个节点的位置,都按时间坐标绘制。它既有网络计划的优点,又有横道计划的时间直观的优点,所以受到普遍重视和欢迎。但因为其箭线受时标约束,故绘图比较麻烦。对于工作项目少、工艺过程比较简单的进度计划,可以边绘、边算、边调整。对于大型的、复杂的工程计划可以先用时标网络计划的形式绘制各分部工程的网络计划,然后再综合起来绘制时标总网络计划;也可以先编制一个简明的时标总网络计划,再分别绘制分部工程的执行时标网络计划。

现以图 5-17 为例说明双代号时标网络计划的绘图方法。绘成的时标网络计划如图 5-18 所示。

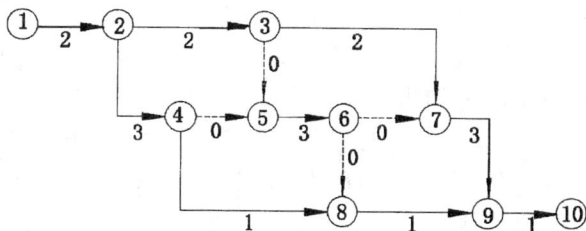

图 5-17　某项目网络图

1. 间接法绘制

用这种方法只需先计算网络计划的节点最早时间即可。因为节点的最早时间是其所有紧后工作的最早开始时间,故可按计算的节点最早时间先在时标表上固定每个节点的位置。

节点定位应参照网络计划的形状,其中心对准时间刻度线。节点全部定位后,再根据工作的持续时间绘制工作箭线,长度受时标限制。当某项工作的长度不能到达其结束节点时,补以波形线,便可形成完整的时标网络计划图。

2. 直接法绘制

这种方法比较便捷。绘制的要点如下。

① 将起点节点定位在时标表的起始刻度线上(即第一天开始点)。

② 按工作持续时间在时标表上绘制起点节点的外向箭线,如图 5-18 中的 1—2 箭线。

工作天/d	0	1	2	3	4	5	6	7	8	9	10	11	12

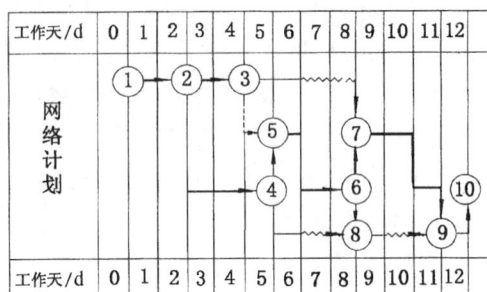

图 5-18　某项目双代号时标网络图

③ 工作的箭头节点必须在其所有内向箭线绘出以后,定位在这些箭线中最晚完成的实箭线箭头处。如图 5-18 中的 3—5 和 4—5 的结束节点 5 定位在 4—5 的最晚完成时间,工作 4—8 和 6—8 的结束节点 8 定位在 6—8 的最晚完成时间等。

④ 某些内向箭线长度不足以到达该节点时,用波形线补足,这就是自由时差。图 5-18 中节点 7、8、9 之前都用波形线补足。

⑤ 用上述方法自左至右依次确定其他节点的位置,直至终点节点定位绘完。

需要注意的是,使用这一方法的关键是要把虚箭线处理好。首先要把它等同于实箭线看待,而其持续时间是零;其次,虽然它本身没有时间,但可能存在时差,故要按规定画好波形线,在画波形线时,其垂直部分仍应画虚线,箭头在波形线之末端或其后,存在垂直虚箭线时在虚箭线的末端。

3. 时标网络计划关键线路和时间参数的判定

(1) 时标网络计划关键线路的判定

时标网络计划的关键线路,应自终点节点逆箭头方向朝起点节点观察,凡自终至始不出现波形线的通路,就是关键线路。

判别是否为关键线路,要看这条线路上的各项工作是否有总时差。这里是用有没有自由时差判断有没有总时差的。因为有自由时差的线路即有总时差,而自由时差集中在线路段的末端,既然末端不出现自由时差,那么这条线路段便不存在总时差,自终至始没有自由时差的线路,自然就不存在总时差,这条线路就必然是关键线路。图 5-18 的关键线路是:1→2→4→5→6→7→9→10。

(2) 时标网络计划计算工期的判定

时标网络计划的计算工期,应是其终点节点与起点节点所在位置的时标值之差。

(3) 时标网络计划最早时间的判定

时标网络计划每条箭线的左端节点中心所对应的时标值代表工作的最早开始时间,箭线实线部分右端或当工作无自由时差时箭线右端节点中心所对应的时标值代表工作的最早完成时间。

（4）时标网络计划自由时差的判定

时标网络计划中的工作自由时差值等于其波形线在坐标轴上的水平投影长度。

理由：每条波形线的末端就是这条波形线所在工作的紧后工作的最早开始时间；波形线的起点就是它所在工作的最早完成时间；波形线的水平投影就是这两个时间之差，也就是自由时差值。

（5）时标网络计划中工作总时差的判定

在时标网络计划中，不能直接观察到工作总时差，但利用可观察到的工作自由时差进行判定也是比较简便的。

应自右向左，在其诸紧后工作的总时差被判定后，本工作的总时差才能判定。工作总时差之值，等于诸紧后工作总时差的最小值与本工作的自由时差值之和，例如：图 5-18 中，关键工作 9—10 的总时差为 0，8—9 的自由时差是 2，故 8—9 的总时差就是 2，工作 4—8 的总时差就是其紧后工作 8—9 的总时差 2 与本工作的自由时差 2 之和，即总时差为 4。计算工作 2—3 的总时差，要在 3—7 与 3—5 的工作总时差 2 与 1 中挑选。

5.6　工程项目进度计划实施中的检查与调整

5.6.1　工程项目进度计划的工作与内容

在工程项目的实施过程中，进度管理人员应经常定期地对进度计划的执行情况进行跟踪检查，采取有效的监测手段进行进度计划监控，以便及时发现问题，并运用行之有效的进度调整方法和措施，确保进度总目标的实现。

1. 实施进度计划的过程

（1）跟踪检查，收集实际进度数据

在进度计划的实施过程中，必须建立相应的检查制度，定期定时地对计划的实际执行情况进行跟踪检查，收集反映工程实际进度的有关数据。跟踪检查的主要工作是定期收集反映工程实际进度的有关数据，收集的进度报表资料数据应当全面、真实、可靠。派管理人员常驻现场进行工程进展情况的现场实地检查，定期召开现场会议，了解工程实际进度状况，协调有关进度方面的问题。

（2）将实际数据与进度计划进行对比

要想进行实际进度与计划进度的比较，必须将收集到的实际进度数据进行加工处理、统计和分析，形成与计划进度具有可比性的数据。根据记录的结果可以分析判断进度的实际状况，及时发现进度偏差，为计划的调整提供信息。将实际进度数据与计划进度数据比较，可以确定进度实际执行状况与计划目标间的差距。为了直观反映实际进度偏差，常采用表格或图形进行实际进度与计划进度的对比分析，从而得出实际进度比计划进度超前、滞后还是一致的结论。

（3）分析计划执行的情况

分析计划执行的情况主要是指偏差分析，当发现进度偏差时，为了采取有效措施调整进度计划，必须深入现场进行调查，认真分析产生进度偏差的原因。而且当查明进度偏差产生的原因之后，要分析进度偏差对后续工作和总工期的影响程度，以确定是否应采取措施调整进度计划。

（4）对产生的进度变化采取措施予以纠正或调整计划

采取进度调整措施，应以后续工作和总工期的限制条件为依据，从而确保要求的进度目标得以实现。一般采取的调整措施是改变某些后续工作间的逻辑关系和缩短或延长某些后续工作的持续时间等。

（5）检查措施的落实情况

进度计划调整之后，应采取相应的组织、经济、技术等措施执行，并继续监测其执行情况。

（6）及时沟通

进度计划的变更必须与有关单位和部门及时沟通。

2. 进度计划的内容

进度计划应包括下列内容：

① 各工作工程量的完成情况；

② 关键工作的工作时间的执行情况及时差利用情况；

③ 资源使用及与进度的匹配情况；

④ 上次检查提出问题的整改情况；

⑤ 进度计划检查后应按下列内容编制进度报告：

a. 进度执行情况的综合描述；

b. 实际进度与计划进度的对比资料；

c. 进度计划的实施问题及原因分析；

d. 进度执行情况对质量、安全和成本等的影响情况；

e. 采取的措施和对未来计划进度的预测。

5.6.2 工程项目进度计划的检查方法

进度的检查与进度计划的执行是融合在一起的。进度计划的检查方法主要采用对比法，即将实际进度与计划进度进行对比。一般最好在图表上进行对比，不同的计划图形产生了多种检查方法。常用的进度比较方法有横道图、S形曲线、香蕉形曲线、前锋线等。

1. 横道图比较法

横道图比较法是指将项目实施过程中检查实际进度收集到的数据，经加工整理后直接用横道线平行绘于原计划的横道线处，进行实际进度与计划进度的比较方法。采用横道图比较法，可以形象、直观地反映实际进度与计划进度的比较情况。

另外，横道图比较法还可以用双比例单侧横道图比较法和双比例双侧横道图比较法两种形式，如图 5-19 和图 5-20 所示。两种方法的相同之处是在工作计划横道线上下两侧作两条时间坐标线，并在两坐标线内侧逐日（或每隔一个单位时间）分别书写与记载相应工作的计划与实际累计完成比例，即形成所谓的"双比例"；其不同之处是前一方法用单侧附着于计划横道线的涂黑粗线表示相应工作

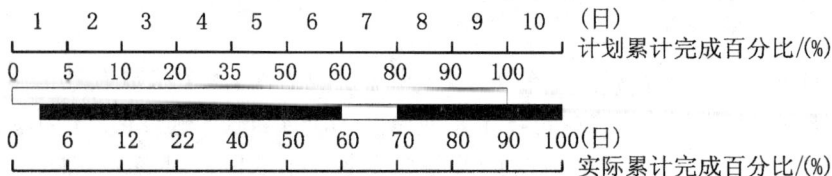

图 5-19 双比例单侧横道图比较法

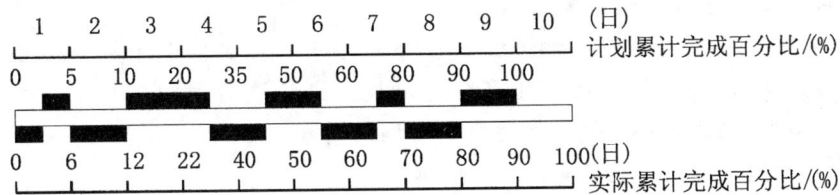

图 5-20 双比例双侧横道图比较法

的实际起止时间与持续天数,后一方法则是以计划横道线总长表示计划工作量的 100%,再将每日
(或每单位时间)实际完成的工作量占计划工作总量的百分比逐一用相应比例长度的涂黑粗线交替画
在计划横道线的上下两侧,借以直观反映计划执行过程中每日(或每单位时间)实际完成工作量的数
量比例。

由图 5-19 可知,原计划用 9 天完成的一项工作其实际完成时间为 10 天,实际与计划相比拖延
一天,工作实际开始时间比计划推迟半天,且在第 7 天停工一天。而图 5-20 则表示计划用 9 天完
成的一项工作其实际完成时间为 10 天,实际与计划相比拖延一天(计划横道线延长部分表示实际
完成这项工作尚需的作业天数),同时通过该图计划横道线两侧涂黑粗线长度的相互比较,还可一
目了然地观察每天实际完成工作量的多少。最后,通过以上两图中两条时间坐标线上计划与实际
累计完成百分比数的比较,还可直观反映计划执行中的每一天实际进度较计划进度的超前或滞后
幅度。

2. S 形曲线比较法

从工程项目建设进展的全过程看,单位时间内完成的工作任务量一般都随着时间的递进而呈现
出两头少、中间多的分布规律,即工程的开工和收尾阶段完成的工作任务量少而中间阶段完成的工作
任务量多。这样以横坐标表示进度时间,以纵坐标表示累计完成工作任务量而绘制出来的曲线将是
一条 S 形曲线,如图 5-21 所示。S 形曲线比较法就是将进度计划确定的计划累计完成工作任务量和
实际累计完成工作任务量分别绘制成 S 形曲线,并通过两者的比较借以判断实际进度与计划进度相
比是超前还是滞后,并可得出其他各种有关进度信息的进度计划执行情况的检查方法。应用 S 形曲
线比较法比较实际和计划两条 S 形曲线可以得出以下分析与判断结果。

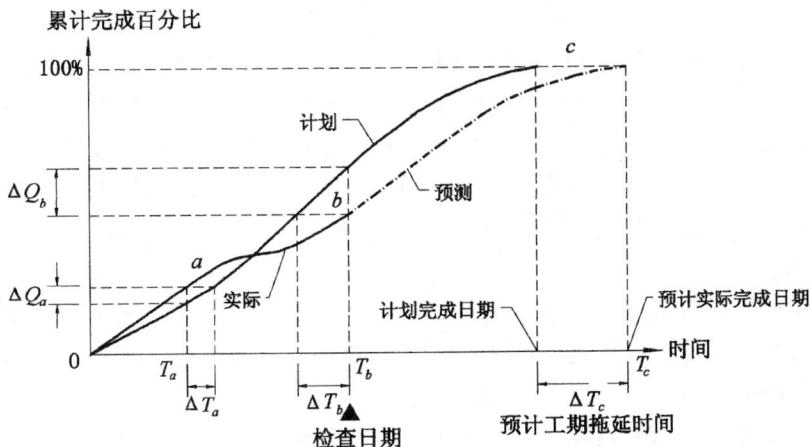

图 5-21 S 形曲线比较法

（1）实际进度与计划进度比较情况

对应于任意检查日期,与相应的实际进展S形曲线上的一点,若位于计划S形曲线左侧表示此时实际进度比计划进度超前,位于右侧则表示实际进度比计划进度滞后。在图5-21中,ΔT_a表示此时刻实际进度超前的时间,ΔT_b表示b时刻实际进度滞后的时间。ΔQ_a表示a时刻超额完成的工作任务量,ΔQ_b表示在b时刻拖欠的工作任务量。

（2）预测工作进度

若后期工程按原计划速度进行,则可做出后期工程计划S形曲线如图5-21中虚线部分,从而可以确定此项工程总计拖延时间的预测值为ΔT_c。

3. 香蕉形曲线比较法

根据网络计划的原理,网络计划中的任何一项工作均可具有最早开始和最迟开始两种不同的开始时间,而一项计划工作任务随着时间的推移其逐日累计完成的工作任务量可以用S形曲线表示。于是,对工程网络计划而言,其逐日累计完成的工作任务量就必然都可借助于两条S形曲线概括表示:一是按工作的最早开始时间安排计划进度而绘制的S形曲线称为ES曲线;二是按工作的最迟开始时间安排计划进度而绘制的S形曲线称为LS曲线。两条曲线除在开始点和结束点重合外,ES曲线的其余各点均落在LS曲线的左侧,使得两条曲线围合成一个形如香蕉的闭合曲线圈,故称为香蕉形曲线,如图5-22所示。

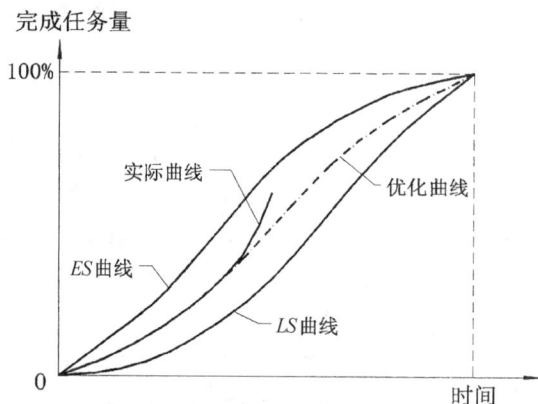

图 5-22　香蕉形曲线

在项目实施过程中进度管理的理想状况是在任一时刻按实际进度描出的点均落在香蕉形曲线区域内,呈正常状态。而一旦按实际进度描出的点落在ES曲线的上方(左侧)或LS曲线的下方(右侧),则说明与计划要求相比实际进度超前或滞后,已产生进度偏差。进度超前或滞后的时间与超额或拖欠的工作任务量均可直接从图中量测或计算得到。香蕉形曲线还可用于对工程实际进度进行合理的调整与安排,或确定在计划执行情况检查状态下后期工程的ES曲线和LS曲线的变化趋势。

4. 前锋线比较法

前锋线是指在原时标网络计划上,从检查时刻的时标点出发,用点画线依次将各项工作实际进展位置点连接而成的折线。前锋线比较法就是在时标网络计划中通过绘制某检查时刻工程项目实际进度前锋线,并与原进度计划中各工作箭线交点的位置来判断工作实际进度与计划进度的偏差,进而判定该偏差对后续工作及总工期影响程度的一种方法。采用前锋线比较法进行实际进度与计划进度的比较,其步骤如下。

（1）绘制时标网络计划图

实际进度前锋线是在时标网络计划图上标示，为清楚起见，可在时标网络计划图的上方和下方各设一时间坐标。

（2）绘制实际进度前锋线

实际进度前锋线是在原时标网络计划上，自上而下地从计划检查时刻的时标点出发，用点画线依次将各项工作实际进度达到的前锋点连接而成的折线。一般从时标网络计划图上方时间坐标的检查日期开始绘制，依次连接相邻工作的实际进展位置点，最后与时标网络计划图下方坐标的检查日期相连接。工作实际进展位置点的标定方法有按工作已完任务量比例进行标定和按尚需作业时间进行标定两种。

① 按工作已完任务量比例进行标定。假设项目中各项任务均按匀速进行，且时标网络图上箭线的长短与相应工作的持续时间对应，也与其实物工程量的多少成正比。检查时刻某工作的实物工程量完成了几分之几，其前锋点就从表示该工作的箭线起点由左至右标在箭线长度几分之几的位置。

② 按尚需作业时间进行标定。有些工作的持续时间难以按实物工程量来计算，只能凭经验估算，估算出从检查时刻起到该工作全部完成尚需要的时间，从该工作的箭线末端反过来标出实际进度前锋点的位置。

通过实际进度前锋线与原进度计划中各工作箭线交点的位置可以判断实际进度与计划进度的偏差。

（3）进行实际进度与计划进度的比较

前锋线可以直观地反映出检查日期有关工作实际进度与计划进度之间的关系。对某项工作来说，其实际进度与计划进度之间的关系可能存在以下三种情况。

① 工作实际进展位置点落在检查日期的左侧，表明该工作实际进度拖后，拖后时间为两者之差。

② 工作实际进展位置点与检查日期重合，表明该工作实际进度与计划进度一致。

③ 工作实际进展位置点落在检查日期的右侧，表明该工作实际进度超前，超前时间为两者之差。

（4）预测进度偏差对后续工作及总工期的影响

通过实际进度与计划进度的比较确定进度偏差后，还可根据工作的自由时差和总时差预测该进度偏差对后续工作及项目总工期的影响。

【例 5-4】　某工程项目时标网络计划如图 5-23 所示。该计划执行到第 6 周末检查实际进度时，发现工作 A 和 B 已经全部完成，工作 D、E 分别完成计划任务量的1/5和1/3，工作 C 尚需 3 周完成，试用前锋线法进行实际进度与计划进度的比较。

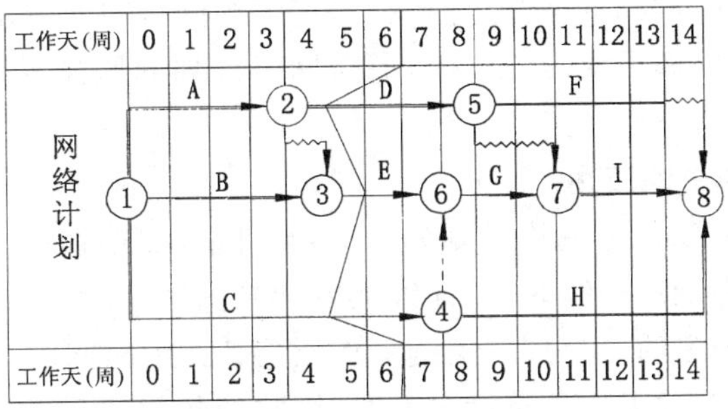

图 5-23　某工程前锋线比较图

【解】 根据第 6 周末实际进度的检查结果绘制前锋线,如图 5-23 中点画线所示。通过比较可以看出:①工作 D 实际进度拖后 2 周,将使其后续工作 F 的最早开始时间推迟 2 周,使总工期延长 1 周;②工作 E 实际进度拖后 1 周,既不影响总工期,也不影响其后续工作的正常进行;③工作 C 实际进度拖后 2 周,将使其后续工作 G、H、I 的最早开始时间推迟 2 周。由于工作 G、I 开始时间的推迟,从而使总工期延长 2 周;④如果不采取措施加快进度,该工程项目的总工期将延长 2 周。

5.6.3 工程项目进度计划实施中的调整

进度计划的调整应包括工程量、起止时间、工作关系、资源提供、必要的目标调整以及进度计划调整后应编制新的进度计划,并及时与相关单位和部门沟通。进度控制与投资控制、质量控制一样,是开发项目在施工中的重点控制目标之一。它是保证开发项目按期完成,合理安排资源供应,节约工程成本的重要措施之一。网络计划在进度控制中的作用主要是指在既定的工期内,编制出最优的施工进度计划,确定开发项目总进度控制目标和分进度控制目标。在项目实施的全过程中,要进行施工实际进度与计划进度的比较,如出现偏差应及时采取措施调整,以保证开发项目按期完成。

1. 网络计划工期调整方法

网络计划工期调整方法可以改变某些工作逻辑关系,也可以缩短某些工作的持续时间。在一般情况下,承包商提交的施工进度计划一经审定就视为合同工期,但是在执行过程中往往会出现偏差,这样就必须对原计划进行调整,否则就无法按原计划期完成任务。

网络计划的工期调整可按下列步骤进行。

第一,确定初始网络计划的计算工期和关键线路。

第二,按要求工期计算应缩短的时间 ΔT:

$$\Delta T = T_c - T_r$$

式中:T_c——网络计划的计算工期;

T_r——要求工期。

第三,选择应该缩短持续时间的关键工作。选择压缩对象时须符合以下条件:①缩短持续时间对质量和安全影响不大;②有充足备用资源;③缩短持续时间所需增加的费用最少。

第四,将选定工作的持续时间压缩至最短,并重新确定关键线路、计算工期。若被压缩的工作变成非关键工作,则应延长其持续时间,使之仍为关键工作。

第五,当计算工期仍超过要求工期时,则重复上述第二至第四步,直至计算工期满足要求工期或计算工期已不能再缩短为止。

第六,当所有关键工作的持续时间都已达到其所能缩短的极限而寻求不到继续缩短工期的方案,而网络计划的计算工期仍不能满足要求工期时,应对网络计划的原技术方案、组织方案进行调整,或对要求工期重新审定。

2. 网络计划在进度计划中的应用

【例 5-5】 已知开发项目双代号网络计划如图 5-24 所示,图中箭线下方括号外的数字为工作的止常持续时间,括号内数字为最短持续时间;箭线上方括号内数字为优选系数,该系数是综合考虑了质量、安全和费用等情况而确定的。在选择关键工作压缩其持续时间时,应选择优选系数最小的关键工作。若需要同时压缩多个关键工作的持续时间时,则它们的优选系数之和(组合优选系数)最小者应优先作为压缩对象。现假设要求工期为 16,试对其进行工期优化。

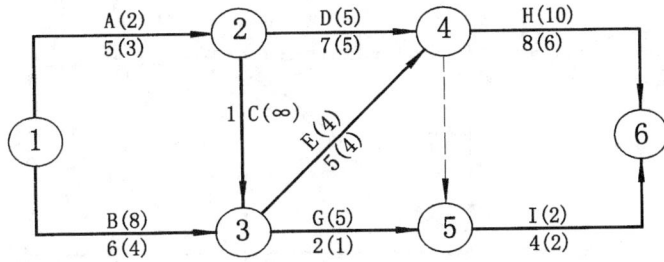

图 5-24　初始网络计划

【解】　该网络计划的工期优化可按以下步骤进行。

① 根据各项工作的正常持续时间,用标号法确定网络计划的计算工期和关键线路,如图 5-25 所示。此时关键线路为①—②—④—⑥。

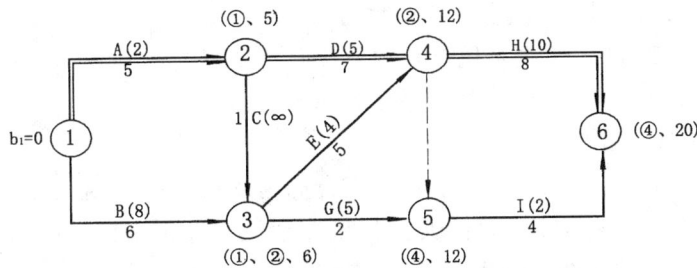

图 5-25　初始网络计划中的关键线路

② 计算应缩短的时间:

$$\Delta T = T_c - T_r = 20 - 16 = 4$$

③ 由于此时关键工作为工作 A、工作 D 和工作 H,而其中工作 A 的优选系数最小,故应将工作 A 作为优先压缩对象。

④ 将关键工作 A 的持续时间压缩至最短持续时间 3,利用标号法确定新的计算工期和关键线路,如图 5-26 所示。此时,关键工作 A 被压缩成非关键工作,故将其持续时间 3 延长为 4,使之成为关键工作。工作 A 恢复为关键工作之后,网络计划中出现两条关键线路,即:①—②—④—⑥和①—③—④—⑥,如图 5-27 所示。

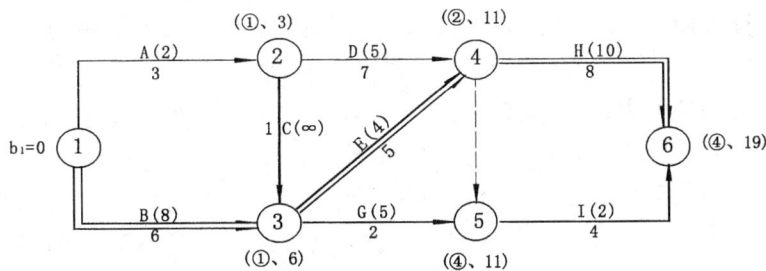

图 5-26　工作压缩最短时的关键线路

⑤ 由于此时计算工期为 19,仍大于要求工期,故需继续压缩。需要缩短的时间:

$$\Delta T_1 = 19 - 16 = 3$$

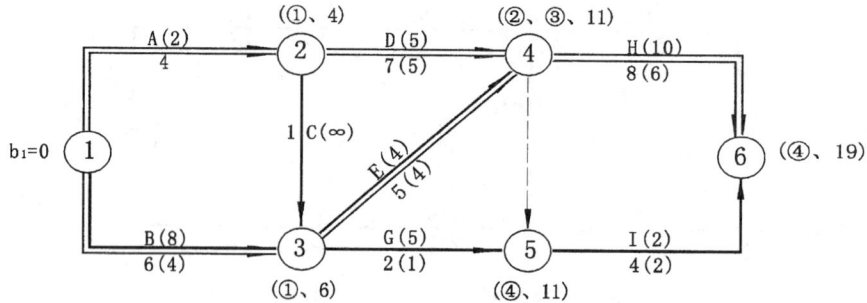

图 5-27 第一次压缩后的网络计划

在图 5-27 所示网络计划中,有以下五个压缩方案:

a. 同时压缩工作 A 和工作 B,组合优选系数为:2+8=10;

b. 同时压缩工作 A 和工作 E,组合优选系数为:2+4=6;

c. 同时压缩工作 B 和工作 D,组合优选系数为:8+5=13;

d. 同时压缩工作 D 和工作 E,组合优选系数为:5+4=9;

e. 压缩工作 H,优选系数为 10。

在上述压缩方案中,由于工作 A 和工作 E 的组合优选系数最小,故应选择同时压缩工作 A 和工作 E 的方案。将这两项工作的持续时间各压缩 1(压缩至最短),再用标号法确定计算工期和关键线路,如图 5-28 所示。此时,关键线路仍为两条,即①—②—④—⑥和①—③—④—⑥。

在图 5-28 中,工作 A 和 E 持续时间已达最短,不能再压缩,其优选系数变为无穷大。

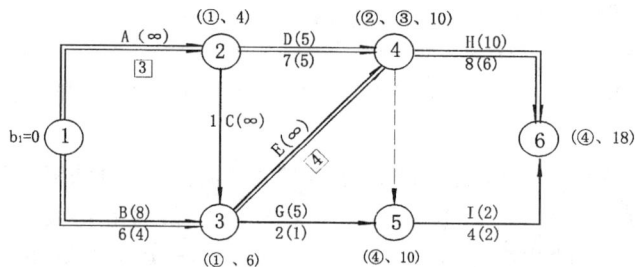

图 5-28 第二次压缩后的网络计划

⑥ 由于此时计算工期为 18,仍大于要求工期,故需继续压缩。需要缩短的时间:

$$\Delta T_2 = 18 - 16 = 2$$

在图 5-29 所示网络计划中,由于关键工作 A 和 E 已不能再压缩,故此时只有两个压缩方案:

a. 同时压缩工作 B 和工作 D,组合优选系数为 8+5=13;

b. 压缩工作 H,优选系数为 10。

在上述压缩方案中,由于工作 H 的优选系数最小,故应选择压缩工作 H 的方案。将工作 H 的持续时间缩短 2,再用标号法确定计算工期和关键线路,如图 5-29 所示。此时,计算工期为 16,已等于要求工期,故图 5-29 所示网络计划即为优化方案。

【例 5-6】 某项目如图 5-30 所示,进度按计划正在进行中,箭线上方数字为工作缩短一天需增加的费用(元/天),箭线下括弧外的数字为正常施工工作时间,箭线下括弧内数字为工作最快施工时间。

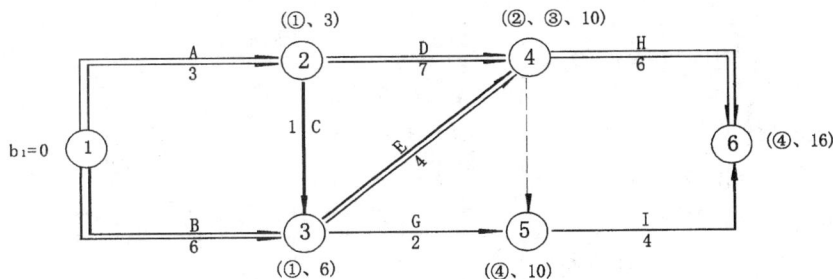

图 5-29　工期优化后的网络图

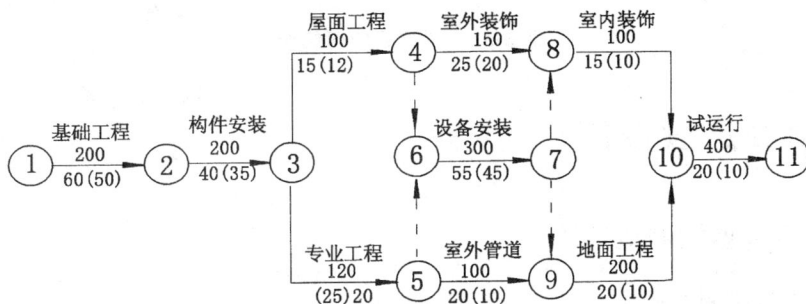

图 5-30　某开发项目网络进度计划图

原计划工期是 220 天,在第 110 天检查时,工作 2—3(构件安装)已全部完成,工作 3—5(专业工程)刚刚开始施工,3—4 已按计划完成。由于 3—5 是关键工作,所以它拖后 10 天,将导致工期延长 10 天。为使计划按原工期(220 天)完成,则必须赶工,调整原计划。

【解】　① 绘制前锋线图(见图 5-31)。

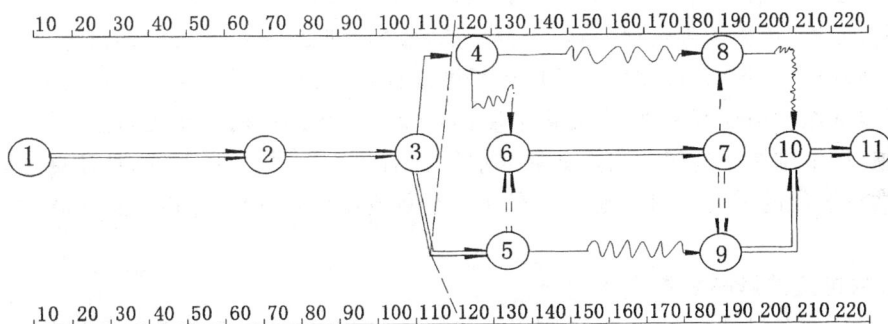

图 5-31　前锋线图

4—8 工作总时差为 45 天,自由时差为 40 天。

② 工作 3—5 赶工费最低(余下工作中)故可压缩工作 3—5,可压缩时间为 25—20＝5(天),因此增加费用为 5×120 元＝600 元;其次 9—10 工作赶工费用较低,但必须考虑与 9—10 平行工作 8—10,故只能压缩 5 天,增加费用 5×200 元＝1000 元。

此时总工期为(220—10)天＝210 天。

此时关键工作增加 8—10,调整后的网络计划如图 5-32 所示。

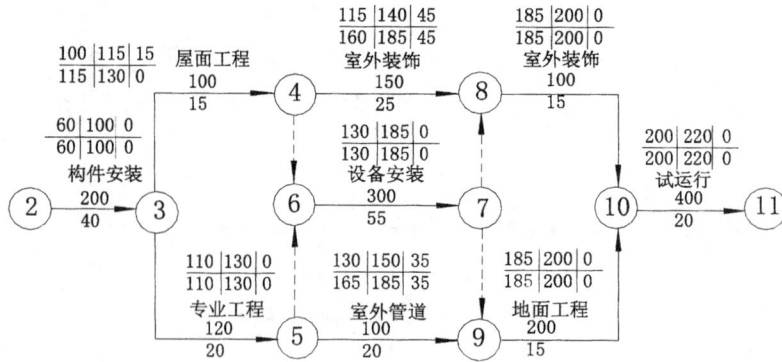

图 5-32 调整后的网络图

5.7 工程项目进度控制

5.7.1 工程项目进度控制概述

1. 工程项目进度控制的概念

工程项目进度控制是指项目管理者围绕目标工期的要求编制计划,付诸实施,并在实施过程中不断检查计划的实际执行情况、分析进度偏差原因、进行相应调整和修改。通过对进度影响因素实施控制及各种关系协调,综合运用各种可行方法、措施,将项目的计划工期控制在事先确定的目标工期范围之内,在兼顾费用、安全、质量控制目标的同时,努力缩短建设工期。工程项目进度管理的对象是项目建设工期。

由于在工程项目建设过程中存在着许多影响进度的因素,因此,进度管理人员必须事先对这些影响因素进行调查分析,预测其影响程度,确定合理的进度管理目标,编制可行的进度计划,使工程建设工作始终按计划进行。但不管进度计划的周密程度如何,有时很难照原定的进度计划执行。为此,进度管理人员必须掌握动态控制原理,在分析进度偏差及其产生原因的基础上,通过采取组织、技术、合同、经济等措施,尽量维持原进度计划。如果采取措施后仍不能维持原计划,则需要对原进度计划进行调整或修正,再按新的进度计划实施。只有这样不断地检查和调整,才能保证工程项目进度得到有效控制与管理。

2. 工程项目进度的影响因素

由于工程项目具有规模庞大、工程结构与工艺技术复杂、建设周期长及相关单位多等特点,工程项目进度将受到许多因素的影响。要想对工程项目进度进行有效的管理,就必须对影响进度的有利因素和不利因素进行全面、细致的分析和预测,以实现对工程项目进度的主动控制和动态控制。

影响工程项目进度的不利因素有很多,大体可包括人员因素,技术因素,组织因素,材料、设备与构配件因素,资金因素,水文、地质与气象因素,环境、社会因素及其他事先难以预料的因素等。若按产生根源的不同,可归结为来自业主单位、设计单位、施工单位、建筑材料和构配件等生产供应单位、政府及建设主管部门、质量监督与检测机构、建设监理单位、工程建设有关配合协作单位及项目建设所在地区周边邻近单位与社区人群等的各种影响因素。若按引起缘由的不同,可归因为:①错误地估计了项目的实际具体情况及项目的实现条件,缺乏周密的项目风险分析过程;②发生了项目决策、筹备或实施过程中某些方面工作的失误;③发生了不可预见事件,若根据 FIDIC 合同条件下对造成工程进度拖延进行的责任区分及处理办法,又可归结为工程延误和工程延期。若工程项目为国际工程项目,在国外常见的法律及制度变化,经济制裁,战争、骚乱、罢工、企业倒闭,汇率浮动和通货膨胀等,都会对工程项目的进度产生不利影响。

5.7.2　工程项目进度控制的基本原理

工程项目进度控制始于进度计划的编制,是一个不断编制、执行、检查、分析和调整计划的动态循环过程。工程项目进度控制过程中必须遵循以下原理。

1. 动态控制原理

当实际进度按照计划进度进行时,若存在偏差,要分析偏差的原因,采取相应的措施,调整原计划,使两者在新的起点上重合,继续按计划进行工程建设活动。但在新的干扰因素作用下,又需要进行控制,如此反复。工程项目进度管理就是采用这种动态循环的控制方法。

2. 系统原理

将系统原理运用于进度管理的主要含义如下:

① 应按工程项目建设阶段分别编制计划,从而形成严密的进度计划系统;

② 建立由各个不同管理主体及其不同管理层次组成的进度管理组织实施系统;

③ 进度管理自计划编制开始,经过计划实施过程中的跟踪检查、发现进度偏差、分析偏差原因、制定调整或修正措施等一系列环节再回到对原进度计划的执行或调整,从而构成一个封闭的循环系统;

④ 采用工程网络计划技术编制进度计划并对其执行情况实施严格的量化管理。

3. 信息反馈原理

信息反馈是工程项目进度管理的主要环节。工程的实际进度通过信息反馈给项目进度管理的工作人员,在分工的职责范围内,经过对其加工,再将信息逐级向上反馈,直到项目经理部,项目经理部整理统计各方面的信息,经比较分析做出决策,调整进度计划,仍使其符合预定工期目标。

4. 弹性原理

进度计划编制者应充分掌握影响进度的原因,并根据统计经验估计出其影响的程度和出现的可能性,并在确定进度目标时,进行实现目标的风险分析,这样编制工程项目进度计划时就会留有余地,使工程进度计划具有弹性。在进行工程项目进度管理时,便可以利用这些弹性,缩短有关工作的时间,或者改变它们之间的搭接关系,使拖延了的工期通过缩短剩余计划工期的方法,仍然达到预期的计划目标。

5. 封闭循环原理

工程项目进度计划管理的全过程是计划、实施、检查、比较分析、确定调整措施、再计划。从编制项目进度计划开始,经过实施过程中的跟踪检查,收集有关实际进度的信息,比较和分析实际进度与计划进度之间的偏差,找出产生原因和解决办法,确定调整措施,再修改原进度计划,形成一个封闭的循环系统。

6. 网络计划技术原理

在工程项目进度管理中利用网络计划技术原理编制进度计划,根据收集的实际进度信息,比较和分析进度计划,又利用网络计划的工期优化、费用优化和资源优化的理论调整计划。网络计划技术原理是工程项目进度管理完整的计划管理和分析计算的理论基础。

5.7.3 工程项目进度控制的措施

为了实施进度控制,进度控制人员必须根据工程项目的具体情况,认真制定进度管理措施,以确保进度管理目标的实现。进度控制的措施应包括组织措施、技术措施、经济措施及合同措施。

1. 组织措施

组织措施主要包括:建立进度管理目标体系,明确工程项目现场组织机构中进度管理人员及其职责分工;建立工程进度报告制度及进度信息沟通网络;建立进度计划审核制度和进度计划实施中的检查分析制度;建立进度协调会议制度;建立施工图审查、工程变更和设计变更管理制度。

2. 技术措施

技术措施主要包括:审查进度计划,以便能在合理的状态下施工;编制进度管理工作细则,指导进度管理人员实施进度控制;采用网络计划技术及其他科学适用的计划方法,并结合电子计算机的应用,对工程项目进度实施动态控制。

3. 经济措施

经济措施主要包括:及时办理工程预付款及工程进度款支付手续;对应急赶工给予优厚的赶工费用;对工期提前给予奖励;对工程延误收取误期损失赔偿金;加强索赔管理,公正地处理索赔。

4. 合同措施

合同措施主要包括:推行 CM 承发包模式,对工程项目实行分段设计、分段发包和分段施工;加强合同管理,协调合同工期与进度计划之间的关系,保证合同中进度目标的实现;严格控制合同变更,对各方提出的工程变更和设计变更,应严格审查后再补入合同文件之中;加强风险管理,在合同中应充分考虑风险因素及其对进度的影响,以及相应的处理方法。

5.7.4 工程项目进度控制的主要任务

1. 设计准备阶段进度控制的任务

此阶段的主要任务是:收集有关工期的信息,进行工期目标和进度管理决策;编制工程项目建设总进度计划;编制设计准备阶段详细工作计划,并控制其执行;进行环境及施工现场条件的调查和分析。

2. 设计阶段进度控制的任务

此阶段的主要任务是:编制设计阶段工作计划,并控制其执行;编制详细的出图计划,并控制其执行。

3. 施工阶段进度控制的任务

此阶段的主要任务是:编制施工总进度计划,并控制其执行;编制单位工程施工进度计划,并控制其执行;编制工程年、季、月实施计划,并控制其执行。

5.7.5 工程项目设计阶段进度控制的主要任务

工程项目设计进度控制的主要任务是出图控制,也就是通过采取有效措施使工程设计者如期完成初步设计、技术设计、施工图设计等各阶段的设计工作,并提交相应的设计文件。为此,设计单位要制订科学的设计进度计划和各专业的出图计划,并在设计实施过程中,跟踪检查这些计划的执行情况,定期将实际进度与计划进度进行比较,进而纠正或修订进度计划,若发现进度拖后,设计单位应采取有效措施加快进度。

1. 设计进度控制的目标体系

工程项目设计进度控制的最终目标是按质、按量、按时间要求提供施工图设计文件。为了对设计进度进行有效的管理,需要将进度控制总目标按设计进展阶段和专业进行分解,从而形成设计阶段进度控制目标体系。

(1)设计进度控制分阶段目标

工程项目设计主要包括设计准备、初步设计、技术设计、施工图设计等阶段的工作,为了确保设计进度控制总目标的实现,应明确每一阶段的进度控制目标。

① 设计准备工作时间目标。

设计准备工作阶段主要包括规划设计条件的确定、设计基础资料的提供以及委托设计等工作,它们都应有明确的时间目标。

② 初步设计、技术设计工作时间目标。

初步设计应根据建设单位所提供的设计基础资料进行编制,技术设计应根据初步设计文件进行编制。为了确保工程项目设计进度总目标的实现,并保证工程设计质量,应根据工程项目的具体情况,确定出合理的初步设计和技术设计周期目标。该时间目标,除了要考虑设计工作本身及进行设计分析和评审所花的时间,还应考虑设计文件的报批时间。

③ 施工图设计工作时间目标。

施工图设计应根据批准的初步设计文件(或技术设计文件)和主要设备订货情况进行编制。施工图设计是工程设计的最后一个阶段,其工作进度将直接影响工程项目的施工进度,进而影响工程项目设计进度总目标的实现。因此,必须确定合理的施工图设计交付时间,确保工程项目设计进度总目标的实现,从而为工程施工的正常进行创造良好的条件。

(2)设计进度控制分专业目标

为了有效地控制工程项目设计进度,还应将各阶段设计进度目标具体化,进行进一步分解。例如,可以将初步设计工作时间目标分解为方案设计时间目标和初步设计时间目标;将施工图设计时间目标分解为基础设计时间目标、结构设计时间目标、装饰设计时间目标及安装图设计时间目标,或分解为总图或工艺设计时间目标、建筑设计时间目标、结构设计时间目标和水暖电等设备设计时间目标等。这样,设计进度控制目标便构成了一个从总目标到分目标的完整的目标体系。

2. 设计进度控制措施

工程项目设计工作属于多专业协作配合的智力劳动。在工程设计过程中,影响其进度的因素有很多,如建设意图及要求改变的影响、设计审批时间的影响、设计各专业之间不协调配合等的影响。这些影响因素发生时,都会改变工程项目的设计进度,并产生进度偏差。为了履行设计合同,按期提交施工图设计文件,要求设计单位必须事先充分考虑这些影响因素,对设计进度进行有效管理。其控制措施主要有如下几点。

① 建立进度计划部门。负责设计单位年度计划的编制和工程项目设计进度各目标计划的编制。

② 建立健全设计技术经济定额。设计要经济合理,避免返工,并按定额要求进行计划的编制与考核。

③ 实行设计工作技术经济责任制。将职工的经济利益与其完成任务的质量和设计进度挂钩。

④ 编制切实可行的设计总进度计划、阶段性设计进度计划和设计进度作业计划。在编制计划时,加强与业主、监理单位、科研单位及承包商的协作与配合,使设计进度计划积极可靠。

⑤ 精心实施设计进度计划,力争设计工作有节奏、有秩序、合理搭接地进行。在执行计划时,要

经常检查计划的执行情况,发现有偏差应及时对设计进度进行调整,使设计工作始终处于可控状态,保证将各设计阶段的每一张图(包括其相应的设计文件)的进度都纳入监控之中。

⑥ 坚持按基本建设程序办事。尽量避免"边设计、边准备、边施工"的"三边"设计。

⑦ 不断分析总结设计进度控制的工作经验,逐步提高设计进度控制工作水平。

⑧ 推广和应用标准设计。在设计工作中,尽量推广和应用标准设计,以加快设计进度,并能不断总结和自行编制本设计单位使用或本专业使用的通用图和复用图。

⑨ 与业主、监理单位密切配合。要严格管理设计变更,消除业主对设计进度的不利影响。当业主委托监理单位进行工程设计监理时,应积极配合监理人员对设计进度的监控,以加快设计进度。

⑩ 处理好 CM(Construction Management)方法的应用。对周期长、工期要求紧迫的大型复杂工程项目,当采用 CM 承发包模式时,由于采取分阶段发包,使设计与施工充分地搭接,这就对设计方案的施工可行性和合理性、设计文件的质量和设计进度提出了更高、更严的要求。进度管理人员必须采取有效措施,使工程设计与施工能协调进行,避免出现因设计进度拖延而导致施工进度受影响等不正常情况的出现,最终确保工程项目进度总目标的实现。

5.7.6 工程项目施工阶段进度控制的主要任务

1. 施工进度控制目标体系

工程项目实体的形成阶段是施工阶段,对其进度实施控制是工程项目进度控制的重点。工程项目施工阶段进度控制的最终目的是保证工程项目按期建成交付使用。为了有效地控制施工进度,首先要将施工进度总目标从不同角度进行层层分解,形成施工进度控制目标体系,从而作为实施进度控制的依据。工程项目不但要有项目建成交付使用的确切日期这个总目标,还要有各单位工程交工动用的分目标以及按承包单位、施工阶段和不同计划期划分的分目标。各目标之间相互联系,共同构成工程项目施工进度控制目标体系。

在确定施工进度分解目标时,主要考虑工程项目总进度目标对施工工期的要求、工期定额、类似工程项目的实际进度、工程难易程度和工程条件的落实情况等,还要合理安排好土建与设备的综合施工;要做好资金供应能力、施工力量配备、物资供应能力与施工进度的平衡工作;要考虑外部协作条件的配合情况和工程项目所在地区地形、地质、水文、气象等方面的限制条件。具体施工进度目标分解和要求如下所述。

(1)按项目组成分解,确定各单位工程开工及动用日期

将建设工程项目分解成多个单位工程,各单位工程的进度目标在工程项目总进度计划及工程项目年度计划中都有体现。在施工阶段应进一步明确各单位工程的开工和交工动用日期,以确保施工总进度目标的实现。

(2)按承包单位分解,明确分工条件和承包责任

在一个单位工程中有多个承包单位参加施工时,应按承包单位将单位工程的进度目标分解,明确不同承包单位工作面交接的条件和时间。

(3)按施工阶段分解,划定进度控制分界点

根据工程项目的特点,应将其施工分成几个阶段,如土建工程可分为基础、结构和内外装修等阶段。每一阶段的起止时间都要有明确的标志。

(4)按计划期分解,组织综合施工

将工程项目的施工进度控制目标按年度、季度、月(或旬)进行分解,并用实物工程量、货币工作量

及形象进度表示,这样会更有利于明确对各承包单位的进度要求。同时,还可以据此督促其实施,检查其完成情况。计划期愈短,进度目标愈细,进度跟踪就愈及时,发生进度偏差时也就更能有效地采取措施予以纠正。

2. 施工进度控制的工作内容

工程项目施工进度控制工作从事先分析工程项目施工进度的影响因素开始,直至工程项目保修期满为止,其工作内容如下。

(1) 认真分析工程项目施工进度的影响因素

进度控制人员必须对影响工程项目施工进度的因素进行认真分析,进而提出保证施工进度计划实施成功的措施,以实现对工程项目施工进度的主动控制。

(2) 编制施工进度控制工作细则

施工进度控制工作细则的主要内容包括:施工进度控制目标分解图,施工进度控制的主要工作内容和深度,进度控制人员的职责分工,与进度控制有关各项工作的时间安排及工作流程,进度控制的方法(包括进度检查周期、数据采集方式、进度报表格式、统计分析方法等),进度控制的具体措施(包括组织、技术、经济及合同措施等),施工进度控制目标实现的风险分析,尚待解决的有关问题等。

(3) 审核施工进度计划

施工进度计划审核的内容主要包括:进度安排是否符合工程项目总进度计划中总目标和分目标的要求;施工总进度计划中的项目是否有遗漏,分期施工是否满足分批动用的需要和配套动用的要求;施工顺序的安排是否符合施工工艺的要求;劳动力、材料、构配件、设备及施工机具、水、电等生产要素的供应计划是否能保证施工进度计划的实现,供应是否均衡,需求高峰期是否有足够能力实现计划供应;总包、分包单位分别编制的各单位工程施工进度计划之间是否相协调,专业分工与计划衔接是否明确合理等。

(4) 工程开工令

根据承包单位和业主双方关于工程开工的准备情况,选择合适的时机发布工程开工令。工程开工令的发布,要尽可能及时,因为从发布工程开工令之日算起,加上合同工期后即为工程竣工日期。如果开工令发布拖延,就等于推迟了竣工时间,甚至可能引起索赔。

(5) 施工进度计划的实施

这是工程项目施工进度控制的经常性工作。进度控制人员要经常进行现场实地进度检查,在对工程实际进度资料进行整理的基础上,应将其与计划进度相比较,以判定实际进度是否出现偏差。如果出现进度偏差,应进一步分析此偏差对进度控制目标的影响程度及其产生的原因,以便研究对策、提出纠偏措施。必要时还应对后期工程进度计划作适当的调整。

(6) 组织现场协调会

进度控制人员应每月、每周定期组织召开不同层级的现场协调会议,以解决工程施工过程中的相互协调配合问题。在平行、交叉施工的单位数量多以及工序交接频繁且工期紧迫的情况下,现场协调会甚至需要每日召开。在会上通报和检查当天的工程进度,确定薄弱环节,部署当天的赶工任务,以便次日正常施工。

(7) 整理和提交工程进度资料

进度控制人员应随时整理进度资料,并做好工程记录,定期向业主、监理工程师提交工程进度报告。工程完工后,应将工程进度资料收集起来,进行归类、编目和建档,以便为以后其他类似工程项目的进度控制提供参考。

(8) 处理好工程延期与工程延误

由承包商引起的工程进度拖延称为工程延误,由承包商以外的因素引起的进度拖延称为工程延期。当出现工程延误时,承包商应采取有效措施加快施工进度。若经过赶工后,很明显出现不能按期竣工迹象时,应修改进度计划,获得进度管理人员和监理工程师的重新确认。当出现工程延期时,应根据合同规定合理地批准工程延期,承包商应按延期修改后的施工进度计划来有效控制施工进度。

5.8 工程项目进度优化

工期优化也称为时间优化,其目的是当网络计划计算工期不能满足要求工期时,通过不断压缩关键线路上关键工作的持续时间等措施,达到缩短工期、满足要求工期的目的。缩短工期的方法主要有强制缩短法,调整工作关系,利用时差缩短工期。强制缩短法即采取措施使网络计划中的某些关键工作的持续时间尽可能缩短。强制缩短法的一个重要问题就是选择哪些工作压缩其持续时间,达到缩短工期的目的。常用的方法有工期优化、费用-工期优化、工期-资源优化。

5.8.1 工期优化

工期优化也称时间优化,以缩短工期为目标,一般通过压缩关键工作持续时间来实现。

1. 工期优化的步骤

① 计算初始网络计划时间参数,找出关键工作和关键线路。

② 按照工期计算应缩短的时间。

③ 确定关键工作能压缩多少时间。

④ 选择应优先压缩工期的关键活动,压缩其持续时间,并重新计算网络计划的工期。

⑤ 如已经达到工期要求,则优化完成,否则重复以上步骤。

2. 工期优化在网络计划中的应用

【例 5-7】 网络计划如图 5-33,如计划工期为 120 天,试进行工期优化。

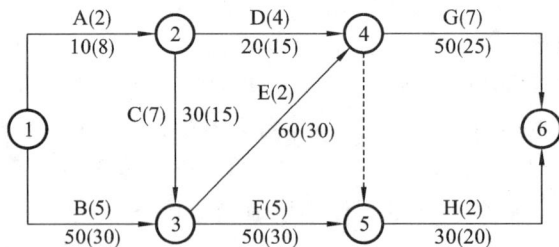

图 5-33 初始网络计划

【解】 工期优化的计划步骤如下。

(1) 计算时间参数,确定关键路线

如图 5-34 所示,初始网络计划中的关键线路为 B—E—G,计算工期为 160 天。

(2) 缩短工期计算

需缩短的工期 $\Delta T = 160 - 120 = 40$(天)。

(3) 选择关键工作进行优化

E 的优选系数最小,选择 E,压缩 30 天。

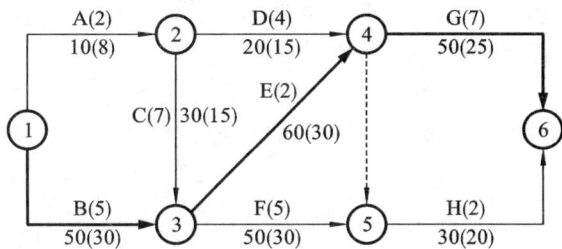

图 5-34　初始网络计划中的关键线路

（4）重新绘制网络图，计算时间参数

工期优化后的网络计划如图 5-35。

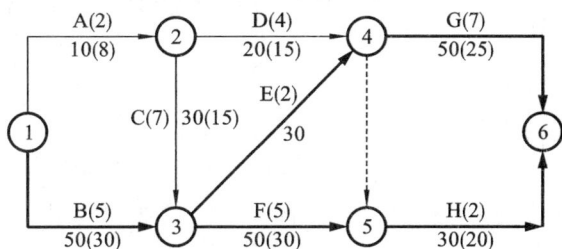

图 5-35　优化后的网络计划

5.8.2　费用-工期优化

1. 目标

寻求最低成本时的最短工期，或按要求工期条件下寻求最低成本。

2. 方法

① 考察工作持续时间和费用的关系。

② 一次找出既能使计划工期缩短，又能使费用增加最少的工作。

③ 不断缩短其持续时间，求出最低成本时的最短工期或工期指定时相应的最低成本。

3. 费用-工期优化方式的应用

【例 5-8】　某工程网络计划如图 5-36 所示，各工作的正常工作时间、极限工作时间及相应的费用如表所示。2—5 工作费用与持续时间为非连续型变化关系。要求对此计划进行工期成本优化。

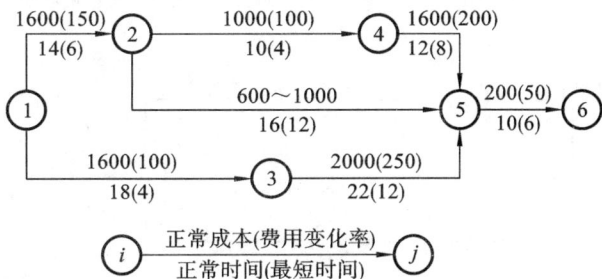

图 5-36　初始网络计划

注：工作 2—5，正常时间为 16 天，费用为 600 元，最短时间为 12 天，费用为 1000 元。

【解】 该网络计划的费用-工期优化可按以下步骤进行。

(1) 计算费用变化率,计算网络计划总直接费用

直接费用 CD=9800 元。

(2) 计算初始网络图(见图 5-37)的时间参数,确定关键线路和计算工期

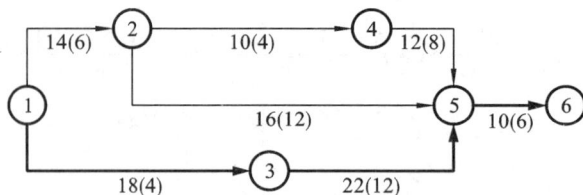

图 5-37 初始网络计划

关键线路:1—3—5—6。

计算工期:T_c=50 天。

(3) 压缩工期-多次循环的过程

压缩工期-多次循环的过程包括:找出上次循环的关键线路和关键工作;从关键工作中找出缩短单位时间增加费用最少的方案;确定可能的压缩时间;计算增加的费用。

① 第一次压缩(见图 5-38)。

关键线路为 1—3—5—6;可能压缩的关键工作为 1—3,3—5,5—6。

其中 5—6 的直接费用变化率最小,则选择压缩工作 5—6,压缩时间为 4 天。

压缩后网络计划的工期:T_1=50−4=46(天);

压缩后的费用:C_1=9800+4×50=10000(元)。

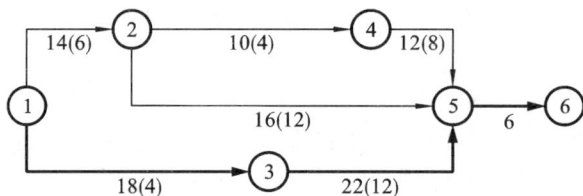

图 5-38 第一次压缩后的网络计划图

② 第二次压缩(见图 5-39)。

由于关键线路无变化,可能的压缩工作为 1—3,3—5;其中 1—3 的费用变化率为 100 元/天较小,则选择压缩 1—3。

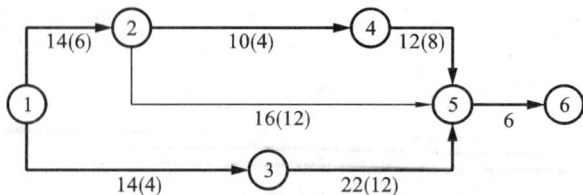

图 5-39 第二次压缩后的网络计划图

1—3 可压缩 18−4=14(天),试绘网络图,发现关键线路改变了,且工期只缩短了 4 天。故选择

将 1—3 压缩 4 天。

关键线路为 2 条：1—2—4—5—6；1—3—5—6。

压缩后网络计划的工期：$T_2 = 46 - 4 = 42$（天）；

压缩后的费用：$C_2 = 10000 + 4 \times 100 = 10400$（元）。

③ 第三次压缩（见图 5-40）。

两条关键线路同时压缩，可能的压缩方案如下：

a. 缩短 1—3、1—2，每天增加费用 250 元；

b. 缩短 1—3、2—4，每天增加费用 200 元；

c. 缩短 1—3、4—5，每天增加费用 300 元；

d. 缩短 3—5、1—2，每天增加费用 400 元；

e. 缩短 3—5、2—4，每天增加费用 350 元；

f. 缩短 3—5、4—5，每天增加费用 450 元。

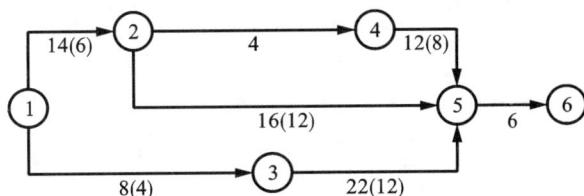

图 5-40　第三次压缩后的网络计划图

关键线路为 3 条：1—2—4—5—6；1—3—5—6；1—2—5—6。

压缩后网络计划的工期：$T_3 = 42 - 6 = 36$（天）；

压缩后的费用：$C_3 = 10400 + 6 \times 200 = 11600$（元）。

④ 第四次压缩（见图 5-41）。

需要三条线路同时压缩，可能的方案如下：

a. 缩短 1—3、1—2，每天增加费用 250 元；

b. 缩短 1—3、4—5、2—5，每天增加费用 400 元；

c. 缩短 3—5、1—2，每天增加费用 400 元；

d. 缩短 3—5、3—5、2—5，每天增加费用 550 元。

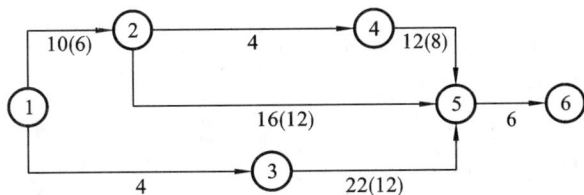

图 5-41　第四次压缩后的网络计划图

压缩后网络计划的工期：$T_4 = 36 - 4 = 32$（天）；

压缩后的费用：$C_4 = 11600 + 4 \times 250 = 12600$（元）。

⑤ 第五次压缩（见图 5-42）。

需要三条线路同时压缩，可能的方案如下：

a. 缩短 3—5、1—2,每天增加费用 400 元;

b. 缩短 3—5、4—5、2—5,每天增加费用 550 元。

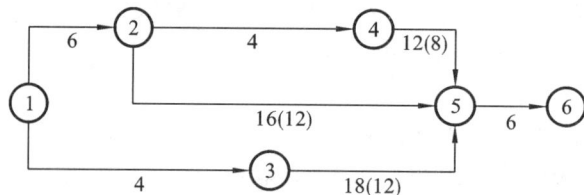

图 5-42　第五次压缩后的网络计划图

压缩后网络计划的工期:$T_5 = 32 - 4 = 28$(天);

压缩后的费用:$C_5 = 12600 + 4 \times 400 = 14200$(元)。

⑥ 第六次压缩(见图 5-43)。

需要三条线路同时压缩,可能的方案只有一个,即缩短 3—5、4—5、2—5,每天增加费用 550 元,各 4 条。

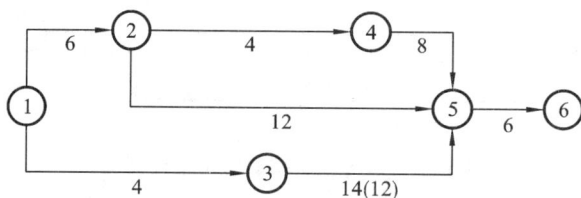

图 5-43　第六次压缩后的网络计划图

压缩后网络计划的工期:$T_6 = 28 - 4 = 24$(天);压缩后的费用:$C_6 = 14200 + 4 \times 550 = 16400$(元)。

5.8.3　工期-资源优化

资源:完成项目所需的人力、材料、机械设备和资金等的统称。

资源优化的方法:①资源有限,工期最短的优化;②工期固定,资源均衡的优化。

1. "资源有限,工期最短"的优化

通过优化,单位时间的资源的最大需求量小于资源限量,而为此需延长的工期最少。

优化步骤如下:

① 计算网络计划中每个时间单位的资源需用量;

② 逐个检查单位资源需用量是否超出范围;

③ 计算和调整:单个工作调整工作持续时间;多个工作后移某些工作。

2. "工期固定,资源均衡"的优化

"工期固定,资源均衡"的优化是指在工期不变的条件下使资源需要量尽可能平衡的过程,如果资源消耗不均衡将会影响项目目标的实现。优化方法包括削高填谷法和最小方差法。

【**案例**】　武汉火神山医院和雷神山医院

2019 年 12 月,武汉市最先暴发新冠肺炎疫情,出于疫情防控的需要,武汉市决定参考"小汤山"模式,建造集中收治新冠肺炎患者的火神山医院和雷神山医院。火神山项目是在一片泥塘和山包上建设的(见图 5-44),这里地基高差近 10 米,施工环境非常不理想。施工人员需要在这样的场地上平整出 7 个足球场大小的空地,光挖出的土就能堆出一座小山。这种工程量按常理估计需要至少一两个月。而且场地上方还有高压线,地上还有燃气、自来水等管道,迁改任务也是一个大难题。此外,要建成编设床位 1000 张、占地 3.39 万平方米的武汉火神山医院,在平时工期至少要 2 年,而火神山医院只用了 9 天就实现从完成设计方案到交付的全过程,图 5-45 展示了火神山医院建成的全景。

像火神山医院和雷神山医院这样的建设项目,将项目完工的时间放于首位,在项目实施过程中其他要素就要进行相应的调整和妥协,这就强调了项目时间管理的重要性。火神山、雷神山医院的建设被称为"中国速度",是我国强大基建能力造就的"奇迹"。这些奇迹如果没有有效的进度计划实施和控制根本不会实现。

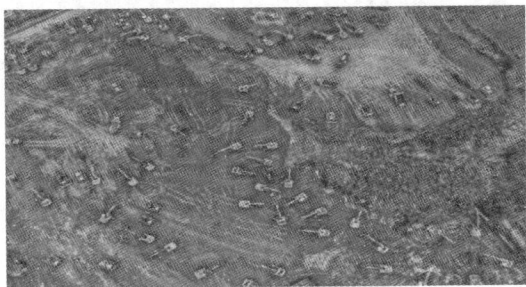

图 5-44　火神山医院项目平整场地

图 5-45　火神山医院项目建成的全景

火神山项目是为应对当时紧迫的新冠肺炎疫情而建设的,追求极致的进度压缩,采取了一系列进度管理技术措施。

1. 项目进度控制的动态调整

火神山医院建设项目需要时刻对项目进度进行跟踪检查,以动态的跟踪检查为主要手段,根据项目实施的实际情况分析项目进度产生的偏差。以电力架设工作为例,施工现场情况多,有路径变化方面的,有负荷临时调整方面的,故采取电力建设者紧跟施工方,随着工程纵深的推进,不断扩大电力供应范围,随时进行调整的方案。

2. 进度压缩技术

火神山项目是在极度压缩的时间、压缩的空间内开展的项目建设。在这种极端条件下,要想保障项目进度,如期交付项目成果,从项目管理的角度来看,必须采取极度压缩进度的管理技术。具体措施有两种:赶工、快速跟进。

(1)赶工

赶工是通过增加资源、以最小的成本代价压缩工期进度的一种技术。在火神山项目中,赶工技术的运用主要体现在以下三个方面。

① 增加人力资源。火神山项目建设最高峰时工地有 7000 多名工人同时作业,在整个项目推进过程中,工地工人数量是变化的,根据项目进展需要,高峰时增加工人数量。

② 增加设备资源。1 月 24 日当天,施工方就累计平整全部场地 5 万平方米,大工程量是在有足够数量的设备基础上完成的。

③ 增加时间资源。这里的时间并非指延长项目周期,而是指不眠不休地紧张施工,工地白夜班 24 小时连续作业。

(2)快速跟进

快速跟进是将正常情况下按顺序进行的活动或阶段改为至少是部分并行开展。火神山项目中不仅运用了赶工技术,也在多方面使用了快速跟进技术。

对项目进度的改善与优化是项目进度管理中最常见的方法,而这些改善方法的运用必须以各种措施为保障。火神山医院能在紧迫的时间里完成几乎不可能的任务,离不开以下进度管理保障措施。

① 强有力的核心领导和组织结构。强有力的管理组织结构是项目顺利进行的前提。以中建三局为核心的领导机构,明确施工任务,迅速组织开工,建立严密高效的管理组织结构,统一调度,配合默契。

② 适合特定情况的进度计划安排,明确的进度目标。进度计划科学完善,在总目标明确的情况下,分解目标,以小时为单位实施计划,合理交叉施工作业、流水作业。采取进度压缩技术,在进度施工过程中大幅度节约施工时间。

③ 过硬的施工人员素质及先进的施工管理技术。施工人员的素质决定了建设工程项目的质量和进度。火神山医院采用 BIM(建筑信息建模)技术和装配式建造:大量现场作业工作转移到工厂进行,在工厂加工制作好构件和配件,运输到现场,在现场装配安装完成;建设任务被分解到每一个人,在熟练工人和合理计划的保障下,装配式建筑的施工速度足以满足紧张的时间要求。

【思考与练习】

1. 下列( )最为简单明了,但不能展现逻辑关系。
A. 双代号网络计划技术　　　　B. 单代号网络计划技术
C. 横道图计划　　　　　　　　D. 时标网络技术

2. 以下( )用节点和标号代表工作。
A. 双代号网络计划技术　　　　B. 单代号网络计划技术
C. 横道图计划　　　　　　　　D. 时标网络技术

3. 双代号网络计划的构成要素包括( )。
A. 工作　　　　B. 事件　　　　C. 编号　　　　D. 线路　　　　E. 逻辑关系

4. 项目进度计划的检查方法包括( )。
A. 横道图比较法　　　　　　　B. S 形曲线比较法
C. 香蕉形曲线比较法　　　　　D. 前锋线比较法
E. 单代号计划比较法

5. 请分别阐述业主方、设计方和施工方进度控制的任务。

6. 根据项目进度控制不同的需要和不同的用途划分,建设工程项目进度计划系统包括哪些类型?

7. 请阐述项目总进度目标的内涵。

8. 在建项目实施阶段,施工总进度应包括哪些工作进度?

9. 双代号网络图的绘图规则主要有哪些规定?

10. 请阐述双代号时标网络图的特点。

11. 请阐述单代号搭接网络计划的四种搭接关系。

12. 请简述关键工作和关键线路的概念。

13. 请简述总时差和自由时差的概念。

14. 网络计划检查的主要内容是什么?

15. 请阐述进度计划的调整内容。

16. 简述调整关键线路持续时间。

17. 进度控制包括哪些主要工作环节？

18. 请阐述项目进度控制组织措施所涉及的主要内容。

19. 案例分析：雷神山医院项目仅用 12 天，就实现了 1500 张床位的医院从完成设计方案到交付使用的全过程。请试用本章知识点，分析雷神山医院项目可能采用的工程项目进度计划分析方法，以及进度计划控制措施。

第6章 工程项目质量管理

党的二十大明确提出要建设现代化产业体系,坚持把发展经济的着力点放在实体经济上,推进新型工业化,加快建设制造强国、质量强国。质量是工程项目管理的主要控制目标之一。工程项目的质量控制,需要系统有效地应用质量管理和质量控制的基本原理和方法,建立和完善项目质量保障体系,落实项目各参与方的质量责任,通过项目实施过程各个环节质量控制的职能活动,有效预防和正确处理可能发生的工程质量事故,不断增强工程建设能力,努力将国家质量强国战略势能转化为工程建设高质量发展效能,促进实体经济高质量发展。

本章内容主要包括:工程项目质量管理概述;工程项目质量控制体系;工程项目施工质量控制;工程项目施工质量验收;工程项目质量问题和质量事故的处理;数理统计方法在工程质量管理中的应用。

6.1 工程项目质量管理概述

6.1.1 工程项目质量的基本概念

1. 质量和质量管理

根据国家标准《质量管理体系 基础和术语》(GB/T 19000—2016)的定义,质量是指客体的一组固有特性满足要求的程度。客体是指可感知或可想象到的任何事物,可能是物质的、非物质的或想象的,包括产品、服务、过程、人员、组织、体系、资源等。固有特性是指本来就存在的,尤其是那种永久的特性。质量由与要求有关的、客体的固有特性,即质量特性来表征;而要求是指明示的、通常隐含的或必须履行的需求或期望。

质量管理就是关于质的管理,是在质量方面指挥和控制组织的协调的活动。这些活动通常包括制定质量方针和质量目标,以及质量策划、质量控制、质量保证和质量改进等一系列工作。组织必须通过建立质量管理体系实施质量管理;其中,质量方针是组织最高管理者的质量宗旨、经营理念和价值观的反映;在质量方针的指导下,制定组织的质量手册、程序性管理文件和质量记录;进而落实组织制度,合理配置各种资源,明确各级管理人员在质量活动中的责任分工与权限界定等,形成组织质量管理体系的运行机制,保证整个体系的有效运行,从而实现质量目标。

2. 质量控制

① 根据国家标准《质量管理体系 基础和术语》(GB/T 19000—2016)的定义,质量控制是质量管理的一部分,是致力于满足质量要求的一系列相关活动。这些活动主要包括以下内容。

a. 设定标准:即规定要求,确定需要控制的区间、范围、区域。

b. 测量结果:测量满足所设定标准的程度。

c. 评价:即评价控制的能力和效果。

d. 纠偏:对不满足设定标准的偏差,及时纠偏,保持控制能力的稳定性。

② 由于建设工程项目质量要求是由业主(或投资者、项目法人)提出的,即建设工程项目的系列

总目标,是业主的建设意图通过项目策划,包括项目的定义及建设规模系统构成、使用功能和价值、规格档次标准等的定位策划和目标决策来确定的。因此,建设工程项目质量控制,在工程勘察设计、招标采购、施工安装、竣工验收等各个阶段,项目参与各方均围绕着致力于满足业主要求的质量总目标而努力。

③ 质量控活动涵盖作业技术活动和管理活动。产品或服务质量的产生,归根结底是由作业过程直接形成的。因此作业技术方法的正确选择和作业技术能力的充分发挥是质量控制的致力点;而组织或人员具备相关的作业技术能力只是产出合格的产品或服务质量的前提。在社会化大生产的条件下,只有通过科学的管理,对作业技术活动过程进行科学的组织和协调,才能使作业技术能力得到充分发挥,实现预期的质量目标。

④ 质量控制只是质量管理的一部分而不是全部。质量控制是在明确的质量目标和具体的条件下,通过行动方案和资源配置的计划、实施、检查和监督,进行质量目标的事前预控、事中控制和事后纠偏控制,实现预期质量目标的系统过程。

3. 工程项目质量

工程项目质量是一个广义的质量概念,它由工程实体质量和工作质量两个部分组成。其中,工程实体质量代表的是狭义的质量概念。工程实体质量可描述为"实体满足明确或隐含需要能力的特性之和",上述定义中"实体"是质量的主体,它可以指活动、过程,活动或过程的有形产品、无形产品,某个组织体系或个人及以上各项的集合;"明确需要"是指在合同环境或法律环境中由用户明确提出并通过合同、标准、规范、图纸、技术文件作出明文规定,由生产企业保证实现的各种要求;"隐含需要"是指在非合同环境或市场环境中由生产企业通过市场调研探明而并未由用户明确提出的种种隐蔽性需要,其含义一是指用户或社会对实体的期望,二是指人所公认的、不言而喻的、不必作出规定的需要,如住宅产品实体能够满足人的最起码的居住要求即属于此类需要;"特性"是指由"明确需要"或"隐含需要"转化而来的,可用定性或定量指标加以衡量的一系列质量属性,其主要内容则包括适用性、经济性、安全性、可信性、可靠性、维修性、美观性以及与环境的协调性等方面的质量属性。工程实体质量又可称为工程质量,与建设项目的构成相呼应,工程实体质量通常还可区分为工序质量、分项工程质量、分部工程质量、单位工程质量和单项工程质量等各个不同的质量层次单元。

工作质量,是指为了保证和提高工程质量而从事的组织管理、生产技术、后勤保障等各方面工作的实际水平。工程建设过程中,按内容组成,工作质量可区分为社会工作质量和生产过程工作质量,其中前者是指围绕质量课题而进行的社会调查、市场预测、质量回访等各项有关工作的质量;后者则是指生产工人的职业素质、职业道德教育工作质量、管理工作质量、技术保证工作质量和后勤保障工作质量等。而按照工程建设项目实施阶段的不同,工作质量还可具体区分为决策、计划、勘察、设计、施工、回访保修等各不同阶段的工作质量,工程质量与工作质量的两者关系,体现为前者是后者的作用结果,而后者则是前者的必要保证。项目管理实践表明:工程质量的好坏是建筑工程产品形成过程中各阶段各环节工作质量的综合反映,而不是依靠质量检验检查出来的。要保证工程质量就要求项目管理实施方有关部门和人员精心工作,对决定和影响工程质量的所有因素加以严格控制,即通过良好的工作质量来保证和提高工程质量。

综上所述,工程建设项目质量是指能够满足用户或社会需要,并由工程合同、有关技术标准、设计文件、施工规范等具体详细设定其适用、安全、经济、美观等特性要求的工程实体质量与工程建设各阶段、各环节的工作质量的总和。工程建设项目质量的衡量标准可以随着具体工程建设项目和业主需要的不同而存在差异,但通常均可包括如下主要概念内涵:①在项目前期工作阶段设定项目建设标准、确定工程质量要求;②确保工程结构设计和施工的安全性、可靠性;③出于工程耐久性考虑,对材料、设备、工艺、结构质量提出要求;④对工程项目的其他方面如外观造型、与环境的协调效果、项目建造运行费用及可维护性、可检查性提出要求;⑤要求工程投产或投入使用后生产的产品(或提供的服务)达到预期质量水平,工程适用性、效益性、安全性、稳定性良好。

4. 工程项目质量的特点

由于工程建设项目所具有的单项性、一次性和使用寿命的长期性及项目位置固定、生产流动、体积大、整体性强、建设周期长、施工涉及面广、受自然气候条件影响大,且结构类型、质量要求、施工方法均因项目不同而存在很大差异等特点,从而使工程建设项目建设成为一个极其复杂的综合性过程,并使工程建设项目质量亦相应地形成以下特点。

① 影响质量的因素多。如设计、材料、机械设备、地形、地质、水文、气象、施工工艺、施工操作方法、技术、措施、管理制度等,均可直接影响工程建设项目质量。

② 设计原因引起的质量问题显著。按实际工作统计,设计工作质量是引起工程质量问题的主要原因,其他质量问题则分别由施工责任、材料使用等引起。因此,为确保工程建设项目质量,严格控制设计质量便成为一个十分重要的环节。

③ 容易产生质量变异。质量变异是指由于各种质量影响因素发生作用引起产品质量存在差异。质量变异可分为正常变异和非正常变异:前者是指由经常发生但对质量影响不大的偶然性因素引起质量正常波动而形成的质量变异;后者则是指由不常发生但对质量影响很大的系统性因素引起质量异常波动而形成的质量变异。偶然性因素如材料的材质不均匀,机械设备的正常磨损,操作的细小差异,一天中温度、湿度的微小变化等,其特点是无法或难以控制,且符合规定数量的样本的质量特征值的检验结果服从正态分布;系统性因素如使用材料的规格品种有误、施工方法不妥、操作未按规程、机械故障、仪表失灵、设计计算错误等,其特点则是可控制、易消除,且符合规定数量的样本的质量特征值的检验结果不呈现正态分布。由于工程建设项目施工不像工业产品生产那样有规范化的生产工艺和完善的检测技术,有成套的生产设备和稳定的生产环境,有相同系列规格和相同功能的产品,因此影响工程建设项目质量的偶然性和系统性的因素很多,特别是由系统性因素引起的质量变异,严重时可导致重大工程质量事故。为此,项目实施过程中应十分注重查找造成质量异常波动的原因并全力加以消除,严防由系统性因素引起的质量变异,从而把质量变异控制在偶然性因素发挥作用的范围之内。

④ 容易产生判断错误。工程建设项目施工建造工序交接多、产品多、隐蔽工程多,若检查不认真,测量仪表不准,读数有误,则会产生第一类判断错误,就是说将合格产品认定为不合格产品;另外,若不及时检查实质,事后再看表面,就容易产生第二类判断错误,即容易将不合格产品认为是合格产品。

⑤ 工程产品不能解体、拆卸,质量终检局限大。工程建设项目建成后,不可能像某些工业产品那样,再拆卸或解体检查其内在、隐蔽的质量,即使发现有质量问题,也不可能采取"更换零件""包换"或"退款"等方式解决与处理有关质量问题,因此工程建设项目质量管理应特别注重质量的事前、事中控制,以防患于未然,力争将质量问题消灭于萌芽状态。

⑥ 质量要受投资、进度要求的影响。工程建设项目的质量通常要受到投资、进度目标的制约。一般情况下,投资大、进度慢,工程质量就好;反之则工程质量差。项目实施过程中,质量水平的确定尤其要考虑成本控制目标的要求,鉴于质量问题预防成本和质量鉴定成本所组成的质量保证费用随着质量水平的提高而上升,产生质量问题后所引起的质量损失费用则随着质量水平的提高而下降,这

样由保证和提高产品质量而支出的质量保证费用及由于未达到相应质量标准而产生的质量损失费用两者相加而得的工程质量成本必然存在一个最小取值,这就是最佳质量成本。在工程建设项目质量管理实践中,最佳质量成本通常是项目管理者订立质量目标的重要依据。

5. 工程项目的阶段划分及不同阶段对工程建设项目质量的影响

工程项目实施需要依次经过由建设程序所规定的各个不同阶段。工程建设的不同阶段,对工程项目质量的形成所起的作用各不相同。对此可进行如下描述。

(1) 项目可行性研究阶段对工程项目质量的影响

项目可行性研究是运用工程经济学原理,在对项目投资有关技术、经济、社会、环境等各方面条件进行调查研究的基础之上,对各种可能的拟建投资方案及其建成投产后的经济效益、社会效益和环境效益进行技术分析论证,以确定项目建设的可行性,并提出最佳投资建设方案作为决策、设计依据的一系列工作过程。项目可行性研究阶段的质量管理工作,是确定项目的质量要求,因而这一阶段必然会对项目的决策和设计质量产生直接影响,它是影响工程建设项目质量的首要环节。

(2) 项目决策阶段对工程项目质量的影响

项目决策阶段质量管理工作的要求是确定工程建设项目应当达到的质量目标及水平。工程建设项目建设通常要求从总体上同时控制工程投资、质量和进度。但鉴于上述三项目标互为制约的关系,要做到投资、质量、进度三者的协调统一,达到业主最为满意的质量水平,必须在项目可行性研究的基础上通过科学决策,来确定工程建设项目所应达到的质量目标及水平。因而决策阶段提出的建设实施方案是对项目目标及其水平的决定。它是影响工程建设项目质量的关键阶段。

(3) 设计阶段对工程项目质量的影响

工程项目设计阶段质量管理工作的要求是根据决策阶段业已确定的质量目标和水平,通过工程设计而使之进一步具体化。设计方案技术上是否可行,经济上是否合理,设备是否完善配套,结构使用是否安全可靠,都将决定项目建成之后的实际使用状况,因此设计阶段必然影响项目建成后的使用价值和功能的正常发挥,它是影响工程建设项目质量的决定性环节。

(4) 施工阶段对工程项目质量的影响

工程建设项目施工阶段,是根据设计文件和图纸的要求通过施工活动而形成工程实体的连续过程。因此施工阶段质量管理工作的要求是保证形成工程合同与设计方案要求的工程实体质量,这一阶段直接影响工程建设项目的最终质量,它是影响工程建设项目质量的关键环节。

(5) 竣工验收阶段对工程项目质量的影响

工程建设项目竣工验收阶段的质量管理工作要求是通过质量检查评定、试车运转等环节,考核工程质量的实际水平是否与设计阶段确定的质量目标水平相符,这一阶段是工程建设项目自建设过程向生产使用过程发生转移的必要环节,它体现的是工程质量水平的最终结果。因此工程竣工验收阶段影响工程能否最终形成生产能力,它是影响工程建设项目质量的最后一个重要环节。

6.1.2　工程项目质量控制的基本概念

1. 工程项目质量控制

质量控制是指在明确的质量目标条件下通过行动方案和资源配置的计划、实施、检查和监督来实现预期目标的过程。

工程项目质量控制则是指在工程项目质量目标的指导下,通过对项目各阶段的资源、过程和成果所进行的计划、实施、检查和监督过程,以判定它们是否符合有关的质量标准,并找出方法消除造成项目成果不令人满意的原因。该过程贯穿项目执行的全过程。

质量控制与质量管理的关系和区别在于,质量控制是质量管理的一部分,致力于满足质量要求,如适用性、可靠性、安全性等。质量控制属于为了达到质量要求所采取的作业技术和管理活动,是在有明确的质量目标条件下进行的控制过程。工程项目质量管理是工程项目各项管理工作的重要组成部分,它是工程项目从施工准备到交付使用的全过程中,为保证和提高工程质量所进行的各项组织管理工作。

2. 工程项目的质量总目标

工程项目的质量总目标由业主提出,是对工程项目质量提出的总要求,包括项目范围的定义、系统构成、使用功能与价值、规格以及应达到的质量等级等。这一总目标是在工程项目策划阶段进行目标决策时确定的。从微观上讲,工程项目的质量总目标还要满足国家对建设项目规定的各项工程质量验收标准以及使用方(客户)提出的其他质量方面的要求。

3. 工程项目质量控制的范围

工程项目质量控制的范围包括勘察设计、招投标、施工安装和竣工验收四个阶段的质量控制。在不同的阶段,质量控制的对象和重点不完全相同,需要在实施过程中加以选择和确定。

4. 工程项目质量控制与产品质量控制的区别

项目质量控制相对产品来说,是一个复杂的非周期性过程,各种不同类型的项目,其区域环境、施工方法、技术要求和工艺过程可能不尽相同,因此工程项目的质量控制更加困难。主要的区别有以下五点。

(1)影响因素多样性

工程项目的实施是一个动态过程,影响项目质量的因素也是动态变化的。项目在不同阶段、不同施工过程,其影响因素也不完全相同,这就造成工程项目质量控制的因素众多,使得工程项目的质量控制比产品的质量控制要困难得多。

(2)项目质量变异性

工程项目施工与工业产品生产不同,产品生产有固定的生产线以及相应的自动控制系统、规范化的生产工艺和完善的检测技术,有成套的生产设备和稳定的生产环境,有相同系列规格和相同功能的产品。同时,由于影响工程项目质量的偶然性因素和系统性因素都较多,因此,很容易产生质量变异。

(3)质量判断难易性

工程项目在施工中,由于工序交接多,中间产品和隐蔽工程多,造成质量检测数据的采集、处理和判断的难度加大,由此容易导致对项目的质量状况做出错误判断。而产品生产有相对固定的生产线和较为准确、可靠的检测控制手段,因此,更容易对产品质量做出正确的判断。

(4)项目构造分解性

项目建成后,构成一项建筑(或土木)工程产品的整体,一般不能解体和拆分,其中有的隐蔽工程内部质量的检测,在项目完成后很难再进行检查。对已加工完成的工业产品,一般都能在一定程度上予以分解、拆卸,进而可再对各零部件的质量进行检查,达到控制产品质量的目的。

(5)项目质量的制约性

工程项目的质量受费用、工期的制约较大,三者之间的协调关系不能简单地偏顾一方,要正确处理质量、费用、进度三方关系,在保证适当、可行的项目质量基础上,使工程项目整体最优。而产品的质量标准是国家或行业规定的,只需完全按照有关质量规范要求进行控制,不受生产时间、费用的限制。

6.1.3　工程项目质量形成的影响因素

1. 人的质量意识和质量能力

人是工程项目质量活动的主体，泛指与工程有关的单位、组织和个人，包括建设单位、勘察设计单位、施工承包单位、监理及咨询服务单位、政府主管及工程质量监督监测单位以及策划者、设计者、作业者和管理者等。人既是工程项目的监督者又是实施者，因此，人的质量意识和控制质量的能力是最重要的一项因素。这一因素集中反映在人的素质上，包括人的思想意识、文化教育、技术水平、工作经验以及身体状况等，都直接或间接地影响工程项目的质量。从质量控制的角度，则主要考虑从人的资质条件、生理条件和行为等方面进行控制。

2. 工程项目的决策和方案

项目决策阶段是项目整个生命周期的起始阶段，这一阶段工作的质量关系到全局。这一阶段主要是确定项目的可行性，对项目所涉及的领域、投融资、技术可行性、社会与环境影响等进行全面的评估。在项目质量控制方面的工作是在项目总体方案策划基础上确定项目的总体质量水平。因此可以说，这一阶段从总体上明确了项目的质量控制方向，其成果将影响项目总体质量，属于项目质量控制工作的一种质量战略管理。工程项目的施工方案指施工技术方案和施工组织方案。施工技术方案包括施工的技术、工艺、方法和相应的施工机械、设备和工具等资源的配置。因此组织设计、施工工艺、施工技术措施、检测方法、处理措施等内容都直接影响工程项目的质量形成，其正确与否、水平高低不仅影响到施工质量，还对施工的进度和费用产生重大影响。因此，对工程项目施工方案应从技术、组织、管理、经济等方面进行全面分析与论证，确保施工方案既能保证工程项目质量，又能加快施工进度并降低成本。

3. 工程项目材料

项目材料方面的因素包括原材料、半成品、成品、构配件、仪器仪表和生产设备等，属于工程项目实体的组成部分。这些因素的质量控制主要有采购质量控制，制造质量控制，材料、设备进场的质量控制，材料、设备存放的质量控制。

4. 施工设备和机具

施工设备和机具是实现工程项目施工的物质基础和手段，特别对于现代化施工必不可少。施工设备和机具的选择是否合理、适用、先进，直接影响工程项目的施工质量和进度。因此要对施工设备和机具的使用培训、保养制度、操作规程等加以严格管理和完善，以保证和控制施工设备与机具达到高效率和高质量的使用水平。

5. 施工环境

影响工程项目施工环境的因素主要包括三个方面：工程技术环境、工程管理环境和劳动环境。

6.1.4　工程项目质量的基本特征

工程项目从本质上说是一项拟建成或在建的建筑产品，它和一般产品具有同样的质量内涵，即一组固有特性满足需要的程度。这些特性是指产品的适用性、可靠性、安全性、经济性及环境的适宜性等。由于建筑产品一般是采用单件性筹划、设计和施工的生产组织方式，因此，其具体的质量特性指标是在各建设工程项目的策划、决策和设计过程中进行定义的。工程项目质量的基本特性可以概括如下。

1. 反映使用功能的质量特性

建筑产品不仅要满足使用功能和用途的要求,而且在正常的使用条件下应能达到安全可靠的标准,如建筑结构自身安全可靠,在使用过程中防腐蚀,防坠、防火、防辐射以及设备系统运行与使用安全等。可靠性质量必须建立在满足功能性质量需求的基础上,结合技术标准、规范(特别是强调性条文)的要求进行确定与实施。

2. 反映安全可靠的质量特性

工程项目质量控制系统涉及工程项目实施中所有的质量责任主体,质量控制系统的各个环节都有质量责任人;企业质量管理体系的主体资格是企业组织本身,是一个整体达到质量管理体系标准的主体概念,它通过质量管理体系中的程序文件、质量记录和规章制度等来约束和控制工程质量。

3. 反映文化艺术的质量特性

建筑产品具有深刻的社会文化背景,人们历来都把建筑产品视同艺术品。其个性的艺术效果,包括建筑造型、立面外观、文化内涵、时代表征以及装修装饰、色彩视觉等,不仅使用者关注,而且社会也关注;人们不仅现在关注,而且在未来也会持续关注和评价。建设工程项目以上文化特性的质量来自设计者的设计理念、创意和创新以及施工者对设计意图的领会与精确施工。

4. 反映建筑环境的质量特性

作为项目管理对象的建设工程项目,可能是独立的单项工程或单位工程甚至某一主要分部工程,也可能是一个由群体建筑或线型工程组成的建设项目,如新、改、扩建的工业区,大学城或校区,交通枢纽,航运港区,高速公路,油气管线等。建筑环境质量包括项目用地范围内的规划布局、交通组织、绿化景观、节能环保,还要追求其与周边环境的协调性或适宜性。

6.1.5 工程项目质量的形成过程

工程项目质量的形成过程贯穿整个工程项目的决策过程和各个子项目的设计与施工过程,体现在工程项目质量的目标决策、目标细化到目标实现的系统过程。

1. 质量需求的识别过程

在工程项目决策阶段,主要工作包括工程项目发展策划、可行性研究、建设方案论证和投资决策。这一过程从质量管理职能在于识别建设意图和需求,对工程项目的性质、规模、使用功能、系统构成和建设标准要求等进行策划、分析、论证,为整个工程项目质量总目标以及项目内各个子项目提出明确的要求。

必须指出,由于建筑产品采取定制式的承发包生产,因此,其质量目标的决策是建设单位(业主)或项目法人的质量管理职能。尽管在工程项目的前期工作中,业主可以采用社会化、专业化的方式,委托咨询机构、设计单位或建设工程总承包企业进行,但这一切并不改变业主或项目法人的决策性质。业主的需求和法律法规的要求,是决定工程项质量目标的主要依据。

2. 质量目标的定义过程

工程项目质量目标的具体定义过程,首先是在工程项目设计阶段。设计是一种高智力的创造性活动。工程项目的设计任务,因其产品对象的单件性,总体上符合目标设计与标准设计相结合的特征。在总体规划设计与单体方案设计阶段,相当于目标产品的开发设计。总体规划和方案设计经过可行性研究和技术经济论证后,进入工程的标准设计,在这整个过程中实现对工程项目质量目标的明确定义。由此可见,工程项目设计的任务就在于按照业主的建设意图、决策要点、相关法规和标准、规范的强制性条文要求,通过工程项目的方案设计、规范的强制性条文要求,将工程项目的质量目标具体化。通过工程项目的方案设计、扩大初步设计、技术设计和施工图设计等环节,对工程项目的施工安装作业活动及质量控制提供依据。此外,承建方也会为了创建品牌工程或根据业主的创优要求及具体情况来确定工程项目的质量目标,策划精品工程的质量控制。

3. 质量目标的实现过程

工程项目质量目标实现的最重要和最关键的过程是在施工阶段,包括施工准备过程和施工作业技术活动过程。其任务是按照质量策划的要求,制定企业或工程项目内控标准,实施目标管理、过程监控、阶段考核、持续改进的方法,严格按设计图纸施工,正确合理地配备施工生产要素,把特定的劳动对象转化成符合质量标准的建设工程产品。

综上所述,工程项目质量的形成过程贯穿工程项目的决策过程和实施过程,这些过程的各个重要环节构成了工程建设的基本程序,它是工程建设客观规律的体现。对工程项目实体注入一组固有的质量特征,以满足人们预期需求。在这个过程中,业主方的项目管理负担着对整个工程项目质量总目标的策划、决策和实施监控的任务,而工程项目各参与方,则直接承担着相关工程项目质量目标的控制职能和相应的质量责任。

6.2　工程项目质量控制体系

6.2.1　工程项目质量控制的基本原理

1. 全面质量管理的思想

全面质量管理(Total Quality Control,缩写为 TQC),是 20 世纪中期在欧美和日本广泛应用的质量管理理念和方法。我国从 20 世纪 80 年代开始引进和推广全面质量管理方法。它主要是指企业组织的质量管理应该做到全面、全过程和全员参与。在工程项目质量管理中应用这一原理对工程项目的质量控制具有重要的理论和实践指导意义。

TQC 的主要特点:以顾客满意为宗旨;领导参与质量方针和目标的制度;提出预防为主、科学管理、用数据说话等。在当今世界标准化组织颁布的 ISO9000:2005 质量管理体系标准中,处处都体现了这些重要特点和思想。建设工程项目的质量管理,同样应贯彻"三全"管理的思想和方法。

(1) 全面质量管理

建设工程项目的全面质量管理,是指建设工程项目参与各方进行的工程项目质量管理总称,其中包括工程(产品)质量和工作质量的全面管理。工作质量是产品质量的保证,工作质量直接影响产品质量的形成。业主、监理单位、勘察单位、设计单位、施工总承包单位、施工分包单位、材料设备供应商等,任何一方任何环节的怠慢疏忽或质量责任不到位都会对建设工程质量造成不利影响。

工程项目质量的全面控制可以从纵、横两个方面来理解。从纵向的组织管理角度来看,质量总目标的实现有赖于项目组织的上层、中层、基层乃至一线员工的通力协作。其中,高层管理能否全力支持与参与,起着决定性的作用。从项目各部门职能间的横向配合来看,要保证和提高工程项目质量,必须使项目组织的所有质量控制活动构成为一个有效的整体。广义地说,横向的协调配合包括业主、勘察设计、施工及分包、材料设备供应、监理等相关各方。"全面质量控制"就是要求项目各相关方都有明确的质量控制活动内容。当然,从纵向看,各层次活动的侧重点不同:上层管理侧重于质量决策,制订项目的整体质量方针、质量目标、质量政策和质量计划,并统一组织、协调各部门、各环节、各类人员的质量控制活动;中层管理则要贯彻落实领导层的质量决策,运用一定的方法找到各部门的关键、薄弱环节或必须解决的重要事项,确定本部门的目标和对策,更好地执行各自的质量控制职能;基层管理则要求每个员工都要严格地按标准、按规范进行施工和生产,相互间进行分工合作,互相支持协助,开展群众合理化建议和质量管理小组活动,建立和健全项目的全面质量控制体系。

（2）全过程质量管理

全过程质量管理是指根据工程质量的形成规律,从源头抓起,全过程推进。我国强调质量管理的"过程方法"管理原则,要求应用"过程方法"进行全过程质量控制。要控制的主要过程包括:项目策划与决策过程;勘察设计过程;施工采购过程;施工组织与准备过程;检测设备控制与计量过程;施工生产的检验试验过程;工程质量的评定过程;工程竣工验收与交付过程;工程回访维修服务过程等。

任何产品或服务的质量,都有一个产生、形成和实现的过程。从全过程的角度来看,质量产生、形成和实现的整个过程是由多个相互联系、相互影响的环节组成的,每个环节都或轻或重地影响着最终的质量状况。为了保证和提高质量就必须控制影响质量的所有环节和因素。工程项目的全过程质量控制主要有项目策划与决策过程、勘察设计过程、施工采购过程、施工组织与准备过程、检测设备控制与计量过程、施工生产的检验试验过程、工程质量的评定过程、工程竣工验收与交付过程以及工程回访维修过程等。全过程质量控制必须体现如下两个思想。

① 预防为主、不断改进的思想。根据这一基本原理,全面质量控制要求把管理工作的重点,从"事后把关"转移到"事前预防";强调预防为主、不断改进的思想。

② 为顾客服务的思想。顾客有内部和外部之分:外部的顾客可以是项目的使用者,也可以是项目的开发商;内部的顾客是项目组织的部门和人员。实行全过程的质量控制要求项目所有各相关利益者都必须树立为顾客服务的思想。内部顾客满意是外部顾客满意的基础,因此,在项目组织内部要树立"下道工序是顾客""努力为下道工序服务"的思想,使全过程的质量控制一环扣一环,贯穿整个项目过程。

（3）全员参与质量管理

按照全面质量管理的思想,组织内部的每个部门和工作岗位都承担着相应的质量职能,组织的最高管理者确定了质量方针和目标,就应组织和动员全体员工参与实施质量方针的系统活动,发挥自己角色的作用。开展全员参与质量管理的重要手段就是运用目标管理方法,将组织的质量总目标逐级进行分解,使之形成自上而下的质量目标分解体系和自下而上的质量目标保障体系,发挥组织系统内部每个工作岗位、部门或团队在实现质量总目标中的作用。

全员参与工程项目的质量控制是工程项目各方面、各部门、各环节工作质量的综合反映。其中任何一个环节,任何一个人的工作质量都会不同程度地直接或间接地影响着工程项目的形成质量或服务质量。因此,全员参与质量控制,才能实现工程项目的质量控制目标,形成顾客满意的产品。主要的工作包括:

① 必须抓好全员的质量教育和培训;

② 要制订各部门、各级各类人员的质量责任制,明确任务和职权,各司其职,密切配合,以形成一个高效、协调、严密的质量管理工作的系统;

③ 要开展多种形式的群众性质量管理活动,充分发挥广大职工的聪明才智和当家作主的进取精神,采取多种形式激发全员参与的积极性。

2. PDCA 循环原理

工程项目的质量控制是一个持续过程。首先在提出项目质量目标的基础上,制定质量控制计划,包括实现该计划需采取的措施;然后将计划加以实施,特别要在组织上加以落实,真正将工程项目质量控制的计划措施落实到实处。在实施过程中,还要经常检查、监测,以评价检查结果与计划是否一致;最后对出现的工程质量问题进行处理,对暂时无法处理的质量问题重新进行分析,进一步采取措施加以解决。这一过程的原理是 PDCA 循环。这一过程的原理是 PDCA 循环,是美国质量管理专家戴明博士首先提出的,又叫"戴明环"。PDCA 循环是工程项目质量管理应遵循的科学程序。其质量管理活动的全部过程,就是质量计划的制订和组织实现的过程,这个过程按照 PDCA 循环,不停顿地周而复始地运转。

PDCA 由英语单词 plan(计划)、do(执行)、check(检查)和 action(处理)的首字母组成,PDCA 循环就是按照这样的顺序进行质量管理,并且循环不断地进行下去的科学程序。

工程项目质量管理活动的运转,离不开管理循环的转动,这就是说,改进与解决质量问题,赶超先进水平的各项工作,都要运用 PDCA 循环的科学程序。不论是提高工程施工质量还是降低产品不合格率,都要先提出目标,即质量提高到什么程度,产品不合格率降低多少,要有个计划。这个计划不仅包括目标,而且也包括实现这个目标需要采取的措施。计划制定之后,就要按照计划进行检查,看是否实现了预期效果,有没有达到预期的目标。通过检查找出问题和原因,最后就要进行处理,将经验和教训制订成标准,形成制度。

PDCA 循环作为工程项目质量管理体系运转的基本方法,其实施需要监测、记录大量工程施工数据资料,并综合运用各种管理技术和方法。一个 PDCA 循环一般都要经历以下四个阶段(见图 6-1)、八个步骤(见图 6-2)。

图 6-1　PDCA 循环的四个阶段　　　　图 6-2　PDCA 循环的八个步骤

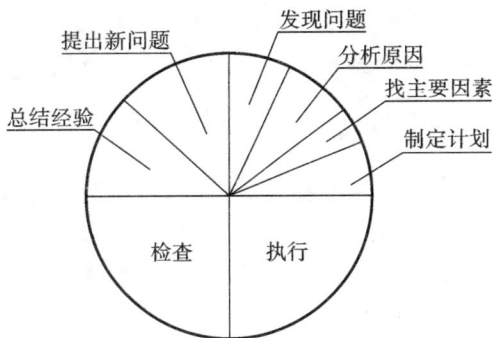

(1) 计划 P(plan)

计划由目标和实现目标的手段组成,所以说是一条"目标—手段"链。质量管理的计划职能,包括确定质量目标和制定实现质量目标的行动方案两方面。实践表明,质量计划的严谨周密、经济合理且切实可行,是保证工作质量、产品质量和服务质量的前提条件。

建设工程项目的质量计划,是由项目参与各方根据其在项目实施中所承担的任务、责任范围和质量目标,分别制定质量计划而形成的质量计划体系。其中,建设单位的工程项目质量计划,包括确定和论证项目总体的质量目标,提出项目质量管理的组织、制度、工作成效、方法和要求。项目其他各参与方,则根据工程合同规定的质量标准和责任,在明确各自质量目标的基础上,制定实施相应范围质量管理的行动方案,包括技术方法、业务流程、资源配置、检验试验要求、质量记录方式、不合格处理、管理措施等具体内容和做法的质量管理文件,同时亦须对其实现预期目标的可行性、有效性、经济合理性进行分析论证,并按照规定的程序与权限,经过审批后执行。

(2) 执行 D(do)

执行职能在于将质量的目标值,通过生产要素的投入、作业技术活动和产出过程,转换为质量的实际值。为保证工程质量的产出或形成过程能够达到预期的结果,在各项质量活动执行前,要根据质量管理计划进行行动方案的部署和交底。交底的目的在于使具体的作业和管理者明确计划的意图和要求,掌握质量标准及其实现的程序与方法。在质量活动的实施过程中,则要求严格执行计划的行动方案,规范行为,把质量管理计划的各项规定和安排落实到具体的资源配置和作业技术活动中去。

（3）检查 C(check)

检查指对计划实施过程进行各种检查,包括作业者的自检、互检和专职管理者专检。各类检查也都包含两大方面:一是检查是否严格执行了计划的行动方案,实际条件是否发生了变化,不执行计划的原因;二是检查计划执行的结果,即产出的质量是否达到标准的要求,对此进行确认和评价。

（4）处理 A(action)

对于质量检查所发现的质量问题或质量不合格,及时进行原因分析,采取必要的措施,予以纠正,保持工程质量形成过程的受控状态。处理分纠偏和预防改进两个方面。前者是采取有效措施,解决当前的质量偏差、问题或事故;后者是将目前质量状况信息反馈到管理部门,反思问题症结或计划时的不周,确定改进目标和措施,为今后类似质量问题的预防提供借鉴。

在实施 PDCA 循环时,工程项目的质量控制要重点做好施工准备、施工、验收、服务全过程的质量监督,抓好全过程的质量控制,确保工程质量目标达到预定的要求,具体措施如下。

① 将质量目标逐层分解到分部工程、分项工程,并落实到部门、班组和个人。以指标控制为目的,以要素控制为手段,以体系活动为基础,保证在组织上加以全面落实。

② 实行质量责任制。项目经理是工程施工质量的第一责任人,各工程队长是本队施工质量的第一责任人,质量保证工程师和责任工程师是各专业质量责任人,各部门负责人要按分工认真履行质量职责。

③ 每周组织一次质量大检查,一切用数据说话,实行质量奖惩,激励施工人员,保证施工人员的自觉性和责任心。

④ 每周召开一次质量分析会,通过各部门、各单位反馈输入各种不合格信息,采取纠正和预防措施,排除质量隐患。

⑤ 加大质检权力,质检部门及质检人员根据公司质量管理制度可以行使质量否决权。

⑥ 施工全过程执行业主和有关工程质量管理及质量监督的各种制度和规定,对各部门检查发现的任何质量问题应及时制定整改措施,进行整改,直到合格为止。

3. 工程项目质量控制三阶段原理

工程项目的质量控制,是一个持续管理的过程。从工程项目的立项到竣工验收属于工程项目建设的质量控制阶段,项目投产到项目生命期结束属于项目生产(或经营)的质量阶段控制。两者在质量控制内容上有较大的不同,但不管是建设阶段的质量控制还是经营阶段的质量控制,从控制工作的开展与控制对象实施的时间关系来看,可分为事前控制、事中控制和事后控制三种。

（1）事前控制

事前控制强调质量目标的计划预控,并按质量计划进行质量活动前的准备工作状态的控制。如在施工过程中,事前控制重点在于施工准备工作,且贯穿施工全过程。首先,要熟悉和审查工程项目的施工图纸,做好项目建设地点的自然条件、技术经济条件的调查分析,完成项目施工图预算、施工预算和项目的组织设计等技术准备工作;其次,做好器材、施工机具、生产设备的物资准备工作;还要组成项目组织机构,进场人员技术资质、施工单位质量管理体系的核查;编制好季节性施工措施,制定施工现场管理制度,组织施工现场准备方案等。

可以看出,事前控制的内涵包括两个方面,一是注重质量目标的计划预控,二是按质量计划进行质量活动前的准备工作状态的控制。

（2）事中控制

事中控制是指对质量活动的行为进行约束，对质量进行监控，实际上属于一种实时控制。如项目生产阶段，对产品生产线进行的在线监测控制，即对产品质量的一种实时控制。又如在项目建设的施工过程中，事中控制的重点在工序质量监控上。其他如施工作业的质量监督、设计变更、隐蔽工程的验收和材料检验等都属于事中控制。

概括地说，事中控制是对质量活动主体、质量活动过程和结果所进行的自我约束和监督检查的控制，其关键是增强质量意识，发挥行为主体自我约束控制的能力。

（3）事后控制

事后控制一般是指在输出阶段的质量控制。事后控制也称为合格控制，包括对质量活动结果的评价认定和对质量偏差的纠正。如工程项目竣工验收进行的质量控制，即属于工程项目质量的事后控制。项目生产阶段的产品质量检验也属于产品质量的事后控制。

以上三大环节不是相互孤立和截然分开的，它们共同构成有机的系统过程，实质上就是质量管理PDCA循环的具体化，在每一次滚动循环中不断提高，达到质量管理和质量控制的持续改进。

6.2.2　工程项目质量控制体系的建立和运行

工程项目的实施，涉及业主方、勘察方、设计方、施工方、监理方、供应方等各方质量责任主体的活动，各方主体各自承担不同的质量责任和义务。为了有效地进行系统、全面的质量控制，必须由项目实施的总负责单位负责建设工程项目质量控制体系的建立和运行，实施质量目标的控制。

1. 项目质量控制体系的特点

工程项目质量控制体系是项目目标控制的一个工作系统，与建筑企业或其他组织机构按照 GB/T 19000/ISO 9000 族标准建立的质量管理体系相比较，有如下不同。

（1）建立的目的不同

项目质量控制体系以项目为对象，只用于特定的项目质量控制，而不是用于建筑企业或组织的质量管理，其建立的目的不同。

（2）服务的范围不同

项目质量控制体系涉及项目实施过程所有的质量责任主体，而不只是针对某一个企业或组织机构，其服务的范围不同。

（3）控制的目标不同

项目质量控制体系的控制目标是项目的质量目标，并非某一具体企业或组织的质量管理目标，其控制的目标不同。

（4）作用的时效不同

项目质量控制体系与项目投资控制、进度控制、职业健康安全与环境管理等目标控制体系，共同依托于同一项目管理的组织机构，是一次性的质量工作体系，随着项目的完成和项目管理组织的解体而消失，并非永久性的质量管理体系，其作用的时效不同。

（5）评价的方式不同

项目质量控制体系的有效性一般由项目管理的组织者进行自我评价与诊断，无须进行第三方认证，其评价的方式不同。

2. 项目质量控制体系的结构

工程项目质量控制体系,一般形成多层次、多单元的结构形态,这是由其实施任务的委托方式和合同结构所决定的。

(1)多层次结构

多层次结构是对应于项目工程系统纵向垂直分解的单项、单位工程项目的质量控制体系。在大中型工程项目尤其是群体工程项目中,第一层次的质量控制体系应由建设单位工程项目管理机构负责建立。在委托代建、委托项目管理或实行交钥匙式工程总承包的情况下,应由相应的代建方项目管理机构、受托项目管理机构或工程总承包企业项目管理机构负责建立。第二层次的质量控制体系,通常是指分别由项目的设计总负责单位、施工总承包单位等建立的相应管理范围内的质量控制体系。第三层次及其以下,是承担工程设计、施工安装、材料设备供应等各承包单位的现场质量自控,或称各自的施工质量保证体系。系统纵向层次结构的合理性是项目质量目标、控制责任和措施分解落实的重要保证。

(2)多单元结构

多单元结构是指在项目质量控制总体系下,第二层次的质量控制体系及其以下的质量自控和或保证体系可能有多个。这是项目质量目标、责任和措施分解的必然结果。

3. 项目质量控制体系的建立

项目质量控制体系的建立过程,实际上就是项目质量总目标的确定和分解过程,也是项目各参与方之间质量管理关系和控制责任的确立过程。为了保证质量控制体系的科学性和有效性,必须明确体系建立的原则、程序和主体。

1)建立的原则

(1)分层次规划原则

项目质量控制体系的分层次规划,是指项目管理的总组织者(建设单位或代建制项目管理企业)和承担项目实施任务的各参与单位,分别进行不同层次和范围的工程项目质量控制体系规划。

(2)目标分解原则

项目质量控制系统目标的分解,是根据控制系统内工程项目的分解结构,将工程项目的建设标准和质量总体目标分解到各个责任主体,明示于合同条件,由各责任主体制定出相应的质量计划,确定其具体的控制方式和控制措施。

(3)质量责任制原则

项目质量控制体系的建立,应按照《中华人民共和国建筑法》和《建设工程质量管理条例》有关工程质量责任的规定,界定各方的质量责任范围和控制要求。

2)建立的程序

项目质量控制体系的建立过程,一般可按以下环节依次展开工作。

(1)建立系统质量控制网络

首先明确系统各层面的工程质量控制负责人。一般应包括承担项目实施任务的项目经理(或工程负责人)、总工程师,项目监理机构的总监理工程师、专业监理工程师等,以形成明确的项目质量控制责任者的关系网络架构。

(2)制定质量控制制度

质量控制制度包括质量控制例会制度、协调制度、报告审批制度、质量验收制度和质量信息管理制度等,形成建设工程项目质量控制体系的管理文件或手册,作为承担工程项目实施任务各方主体共同遵循的管理依据。

（3）分析质量控制界面

项目质量控制体系的质量责任界面，包括静态界面和动态界面。一般说静态界面根据法律法规、合同条件、组织内部职能分工来确定。动态界面主要是指项目实施过程中设计单位之间、施工单位之间、设计与施工单位之间的衔接配合关系及其责任划分，必须通过分析研究，确定管理原则与协调方式。

（4）编制质量控制计划

项目管理总组织者，负责主持编制建设工程项目总质量计划，并根据质量控制体系的要求，布置各质量责任主体分别编制与其承担任务范围相符合的质量计划，并按规定程序完成质量计划的审批，作为其实施自身工程质量控制的依据。

4. 项目质量控制体系的运行

项目质量控制体系的建立，为项目的质量控制提供了组织制度方面的保证，质量控制体系的有效运行，有赖于系统内部的运行环境和运行机制的完善。

1）运行环境

项目质量控制体系的运行环境，主要是指以下几方面为系统运行提供支持的管理关系、组织制度和资源配置的条件。

（1）项目的合同结构

建设工程合同是联系建设工程项目各参与方的纽带，只有在项目合同结构合理，质量标准和责任条款明确，并严格进行履约管理的条件下，质量控制体系的运行才能成为各方的自觉行动。

（2）质量管理的资源配置

质量管理的资源配置，包括专职的工程技术人员和质量管理人员的配置；实施技术管理和质量管理所必需的设备、设施、器具、软件等物质资源的配置。人员和资源的合理配置是质量控制体系得以运行的基础条件。

（3）质量管理的组织制度

项目质量控制体系内部的各项管理制度和程序性文件的建立，为质量控制系统各个环节的运行，提供必要的行动指南、行为准则和评价基准的依据，是系统有序运行的基本保证。

2）运行机制

项目质量控制体系的运行机制，是质量控制体系的生命，机制缺陷是造成系统运行无序、失效和失控的重要原因。因此，在设计系统内部的管理制度时，必须防止重要管理制度的缺失、制度本身的缺陷、制度之间的矛盾等现象出现，才能为系统的运行注入有效的动力机制、约束机制、反馈机制和持续改进机制。

（1）动力机制

动力机制是项目质量控制体系运行的核心机制，它是基于对项目参与各方及其各层管理人员公正、公开、公平的责、权、利分配，以及适当的竞争机制而形成的内在动力。

（2）约束机制

约束机制取决于各质量责任主体内部的自我约束能力和外部的监控效力。约束能力表现为组织及个人的经营理念、质量意识、职业道德及技术能力的发挥；监控效力取决于项目实施主体外部对质量工作的推动和检查监督。两者相辅相成，构成了质量控制过程的制衡关系。

（3）反馈机制

运行状态和结果的信息反馈，是对质量控制系统的能力和运行效果进行评价，并为及时作出处置提供决策依据。因此,必须有相关的制度安排,保证质量信息反馈的及时准确。

(4) 持续改进机制

在项目实施的各个阶段,不同的层面、不同的范围和不同的质量责任主体之间,应用 PDCA 循环原理,即计划、执行、检查和处理不断循环的方式展开质量控制,并不断寻求改进机会、研究改进措施,这样才能保证工程项目质量控制系统的不断完善和持续改进,不断提高质量控制能力和控制水平。

6.2.3 企业质量管理体系的建立和运行

施工企业质量管理体系是企业为实施质量管理而建立的管理体系,通过第三方认证机构的认证,提升合规经营能力,为提升企业管理水平和建筑工程品质奠定基础。企业质量管理体系应对标世界一流,按照我国 GB/T 19000 质量管理体系族标准进行建立和认证。该标准是我国按照等同原则,采用国际标准化组织颁布的 ISO 9000 质量管理体系族标准制定的。

1. 质量管理原则

质量管理原则是 ISO 9000 质量管理体系族标准的编制基础,是世界各国质量管理成功经验的科学总结,其中不少内容与我国全面质量管理的经验吻合。它的贯彻执行能促进企业管理水平的提高,提高顾客对其产品或服务的满意程度,帮助企业达到持续成功的目的。《质量管理体系 基础和术语》(GB/T 19000—2016)提出了质量管理 7 项原则,具体内容如下。

(1) 以顾客为关注焦点

质量管理的首要关注点是满足顾客要求并且努力超越顾客期望。

(2) 领导作用

各级领导建立统一的宗旨和方向,并创造全员积极参与实现组织的质量目标的条件。

(3) 全员积极参与

整个组织内各级胜任、经授权并积极参与的人员,是提高组织创造和提供价值能力的必要条件。

(4) 过程方法

将活动作为相互关联、功能连贯的过程组成的体系来理解和管理时,可以更加有效和高效地得到一致的、可预知的结果。

(5) 改进

成功的组织持续关注改进。

(6) 循证决策

基于数据和信息的分析和评价的决策,更有可能产生期望的结果。

(7) 关系管理

为了不断成功,组织需要管理与有关相关方(如供方)的关系。

2. 企业质量管理体系文件的构成

质量管理体系标准明确要求,企业应有完整和科学的质量管理体系文件,这是企业开展质量管理的基础,也是企业为达到所要求的产品质量,实施质量体系审核、认证、进行质量改进的重要依据。质量管理体系文件主要由质量手册、程序文件、质量计划和质量记录等构成。

(1) 质量手册

质量手册是质量管理体系的规范,是阐明一个企业的质量政策、质量体系和质量实践的文件,是实施和保持质量体系过程中长期遵循的纲领性文件。质量手册的主要内容包括:企业的质量方针、质量目标;组织机构和质量职责;各项质量活动的基本控制程序或体系要素;质量评审、修改和控制管理办法。

（2）程序文件

各种生产、工作和管理的程序文件是质量手册的支持性文件，是企业各职能部门为落实质量手册要求而规定的细则。企业为落实质量管理工作而建立的各项管理标准、规章制度都属程序文件范畴。各企业程序文件的内容及详略可视企业情况而定。一般有以下六个方面的程序为通用性管理程序，适用于各类企业：

① 文件控制程序；

② 质量记录管理程序；

③ 不合格品控制程序；

④ 内部审核程序；

⑤ 预防措施控制程序；

⑥ 纠正措施控制程序。

除以上六个程序以外，涉及产品质量形成过程各环节控制的程序文件，如生产过程、服务过程、管理过程、监督过程等管理程序文件，可视企业质量控制的需要而制定，不作统一规定。

（3）质量计划

质量计划是为了确保过程的有效运行和控制，在程序文件的指导下，针对特定的项目、产品、过程或合同，而制定的专门质量措施和活动顺序的文件。其内容包括：应达到的质量目标；该项目各阶段的责任和权限；应采用的特定程序、方法和作业指导书；有关阶段的实验、检验和审核大纲；随项目的进展而修改和完善质量计划的方法；为达到质量目标必须采取的其他措施等。其中可引用质量手册的部分内容或程序文件中适用于特定情况的部分。

（4）质量记录

质量记录是产品质量水平和质量体系中各项质量活动进行及结果的客观反映，对质量体系程序文件所规定的运行过程及控制测量检查的内容如实加以记录，用以证明产品质量达到合同要求及质量保证的满足程度。如在控制体系中出现偏差，则质量记录不仅需反映偏差情况，而且应反映出针对不足之处所采取的纠正措施及纠正效果。

质量记录应完整地反映质量活动实施、验证和评审的情况，并记载关键活动的过程参数，具有可追溯性的特点。质量记录以规定的形式和程序进行，并应有实施、验证、审核等签署意见。

3. 企业质量管理体系的建立和运行

（1）企业质量管理体系的建立

① 企业质量管理体系的建立，是在确定市场及顾客需求的前提下，按照质量管理 7 项原则制定企业的质量方针、质量目标、质量手册、程序文件及质量记录等体系文件，并将质量目标分解落实到相关层次、相关岗位的职能和职责中，形成企业质量管理体系的执行系统。

② 企业质量管理体系的建立，还包含组织企业不同层次的员工进行培训，使体系的工作内容和执行要求为员工所了解，为全员参与企业质量管理体系的运行打下基础。

③ 企业质量管理体系的建立，需识别并提供实现质量目标和持续改进所需的资源，包括人员、基础设施、环境、信息等。

（2）企业质量管理体系的运行

① 企业质量管理体系的运行是在生产及服务的全过程，按质量管理体系文件所制定的程序、标准、工作要求及目标分解的岗位职责进行运作。

② 在企业质量管理体系运行的过程中，按各类体系文件的要求，监视、测量和分析过程的有效性

和效率,做好文件规定的质量记录,持续收集、记录并分析过程的数据和信息,全面反映产品质量和过程符合要求,并具有可追溯的效能。

③ 按文件规定的办法进行质量管理评审和考核。对过程运行的评审考核工作,应针对发现的主要问题,采取必要的改进措施,使这些过程达到所策划的结果并实现对过程的持续改进。

④ 落实质量体系的内部审核程序,有组织有计划开展内部质量审核活动,其主要目的是:评价质量管理程序的执行情况及适用性;揭露过程中存在的问题,为质量改进提供依据;检查质量体系运行的信息;向外部审核单位提供体系有效的证据。

为确保系统内部审核的效果,企业领导应发挥决策领导作用,制定审核政策和计划,组织内审人员队伍,落实内审条件,并对审核发现的问题采取纠正措施和提供人、财、物等方面的支持。

4. 企业质量管理体系的认证与监督

《中华人民共和国建筑法》规定,国家对从事建筑活动的单位推行质量体系认证制度。质量认证制度是由公正的第三方认证机构对企业的产品及质量体系作出正确可靠的评价,从而使社会对企业的产品建立信心。第三方质量认证制度可以提高供方企业的质量信誉、促进企业完善质量体系、增强国际市场竞争能力、减少社会重复检验和检查费用、有利于保护消费者利益和法规的实施。

企业质量管理体系获准认证的有效期为 3 年。获准认证后,企业应通过经常性的内部审核,维持质量管理体系的有效性,并接受认证机构对企业质量管理体系实施监督管理。

6.3 工程项目施工质量控制

工程项目的施工质量控制,有两个方面的含义:一是指项目施工单位的施工质量控制,包括施工总承包、分包单位,综合的和专业的施工质量控制;二是指广义的施工阶段项目质量控制,即除了施工单位的施工质量控制,还包括建设单位、设计单位、监理单位以及政府质量监督机构,在施工阶段对项目施工质量所实施的监督管理和控制职能。因此,项目管理者应全面理解施工质量控制的内涵,掌握项目施工阶段质量控制的目标依据与基本环节,以及施工质量计划的编制和施工生产要素、施工准备工作和施工作业过程的质量控制方法。

6.3.1 施工质量控制的基本要求与依据

1. 施工质量的基本要求

工程项目施工是实现项目设计意图形成工程实体的阶段,是最终形成项目质量和实现项目使用价值的阶段。项目施工质量控制是整个工程项目质量控制的关键和重点。

施工质量要达到的最基本要求是:通过施工形成的项目工程实体质量经检查验收合格。

建筑工程施工质量验收合格应符合下列规定:

① 符合工程勘察、设计文件的要求;

② 符合现行的《建筑工程施工质量验收统一标准》(GB 50300—2013)和相关专业验收规范的规定。

上述规定①是要符合勘察、设计方对施工提出的要求。工程勘察、设计单位针对本工程的水文地质条件,根据建设单位的要求,从技术和经济结合的角度,为满足工程的使用功能和安全性、经济性、与环境的协调性等要求,以图纸、文件的形式对施工提出要求,是针对每个工程项目的个性化要求。

规定②是要符合国家法律、法规的强制性要求。国家建设行政主管部门为了加强建筑工程质量管理,规范建筑工程施工质量的验收,保证工程质量,制定相应的标准和规范。这些标准、规范是主要从技术的角度,为保证房屋建筑各专业工程的安全性、可靠性、耐久性而提出的一般性要求。

施工质量在合格的前提下,还应符合施工承包合同约定的要求。施工承包合同的约定具体体现了建设单位的要求和施工单位的承诺,全面反映了对施工形成的工程实体的适用性、安全性、耐久性、可靠性、经济性和与环境的协调性六个方面质量特性的要求。

为了达到上述要求,项目的建设单位、勘察单位、设计单位、施工单位、工程监理单位应切实履行法定的质量责任和义务,在整个施工阶段对影响项目质量的各项因素实行有效的控制,以保证项目实施过程的工作质量来保证项目工程实体的质量

"合格"是对项目质量的最基本要求,国家鼓励采用先进的科学技术和管理方法,提升建筑工程品质。全国和地方(部门)的建设行政主管部门或行业协会设立了"中国建筑工程鲁班奖(国家优质工程)""金钢奖""白玉兰奖"以及以"某某杯"命名的各种优质工程奖等,都是为了鼓励项目参建单位创造更好的工程质量。

2. 施工质量控制的依据

(1)共同性依据

共同性依据指适用于施工质量管理有关的、通用的、具有普遍指导意义和必须遵守的基本法规。主要包括:国家和政府有关部门颁布的与工程质量管理有关的法律法规性文件,如《中华人民共和国建筑法》《中华人民共和国招投标法》和《建设工程质量管理条例》等。

(2)专业技术性依据

专业技术性依据指针对不同的行业、不同质量控制对象制定的专业技术规范文件,包括规范、规程、标准、规定等,如:工程建设项目质量检验评定标准,有关建筑材料、半成品和构配件质量控制方面的专门技术法规性文件,有关材料验收、包装和标志等方面的技术标准和规定,施工工艺质量等方面的技术法规性文件,有关新工艺、新技术、新材料、新设备的质量规定和鉴定意见等。

3. 项目专用性依据

项目专用性依据指本项目的工程建设合同、勘察设计文件、设计交底及图纸会审记录、设计修改和技术变更通知,以及相关会议记录和工程联系单等。

6.3.2　施工质量计划的内容与编制方法

按照我国质量管理体系标准,质量计划是质量管理体系文性的组成内容。在合同环境下,质量计划是企业向顾客表明质量管理方针、目标及其具体实现的方法、手段和措施的文件,体现企业对质量责任的承诺和实施的具体步骤。

1. 施工质量计划的形式和内容

(1)施工质量计划的形式

目前,我国除了已经建立质量管理体系的施工企业采用将施工质量计划作为一个独立文件的形式,通常还采用在工程项目施工组织设计或施工项目管理实施规划中包含质量计划内容的形式。

施工组织设计或施工项目管理实施规划之所以能发挥施工质量计划的作用,是因为根据建筑生产的技术经济特点,每个工程项目都需要进行施工生产过程的组织与计划,包括施工质量、进度、成本、安全等目标的设定,实现目标的步骤和技术措施的安排等。因此,施工质量计划所要求的内容,理所当然地被包含于施工组织设计或项目管理实施规划中,而且能够充分体现施工项目管理目标(质

量、工期、成本、安全)的关联性、制约性和整体性,这也和全面质量管理的思想方法相一致。

(2)施工质量计划的基本内容

施工质量计划的基本内容一般应包括:

① 工程特点及施工条件(合同条件、法规条件和现场条件等)分析;

② 质量总目标及其分解目标;

③ 质量管理组织机构和职责,人员及资源配置计划;

④ 确定施工工艺与操作方法的技术方案和施工组织方案;

⑤ 施工材料、设备等物资的质量管理及控制措施;

⑥ 施工质量检验、检测、试验工作的计划安排及其实施方法与检测标准;

⑦ 施工质量控制点及其跟踪控制的方式与要求;

⑧ 质量记录的要求等。

2. 施工质量控制点的设置与管理

施工质量控制点的设置是施工质量计划的重要组成内容。施工质量控制点是施工质量控制的重点对象。

(1)质量控制点的设置

质量控制点应选择那些技术要求高、施工难度大、对工程质量影响大或发生质量问题时危害大的对象进行设置。一般选择下列部位或环节作为质量控制点:

① 对工程质量形成过程产生直接影响的关键部位、工序、环节及隐蔽工程;

② 施工过程中的薄弱环节,或者质量不稳定的工序、部位或对象;

③ 对下道工序有较大影响的上道工序;

④ 采用新技术、新工艺、新材料的部位或环节;

⑤ 对施工质量无把握的、施工条件困难的或技术难度大的工序或环节;

⑥ 用户反馈指出的和过去有过返工的不良工序。

一般建筑工程质量控制点的设置可参考表 6-1。

表 6-1　质量控制点的设置

分项工程	质量控制点
工程测量定位	标准轴线桩、水平桩、龙门板、定位轴线、标高
地基、基础 (含设备基础)	基坑(槽)尺寸、标高、土质、地基承载力,基础垫层标高,基础位置、尺寸、标高,预埋件、预留洞孔的位置、标高、规格、数量,基础杯口弹线
砌体	砌体轴线,皮数杆,砂浆配合比,预留洞孔、预埋件的位置、数量,砌块排列
模板	位置、标高、尺寸,预留洞孔位置、尺寸,预埋件的位置,模板的承载力、刚度和稳定性,模板内部清理及隔离剂情况
钢筋混凝土	水泥品种、强度等级,砂石质量,混凝土配合比,外加剂掺量,混凝土振捣,钢筋品种、规格、尺寸、搭接长度,钢筋焊接、机械连接,预留洞、孔及预埋件规格、位置、尺寸、数量,预制构件吊装或出厂(脱模)强度,吊装位置、标高、支承长度、焊缝长度
吊装	吊装设备的起重能力、吊具、索具、地锚

续表

分项工程	质量控制点
钢结构	翻样图、放大样
焊接	焊接条件、焊接工艺
装修	视具体情况而定

（2）质量控制点的重点控制对象

设定了质量控制点，还要根据对重要质量特性进行重点控制的要求，选择质量控制点的重点部位、重点工序和重点的质量因素作为质量控制点的重点控制对象，进行重点预控和监控。质量控制点的重点控制对象主要包括以下几个方面。

① 人的行为：某些操作或工序，应以人为重点控制对象，如高空、高温、水下、易燃易爆、重型构件吊装作业以及操作要求高的工序和技术难度大的工序等，都应从人的生理、心理、技术能力等方面进行控制。

② 材料的质量与性能：这是直接影响工程质量的重要因素，在某些工程中应作为控制的重点。如钢结构工程中使用的高强度螺栓、某些特殊焊接使用的焊条，都应重点控制其材质与性能；又如水泥的质量是直接影响混凝土工程质量的关键因素，施工中就应对进场的水泥质量进行重点控制，必须检查核对其出厂合格证，并按要求进行强度、凝结时间和安定性的复验等。

③ 施工法与关键操作：某些直接影响工程质量的关键操作应作为控制的重点，如应力钢筋的张拉工艺操作过程及张拉力的控制，是可靠地建立预应力值和保证预应力构件质量的关键。同时，那些易对工程质量产生重大影响的施工方法，也应列为控制的重点，如大模板施工中模板的稳定和组装问题，液压滑模施工时支撑杆稳定问题，装配式混凝土结构构件吊运、吊装过程中吊具、吊点、吊索的选择与设置问题等。

④ 施工技术参数：如混凝土的水胶比和外加剂掺量、坍落度、抗压强度，回填土的含水量，砌体的砂浆饱满度，防水混凝土的抗渗等级，建筑物沉降与基坑边坡稳定监测数据，大体积混凝土内外温差及混凝土冬期施工受冻临界强度，装配式混凝土预制构件出厂时的强度等技术参数都是应重点控制的质量参数与指标。

⑤ 技术间歇：有些工序之间必须留有必要的技术间歇时间，如砌筑与抹灰之间，应在墙体砌筑后留 6～10 日，让墙体充分沉陷、稳定、干燥，然后再抹灰，抹灰层干燥后，才能喷白、刷浆；混凝土浇筑与模板拆除之间，应保证混凝土有一定的硬化时间，达到规定拆模强度后方可拆除等。

⑥ 施工顺序：某些工序之间必须严格控制先后的施工顺序，如对冷拉的钢筋应当先焊接后冷拉，否则会失去冷拉强度；屋架的安装固定，应采取对角同时施焊方法，否则会由于焊接应力导致校正好的屋架发生倾斜。

⑦ 易发生或常见的质量通病：如混凝土工程的蜂窝、麻面、空洞，墙、地面、屋面工程渗水、漏水、空鼓、起砂、裂缝等，都与工序操作有关，均应事先研究对策，提出预防措施。

⑧ 新技术、新材料及新工艺的应用：由于缺乏经验，施工时应将其作为重点进行控制。

⑨ 产品质量不稳定和不合格率较高的工序应列为重点，认真分析，严格控制。

⑩ 特殊地基或特种结构：对于湿陷性黄土、膨胀土、红黏土等特殊土地基的处理，以及大跨度结构、高耸结构等技术难度较大的施工环节和重要部位，均应予以特别的重视。

（3）质量控制点的管理

对施工质量控制点的控制,首先要做好质量控制点的事前质量预控工作,包括:明确质量控制的目标与控制参数;编制作业指导书和质量控制措施;确定质量检查检验方式及抽样的数量与方法;明确检查结果的判断标准及质量记录与信息反馈要求等。

其次,要向施工作业班组进行认真交底,使每一个控制点上的作业人员明白施工作业规程及质量检验评定标准,掌握施工操作要领;在施工过程中,相关技术管理和质量控制人员要在现场进行重点指导和检查验收。

同时,还要做好施工质量控制点的动态设置和动态跟踪管理。所谓动态设置,是指在工程开工前、设计交底和图纸会审时,可确定项目的一批质量控制点,随着工程的展开、施工条件的变化,随时或定期进行控制点的调整和更新。动态跟踪是应用动态控制原理落实专人负责跟踪和记录控制点质量控制的状态和效果,并及时向项目管理组织的高层管理者反馈质量控制信息,保持施工质量控制点的受控状态。

对于危险性较大的分部分项工程或特殊施工过程,除按一般过程质量控制的规定执行外,还应由专业技术人员编制专项施工方案或作业指导书,经施工单位技术负责人、项目总监理工程师、建设单位项目负责人审阅签字后执行。超过一定规模的危险性较大的分部分项工程,还要组织专家对专项施工方案进行论证。作业前施工员、技术员做好交底和记录,使操作人员在明确工艺标准、质量要求的基础上进行作业。为保证质量控制点的目标实现,应严格按照三级检查制度进行检查控制。在施工中发现质量控制点有异常时,应立即停止施工,召开分析会,查找原因采取对策予以解决。

施工单位应积极主动地支持、配合监理工程师的工作,应根据现场工程监理机构的要求,对施工作业质量控制点,按照不同的性质和管理要求,细分为"见证点"和"待检点"进行施工质量的监督和检查。凡属"见证点"的施工作业,如重要部位、特种作业、专门工艺等,施工方必须在该项作业开始前,书面通知现场监理机构到位旁站,见证施工作业过程;凡属"待检点"的施工作业,如隐蔽工程等,施工方必须在完成施工质量自检的基础上提前通知项目监理机构进行检查验收,然后才能进行工程隐蔽或下道工序的施工。未经过项目监理机构检查验收合格,不得进行工程隐蔽或下道工序的施工。

6.3.3 施工生产要素的质量控制

施工生产要素是施工质量形成的物质基础,其质量的含义包括:作为劳动主体的施工人员,即直接参与施工的管理者、作业者的素质及其组织效果;作为劳动对象的建筑材料、构件、半成品、工程设备等的质量;作为劳动方法的施工工艺及技术措施的水平;作为劳动手段的施工机械、设备、工具、模具等的技术性能;施工环境(现场水文、地质、气象等自然条件),通风、照明、安全等作业环境设置,以及协调配合的管理水平。

1. 施工人员的质量控制

施工人员的质量包括参与工程施工各类人员的施工技能、文化素养、生理体能、心理行为等方面的个体素质,以及经过合理组织和激励发挥个体潜能综合形成的群体素质。因此,企业应通过择优录用、加强思想教育及技能方面的教育培训,合理组织、严格考核并辅以必要的激励机制,使企业员工的潜在能力得到充分的发挥和最好的组合,使施工人员在质量控制系统中发挥自控主体作用。

施工企业必须坚持执业资格注册制度和作业人员持证上岗制度;对所选派的施工项目领导者、组织者进行教育和培训,使其质量意识和组织管理能力能满足施工质量控制的要求;对所属施工队伍进行全员培训,加强质量意识的教育和技术训练,提高每个作业者的质量活动能力和自控能力;对分包单位进行严格的资质考核和施工人员的资格考核,其资质必须符合相关法规的规定,与其分包的工程相适应。

2. 施工机械的质量控制

施工机械设备是所有施工方案和工法得以实施的重要物质基础,合理选择和正确使用施工机械设备是保证施工质量的重要措施。

① 对施工所用的机械设备,应根据工程需要从设备选型、主要性能参数及使用操作要求等方面加以控制,符合安全、适用、经济、可靠和节能、环保等方面的要求。

② 对施工中使用的模具、脚手架等施工设备,除可按适用的标准定型选用之外,一般需按设计及施工要求进行专项设计,对其设计方案及制作质量的控制及验收应作为重点进行控制。

③ 混凝土预制构件吊运应根据构件的形状、尺寸、重量和作业半径等要求选择吊具和起重设备,预制柱的吊点数量、位置应经计算确定,吊索水平夹角不宜小于 60°,不应小于 45°。

④ 现行施工管理制度要求,工程所用的施工机械、模板、脚手架,特别是危险性较大的现场安装的起重机械设备,在安装前要编制专项安装方案并经过审批后实施,安装完毕不仅必须经过自检和专业检测机构检测,而且要经过相关管理部门验收合格后方可使用。同时,在使用过程中尚需落实相应的管理制度,以确保其安全正常使用。

3. 材料设备的质量控制

对原材料、半成品及工程设备进行质量控制的主要内容为:控制材料设备的性能、标准、技术参数与设计文件的相符性;控制材料、设备各项技术性能指标、检验测试指标与标准规范要求的相符性;控制材料、设备进场验收程序的正确性及质量文件资料的完备性;优先采用节能低碳的新型建筑材料和设备,禁止使用国家明令禁用或淘汰的建筑材料和设备等。

施工单位应按照现行的《建筑工程检测试验技术管理规范》(JGJ 190—2010),在施工过程中贯彻执行企业质量程序文件中关于材料和设备封样、采购、进场检验、抽样检测及质保资料提交等方面明确规定的一系列控制程序和标准。

装配式建筑的混凝土预制构件的原材料质量、钢筋加工和连接的力学性能,混凝土强度、构件结构性能、装饰材料、保温材料及拉结件的质量等均应根据国家现行有关标准进行检查和检验,并应具有生产操作规程和质量检验记录,企业应建立装配式建筑部品部件生产和施工安装全过程质量控制体系,对装配式建筑部品部件实行驻厂监造制度。混凝土预制构件出厂时的混凝土强度不宜低于设计混凝土强度等级值的 75%。

4. 工艺技术方案的质量控制

对施工工艺技术方案的质量控制主要包括以下内容。

① 深入正确地分析工程特征、技术关键及环境条件等资料,明确质量目标、验收标准、控制的重点和难点。

② 制定合理有效的、有针对性的施工技术方案和组织方案,前者包括施工工艺、施工方法,后者包括施工区段划分、施工流向及劳动组织等。

③ 合理选用施工机械设备和设置施工临时设施,合理布置施工总平面图和各阶段施工平面图。

④ 根据施工工艺技术方案选用和设计保证质量和安全的模具、脚手架等施工设备;成批生产的混凝土预制构件模具应具有足够的强度、刚度和整体稳固性。

⑤ 编制工程所采用的新材料、新技术、新工艺的专项技术方案和质量管理方案。

⑥ 针对工程具体情况,分析气象、地质等环境因素对施工的影响,制定应对措施。

5．施工环境因素的控制

环境因素对工程质量的影响，具有复杂多变和不确定性的特点，具有明显的风险特性。要减少其对施工质量的不利影响，主要是采取预测预防的风险控制方法。

（1）对施工现场自然环境因素的控制

对地质、水文等方面的影响因素，应根据设计要求，分析工程岩土地质资料，预测不利因素，并会同设计等方面制定相应的措施，采取如基坑降水、排水、加固围护等技术控制方案。

对天气气象方面的影响因素，应在施工方案中制定专项紧急预案，明确在不利条件下的施工措施，落实人员、器材等方面的准备，加强施工过程中的预警与监控。

（2）对施工质量管理环境因素的控制

要根据工程承发包的合同结构，理顺管理关系，建立统一的现场施工组织系统和质量管理的综合运行机制，确保质量保证体系处于良好的状态，创造良好的质量管理环境和氛围，使施工顺利进行，保证施工质量。

（3）对施工作业环境因素的控制

要认真实施经过审批的施工组织设计和施工方案，落实相关管理制度，严格执行施工平面规划和施工纪律，保证各种施工条件良好，制定应对停水、停电、火灾、食物中毒等方面的应急预案。

6.3.4 施工准备的质量控制

1．施工技术准备工作的质量控制

施工技术准备是指在正式开展施工作业活动前进行的技术准备工作。这类工作内容繁多，主要在室内进行，例如：熟悉施工图纸，组织设计交底和图纸审查；进行工程项目检查验收的项目划分和编号；审核相关质量文件，细化施工技术方案和施工人员、机具的配置方案，编制施工作业技术指导书，绘制各种施工详图（如测量放线图、大样图及配筋配板、配线图表等），进行必要的技术交底和技术培训。如果施工准备工作出错，必然影响施工进度和作业质量，甚至直接导致质量事故的发生。

技术准备工作的质量控制，包括对上述技术准备工作成果的复核审查，检查这些成果是否符合设计图纸和施工技术标准的要求；依据经过审批的质量计划审查、完善施工质量控制措施；针对质量控制点，明确质量控制的重点对象和控制方法；尽可能地提高上述工作成果对施工质量的保证程度等。

2．现场施工准备工作的质量控制

（1）计量控制

这是施工质量控制的一项重要基础工作。施工过程中的计量，包括施工生产时的投料计量、施工测量、监测计量以及对项目、产品或过程的测试、检验、分析计量等。开工前要建立和完善施工现场计量管理的规章制度；明确计量控制责任者和配置必要的计量人员；严格按规定对计量器具进行维修和校验；统一计量单位，组织量值传递，保证量值统一，从而保证施工过程中计量的准确。

（2）测量控制

工程测量放线是建设工程产品由设计转化为实物的第一步。施工测量质量的好坏，直接决定工程的定位和标高是否正确，并且制约施工过程有关工序的质量。因此，施工单位在开工前应编制测量控制方案，经项目技术负责人批准后实施。要对建设单位提供的原始坐标点、基准线和水准点等测量控制点、线进行复核，并将复测结果上报监理工程师审核，批准后施工单位才能建立施工测量控制网，进行工程定位和标高基准的控制。

（3）施工平面图控制

建设单位应按照合同约定并充分考虑施工的实际需要,事先划定并提供施工用地和现场临时设施用地的范围,协调平衡和审查批准各施工单位的施工平面设计。施工单位要严格按照批准的施工平面布置图,科学合理地使用施工场地,正确安装设置施工机械设备和其他临时设施,维护现场施工道路畅通无阻和通信设施完好,合理控制材料的进场与堆放,保持良好的防洪排水能力,保证充分的给水和供电。建设(监理)单位应会同施工单位制定严格的施工场地管理制度、施工纪律和相应的奖惩措施,严禁乱占场地和擅自断水、断电、断路,及时制止和处理各种违纪行为,并做好施工现场的质量检查记录。

3. 工程质量检查验收的项目划分

一个建设工程项目从施工准备开始到竣工交付使用,要经过若干工序、工种的配合施工。施工质量的优劣,取决于各个施工工序、工种的管理水平和操作质量。因此,为了便于控制、检查、评定和监督每个工序及工种的工作质量,就要把整个项目逐级划分为若干个子项目,并分级进行编号,在施工过程中据此来进行质量控制和检查验收。这是进行施工质量控制的一项重要准备工作,应在项目施工开始之前进行。项目划分得越合理、越细,越有利于分清质量责任、便于施工人员进行质量自控和检查监督人员检查验收,也有利于质量记录等资料的填写、整理和归档。

根据《建筑工程施工质量验收统一标准》(GB 50300—2013)(以下简称《统一标准》)的规定,建筑工程施工质量验收应划分为单位工程、分部工程、分项工程和检验批。

① 单位工程的划分应按下列原则确定:

a. 具备独立施工条件并能形成独立使用功能的建筑物及构筑物为一个单位工程;

b. 对于建筑规模较大的单位工程,可将其能形成独立使用功能的部分划分为一个子单位工程。

② 分部工程的划分应按下列原则确定:

a. 可按专业性质、工程部位确定,例如,一般的建筑工程可划分为地基与基础、主体结构、建筑装饰装修、建筑屋面、建筑给水排水及供暖、建筑电气、智能建筑、通风与空调、建筑节能、电梯等分部工程;

b. 当分部工程较大或较复杂时,可按材料种类、施工特点、施工程序、专业系统及类别等划分为若干子分部工程。

③ 分项工程可按主要工种、材料、施工工艺、设备类别等进行划分。

④ 检验批可根据施工质量控制和专业验收需要,按工程量、楼层、施工段、变形缝等进行划分。

⑤ 建筑工程的分部、分项工程划分宜按《统一标准》附录 B 采用。

⑥ 室外工程可根据专业类别和工程规模按《统一标准》附录 C 的规定划分单位工程、分部工程。

6.3.5　施工过程的质量控制

施工过程的质量控制,是在工程项目质量实际形成过程中的事中质量控制,一般可称过程控制。

建设工程项目施工由一系列相互关联、相互制约的作业过程(工序)构成,因此,施工质量控制必须对全部作业过程,即各道工序的作业质量持续进行控制。从项目管理的立场看,工序作业质量的控制,首先是质量生产者,即作业者的自控,在施工生产要素合格的条件下,作业者能力及其发挥的状况是决定作业质量的关键。其次是来自作业者外部的各种作业质量检查、验收和对质量行为的监督,也是不可缺少的设防和把关的管理措施。

1. 工序施工质量控制

工序是人、机械、材料设备、施工方法和环境因素对工程质量综合起作用的过程,所以对施工过程的质量控制,必须以工序作业质量控制为基础和核心。因此,工序的质量控制是施工阶段质量控制的重点。只有严格控制工序质量,才能确保施工项目的实体质量。工序施工质量控制主要包括工序施工条件控制和工序施工效果控制。

(1)工序施工条件控制

工序施工条件是指从事工序活动的各生产要素质量及生产环境条件。工序施工条件控制就是控制工序活动的各种投入要素质量和环境条件质量。控制的手段主要有检查、测试、试验、跟踪监督等。控制的依据主要是设计质量标准、材料质量标准、机械设备技术性能标准、施工工艺标准以及操作规程等。

(2)工序施工效果控制

工序施工效果是工序产品的质量特征和特性指标的反映。对工序施工效果的控制就是控制工序产品的质量特征和特性指标能否达到设计质量标准以及施工质量验收标准的要求。工序施工效果控制属于事后质量控制,其控制的主要途径是:实测获取数据、统计分析所获取的数据、判断认定质量等级和纠正质量偏差。

施工过程质量检测试验的内容应依据国家现行相关标准、设计文件、合同要求和施工质量控制的需要确定,主要内容见表6-2。

表 6-2 施工过程质量检测试验主要内容

序号	类别	检测试验项目	主要检测试验参数	备注
1	土方回填	土工击实	最大干密度	
			最优含水量	
		压实程度	压实系数	
2	地基与基础	换填地基	压实系数/承载力	
		加固地基、复合地基	承载力	
		桩基	承载力	
			桩身完整性	钢桩除外
3	基坑支护	土钉墙	土钉抗拔力	
		水泥土墙	墙身完整性	
			墙体强度	设计有要求时
		锚杆、锚索	锁定力	
4	钢筋连接	机械连接现场检验	抗拉强度	
		钢筋焊接工艺检验、闪光对焊、气压焊	抗拉强度	
			弯曲	适用于闪光对焊、气压焊接头,适用于气压焊水平连接筋
		电弧焊、电渣压力焊、预埋件钢筋 T 形接头	抗拉强度	
		网片焊接	抗剪力	热轧带肋钢筋
			抗拉强度	冷轧带肋钢筋
			抗剪力	

续表

序号	类别	检测试验项目	主要检测试验参数	备注
5	混凝土	配合比设计	工作性、强度等级	指工作度、坍落度等
		混凝土性能	标准养护试件强度	
			同条件养护试件强度	冬期施工或根据施工需要留置
			同条件养护转标准养护 28d 试件强度	
			抗渗性能	有抗渗要求时
6	砌筑砂浆	配合比设计	强度等级、稠度	
		砂浆力学性能	标准养护试件强度	
			同条件养护试件强度	冬期施工时增设
7	钢结构	网架结构焊接球节点、螺栓球节点	承载力	安全等级一级、$L \geqslant 40$ m 且设计有要求时
		焊缝质量	焊缝探伤	
		后锚固(植筋、锚栓)	抗拔承载力	
8	装饰装修	饰面砖粘贴	黏结强度	

2. 施工作业质量的自控

1) 施工作业质量自控的意义

施工作业质量的自控,从经营的层面上说,强调的是作为建筑产品生产者和经营者的施工企业,应全面履行企业的质量责任,向顾客提供质量合格的工程产品;从生产的过程来说,强调的是施工作业者的岗位质量责任,向后道工序提供合格的作业成果(中间产品)。因此、施工方是施工阶段质量自控主体。《中华人民共和国建筑法》和《建设工程质量管理条例》规定:施工单位对建设工程的施工质量负责;施工单位必须按照工程设计要求、施工技术标准和合同的约定,对建筑材料、建筑构配件和设备进行检验,不合格的不得使用。

2) 施工作业质量自控的程序

施工作业质量的自控过程是由施工作业组织的成员进行的,其基本的控制程序包括:施工作业技术交底、作业活动实施和施工作业质量检查等。

(1) 施工作业技术交底

技术交底是施工组织设计和施工方案的具体化,施工作业技术交底的内容必须具有可行性和可操作性。

从项目的施工组织设计到分部分项工程的作业计划,在实施之前都必须逐级进行交底,其目的是使管理者的计划和决策意图为实施人员所理解。施工作业交底是最基层的技术和管理交底活动,施工总承包方和工程监理机构都要对施工作业交底进行监督。作业交底的内容包括作业范围、施工依据、作业程序、技术标准和要领、质量目标以及其他与安全、进度、成本、环境等目标管理有关的要求和注意事项。

(2) 施工作业活动实施

施工作业活动是由一系列工序所组成的。为了保证工序质量的受控,首先要对作业条件进行再确认,即按照作业计划检查作业准备状态是否落实到位,其中包括对施工程序和作业工艺顺序的检查确认,在此基础上,严格按作业计划的程序、步骤和质量要求展开工序作业活动。

（3）施工作业质量检查

施工作业的质量检查,是贯穿整个施工过程的最基本的质量控制活动,包括施工单位内部的工序作业质量自检、互检、专检和交接检查,以及现场监理机构的旁站检查、平行检验等。施工作业质量检查是施工质量验收的基础,已完检验批及分部分项工程的施工质量,必须在施工单位完成质量自检并确认合格之后,才能报请现场监理机构进行检查验收。

前道工序作业质量经验收合格后,才可进入下道工序施工。未经验收合格的工序,不得进入下道工序施工。

3）施工作业质量自控的要求

工序作业质量是直接形成工程质量的基础,为达到对工序作业质量控制的效果,在加强工序管理和质量目标控制方面应坚持以下要求。

（1）预防为主

严格按照施工质量计划的要求,进行各分部分项施工作业的部署。同时,根据施工作业的内容、范围和特点,制定施工作业计划,明确作业质量目标和作业技术要领,认真进行作业技术交底,落实各项作业技术组织措施。

（2）重点控制

在施工作业计划中,一方面要认真贯彻实施施工质量计划中的质量控制点的控制措施,另一方面要根据作业活动的实际需要,进一步建立工序作业控制点,深化工序作业的重点控制。

（3）坚持标准

工序作业人员对工序作业过程应严格进行质量自检,不断改善作业,并创造条件开展作业质量互检,通过互检加强技术与经验的交流。对已完工序作业产品,即检验批或分部分项工程,应严格坚持质量标准。对不合格的施工作业质量,不得进行验收签证,必须按照规定的程序进行处理。

《建筑工程施工质量验收统一标准》(GB 50300—2013)及配套使用的专业质量验收规范,是施工作业质量自控的合格标准。有条件的施工企业或项目经理部应结合自己的条件编制高于国家标准的企业内控标准或工程项目内控标准,或采用施工承包合同明确规定的更高标准,列入质量计划中,努力提升工程质量水平。

（4）记录完整

施工图纸、质量计划、作业指导书、材料质保书、检验试验及检测报告、质量验收记录等,是形成可追溯性质量保证的依据,也是工程竣工验收所不可缺少的质量控制资料。因此,对于工序作业质量,应有计划、有步骤地按照施工管理规范的要求进行填写记录,做到及时、准确、完整、有效,并具有可追溯性。

4）施工作业质量自控的制度

根据实践经验的总结,施工作业质量自控的有效制度有:

① 质量自检制度;

② 质量例会制度;

③ 质量会诊制度;

④ 质量样板制度;

⑤ 质量挂牌制度;

⑥ 每月质量讲评制度。

3. 施工作业质量的监控

1）施工作业质量的监控主体

为了保证项目质量,建设单位、监理单位、设计单位及政府的工程质量监督部门,在施工阶段依据法律法规和工程施工承包合同,对施工单位的质量行为和项目实体质量实施监督控制。

设计单位应当就审查合格的施工图纸设计文件向施工单位作出详细说明;应当参与建设工程质量事故分析,并对因设计造成的质量事故,提出相应的技术处理方案。

建设单位在开工前,应当按照国家有关规定办理工程质量监督手续,并对必须实行监理的建设工程,委托监理单位实行监理。

《建设工程质量管理条例》规定,下列建设工程必须实行监理:

① 国家重点建设工程;

② 大中型公用事业工程;

③ 成片开发建设的住宅小区工程;

④ 利用外国政府或者国际组织贷款、援助资金的工程;

⑤ 国家规定必须实行监理的其他工程。

项目监理机构在施工作业实施过程中,根据其监理规划与实施细则,采取现场旁站、巡视、平行检验等形式,对施工作业质量进行监督检查,如发现工程施工有不符合工程设计要求、施工技术标准和合同约定的地方,有权要求施工单位改正。监理机构应进行检查而没有检查或没有按规定进行检查的,给建设单位造成损失时应承担赔偿责任。

必须强调,施工质量的自控主体和监控主体,在施工全过程是相互依存、各尽其责的,共同推动着施工质量控制过程的展开和最终实现工程项目的质量总目标。

2）现场质量检查

现场质量检查是施工作业质量监控的主要手段。

（1）现场质量检查的内容

① 开工前的检查。主要检查是否具备开工条件,开工后是否能够保持连续正常施工,能否保证工程质量。

② 工序交接检查。对于重要的工序或对工程质量有重大影响的工序,应严格执行“三检”制度（即自检、互检、专检）,未经监理工程师（或建设单位本项目技术负责人）检查认可,不得进行下道工序施工。

③ 隐蔽工程的检查。施工中凡是隐蔽工程必须检查认证后方可进行隐蔽掩盖。

④ 停工后复工的检查。因客观因素停工或处理质量事故等停工,在复工前必须经检查认可后方可复工。

⑤ 分项、分部工程完工后的检查。应经检查认可,并签署验收记录后,才能进行下一工程的施工。

⑥ 成品保护的检查。检查成品有无保护措施以及保护措施是否有效可靠。

（2）现场质量检查的方法

① 目测法。

目测法即凭借感官进行检查,也称观感质量检验,其手段可概括为“看、摸、敲、照”四个字。

a. 看就是根据质量标准要求进行外观检查。例如,清水墙面是否洁净,喷涂的密实度和颜色是否良好、均匀,工人的操作是否正常,内墙抹灰的大面及口角是否平直,混凝土外观是否符合要求等。

b. 摸就是通过触摸手感进行检查、鉴别。例如:油漆的光滑度,浆活是否牢固、不掉粉等。

c. 敲就是运用敲击工具进行音感检查。如对地面工程、装饰工程中的水磨石、面砖、石材饰面等,均应进行敲击检查。

d. 照就是通过人工光源或者反射光照射,检查难以看到或光线较暗的部位。例如管道井、电梯井等内部管线、设备安装质量,装饰吊顶内连接及设备安装质量等。

② 实测法。

实测法就是通过实测数据与施工规范、质量标准的要求及允许偏差值进行对照,以此判断质量是否符合要求,其手段可概括为"靠、量、吊、套"四个字。

a. 靠就是用直尺、磨尺检查,诸如墙面、地面、路面等的平整度。

b. 量就是指用测量工具和计量仪表等检查断面尺寸、轴线、标高、湿度、温度等的偏差。例如,大理石板拼缝尺寸、摊铺沥青拌和料的温度、混凝土坍落度的检测等。

c. 吊就是利用托线板以及线坠吊线检查垂直度。例如,砌体垂直度检查、门窗的安装等。

d. 套是以方尺套方,辅以塞尺检查。例如,对阴阳角的方正、踢脚线的垂直度、预制构件的方正、门窗口及构件的对角线检查等。

③ 试验法。

试验法是指通过必要的试验手段对质量进行判断的检查方法,主要包括如下内容。

a. 理化试验。

工程中常用的理化试验包括物理力学性能方面的检验和化学成分及化学性能的测定两个方面。物理力学性能的检验,包括各种力学指标的测定,如抗拉强度、抗压强度、抗弯强度、抗折强度、冲击韧性、硬度、承载力等,以及各种物理性能方面的测定,如密度、含水量、凝结时间、安定性及抗渗、耐磨、耐热性能等。化学成分及化学性能的测定,如钢筋中的磷、硫含量,混凝土中粗骨料中的活性氧化硅成分,以及耐酸、耐碱、抗腐蚀性等。此外,根据规定有时还需进行现场试验,例如,对桩或地基的静载试验、下水管道的通水试验、压力管道的耐压试验、防水层的蓄水或淋水试验等。

b. 无损检测。

利用专门的仪器仪表从表面探测结构物、材料、设备的内部组织结构或损伤情况。常用的无损检测方法有超声波探伤、X 射线探伤、γ 射线探伤等。

3) 技术核定与见证取样送检

(1) 技术核定

在建设工程项目施工过程中,因施工方对施工图纸的某些要求不甚明白,或图纸内部存在某些矛盾,或工程材料调整与代用,改变建筑节点构造、管线位置或走向等,需要通过设计单位明确或确认的,施工方必须以技术核定单的方式向监理工程师提出,报送设计单位核准确认。

(2) 见证取样送检

为了保证建设工程质量,我国规定对工程所使用的主要材料、半成品、构配件以及施工过程留置的试块、试件等应实行现场见证取样送检。见证人员由建设单位及工程监理机构中有相关专业知识的人员担任;送检的试验室应具备经国家或地方工程检验检测主管部门核准的相关资质;见证取样送检必须严格按规定的程序进行,包括取样见证并记录、样本编号、填单、封箱、送试验室、核对、交接、试验检测、报告等。

检测机构应当建立档案管理制度。检测合同、委托单、原始记录、检测报告应当按年度统一编号,编号应当连续,不得随意抽撤、涂改。

4. 隐蔽工程验收与成品质量保护

(1) 隐蔽工程验收

凡被后续施工所覆盖的施工内容,如地基基础工程、钢筋工程、预埋管线等均属隐蔽工程。在后续工序施工前必须进行质量验收。装配式混凝土建筑后浇混凝土浇筑前亦应进行隐蔽工程验收。加强隐蔽工程质量验收,是施工质量控制的重要环节。其程序要求是施工方应首先完成自检并合格,然后填写专用的隐蔽工程验收单,验收单所列的验收内容应与已完的隐蔽工程实物相一致;提前通知监理机构及有关方面,按约定时间进行验收。验收合格的隐蔽工程由各方共同签署验收记录,验收不合格的隐蔽工程,应按验收整改意见进行整改后重新验收。严格隐蔽工程验收的程序和记录,对于预防工程质量隐患、提供可追溯质量记录具有重要作用。

(2) 施工成品质量保护

建设工程项目已完施工的成品保护,目的是避免已完施工成品受到来自后续施工以及其他方面的污染或损坏。已完施工的成品保护问题和相应措施,在工程施工组织设计与计划阶段就应该从施工顺序上进行考虑,防止施工顺序不当或交叉作业造成相互干扰、污染和损坏;成品形成后可采取防护、覆盖、封闭、包裹等相应措施进行保护。

装配式混凝土建筑施工过程中,应采取防止预制构件、部品及预制构件上的建筑附件、预埋件、预埋吊件等损伤或污染的保护措施。

6.3.6 施工质量与设计质量的协调

建设工程项目施工是按照工程设计图纸(施工图)进行的,施工质量离不开设计质量,优良的施工质量要靠优良的设计质量和周到的设计现场服务来保证。

1. 项目设计质量的控制

要保证施工质量,首先要控制设计质量。项目设计质量的控制,主要是从满足项目建设需求入手,包括国家相关法律法规、强制性标准和合同规定的明确需求以及潜在需求。以使用功能和安全可靠性为核心,进行下列设计质量的综合控制。

(1) 项目功能性质量控制

功能性质量控制的目的,是保证建设工程项目使用功能的符合性,其内容包括项目内部的平面空间组织、生产工艺流程组织,如满足使用功能的建筑面积分配以及宽度、高度、净空、通风、保暖、日照等物理指标和节能、环保、低碳等方面的符合性要求。

(2) 项目可靠性质量控制

主要是指建设工程项目建成后,在规定的使用年限和正常的使用条件下,保证使用安全和建筑物、构筑物及其设备系统性能稳定、可靠。

(3) 项目观感性质量控制

对于建筑工程项目,主要是指建筑物的总体格调、外部形体及内部空间观感效果,整体环境的适宜性、协调性,文化内涵的韵味及其魅力等的体现;道路、桥梁等基础设施工程同样也有其独特的构型格调、观感效果及其与环境适宜的要求。

(4) 项目经济性质量控制

建设工程项目设计经济性质量,是指不同设计方案的选择对建设投资的影响。设计经济性质量控制目的,在于强调设计过程的多方案比较,通过价值工程、优化设计,不断提高建设工程项目的性价比。在满足项目投资目标要求的条件下,做到经济高效,防止浪费。

(5) 项目施工可行性质量控制

任何设计意图都要通过施工来实现,设计意图不能脱离现实的施工技术和装备水平,否则再好的设计意图也无法实现。设计一定要充分考虑施工的可行性,并尽量做到方便施工,施工才能顺利进行,保证项目施工质量。

2. 施工与设计的协调

从项目施工质量控制的角度来说,项目建设单位、施工单位和监理单位,都要注重施工与设计的相互协调。这个协调工作主要包括以下几个方面。

(1) 设计联络

项目建设单位或监理单位应组织施工单位到设计单位进行设计联络,其任务主要如下。

① 了解设计意图、设计内容和特殊技术要求,分析其中的施工重点和难点,以便有针对性地编制施工组织设计,及早做好施工准备;对于现有施工技术和装备水平实施有困难的设计,要及时提出意见,协商修改设计,或者探讨通过技术攻关提高技术装备水平来实施的可能性,同时向设计单位介绍和推荐先进的施工新技术、新工艺和工法,争取通过适当的设计,使这些新技术、新工艺和工法在施工中得到应用。

② 了解设计进度,根据项目进度控制总目标、施工工艺顺序和施工进度安排,提出设计出图的时间和顺序要求,对设计和施工进度进行协调,使施工得以连续顺利进行。

③ 从施工质量控制的角度,提出合理化建议,优化设计,为保证和提高施工质量创造更好的条件。

(2) 设计交底和图纸会审

建设单位和监理单位应组织设计单位向所有的施工实施单位进行详细的设计交底,使实施单位充分理解设计意图。了解设计内容和技术要求,明确质量控制的重点和难点;同时认真地进行图纸会审,深入发现和解决各专业设计之间可能存在的矛盾,消除施工图的差错。

(3) 设计现场服务和技术核定

建设单位和监理单位应要求设计单位派出得力的设计人员到施工现场进行设计服务,解决施工中发现和提出的与设计有关的问题,及时做好相关设计核定工作。

(4) 设计变更

在施工期间无论是建设单位、设计单位或施工单位提出,需要进行局部设计变更的内容,都必须按照规定的程序,先将变更意图或请求报送监理工程师审查,经设计单位认可并签发设计变更通知书后,再由监理工程师下达变更指令。

6.4 工程项目施工质量验收

工程项目的质量验收,是指工程施工质量的验收。建筑工程施工质量验收应按照现行的《建筑工程施工质量验收统一标准》(GB 50300—2013)进行。该标准是建筑工程各专业工程施工质量验收规范编制的统一准则,各专业工程施工质量验收规范应与该标准配合使用。

根据上述施工质量验收统一标准,所谓"验收",是指建筑工程在施工单位自行质量检查评定的基础上,参与建设活动的有关单位共同对检验批、分项、分部、单位工程的质量进行抽样复验,根据相关标准以书面形式对工程质量达到合格与否作出确认。

正确地进行工程项目质量的检查评定和验收,是施工质量控制的重要环节。施工质量验收包括施工过程的质量验收及工程项目竣工质量验收两个部分。

6.4.1 施工过程的质量验收

如前所述,工程项目质量验收,应将项目划分为单位工程、分部工程、分项工程和检验批进行验收。施工过程质量验收主要是指检验批和分项、分部工程的质量验收。

1. 施工过程质量验收的内容

现行的《建筑工程施工质量验收统一标准》(GB 50300—2013)与各个专业工程施工质量验收规范,明确规定了各分项工程施工质量的基本要求、分项工程检验批量的抽查办法和抽查数量、检验批主控项目和一般项目的检验方法、检查内容和允许偏差,以及各分部工程验收的方法和需要的技术资料等,同时对涉及人民生命财产安全、人身健康、环境保护和公共利益的内容以强制性条文作出规定,要求坚决、严格遵照执行。

检验批和分项工程是质量验收的基本单元;分部工程是在所含全部分项工程验收的基础上进行验收的,在施工过程中随完工随验收,并留下完整的质量验收记录和资料;单位工程作为具有独立使用功能的完整的建筑产品,进行竣工质量验收。

施工过程的质量验收包括以下验收环节,通过验收后留下完整的质量验收记录和资料,为工程项目竣工质量验收提供依据。

(1)检验批质量验收

所谓检验批是指"按同一生产条件或按规定的方式汇总起来供检验用的,由一定数量样本组成的检验体"。检验批是工程验收的最小单位,是分项工程乃至整个建筑工程质量验收的基础。

检验批应由专业监理工程师组织施工单位项目专业质量检查员、专业工长等进行验收。

检验批质量验收合格应符合下列规定:

① 主控项目的质量经抽样检验均应合格;

② 一般项目的质量经抽样检验合格;

③ 具有完整的施工操作依据、质量验收记录。

主控项目是指建筑工程中的对安全、节能、环境保护和主要使用功能起决定性作用的检验项目。主控项目的验收必须从严要求,不允许有不符合要求的检验结果,主控项目的检查具有否决权。除主控项目以外的检验项目称为一般项目。

(2)分项工程质量验收

分项工程的质量验收在检验批验收的基础上进行。一般情况下,两者具有相同或相近的性质,只是批量的大小不同而已。分项工程可由一个或若干检验批组成。

分项工程应由专业监理工程师组织施工单位项目专业技术负责人等进行验收。

分项工程质量验收合格应符合下列规定:

① 所含检验批的质量均应验收合格;

② 所含检验批的质量验收记录应完整。

(3)分部工程质量验收

分部工程的验收在其所含各分项工程验收的基础上进行。

分部工程应由总监理工程师组织施工单位项目负责人和项目技术负责人等进行验收勘察、设计单位项目负责人和施工单位技术、质量部门负责人应参加地基与基础分部工程验收;设计单位项目负责人和施工单位技术、质量部门负责人应参加主体结构、节能分部工程验收。

分部工程质量验收合格应符合下列规定：

① 所含分项工程的质量均应验收合格；

② 质量控制资料应完整；

③ 有关安全、节能、环境保护和主要使用功能的抽样检验结果应符合相应规定；

④ 观感质量应符合要求。

必须注意的是，由于分部工程所含的各分项工程性质不同，因此它并不是在所含分项验收基础上的简单相加，即所含分项验收合格且质量控制资料完整只是分部工程质量验收的基本条件，还必须在此基础上对涉及安全、节能、环境保护和主要使用功能的地基基础、主体结构和设备安装分部工程进行见证取样试验或抽样检测；而且还需要对其观感质量进行验收，并综合给出质量评价，对于评价为"差"的检查点应通过返修处理等进行补救。

2. 施工过程质量验收不合格的处理

① 施工过程的质量验收是以检验批的施工质量为基本验收单元。检验批质量不合格可能是由于使用的材料不合格，或施工作业质量不合格，或质量控制资料不完整等所致，其处理方法有如下。

a. 在检验批验收时，发现存在严重缺陷的应返工重做，有一般的缺陷可通过返修或更换器具、设备消除缺陷，返工或返修后应重新进行验收。

b. 个别检验批发现某些项目或指标(如试块强度等)不满足要求，难以确定是否验收时，应请有资质的检测机构检测鉴定，当鉴定结果能够达到设计要求时，应予以验收。

c. 检测鉴定达不到设计要求，但经原设计单位核算认可能够满足结构安全和使用功能的检验批，可予以验收。

② 严重质量缺陷或超过检验批范围的缺陷，经有资质的检测机构检测鉴定以后，认为不能满足最低限度的安全储备和使用功能，则必须进行加固处理，经返修或加固处理的分项、分部工程，满足安全及使用功能要求时，可按技术处理方案和协商文件的要求予以验收，责任方应承担经济责任。

③ 通过返修或加固处理后不能满足安全或重要使用要求的分部工程及单位工程严禁验收。

3. 装配式混凝土建筑的施工质量验收

装配式混凝土建筑的施工质量验收，除了要符合一般建筑工程施工质量验收的规定，还有一些专门的要求。

(1) 预制构件的质量验收

① 预制构件进场时应检查质量证明文件或质量验收记录。

② 梁类简支受弯预制构件进场时应进行结构性能检验，结构性能检验应符合国家现行有关标准的有关规定及设计的要求。

③ 钢筋混凝构件和允许出现裂缝的预应力混凝土构件应进行承载力、挠度和裂缝宽度检验；不允许出现裂缝的预应力混凝土构件应进行承载力、挠度和抗裂检验。

④ 对于不可单独使用的叠合板预制底板，可不进行结构性能检验。对叠合梁构件，是否进行结构性能检验、结构性能检验的方式应根据设计要求确定。

⑤ 不做结构性能检验的预制构件，施工单位或监理单位代表应驻厂监督生产过程。当无驻厂监督时，预制构件进场时应对其主要受力钢筋数量、规格、间距、保护层厚度及混凝土强度等进行实体检验。检验数量：同一类型预制构件不超过 1000 为一批，每批随机抽取 1 个构件进行结构性能检验。

⑥ 预制构件的混凝土外观质量不应有严重缺陷，且不应有影响结构性能和安装、使用功能的尺寸偏差。对出现的一般缺陷应要求构件生产单位按技术处理方案进行处理，并重新检查验收。

⑦ 预制构件粗糙面的外观质量,键槽的外观质量和数量,预制构件上的预埋件、预留插筋、预留孔洞、预埋管线等的规格、型号、数量应符合设计要求。

⑧ 预制板类、墙板类、梁柱类构件,以及装饰构件的装饰外观外形尺寸偏差和检验方法应符合现行《装配式混凝土建筑技术标准》(GB/T 51231—2016)的规定。

（2）安装连接的质量验收

① 装配式结构采用后浇混凝土连接时,构件连接处后浇混凝土的强度应符合设计要求,并应符合现行《混凝土强度检验评定标准》(GB/T 50107—2010)的有关规定。

② 钢筋采用套筒灌浆连接、浆锚搭接连接时,灌浆应饱满、密实,所有出口均应出浆,灌浆料强度应符合现行国家有关标准的规定及设计要求。

③ 预制构件底部接缝坐浆强度应满足设计要求。

④ 钢筋采用机械连接、焊接连接时,其接头质量应符合现行行业标准的有关规定。

⑤ 预制构件型钢焊接连接的型钢焊缝的接头质量,螺栓连接的螺栓材质、规格、拧紧力矩均应满足设计要求,并应符合现行国家标准的有关规定。

⑥ 装配式结构分项工程的外观质量不应有严重缺陷,且不得有影响结构性能和使用功能的尺寸偏差。施工尺寸偏差及检验方法应符合设计要求;当设计无要求时,应符合现行《装配式混凝土建筑技术标准》(GB/T 51231—2016)的规定。

⑦ 装配式混凝土建筑的饰面外观质量应符合设计要求,并应符合现行国家标准的有关规定。

6.4.2　竣工质量验收

项目竣工质量验收是施工质量控制的最后一个环节,是对施工过程质量控制成果的全面检验,是从终端把关方面进行质量控制。未经验收或验收不合格的工程,不得交付使用。

1. 工程项目竣工质量验收的依据

工程项目竣工质量验收的依据有:

① 国家相关法律法规和建设主管部门颁布的管理条例和办法;

② 建筑工程施工质量验收统一标准;

③ 专业工程施工质量验收规范;

④ 经批准的设计文件、施工图纸及说明书;

⑤ 工程施工承包合同;

⑥ 其他相关文件。

2. 竣工质量验收的条件

建设工程竣工验收应当具备下列条件:

① 完成建设工程设计和合同约定的各项内容;

② 有完整的技术档案和施工管理资料;

③ 有工程使用的主要建筑材料、建筑构配件和设备的进场试验报告;

④ 有勘察、设计、施工、工程监理等单位分别签署的质量合格文件;

⑤ 有施工单位签署的工程保修书。

3. 竣工质量验收的标准

单位工程是工程项目竣工质量验收的基本对象。单位工程质量验收合格应符合下列规定:

① 所含分部工程的质量均应验收合格;

② 质量控制资料应完整;

③ 分部工程有关安全、节能、环境保护和主要使用功能的检验资料应完整;

④ 主要使用功能的抽查结果应符合相关专业质量验收规范的规定;

⑤ 观感质量应符合要求。

住宅工程要分户验收。在住宅工程各检验批、分项、分部工程验收合格的基础上,在住宅工程竣工验收前,建设单位应组织施工、监理等单位,依据国家有关工程质量验收标准,对每户住宅及相关公共部位的观感质量和使用功能等进行检查验收。

住宅工程质量分户验收的内容主要包括:

① 地面、墙面和顶棚质量;

② 门窗质量;

③ 栏杆、护栏质量;

④ 防水工程质量;

⑤ 室内主要空间尺寸;

⑥ 给水排水系统安装质量;

⑦ 室内电气工程安装质量;

⑧ 建筑节能和供暖工程质量;

⑨ 有关合同中规定的其他内容。

每户住宅和规定的公共部位验收完毕,应填写住宅工程质量分户验收表,建设单位和施工单位项目负责人、监理单位项目总监理工程师要分别签字。

分户验收不合格,不能进行住宅工程整体竣工验收。

4. 竣工质量验收程序和组织

单位工程中的分包工程完工后,分包单位应对所承包的工程项目进行自检,并应按规定的程序进行验收。验收时,总包单位应派人参加。

单位工程完工后,施工单位应组织有关人员进行自检。总监理工程师应组织各专业监理工程师对工程质量进行竣工预验收。存在施工质量问题时,应由施工单位及时整改。

建设单位收到建设工程竣工报告后,应当组织设计、施工、工程监理等有关单位进行竣工验收。

建设单位组织单位工程质量验收时,分包单位负责人应参加验收。

竣工质量验收应当按以下程序进行。

① 工程完工并对存在的质量问题整改完毕后,施工单位向建设单位提交工程竣工报告,申请工程竣工验收。实行监理的工程,工程竣工报告须经总监理工程师签署意见。

② 建设单位收到工程竣工报告后,对符合竣工验收要求的工程,组织勘察、设计、施工、监理等单位组成验收组,制定验收方案。对于重大工程和技术复杂工程,根据需要可邀请有关专家参加验收组。

③ 建设单位应当在工程竣工验收 7 个工作日前将验收的时间、地点及验收组名单书面通知负责监督该工程的工程质量监督机构。

④ 建设单位组织工程竣工验收。

a. 建设、勘察、设计、施工、监理单位分别汇报工程合同履约情况和在工程建设各个环节执行法律、法规和工程建设强制性标准的情况。

b. 审阅建设、勘察、设计、施工、监理单位的工程档案资料。

c. 实地查验工程质量。

d. 对工程勘察、设计、施工、设备安装质量和各管理环节等方面作出全面评价,形成经验收组人员签署的工程竣工验收意见。参与工程竣工验收的建设、勘察、设计、施工、监理等各方不能形成一致意见时,应当协商提出解决的方法,待意见一致后,重新组织工程竣工验收。

5. 竣工验收报告

工程竣工验收合格后,建设单位应当及时提出工程竣工验收报告。工程竣工验收报告主要包括工程概况,建设单位执行基本建设程序情况,对工程勘察、设计、施工、监理等方面的评价,工程竣工验收时间、程序、内容和组织形式,工程竣工验收意见等内容。

工程竣工验收报告还应附有下列文件:

① 施工许可证;

② 施工图设计文件审查意见;

③ 上述"竣工质量验收的条件"中②③④⑤项规定的文件;

④ 验收组人员签署的工程竣工验收意见;

⑤ 法规、规章规定的其他有关文件。

6. 竣工验收备案

建设单位应当自建设工程竣工验收合格之日起 15 日内,向工程所在地的县级以上地方人民政府建设主管部门备案。

建设单位办理工程竣工验收备案应当提交下列文件:

① 工程竣工验收备案表;

② 工程竣工验收报告;

③ 法律法规规定应当由规划、环保等部门出具的认可文件或者准许使用文件;

④ 法律规定应当由公安消防部门出具的对大型的人员密集场所和其他特殊建设工程验收合格的证明文件;

⑤ 施工单位签署的工程质量保修书;

⑥ 法规、规章规定必须提供的其他文件。

6.5 工程项目质量问题和质量事故的处理

6.5.1 工程质量问题和质量事故的分类

1. 工程质量不合格

(1)质量不合格和质量缺陷

根据我国国家标准《质量管理体系 基础和术语》(GB/T 19000—2016)的定义,工程产品未满足质量要求,即为质量不合格;而与预期或规定用途有关的质量不合格,称为质量缺陷。

(2)质量问题和质量事故

凡是工程质量不合格,影响使用功能或工程结构安全,造成永久质量缺陷或存在重大质量隐患,甚至直接导致工程倒塌或人身伤亡,必须进行返修、加固或报废处理,按照由此造成人员伤亡和直接经济损失的大小区分,在规定限额以下的为质量问题,在规定限额以上的为质量事故。

2. 工程质量事故

根据住房和城乡建设部《关于做好房屋建筑和市政基础设施工程质量事故报告和调查处理工作的通知》(建质〔2010〕111号),工程质量事故是指由于建设、勘察、设计、施工、监理等单位违反工程质量有关法律法规和工程建设标准,使工程产生结构安全、重要使用功能等方面的质量缺陷,造成人身伤亡或者重大经济损失的事故。

工程质量事故具有成因复杂、后果严重、种类繁多、往往与安全事故共生的特点,建设工程质量事故的分类有多种方法,不同专业工程类别对工程质量事故的等级划分也不尽相同。

(1)按事故造成损失的程度分级

上述建质〔2010〕111号文件根据工程质量事故造成的人员伤亡或者直接经济损失,将工程质量事故分为4个等级:

① 特别重大事故,是指造成30人以上死亡,或者100人以上重伤,或者1亿元以上直接经济损失的事故;

② 重大事故,是指造成10人以上30人下死亡,或者50人以上100人以下重伤,或者5000万元以上1亿元以下直接经济损失的事故;

③ 较大事故,是指造成3人以上10人以下死亡,或者10人以上50人以下重伤,或者1000万元以上5000万元以下直接经济损失的事故;

④ 一般事故,是指造成3人以下死亡,或者10人以下重伤,或者100万元以上1000万元以下直接经济损失的事故。

该等级划分所称的"以上"包括本数,所称的"以下"不包括本数。

(2)按事故责任分类

① 指导责任事故:由于工程实施指导或领导失误而造成的质量事故。例如,由于工程负责人片面追求施工进度,放松或不按质量标准进行控制和检验,降低施工质量标准等。

② 操作责任事故:在施工过程中,由于实施操作者不按规程和标准实施操作,而造成的质量事故。例如,浇筑混凝土时随意加水,或振捣疏漏造成混凝土质量事故等。

③ 自然灾害事故:由于突发的严重自然灾害等不可抗力造成的质量事故。例如地震、台风、暴雨、雷电、洪水等对工程造成破坏甚至导致建筑倒塌。这类事故虽然不是人为责任直接造成,但灾害事故造成的损失程度也往往与人们是否在事前采取了有效的预防措施有关,相关责任人员也可能负有一定责任。

6.5.2 施工质量事故的预防

建立健全施工质量管理体系,加强施工质量控制,就是为了预防施工质量问题和质量事故,在保证工程质量合格的基础上,不断提高工程质量。所以,施工质量控制的所有措施和方法,都是预防施工质量事故的措施。具体来说,施工质量事故的预防,应运用风险管理的理论和方法,从寻找和分析可能导致施工质量事故发生的原因入手,抓住影响施工质量的各种因素和施工质量形成过程的各个环节,采取针对性的预防控制措施。

1. 施工质量事故发生的原因

施工质量事故发生的原因大致有如下四类。

① 技术原因:指质量事故是由项目勘察、设计、施工中的技术失误造成的。例如,地质勘察过于疏略,对水文地质情况判断错误,致使地基基础设计采用不正确的方案;结构设计方案不正确,计算失

误,构造设计不符合规范要求;施工管理及实际操作人员的技术素质差,采用了不合适的施工方法或施工工艺等。这些技术上的失误是造成质量事故的常见原因。

② 管理原因:指引发质量事故是由于管理上的不完善或失误。例如,施工单位或监理单位的质量管理体系不完善,质量管理措施落实不力,施工管理混乱,不遵守相关规范,违章作业,检验制度不严密,质量控制不严格,检测仪器设备管理不善而失准,以及材料质量检验不严等原因引起质量事故。

③ 社会、经济原因:指社会上存在的不正之风及经济上的原因,滋长了建设中的违法违规行为,而导致质量事故。例如,违反基本建设程序,无立项、无报建、无开工许可、无招投标、无资质、无监理、无验收的"七无"工程,边勘察、边设计、边施工的"三边"工程,屡见不鲜,几乎所有的重大施工质量事故都能从这个方面找到原因;某些施工企业盲目追求利润而不顾工程质量,在投标报价中随意压低标价,中标后则依靠违法的手段或修改方案追加工程款,甚至偷工减料等,这些因素都会导致发生重大工程质量事故。

④ 人为事故和自然灾害原因:人为的设备事故、安全事故,导致连带发生质量事故,以及严重的自然灾害等不可抗力造成质量事故。

2. 施工质量事故预防的具体措施

(1) 严格按照基本建设程序办事

首先要做好项目可行性论证,不可未经深入的调查分析和严格论证就盲目拍板定案;要彻底搞清工程地质水文条件方可开工;杜绝无证设计、无图施工;禁止任意修改设计和不按图纸施工;工程竣工不进行试车运转、不经验收不得交付使用。

(2) 认真做好工程地质勘察

地质勘察时要适当布置钻孔位置和设定钻孔深度。钻孔间距过大,不能全面反映地基实际情况;钻孔深度不够,难以查清地下软土层、滑坡、墓穴、孔洞等有害地质构造。地质勘察报告必须详细、准确,防止因根据不符合实际情况的地质资料而采用错误的基础方案,导致地基不均匀沉降、失稳,使上部结构及墙体开裂、破坏、倒塌。

(3) 科学地加固处理好地基

对软弱土、冲填土、杂填土、湿陷性黄土、膨胀土、岩层出露、溶洞、土洞等不均匀地基要进行科学的加固处理。要根据不同地基的工程特性,按照地基处理与上部结构相结合使其共同工作的原则,从地基处理与设计措施、结构措施、防水措施、施工措施等方面综合考虑治理。

(4) 进行必要的设计审查复核

要请具有合格专业资质的审图机构对施工图进行审查复核,防止因设计考虑不周、结构构造不合理、设计计算错误、沉降缝及伸缩缝设置不当、悬挑结构未通过抗倾覆验算等原因,导致质量事故的发生。

(5) 严格把好建筑材料及制品的质量关

要从采购订货、进场验收、质量复验、存储和使用等几个环节,严格控制建筑材料及制品的质量,防止不合格或是变质、损坏的材料和制品用到工程上。

(6) 加强从业人员管理

要加强建筑从业人员职业教育,开展工人职业技能培训,使施工人员掌握基本的建筑结构和建筑材料知识,懂得遵守施工验收规范对保证工程质量的重要性,从而在施工中自觉遵守操作规程,不蛮干,不违章操作,不偷工减料。

(7) 依法进行施工组织管理

施工管理人员要认真学习、严格遵守国家相关法律法规和施工技术标准,依法进行施工组织管理。施工人员首先要熟悉图纸,对工程的难点和关键工序、关键部位应编制专项施工方案并严格执行;施工作业必须按照图纸和施工验收规范、操作规程进行;施工技术措施要正确,施工顺序不可搞错;脚手架和楼面不可超载堆放构件和材料;要严格按照制度进行质量检查和验收。

(8) 做好应对不利施工条件和各种灾害的预案

要根据当地气象资料的分析和预测,事先针对可能出现的风、雨雪、高温、严寒、雷电等不利施工条件,制定相应的施工技术措施;还要对不可预见的人为事故和严重自然灾害做好应急预案,并有相应的人力、物力储备。

(9) 加强施工安全与环境管理

许多施工安全和环境事故都会连带发生质量事故,加强施工安全与环境管理,也是预防施工质量事故的重要措施。

6.5.3 施工质量问题和质量事故的处理

1. 施工质量事故处理的依据

(1) 质量事故的实况资料

包括质量事故发生的时间、地点;质量事故状况的描述;质量事故发展变化的情况;有关质量事故的观测记录、事故现场状态的照片或录像;事故调查组调查研究所获得的第一手资料。

(2) 有关合同及合同文件

包括工程承包合同、设计委托合同、设备与器材购销合同、监理合同及分包合同等。

(3) 有关的技术文件和档案

主要是有关的设计文件(如施工图纸和技术说明)、与施工有关的技术文件、档案和资料(如施工方案、施工计划、施工记录、施工日志、有关建筑材料的质量证明资料、现场制备材料的质量证明资料、质量事故发生后对事故状况的观测记录、试验记录或试验报告等)。

(4) 相关的建设法规

主要有《中华人民共和国建筑法》《建设工程质量管理条例》和《关于做好房屋建筑和市政基础设施工程质量事故报告和调查处理工作的通知》(建质〔2010〕111号)等与工程质量及质量事故处理有关的法规,勘察、设计、施工、监理等单位资质管理和从业者资格管理方面的法规,建筑市场管理方面的法规,以及相关技术标准、规范、规程和管理办法等。

2. 施工质量事故报告和调查处理程序

施工质量事故报告和调查处理的一般程序如图6-3所示。

(1) 事故报告

建设工程发生质量事故,有关单位应当在24小时内向当地建设行政主管部门和其他有关部门报告。对重大质量事故,事故发生地的建设行政主管部门和其他有关部门应当按照事故类别和等级向当地人民政府和上级建设行政主管部门和其他有关部门报告。如果同时发生安全事故,施工单位应当立即启动生产安全事故应急救援预案,组织抢救遇险人员,采取必要措施,防止事故危害扩大和次生、衍生灾害发生。情况紧急时,事故现场有关人员可直接向事故发生地县级以上政府主管部门报告。

事故报告应包括下列内容:

① 事故发生的时间、地点、工程项目名称、工程各参建单位名称;

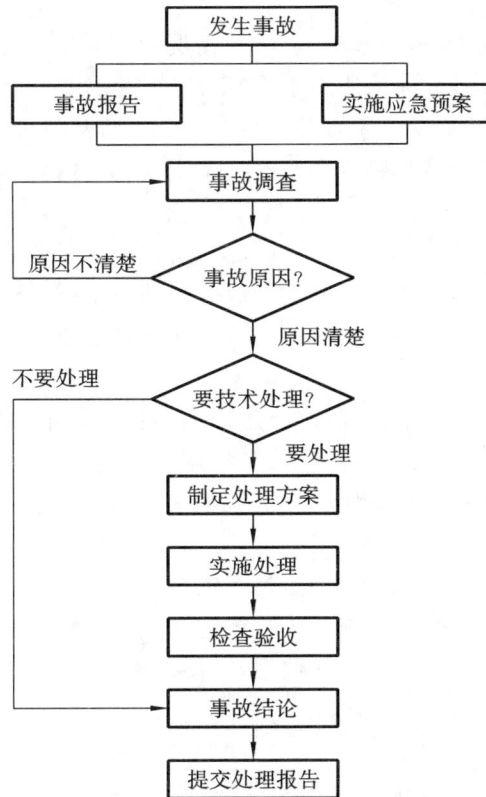

图 6-3　施工质量事故处理的一般程序

② 事故发生的简要经过、伤亡人数和初步估计的直接经济损失；

③ 事故原因的初步判断；

④ 事故发生后采取的措施及事故控制情况；

⑤ 事故报告单位、联系人及联系方式；

⑥ 其他应当报告的情况。

（2）事故调查

事故调查要按规定区分事故的大小，分别由相应级别的人民政府直接或授权委托有关部门组织事故调查组进行调查。未造成人员伤亡的一般事故，县级人民政府也可以委托事故发生单位组织事故调查组进行调查。事故调查应力求及时、客观、全面，以便为事故的分析与处理提供正确的依据。调查结果要整理撰写成事故调查报告，其主要内容应包括：

① 事故项目及各参建单位概况；

② 事故发生经过和事故救援情况；

③ 事故造成的人员伤亡和直接经济损失；

④ 事故项目有关质量检测报告和技术分析报告；

⑤ 事故发生的原因和事故性质；

⑥ 事故责任的认定和对事故责任者的处理建议；

⑦ 事故防范和整改措施。

（3）事故的原因分析

原因分析要建立在事故情况调查的基础上,避免情况不明就主观推断事故的原因。特别是对涉及勘察、设计、施工、材料和管理等方面的质量事故,事故的原因往往错综复杂,因此,必须对调查所得到的数据、资料进行仔细的分析,依据国家有关法律法规和工程建设标准分析事故的直接原因和间接原因,必要时组织对事故项目进行检测鉴定和专家技术论证,去伪存真,找出造成事故的主要原因。

（4）制定事故处理的技术方案

事故的处理要建立在分析原因的基础上,要广泛地听取专家及有关方面的意见,经科学论证,决定事故是否要进行技术处理,怎样处理。在制定事故处理的技术方案时,应做到安全可靠、技术可行、不留隐患、经济合理、具有可操作性、满足项目的安全和使用功能要求。

（5）事故处理

事故处理的内容包括:事故的技术处理,按经过论证的技术方案进行处理,解决事故造成的质量缺陷问题;事故的责任处罚,依据有关人民政府对事故调查报告的批复和有关法律法规的规定,对事故相关责任者实施行政处罚,负有事故责任的人员涉嫌犯罪的,依法追究刑事责任。

（6）事故处理的鉴定验收

质量事故的技术处理是否达到预期的目的,是否依然存在隐患,应当通过检查鉴定和验收进行确认。事故处理的质量检查鉴定,应严格按施工验收规范和相关质量标准的规定进行,必要时还应通过实际量测、试验和仪器检测等方法获取必要的数据,以便准确地对事故处理的结果作出鉴定,形成鉴定结论。

（7）提交事故处理报告

事故处理后,必须尽快提交完整的事故处理报告,其内容包括:事故调查的原始资料、测试的数据;事故原因分析和论证结果;事故处理的依据;事故处理的技术方案及措施;实施技术处理过程中有关的数据、记录、资料;检查验收记录;对事故相关责任者的处罚情况和事故处理的结论等。

3. 施工质量事故处理的基本要求

① 质量事故的处理应达到安全可靠、不留隐患、满足生产和使用要求、施工方便经济合理的目的。

② 消除造成事故的原因,注意综合治理,防止事故再次发生。

③ 正确确定技术处理的范围,以及正确选择处理的时间和方法。

④ 切实做好事故处理的检查验收工作,认真落实防范措施。

⑤ 确保事故处理期间的安全。

4. 施工质量缺陷处理的基本方法

（1）返修处理

当项目的某些部分的质量虽未达到规范、标准或设计规定的要求,存在一定的缺陷,但经过采取整修等措施后可以达到要求的质量标准,又不影响使用功能或外观的要求时,可采取返修处理的方法。例如,某些混凝土结构表面出现蜂窝、麻面,或者混凝土结构局部出现损伤,如结构受撞击、局部未振实、冻害、火灾、酸类腐蚀、碱骨料反应等,当这些缺陷或损伤仅仅在结构的表面或局部,不影响其使用和外观时,可进行返修处理。再比如混凝土结构出现裂缝,经分析研究认为不影响结构的安全和使用功能时,也可采取返修处理。当裂缝宽度不大于 0.2 mm 时,可采用表面密封法;当裂缝宽度大于 0.3 mm 时,采用嵌缝密闭法;当裂缝较深时,则应采取灌浆修补的方法。

（2）加固处理

主要是针对危及结构承载力的质量缺陷的处理。加固处理使建筑结构恢复或提高承载力,重新满足结构安全性与可靠性的要求,使结构能继续使用或改作其他用途。对混凝土结构常用的加固方法主要有:增大截面加固法、外包角钢加固法、粘钢加固法、增设支点加固法、增设剪力墙加固法、预应力加固法等。

（3）返工处理

当工程质量缺陷经过返修、加固处理后仍不能满足规定的质量标准要求,或不具备补救可能性,则必须采取重新制作、重新施工的返工处理措施。例如,某防洪堤坝填筑压实后,其压实土的干密度未达到规定值,经核算将影响土体的稳定且不满足抗渗能力的要求,须挖除不合格土,重新填筑,重新施工;某公路桥梁工程预应力按规定张拉系数为 1.3,而实际仅为 0.8,属严重的质量缺陷,也无法修补,只能重新制作。再比如某高层住宅施工中,有几层的混凝土结构误用了安定性不合格的水泥,无法采用其他补救办法,不得不爆破拆除重新浇筑。

（4）限制使用

当工程质量缺陷按修补方法处理后无法保证达到规定的使用要求和安全要求,而又无法返工处理的情况下,不得已时可作出诸如结构卸荷或减荷以及限制使用的决定。

（5）不作处理

某些工程质量问题虽然达不到规定的要求或标准,但其情况不严重,对结构安全或使用功能影响很小,经过分析、论证、法定检测单位鉴定和设计单位等认可后可不作专门处理。一般可不作专门处理的情况有以下几种。

① 不影响结构安全和使用功能的。例如,有的工业建筑物出现放线定位的偏差,且严重超过规范标准规定,若要纠正会造成重大经济损失,但经过分析论证,其偏差不影响生产工艺和正常使用,在外观上也无明显影响,可不作处理。又如,某些部位的混凝土表面的裂缝,经检查分析,属于表面养护不够的干缩微裂,不影响安全和外观,也可不作处理。

② 后道工序可以弥补的质量缺陷。例如,混凝土结构表面的轻微麻面,可通过后续的抹灰、刮涂、喷涂等弥补,也可不作处理。再比如,混凝土现浇楼面的平整度偏差达到 10 mm,但由于后续垫层和面层的施工可以弥补,所以也可不作处理。

③ 法定检测单位鉴定合格的。例如,某检验批混凝土试块强度值不满足规范要求,强度不足,但经法定检测单位对混凝土实体强度进行实际检测后,其实际强度达到规范允许和设计要求值时,可不作处理。经检测未达到要求值,但相差不多,经分析论证,只要使用前经再次检测达到设计强度,也可不作处理,但应严格控制施工荷载。

④ 出现的质量缺陷,经检测鉴定达不到设计要求,但经原设计单位核算,仍能满足结构安全和使用功能的。例如,某一结构构件截面尺寸不足,或材料强度不足,影响结构承载力,但按实际情况进行复核验算后仍能满足设计要求的承载力时,可不进行专门处理。这种做法实际上是挖掘设计潜力或降低设计的安全系数,应谨慎处理。

（6）报废处理

出现质量事故的项目,经过分析或检测,采取上述处理方法后仍不能满足规定的质量要求或标准,则必须予以报废处理。

6.6　数理统计方法在工程质量管理中的应用

统计质量管理是 20 世纪 30 年代发展起来的科学管理理论与方法,它把数理统计方法应用于产品生产过程的抽样检验,通过研究样本质量特性数据的分布规律,分析和推断生产过程质量的总体状况,改变了传统的事后把关的质量控制方式,为工业生产的事前质量控制和过程质量控制,提供了有效的科学手段。可以说,没有数理统计方法就没有现代工业质量管理。建筑业虽然是现场型的单件性建筑产品生产,数理统计方法直接在现场施工过程质量检验中的应用,受到客观条件的某些限制,但在建筑构件的制造、半成品加工和进场材料的抽样检验、试块试件的检测试验等方面,仍然有广泛的应用。尤其是人们应用数理统计原理所创立的分层法、因果分析图法、排列图法、直方图法等定量和定性方法。对施工现场质量管理都有实际的应用价值。本节主要介绍分层法、因果分析图法、排列图法、直方图法的应用。

6.6.1　分层法的应用

1. 分层法的基本原理

由于项目质量的影响因素众多,对工程质量状况的调查和质量问题的分析,必须分门别类地进行,以便准确有效地找出问题及其原因所在,这就是分层法的基本思想。例如一个焊工班组有 A、B、C 三位工人施焊接作业,共抽检 60 个焊接点,发现有 18 点不合格,占 30%。究竟问题出在谁身上?根据分层调查的统计数据表 6-3 可知,主要是作业工人 C 的焊接质量影响了总体的质量水平。

表 6-3　分层调查的统计数据表

作业工人	抽检点数	不合格点数	个体不合格率	占不合格点总数百分率
A	20	2	10%	11%
B	20	4	20%	22%
C	20	12	60%	67%
合计	60	18	—	100%

2. 分层法的实际应用

应用分层法的关键是调查分析的类别和层次划分。根据管理需要和统计目的,通常可按照以下分层方法取得原始数据。

① 按施工时间分,如月、日、上午、下午、白天、晚间、季节。

② 按地区部位分,如区域、城市、乡村、楼层、外墙、内墙。

③ 按产品材料分,如产地、厂商、规格、品种。

④ 按检测方法分,如方法、仪器、测定人、取样方式。

⑤ 按作业组织分,如工法、班组、工长、工人、分包商。

⑥ 按工程类型分,如住宅、办公楼、道路、桥梁、隧道。

⑦ 按合同结构分,如总承包、专业分包、劳务分包。

经过第一次分层调查和分析,找出主要问题的所在以后,还可以针对这个问题再次分层进行调查分析,一直到分析结果满足管理需要为止。层次类别划分越明确、越细致,就越能够准确有效地找出问题及其原因所在。

6.6.2　因果分析图法的应用

1. 因果分析图法的基本原理

因果分析图法,也称为质量特性要因分析法,其基本原理是对每一个质量特性或问题,采用如图

6-4 所示的方法,逐层深入排查可能原因,然后确定其中最主要的原因,进行有的放矢的处置和管理。

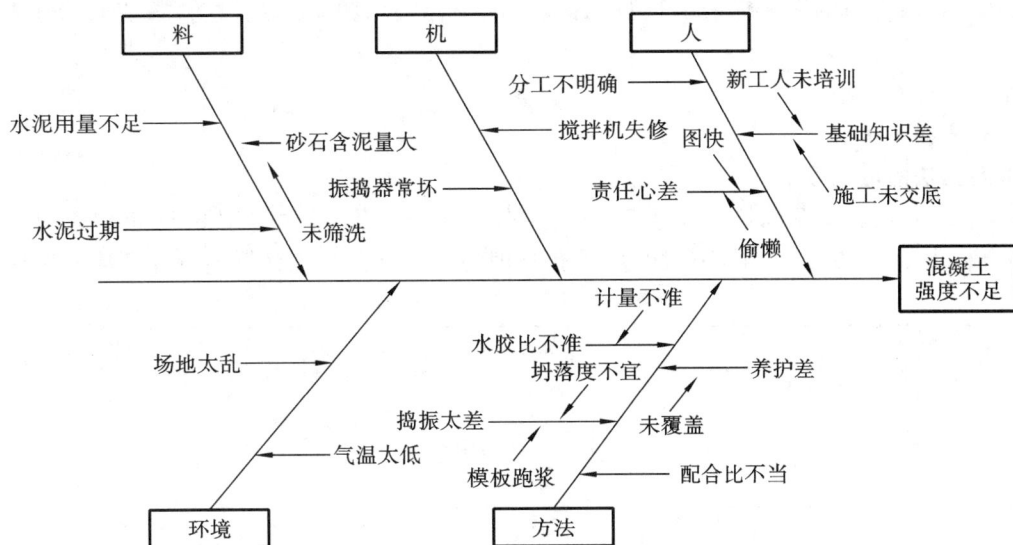

图 6-4　混凝土强度不合格因果分析图

2. 因果分析图法的应用示例

图 6-4 表示混凝强度不合格的原因分析,其中,把混凝土施工的生产要素,即人、机械、材料、施工方法和施工环境作为第一层面的因素进行分析;然后对第一层面的各个因素,再进行第二层面的可能原因的深入分析。依此类推,直至把所有可能的原因,分层次地一一罗列出来。

3. 因果分析图法应用时的注意事项

① 一个质量特性或一个质量问题使用一张图分析。

② 通常采用 QC 小组活动的方式进行,集思广益,共同分析。

③ 必要时可以邀请小组以外的有关人员参与,广泛听取意见。

④ 分析时要充分发表意见,层层深入,列出所有可能的原因。

⑤ 在充分分析的基础上,由各参与人员采用投票或其他方式,从中选择 1～5 项多数人达成共识的最主要原因。

6.6.3　排列图法的应用

排列图又称主次因素分析图或称巴列特图,是利用排列图寻找影响质量主次因素的方法。

1. 排列图法的适用范围

在质量管理过程中,通过抽样检查或检验试验所得到的关于质量问题、偏差、缺陷不合格等方面的统计数据,以及造成质量问题的原因分析统计数据,均可采用排列图方法进行状况描述,它具有直观、主次分明的特点。

2. 排列图的作法

① 收集不合格点的原始资料,根据各检查项目不合格点出现的频数的不同将检查项目由大到小进行排列,绘制统计表。

② 计算各检查项目频数的频率和累积频率。

③ 画排列图。

a. 画横坐标:将横坐标按项目等分,并按频数由大到小、从左至右的顺序排列。

b. 画纵坐标:左边的纵坐标表示频数,右边的纵坐标表示频率,要求总频数应对应于频率坐标的 100%。

c. 画频数直方形。

d. 画累积频率折线。

3. 排列图法的应用示例

表 6-4 表示对某施工队砌筑工程进行抽样检查,得到 150 个不合格点数的统计数据,然后按照质量特性不合格点数(频数)由大到小的顺序,重新整理为表 6-5,并分别计算出累计频数和累计频率。

表 6-4　不合格点数统计表

序号	检查项目	不合格点数
1	轴线位移	1
2	基础和楼面标高	1
3	垂直度	24
4	表面平整度	18
5	水平灰缝厚度	54
6	水平灰缝平直度	39
7	游丁走缝	4
8	门窗洞口宽度	9

表 6-5　不合格点项目频数统计表

序号	项目	频数	频率/(%)	累计频率/(%)
1	水平灰缝厚度	54	36	36
2	水平灰缝平直度	39	26	36+26=62
3	垂直度	24	16	62+16=78
4	表面平整度	18	12	78+12=90
5	门窗洞口宽度	9	6	90+6=96
6	其他	6	4	96+4=100
合计	—	150	100	—

根据表 6-5 的统计数据画出列图,如图 6-5 所示,并将其中累计频率 0~80% 定为 A 类问题,即主要问题,进行重点管理;将累计频率在 80%~90% 区间的问题定为 B 类问题,即次要问题,作为次重点管理;将其余累计频率在 90%~100% 区间的问题定为 C 类问题,即一般问题,按照常规适当加强管理。以上方法称为 ABC 分类管理法。

6.6.4　直方图法的应用

1. 直方图法的主要用途

① 整理统计数据,了解统计数据的分布特征,即数据分布的集中或离散状况,从中掌握质量能力状态。

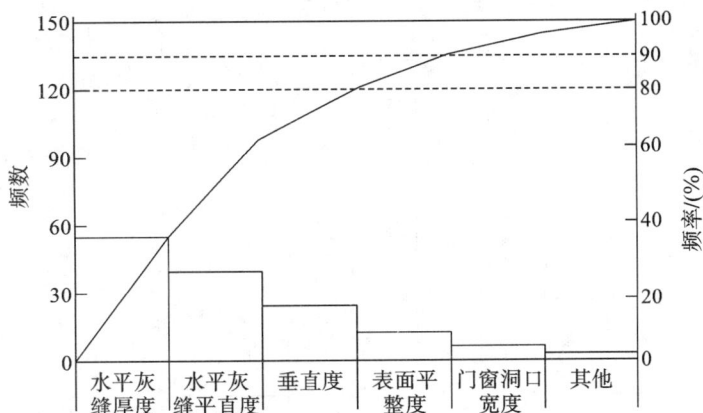

图 6-5　砌筑工程不合格点排列图

② 观察分析生产过程质量是否处于正常、稳定和受控状态以及质量水平是否保持在公差允许的范围内。

2. 直方图法的应用示例

首先是收集当前生产过程质量特性抽检的数据,然后制作直方图进行观察分析,判断生产过程的质量状况和能力。表 6-6 为某工程 10 组试块的 50 个抗压强度数据,从这些数据很难直接判断其质量状况是否正常、稳定程度和受控情况,如将其数据整理后绘制成直方图,就可以根据正态分布的特点进行分析判断,如图 6-6 所示。

表 6-6　数据整理表（N/mm²）

序号	抗压强度					最大值	最小值
1	39.8	37.7	33.8	31.5	36.1	39.8	31.5
2	37.2	38.0	33.1	39.0	36.0	39.0	33.1
3	35.8	35.2	31.8	37.1	34.0	37.1	31.8
4	39.9	34.3	33.2	40.4	41.2	41.2	33.2
5	39.2	35.4	34.4	38.1	40.3	40.3	34.4
6	42.3	37.5	35.5	39.3	37.3	42.3	35.5
7	35.9	42.4	41.8	36.3	36.2	42.4	35.9
8	46.2	37.6	38.3	39.7	38.0	46.2	37.6
9	36.4	38.3	43.4	38.2	38.0	43.4	36.4
10	44.4	42.0	37.9	38.4	39.5	44.4	37.9

3. 直方图的观察分析

（1）通过分布形状观察分析

① 所谓形状观察分析是指将绘制好的直方图形状与正态分布图的形状进行比较分析,一看形状是否相似,二看分布区间的宽窄。直方图的分布形状及分布区间宽窄是由质量特性统计数据的平均值和标准偏差所决定的。

② 正常直方图呈正态分布,其形状特征是中间高、两边低、成对称,如图 6-7（a）所示。正常直方

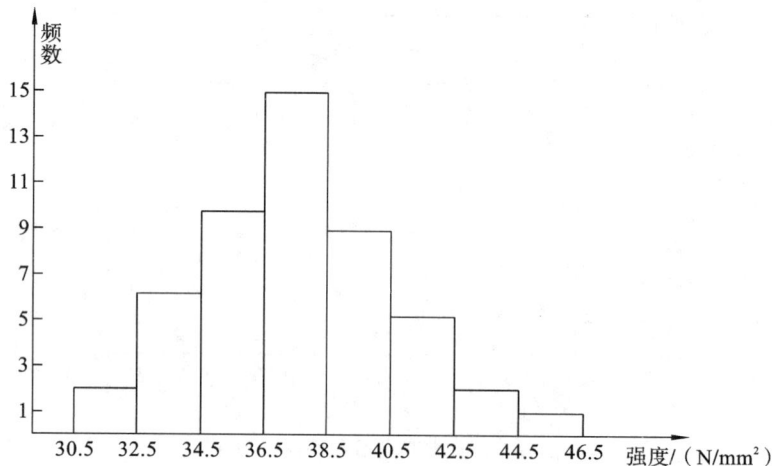

图 6-6 混凝土强度分布直方图

图反映生产过程质量处于正常、稳定状态。数理统计研究证明,当随机抽样方案合理且样本数量足够大时,在生产能力处于正常、稳定状态,质量特性检测数据趋于正态分布。

③ 异常直方图呈偏态分布,常见的异常直方图有折齿型、缓坡型、孤岛型、双峰型、峭壁型,如图6-7(b)~(f)所示,出现异常的原因可能是生产过程存在影响质量的系统因素,或收集整理数据制作直方图的方法不当所致,要具体分析。

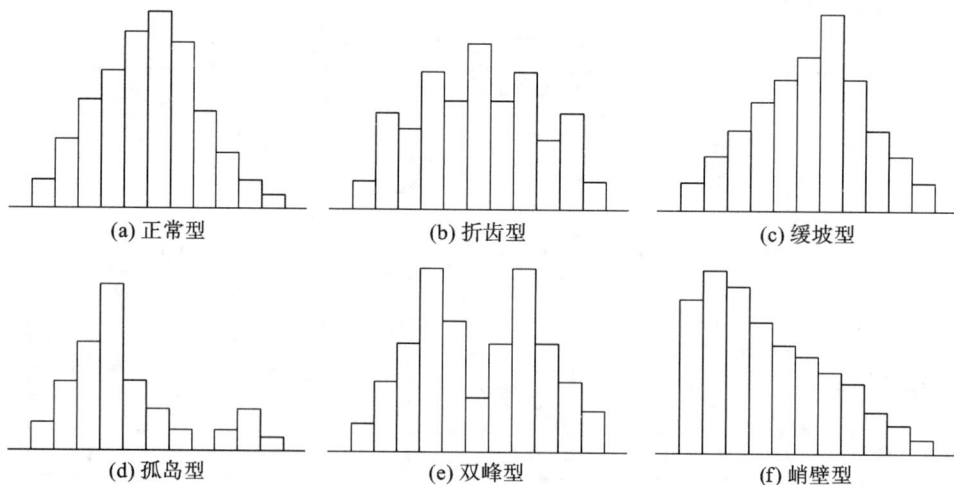

图 6-7 常见的直方图

(2) 通过分布位置观察分析

① 所谓位置观察分析是指将直方图的分布位置与质量控制标准的上下限范围进行比较分析,如图 6-8 所示。

② 生产过程的质量正常、稳定和受控,还必须在公差标准上、下界限范围内达到质量合格的要求。只有这样的正常、稳定和受控才是经济合理的受控状态,如图 6-8(a)所示。

③ 图 6-8(b)质量特性数据分布偏下限,易出现不合格,在管理上必须提高总体能力。

④ 图 6-8(c)质量特性数据的分布宽度边界达到质量标准的上下界限,其质量能力处于临界状

态,易出现不合格,必须分析原因,采取措施。

⑤ 图 6-8(d)质量特性数据的分布居中且边界与质量标准的上下界限有较大的距离,说明其质量能力偏大,不经济。

⑥ 图 6-8(e)(f)的数据分布均已出现超出质量标准上下限的上下界限,这些数据说明生产过程存在质量不合格,需要分析原因,采取措施进行纠偏。

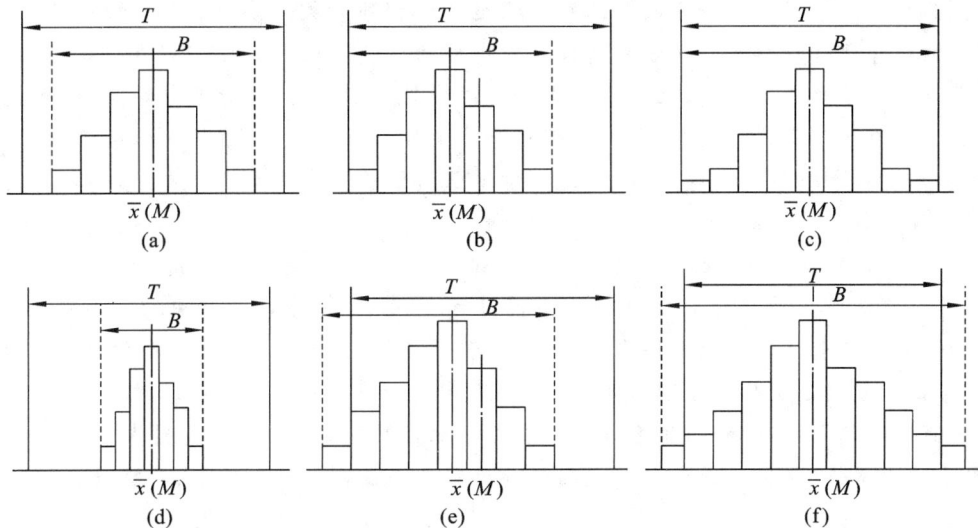

图 6-8　直方图与质量标准上下限

【案例】　三峡工程项目的质量管理和控制

三峡水电站,即长江三峡水利枢纽工程,又称三峡工程,于 1994 年 12 月 14 日正式开工建设,2009 年全部完工,2020 年完成整体竣工验收。三峡工程大坝高程 185 米,蓄水高程 175 米,水库长 2335 米,是世界上规模最大的水电站,也是中国有史以来建设的最大型的工程项目。三峡工程不仅是治理长江水患、航运畅达、绿色发电、抗旱补水的综合水利枢纽工程,更是实现人水和谐的民生工程,是实现全面建成小康社会的基础性工程,是中华民族伟大复兴的标志性工程。

三峡工程关系到社会及人民的生命财产安全,工程质量尤为重要。三峡工程坚持把质量管理放在各项工作的首位,确立了项目法人责任制、招投标制、建设监理制和合同管理制有机结合的管理体制,围绕"建设四制"项目管理模式及颁发的一系列工程质量标准,工程参建各方组建了比较完整的各层次质量管理组织机构,建立并完善了各项质量管理制度,逐步建立健全了一套具有三峡工程特色的分层质量保证体系,即国务院三峡工程建设委员会设立的三峡工程质量检查专家组—三峡工程质量管理委员会—业主单位项目管理部门—监理单位实行建设监理—施工单位建立三级检查的质量控制体系。

为实现质量管理的制度化和规范化,三峡工程质量管理委员会颁布实施了《三峡工程质量管理办法》。该办法依据工程施工合同进一步明确了三峡工程参建各方的主要职责和权限,对原材料及设备的采购供应、工程施工质量的监督控制、工程质量事故的处理等作出了具体规定,对工程质量行为起到了程序化和规范化作用。为做好三峡工程合同项目的验收工作,颁布实施了《三峡合同项目工程验收规程》。施工承包单位参照《三峡工程质量管理办法》,结合自身特点,制定了适合本单位的质量管理办法,如质量管理责任制、质量检查验收办法、质量奖惩办法等。监理单位根据工程进展需要对质量检查验收的工作程序、验收办法及具体实施细则进行了逐步完善、补充,形成了一套较为系统、全面、完整的监理工作实施细则。监理细则对监理质量和监督控制两者的内容、程序、标准等作了具体规定。通过建立健全质量保证体系、狠抓各项制度和措施的落实,依靠严格、科学、规范的管理保证工程质量。

三峡工程建设实行全方位、全过程的质量控制,包括工程规划设计质量控制、设备采购质量控制、原材料质量控制、施工质量控制等方面。三峡工程施工过程质量控制实行"以单元工程为基础、工序控制为手段"的程序化管理模式。对于施工过程中出现的质量问题遵循"三不放过"原则(不查清不放过、补救和防范措施不落实不放过、主要事故责任者不受教育不放过)进行调查处理,严格按照设计要求进行补救施工,直至满足设计要求,做到不留隐患。此外,还通过召开质量问题现场教育会,剖析质量体系运作和质量控制过程中的薄弱环节,进一步增强质量意识并落实了整改措施,有效地促进三峡工程的质量管理工作。

三峡工程严把工程质量关,坚持以质量控制为核心,努力将此项目打造成为高标准、经得起检验的优质工程。三峡工程成功应对了 2016 年长江中下游大洪水、2017 年长江中游大洪水、2018 年长江上游大洪水和 2020 年长江流域性大洪水,最大洪峰流量达 7.5 万立方米每秒,有效保障了防洪安全,为长江经济带高质量发展提供了坚强支撑和民生保障。2023 年 1 月,三峡工程入选水利部公布的"人民治水·百年功绩"治水工程项目名单。三峡工程的成功建设,推动了我国基建战线和重大机电装备科技水平的大幅提升,使我国由水电大国跃升为水电强国,"三峡品牌"已享誉世界。

【思考与练习】

1. 工程项目质量形成的影响因素有哪些?

2. 施工质量管理的 PDCA 循环中,检查 C(check)包括(　　)。

A. 监理单位的平行检查　　　　B. 作业者的自检　　　　C. 作业者的互检

D. 政府部门的监督检查　　　　E. 专职管理者的专检

3. 以下质量控制工作中,事中质量控制的重点是(　　)。

A. 工序质量的控制　　　　　　B. 质量管理点的设置

C. 施工质量计划的编制　　　　D. 工序质量偏差的纠正

4. 工程项目质量控制体系和企业质量管理体系有哪些不同?

5. 下列项目质量控制体系中,属于质量控制体系第二层次的是(　　)。

A. 建设单位项目管理机构建立的项目质量控制体系

B. 交钥匙工程总承包企业项目管理机构建立的项目质量控制体系

C. 项目设计总负责单位建立的项目质量控制体系

D. 施工设备安装单位建立的现场质量控制体系

6. 建设工程项目质量控制体系的建立过程包括:①制定质量控制制度;②编制质量控制计划;③建立系统质量控制网络;④分析质量控制界面。正确的程序是(　　)。

A. ①→②→③→④　　　　　　B. ③→①→④→②

C. ③→④→①→②　　　　　　D. ①→③→②→④

7. 项目质量控制体系运行的核心机制是(　　)。

A. 约束机制　　　　B. 反馈机制　　　　C. 持续改进机制　　　　D. 动力机制

8. 质量管理的 7 项原则是什么?

9. 下列质量管理体系程序性文件中,可视企业质量控制需要而制定,不作统一规定的是(　　)。

A. 内部审核程序　　　　　　　　B. 质量记录管理程序

C. 纠正措施控制程序　　　　　　D. 生产过程管理程序

9. 施工过程的质量控制重点是什么? 为什么?

10. 施工质量验收不符合验收标准的,应如何进行处理?

11. 根据工程质量事故造成的人员伤亡或者直接经济损失,工程质量事故可以分为哪四个等级?

12. 建设工程项目质量事故处理报告包括哪些内容?

13. 案例题。

某施工队模板施工精度的质量检查结果:在全部检查八个项目中不合格点有 150 个。为了进一步提高质量,对这些不合格点进行分析,以便找出模板施工中的薄弱环节。首先收集不合格点的原始资料,见表 6-7:

表 6-7　某项模板施工精度的抽样检查数据

序号	检查项目	不合格点数
1	轴线位置	1
2	垂直度	8
3	标高	4
4	截面尺寸	45
5	平面水平度	15
6	表面平整度	75
7	预埋设施中心位置	1
8	预留孔洞中心位置	1

问题:

(1) 分别计算出累进频数和累进频率;

(2) 画出排列图,并确定主次因素及相应的质量管理方法。

第7章　工程项目职业健康安全与环境管理

党的二十大报告提出：推动绿色发展，促进人与自然和谐共生……推动经济社会发展绿色化、低碳化是实现高质量发展的关键环节。随着人类社会进步和科技发展，职业健康安全与环境管理的问题得到广泛关注，为了保证劳动者在劳动生产过程中的健康安全和保护人类的生存环境，必须加强职业健康安全和环境管理。职业健康安全与环境管理体系是现代企业重要的管理组成部分，对标世界一流管理理念的同时，我国的企业也应当更加重视职业健康安全与环境管理体系的建设。

本章主要包括以下四个方面的内容：职业健康安全管理体系与环境管理体系；建设工程安全生产管理；建设工程生产安全事故应急预案和事故处理；建设工程施工现场职业健康安全与环境管理的要求。

7.1　职业健康安全管理体系与环境管理体系

7.1.1　职业健康安全管理体系与环境管理体系标准

1. 职业健康安全管理体系标准与环境管理体系标准

（1）《职业健康安全管理体系　要求及使用指南》（GB/T 45001—2020）标准体系构成

职业健康安全管理体系是企业总体管理体系的一部分，职业健康安全管理体系标准作为我国推荐性标准，目前被企业普遍采用，用以建立职业健康安全管理体系。2020年3月6日，国家市场监管总局、国家标准化管理委员会（SAC）批准《职业健康安全管理体系　要求及使用指南》（GB/T 45001—2020），标准等同采用 ISO 45001:2018 *Occupational Health and Safety Management Systems—Requirements with Guidance for Use*，代替了 GB/T 28001—2011、GB/T 28002—2011。

根据《职业健康安全管理体系　要求及使用指南》（GB/T 45001—2020）的规定，职业健康安全管理体系的目的和预期结果是防止对工作人员造成与工作相关的伤害和健康损害，并提供健康安全的工作场所。

（2）环境管理体系标准

随着全球经济的发展，人类赖以生存的环境不断恶化。20世纪80年代，联合国组建了世界环境与发展委员会，提出了"可持续发展"的观点。国际标准化制定的 ISO14000 体系标准，被我国等同采用，即《环境管理体系　要求及使用指南》（GB/T 24001—2016）、《环境管理体系　通用实施指南》（GB/T 24004—2017）。

在《环境管理体系　要求及使用指南》（GB/T 24001—2016）中，环境是指："组织运行活动的外部存在，包括空气、水、土地、自然资源、植物、动物、人，以及它（他）们之间的相互关系。"这个定义是以组织运行活动为主体，其外部存在主要是指人类认识到的直接或间接影响人类生存的各种自然因素及其相互关系。

2. 职业健康安全管理体系和环境管理体系的结构和模式

1）职业健康安全管理体系的结构和模式

（1）职业健康安全管理体系的结构

《职业健康安全管理体系　要求及使用指南》（GB/T 45001—2020）有关职业健康安全管理体系

的结构如图 7-1 所示。从中可以看出,该标准由"范围""规范性引用文件""术语和定义""组织所处的
环境""领导作用和工作人员参与""策划""支持""运行""绩效评价"和"改进"十部分组成。

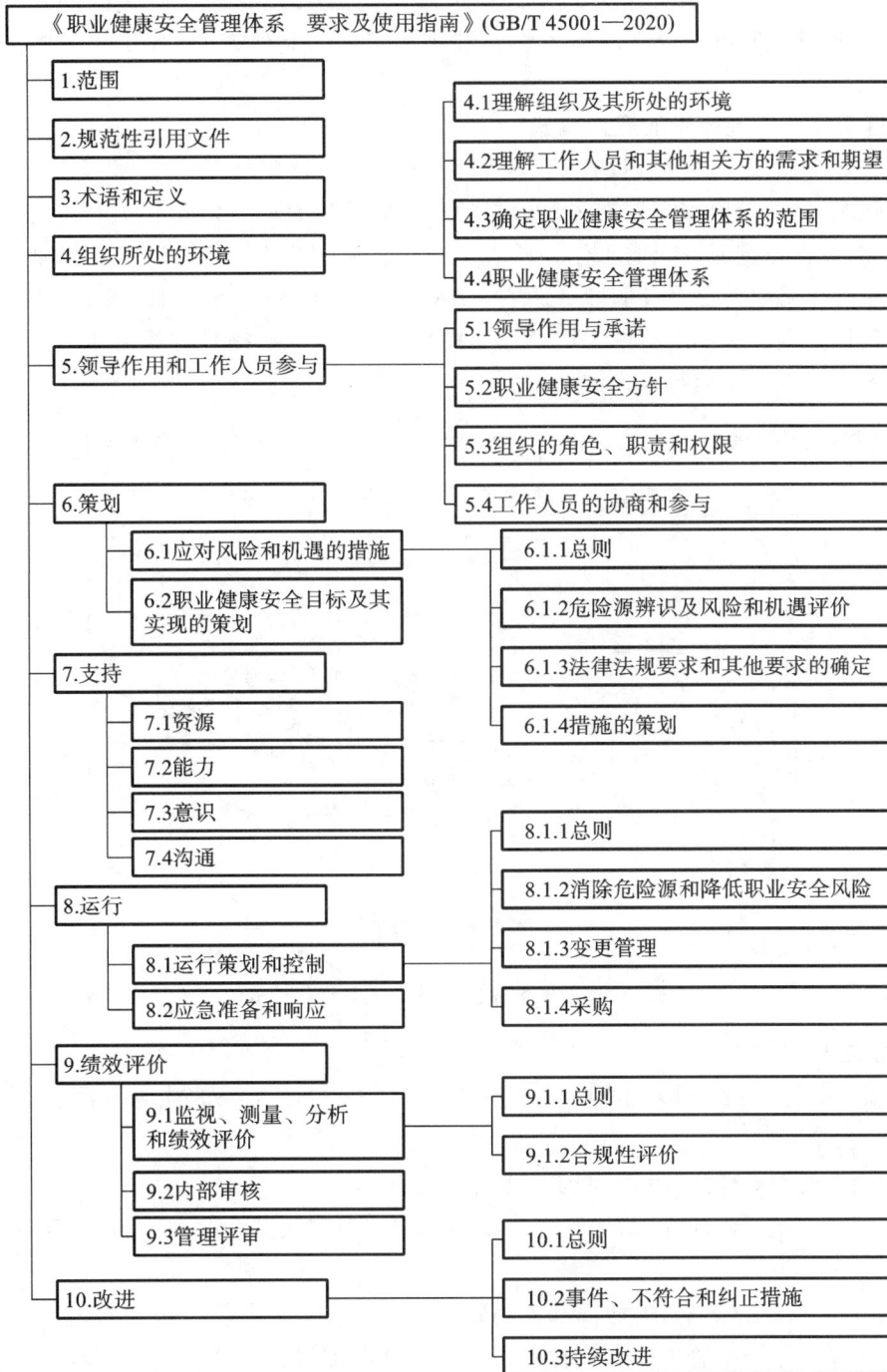

图 7-1　职业健康安全管理体系总体结构

"范围"中规定了管理体系标准中的一般要求,即规定了职业健康安全管理体系的要求,并给出了其使用指南,防止与工作相关的伤害和健康损害,以及主动改进其职业健康安全绩效来提供安全和健康的工作场所。本标准有助于组织实现其职业健康安全管理体系的预期结果。本标准使组织能够借助其职业健康安全管理体系整合健康和安全的其他方面,如工作人员的福利和(或)幸福等。

(2)职业健康安全管理体系的运行模式

为适应现代职业健康安全管理的需要,《职业健康安全管理体系　要求及使用指南》(GB/T 45001—2020)强调,职业健康安全管理体系的目的和预期结果是防止对工作人员造成与工作相关的伤害和健康损害,并提供健康安全的工作场所。实施符合本标准的职业健康安全管理体系,能使组织管理其职业健康安全风险并提升其职业健康安全绩效。职业健康安全管理体系可有助于组织满足法律法规要求和其他要求。具体实施中采用了戴明模型,即一种动态循环并螺旋上升的系统化管理模式。职业健康安全管理体系运行模式如图 7-2 所示。

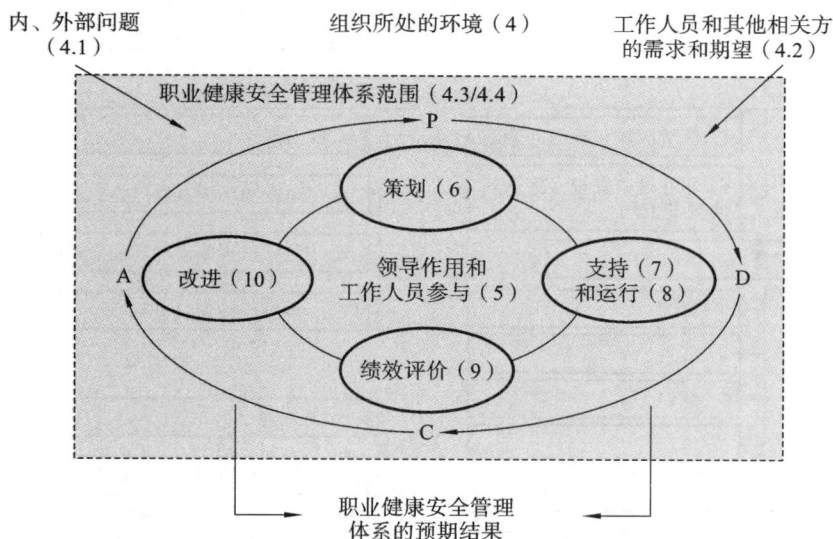

图 7-2　职业健康安全管理体系运行模式

(3)各要素之间的相互关系

职业健康安全管理体系的实施和保持,其有效性和实现预期结果的能力取决于诸多关键因素。这些关键因素可包括:

① 最高管理者的领导作用、承诺、职责和担当;

② 最高管理者在组织内建立、引导和促进支持实现职业健康安全管理体系预期结果的文化;

③ 沟通;

④ 工作人员及其代表(若有)的协商和参与;

⑤ 为保持职业健康安全管理体系正常运行所需的资源配置;

⑥ 符合组织总体战略目标和方向的职业健康安全方针;

⑦ 辨识危险源、控制职业健康安全风险和利用职业健康安全机遇的有效过程;

⑧ 为提升职业健康安全绩效而对职业健康安全管理体系绩效的持续监视和评价;

⑨ 将职业健康安全管理体系融入组织的业务过程；

⑩ 符合职业健康安全方针并必须考虑组织的危险源、职业健康安全风险和职业健康安全机遇的职业健康安全目标；

⑪ 符合法律法规要求和其他要求。

2）环境管理体系的结构和模式

（1）环境管理体系的结构

组织在环境管理中，应建立环境管理的方针和目标，识别与组织运行活动有关的能源及其危险，通过环境影响评价，对可能产生重大环境影响的环境因素采取措施进行管理和控制。

根据《环境管理体系　要求及使用指南》（GB/T 24001—2016），组织应根据本标准的要求建立环境管理体系，形成文件，实施、保持和持续改进环境管理体系，并确定它将如何实现这些要求。组织应确定环境管理体系覆盖的范围并形成文件。

《环境管理体系　要求及使用指南》（GB/T 24001—2016）的结构如图 7-3 所示。该标准由"范围""规范性引用文件""术语和定义""组织所处的环境""领导作用""策划""支持""运行""绩效评价"和"改进"十部分组成。

"范围"中指出，本标准旨在使其所有的要求都能纳入任何一个环境管理体系。其应用程度取决于诸如组织的环境方针、活动、产品和服务的性质、运行场所的条件等因素。"环境管理体系要求"指出了管理体系的全部具体内容。

（2）环境管理体系的运行模式

《环境管理体系　要求及使用指南》（GB/T 24001—2016）是环境管理体系系列标准的重要标准，也是在环境管理体系标准中唯一可供认证的管理标准。

图 7-4 给出了环境管理体系的运行模式，该模式为环境管理体系提供了一套系统化的方法，指导其组织合理有效地推行其环境管理工作。该模式是由"策划—支持和运行—绩效评价—改进"构成的动态循环过程，与戴明的 PDCA 循环模式是一致的。

3. 工程项目职业健康安全与环境管理的目的

（1）工程项目职业健康安全管理的目的

职业健康安全管理的目的是在生产活动中，通过职业健康安全生产的管理活动，对影响生产的具体因素进行状态控制，使生产因素中的不安全行为和状态尽可能减少或消除且不引发事故，以保证生产活动中人员的健康和安全。对于建设工程项目，职业健康安全管理的目的是防止和尽可能减少生产安全事故、保护产品生产者的健康与安全、保障群众的生命和财产免受损失；控制影响或可能影响工作场所内的员工或其他工作人员（包括临时工和承包方员工）、访问者或任何其他人员的健康安全的条件和因素；避免因管理不当对在组织控制下工作的人员健康和安全造成危害。

（2）建设工程项目环境管理的目的

环境保护是我国的一项基本国策。环境管理的目的是保护生态环境，使社会的经济发展与人类的生存环境相协调。对于建设工程项目，环境保护主要是指保护和改善施工的环境。企业应当遵照国家和地方的相关法律法规以及行业和企业自身的要求，采取措施控制施工现场的各种粉尘、废水、废气、固体废弃物以及噪声、振动对环境的污染和危害，并且要注意节约资源和避免资源的浪费。

《环境管理体系 要求及使用指南》(GB/T 24001—2016)

- 1.范围
- 2.规范性引用文件
- 3.术语和定义
- 4.组织所处的环境
  - 4.1理解组织及其所处的环境
  - 4.2理解相关方的需求
  - 4.3确定环境管理体系的范围
  - 4.4环境管理体系
- 5.领导作用
  - 5.1领导作用与承诺
  - 5.2环境方针
  - 5.3组织的角色、职责和权限
- 6.策划
  - 6.1应对风险和机遇的措施
    - 6.1.1总则
    - 6.1.2环境因素
    - 6.1.3合规义务
    - 6.1.4措施的策划
  - 6.2环境目标及其实现的策划
    - 6.2.1环境目标
    - 6.2.2实现环境目标的措施的策划
- 7.支持
  - 7.1资源
  - 7.2能力
  - 7.3意识
  - 7.4信息交流
    - 7.4.1总则
    - 7.4.2内部信息交流
    - 7.4.3外部信息交流
  - 7.5文件化信息
    - 7.5.1总则
    - 7.5.2创建和更新
    - 7.5.3文化信息的控制
- 8.运行
  - 8.1运行策划和控制
  - 8.2应急准备和响应
- 9.绩效评价
  - 9.1监视、测量、分析和绩效评价
    - 9.1.1总则
    - 9.1.2合规性评价
  - 9.2内部审核
    - 9.2.1总则
    - 9.2.2内部审核方案
  - 9.3管理评审
- 10.改进
  - 10.1总则
  - 10.2不符合和纠正措施
  - 10.3持续改进

图 7-3 《环境管理体系 要求及使用指南》(GB/T 24001—2016)

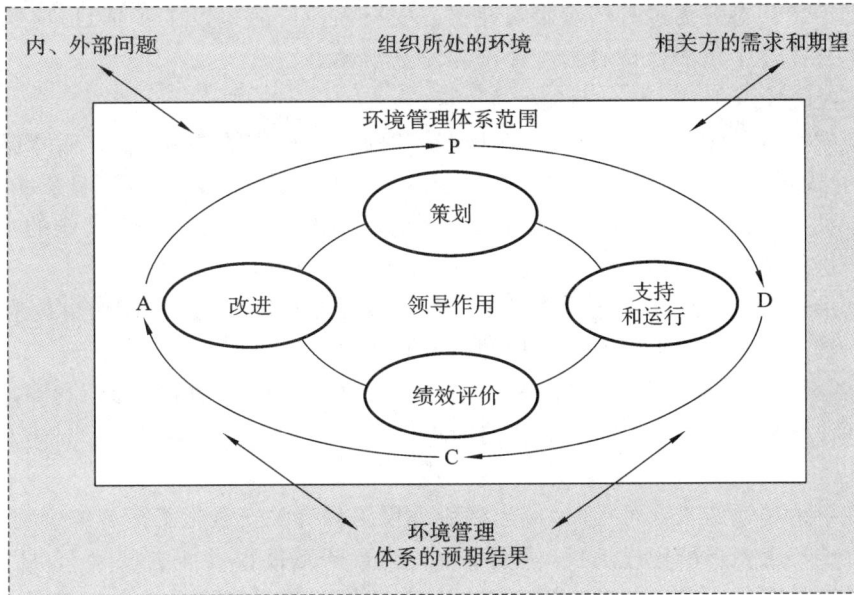

图 7-4　环境管理体系运行模式

7.1.2　职业健康安全与环境管理的特点和要求

1. 工程项目职业健康安全与环境管理的特点

依据工程项目产品的特性,工程项目职业健康安全与环境管理有以下特点。

(1) 复杂性

建设项目的职业健康安全和环境管理涉及大量的露天作业,受气候条件、工程地质、水文地质、地理条件和地域资源等不可控因素的影响较大。

(2) 多变性

一方面,项目建设现场材料、设备和工具的流动性大;另一方面,由于技术进步,项目不能引入新材料、新设备和新工艺。这些因素都加大了相应的管理难度。

(3) 协调性

项目建设涉及的工种甚多,包括大量的高空作业、地下作业、用电作业、爆破作业、施工机械、起重作业等较危险的工程,并且各工种经常需要交叉或平行作业。

(4) 持续性

项目建设一般具有建设周期长的特点,从设计、实施直至投产阶段,诸多工序环环相扣。前一道工序的隐患,可能在后续的工序中暴露,酿成安全事故。

(5) 经济性

产品的时代性、社会性与多样性决定环境管理的经济性。

(6) 多样性

产品的时代性和社会性决定了环境管理的多样性。

2. 工程项目职业健康安全与环境管理的要求

(1) 建设工程项目决策阶段

建设单位应按照有关建设工程法律法规的规定和强制性标准的要求,办理各种有关安全与环境保护方面的审批手续。对需要进行环境影响评价或安全预评价的建设工程项目,应组织或委托有相应资质的单位进行建设工程项目环境影响评价和安全预评价。

(2)建设工程设计阶段

设计单位应按照有关建设工程法律法规的规定和强制性标准的要求,进行环境保护设施和安全设施的设计,防止因设计考虑不周而导致生产安全事故的发生或对环境造成不良影响。

在进行工程设计时,设计单位应当考虑施工安全和防护需要,对涉及施工安全的重点部分和环节在设计文件中应进行注明,并对防范生产安全事故提出指导意见。

对于采用新结构、新材料、新工艺的建设工程和特殊结构的建设工程,设计单位应在设计中提出保障施工作业人员安全和预防生产安全事故的措施和建议。

在工程总概算中,应明确工程安全环保设施费用、安全施工和环境保护措施费等。

设计单位和注册建筑师等执业人员应当对其设计负责。

(3)建设工程施工阶段

建设单位在申请领取施工许可证时,应当提供建设工程有关安全施工措施的资料。

对于依法批准开工报告的建设工程,建设单位应当自开工报告批准之日起15日内,将保证安全施工的措施报送建设工程所在地的县级以上人民政府建设行政主管部门或者其他有关部门备案。

对于应当拆除的工程,建设单位应当在拆除工程施工15日前,将拆除施工单位资质等级证明,拟拆除建筑物、构筑物及可能涉及毗邻建筑的说明,拆除施工组织方案,堆放、清除废弃物的措施的资料报送建设工程所在地的县级以上的地方人民政府主管部门或者其他有关部门备案。

施工企业在其经营生产的活动中必须对本企业的安全生产负全面责任。企业的法定代表人是安全生产的第一负责人,项目负责人是施工项目生产的主要负责人。施工企业应当具备安全生产的资质条件,取得安全生产许可证的施工企业应设立安全生产管理机构,安排合格的安全生产管理人员,提供必要的资源;要建立健全职业健康安全体系以及有关安全生产责任制和各项安全生产规章制度。对项目要编制切合实际的安全生产计划,制定职业健康安全保障措施;实施安全教育培训制度,不断提高员工的安全意识和安全生产素质。

建设工程实行总承包的,由总承包单位对施工现场的安全生产总负责并自行完成工程主体结构的施工。分包单位应当接受总承包单位的安全生产管理,分包合同中应当明确各自的安全生产方面的权利、义务。分包单位不服从管理导致生产安全事故的,由分包单位承担主要责任,总承包和分包单位对分包工程的安全生产承担连带责任。

(4)项目验收试运行阶段

项目竣工后,建设单位应向审批建设工程项目环境影响报告书、环境影响报告或者环境影响登记表的环境保护行政主管部门申请,对环保设施进行竣工验收。环保行政主管部门应在收到申请环保设施竣工验收之日起30日内完成验收。验收合格后,工程项目才能投入生产和使用。

对于需要试生产的建设工程项目,建设单位应当在项目投入试生产之日起3个月内向环保行政主管部门申请对其项目配套的环保设施进行竣工验收。

7.1.3　职业健康安全管理体系与环境管理体系的建立和运行

1. 职业健康安全管理体系与环境管理体系的建立

(1)领导决策

最高管理者亲自决策,以便获得各方面的支持,有助于获得体系建立过程中所需的资源。

（2）成立工作组

最高管理者或授权管理者代表组建工作小组负责建立体系。工作小组的成员要覆盖组织的主要职能部门,组长负责协调各职能部门间人力、资金、信息获取工作。

（3）人员培训

培训的目的是使有关人员具有完成对职业健康与环境有影响的任务的相应能力,了解建立体系的重要性,了解标准的主要思想和内容。

（4）初始状态评审

初始状态评审是对组织过去和现在的职业健康安全与环境的信息、状态进行收集、调查分析、识别,获取现行法律法规和其他要求,进行危险源辨识和风险评价、环境因素识别和重要环境因素评价。评审结果将作为确定职业健康安全与环境方针、制定管理方案、编制体系文件的基础。初始状态评审的内容包括:

① 明确适用的有关职业健康安全与环境法律、法规和其他要求;

② 评审组织现有的管理制度,并与标准进行对比;

③ 评审过去的事故,对其进行分析评价,检查组织是否建立了处罚和预防措施;

④ 了解相关方对组织在职业健康安全与环境管理工作的看法和要求。

（5）制定方针、目标、指标和管理方案

方针是组织对其职业健康安全与环境行为的原则和意图的声明,也是组织自觉承担其责任和义务的承诺。方针不仅为组织确定了总的指导方向和行动准则,而且是评价一切后续活动的依据,并为更加具体的目标和指标提供了一个框架。

健康安全及环境目标、指标的制定是组织为了实现其在职业健康安全及环境方针中体现出的管理理念及其对整体绩效的期许与原则,与企业的总目标相一致。目标和指标制定的依据和准则为:

① 依据和准则要符合方针;

② 考虑法律、法规和其他要求;

③ 考虑自身潜在的危险和重要环境因素;

④ 考虑商业机会和竞争机遇;

⑤ 考虑可实施性;

⑥ 考虑监测考评的现实性;

⑦ 考虑相关方的观点。

管理方案是实现目标、指标的行动方案。为保证职业健康安全和环境管理体系目标的实现,需结合年度管理目标和企业客观实际情况,策划制定职业健康安全和环境管理方案,方案中应明确旨在实现目标和指标的相关部门的职责、方法、时间表以及资源的要求。

（6）管理体系策划与设计

体系策划与设计是依据制定的方针、目标和指标、管理方案确定组织机构职责和筹划各种运行程序。策划与设计的主要工作有:

① 确定文件结构;

② 确定文件编写格式;

③ 确定各层文件名称及编号;

④ 制定文件编写计划;

⑤ 安排文件的审查、审批和发布工作。

(7) 体系文件编写

① 体系文件编写的原则。

职业健康安全与环境管理体系是系统化、结构化、程序化的管理体系,是遵循 PDCA 管理模式并以文件为依据的管理制度和管理办法。

体系文件编写和实施应遵循以下原则:标准要求的要列入、文件写到的要做到、做到的要有有效记录。

② 管理手册的编写。

管理手册是对组织整个管理体系的整体性描述,为体系的进一步展开以及后续程序文件的制定提供了框架要求和原则规定,是管理体系的纲领性文件,可使组织的各级管理者明确体系概况,了解各部门的职责权限和相互关系,以便统一分工和协调管理。管理手册除了反映组织管理体系、需要解决的问题,也反映出组织的管理思路和理念,同时也向组织内外部人员提供了查询所需文件和记录的途径,相当于体系文件的索引。

其主要内容包括:

a. 方针、目标、指标、管理方案;

b. 管理、运行、审核和评审工作人员的主要职责、权限和相互关系;

c. 关于程序文件的说明和查询途径;

d. 关于管理手册的管理、评审和修订工作的规定。

③ 程序文件的编写。

程序文件的编写应符合以下要求:

a. 程序文件要针对需要编制程序文件体系的管理要素;

b. 程序文件的内容可按"4W1H"的顺序和内容来编写,即明确程序中管理要素谁做(who),什么时间做(when),在什么地点做(where),做什么(what),怎么做(how);

c. 程序文件一般格式可按照目的和适用范围、引用的标准及文件、术语和定义、职责、工作程序、报告和记录的格式以及相关文件等的顺序来编写。

④ 作业文件的编制。

作业文件是指管理手册、程序文件之外的文件,一般包括作业指导书(操作规程)管理规定、监测活动准则及程序文件引用的表格。其编写的内容和格式与程序文件的要求基本相同。在编写之前应对原有的作业文件进行清理,摘其有用的部分,删除无关的部分。

(8) 文件的审查、审批和发布

文件编写完成后应进行审查,经审查、修改、汇总后进行审批,然后发布。

2. 职业健康安全管理体系与环境管理体系的运行

1) 管理体系的运行

体系运行是指按照已建立体系的要求实施,其实施的重点包括培训意识和能力,信息交流,文件管理,执行控制程序,监测,不符合、纠正和预防措施,记录等。上述运行活动简述如下。

(1) 培训意识和能力

组织应确定与职业健康安全管理风险、环境风险及体系相关的培训需求,应提供或采取其他措施来满足这些需求,评价培训或采取的措施的有效性,并保存相关记录。

(2) 信息交流

信息交流是确保各要素构成完整的、动态的、持续改进的体系和基础,应关注信息交流的内容和方式。

（3）文件管理

① 对现有有效文件进行整理编号，方便查询索引。

② 对适用的规范、规程等行业标准应及时购买补充，对适用的表格要及时发放。

③ 对在内容上有抵触的文件和过期的文件要及时作废并妥善处理。

（4）执行控制程序

体系的运行离不开程序文件的指导，程序文件及其相关的作业文件在组织内部都具有法定效力，必须严格执行，才能保证体系正确运行。

（5）监测

为保证体系正确有效地运行，必须严格监测体系的运行情况。监测中应明确监测的对象和监测的方法。

（6）不符合、纠正和预防措施

体系在运行过程中，不符合的出现是不可避免的，包括事故也难免会发生，关键是相应的纠正与预防措施是否及时有效。组织应建立、实施并保持程序，以处理实际和潜在的不符合，并采取纠正措施和预防措施。

（7）记录

在体系运行过程中及时按文件要求进行记录，如实反映体系的运行情况。

2）管理体系的维持

（1）内部审核

内部审核是组织对其自身的管理体系进行的审核，是对体系是否正常运行以及是否达到了规定的目标所作的独立的检查和评价，是管理体系自我保证和自我监督的一种机制。

内部审核前要明确审核的方式方法和步骤，形成审核计划，并发至相关部门。

（2）管理评审

管理评审是由组织的最高管理者对管理体系的系统评价，判断组织的管理体系面对内部情况和外部环境的变化是否充分适应有效，由此决定是否对管理体系做出调整，包括方针、目标、机构和程序等。

管理评审中应注意以下问题：

① 信息输入的充分性和有效性；

② 评审过程充分严谨，应明确评审的内容和对相关信息的收集、整理，并进行充分的讨论和分析；

③ 评审结论应该清楚明了，表述准确；

④ 对于评审中提出的问题应认真进行整改，不断持续改进。

（3）合规性评价

为了履行遵守法律法规的承诺，合规性评价分为项目组级和公司级评价两个层次进行。

项目组级评价，由项目经理组织有关人员对施工中应遵守的法律法规和其他要求的执行情况进行一次合规性评价。当某个阶段施工时间超过半年时，合规性评价不少于一次。项目工程结束时应针对整个项目工程进行系统的合规性评价。

公司级评价每年进行一次，制定计划后由管理者代表组织企业相关部门和项目组，对公司应遵守的法律法规和其他要求的执行情况进行合规性评价。

各级合规性评价后,对不能充分满足要求的相关活动或行为,通过管理方案或纠正措施等方式进行逐步改进。上述评价和改进的结果,应形成必要的记录和证据,作为管理评审的输入。

管理评审时,最高管理者应结合上述合规性评价的结果、企业的客观管理实际、相关法律法规和其他要求,系统评价体系运行过程中对适用法律法规和其他要求的遵守执行情况,并由相关部门或最高管理者提出改进要求。

7.2　建设工程安全生产管理

7.2.1　安全生产管理制度

由于建设工程规模大、周期长、参与人数多、环境复杂多变,导致安全生产的难度很大。2016年2月颁布的《中共中央　国务院关于进一步加强城市规划建设管理工作的若干意见》和2017年2月颁布的《国务院办公厅关于促进建筑业持续健康发展的意见》(国办发〔2017〕19号)强调,建设工程应完善工程质量安全管理制度,落实工程质量安全主体责任,强化工程质量安全监管,提高工程项目质量安全管理水平。因此,依据现行的法律法规,通过建立各项安全生产管理制度体系规范建设工程参与各方的安全生产行为。重大工程项目中进行风险评估或论证,在项目中将信息技术与安全生产深度融合,对于提高建设工程安全生产管理水平,防止和避免安全事故的发生是非常重要的。现阶段正在执行的主要安全生产管理制度包括:安全生产责任制度;安全生产许可证制度;政府安全生产监督检查制度;安全生产教育培训制度;安全措施计划制度;特种作业人员持证上岗制度;专项施工方案专家论证制度;危及施工安全工艺、设备、材料淘汰制度;施工起重机械使用登记制度;安全检查制度;生产安全事故报告和调查处理制度;"三同时"制度;安全预评价制度;工伤和意外伤害保险制度等。

1. 安全生产责任制度

安全生产责任制度是最基本的安全管理制度,是所有安全生产管理制度的核心。安全生产责任制是按照安全生产管理方针和"管生产的同时必须管安全"的原则,将各级负责人员、各职能部门及其工作人员和各岗位生产工人在安全生产方面应做的事情及应负的责任加以明确规定的一种制度。具体来说,就是将安全生产责任分解到相关单位的主要负责人、项目负责人、班组长以及每个岗位的作业人员身上。

根据《建设工程安全生产管理条例》和《建筑施工安全检查标准》(JGJ 59—2011)的相关规定,安全生产责任制度的主要内容如下。

① 安全生产责任制度主要包括企业主要负责人的安全责任,负责人或其他副职的安全责任,项目负责人(项目经理)的安全责任,生产、技术、材料等各职能管理负责人及其工作人员的安全责任,技术负责人(工程师)的安全责任,专职安全生产管理人员的安全责任,施工员的安全责任,班组长的安全责任和岗位人员的安全责任等。《中华人民共和国安全生产法》明确规定,生产经营单位主要负责人是本单位安全生产第一责任人。

② 项目应对各级、各部门安全生产责任制规定检查和考核办法,按规定期限进行考核,并记录考核结果及兑现情况。

③ 项目独立承包的工程在签订承包合同中必须有安全生产工作的具体指标和要求。工程由多单位施工时,总分包单位在签订分包合同的同时要签订安全生产合同(协议),签订合同前要检查分包单位的营业执照、企业资质证、安全资格证等。分包队伍的资质应与工程要求相符,在安全合同中应

明确总分包单位各自的安全职责,原则上,实行总承包的由总承包单位负责,分包单位向总包单位负责,服从总包单位对施工现场的安全管理,分包单位在其分包范围内建立施工现场安全生产管理制度,并组织实施。

④ 项目的主要工种应有相应的安全技术操作规程,砌筑、抹灰、混凝土、木工、电工、钢筋、机械、起重司机、信号指挥、脚手架、水暖、油漆、塔吊、电梯、电气焊等工种,特殊作业应另行补充。应将安全技术操作规程列为日常安全活动和安全教育的主要内容,并应悬挂在操作岗位前。

⑤ 工程项目部专职安全人员的配备应按住房和城乡建设部的规定:1 万平方米以下的工程 1 人;1 万~5 万平方米的工程不少于 2 人;5 万平方米以上的工程不少于 3 人,且按专业配备专职安全生产管理人员。

总之,企业实行安全生产责任制必须做到在计划、布置、检查、总结、评比生产的时候,同时计划、布置、检查、总结、评比安全工作。其内容大体分为两个方面:纵向方面是各级人员的安全生产责任制,即从最高管理者、管理者代表到项目负责人(项目经理)、技术负责人(工程师)、专职安全生产管理人员、施工员、班组长和岗位人员等各级人员的安全生产责任制;横向方面是各个部门的安全生产责任制,即各职能部门(如安全环保、设备、技术、生产、财务等部门)的安全生产责任制。只有这样,才能建立健全安全生产责任制,做到群防群治。

2. 安全生产许可证制度

《安全生产许可证条例》规定国家对建筑施工企业实施安全生产许可证制度。其目的是严格规范安全生产条件,进一步加强安全生产监督管理,防止和减少生产安全事故。

国务院建设主管部门负责中央管理的建筑施工企业安全生产许可证的颁发和管理,其他企业的安全生产许可证由省、自治区、直辖市人民政府建设主管部门进行颁发和管理,并接受国务院建设主管部门的指导和监督。

企业取得安全生产许可证,应当具备下列安全生产条件:

① 建立、健全安全生产责任制,制定完备的安全生产规章制度和操作规程;

② 安全投入符合安全生产要求;

③ 设置安全生产管理机构,配备专职安全生产管理人员;

④ 主要负责人和安全生产管理人员经考核合格;

⑤ 特种作业人员经有关业务主管部门考核合格,取得特种作业操作资格证书;

⑥ 从业人员经安全生产教育和培训合格;

⑦ 依法参加工伤保险,为从业人员缴纳保险费;

⑧ 厂房、作业场所和安全设施、设备、工艺符合有关安全生产法律、法规、标准和规程要求;

⑨ 有职业危害防治措施,并为从业人员配备符合国家标准或者行业标准的劳动防护用品;

⑩ 依法进行安全评价;

⑪ 有重大危险源检测、评估、监控措施和应急预案;

⑫ 有生产安全事故应急救援预案、应急救援组织或者应急救援人员,配备必要的应急救援器材、设备;

⑬ 法律、法规规定的其他条件。

企业进行生产前,应当依照该条例的规定向安全生产许可证颁发管理机关申请领取安全生产许可证,并提供上述①~⑬条要求的相关文件、资料。安全生产许可证颁发管理机关应当自收到申请之日起 45 日内审查完毕,经审查符合该条例规定的安全生产条件的,颁发安全生产许可证;不符合该条例规定的安全生产条件的,不予颁发安全生产许可证,书面通知企业并说明理由。

安全生产许可证的有效期为3年。安全生产许可证有效期满需要延期的,企业应当于期满前3个月向原安全生产许可证颁发管理机关办理延期手续。

企业在安全生产许可证有效期内,严格遵守有关安全生产的法律法规,未发生死亡事故的,安全生产许可证有效期届满时,经原安全生产许可证颁发管理机关同意,不再审查,安全生产许可证有效期延期3年。

企业不得转让、冒用安全生产许可证或者使用伪造的安全生产许可证。

3. 政府安全生产监督检查制度

政府安全监督检查制度是指国家法律、法规授权的行政部门,代表政府对企业的安全生产过程实施监督管理。《建设工程安全生产管理条例》第五章"监督管理"对建设工程安全监督管理的规定内容如下。

① 国务院负责安全生产监督管理的部门依照《中华人民共和国安全生产法》的规定,对全国建设工程安全生产工作实施综合监督管理。

② 县级以上地方人民政府负责安全生产监督管理的部门依照《中华人民共和国安全生产法》的规定,对本行政区域内建设工程安全生产工作实施综合监督管理。

③ 国务院建设行政主管部门对全国的建设工程安全生产实施监督管理。国务院铁路、交通、水利等有关部门按照国务院规定的职责分工,负责有关专业建设工程安全生产的监督管理。

④ 县级以上地方人民政府建设行政主管部门对本行政区域内的建设工程安全生产实施监督管理。县级以上地方人民政府交通、水利等有关部门在各自的职责范围内,负责本行政区域内的专业建设工程安全生产的监督管理。

⑤ 县级以上人民政府负有建设工程安全生产监督管理职责的部门在各自的职责范围内履行安全监督检查职责时,有权纠正施工中违反安全生产要求的行为,责令立即排除检查中发现的安全事故隐患,对重大隐患可以责令暂时停止施工。建设行政主管部门或者其他有关部门可以将施工现场安全监督检查委托给建设工程安全监督机构具体实施。

4. 安全生产教育培训制度

企业安全生产教育培训一般包括对管理人员、特种作业人员和企业员工的安全教育培训。

1)管理人员的安全教育

(1)企业法定代表人的安全教育

企业法定代表人安全教育的主要内容包括:

① 国家有关安全生产的方针、政策、法律、法规及有关规章制度;

② 安全生产管理职责、企业安全生产管理知识及安全文化;

③ 有关事故案例及事故应急处理措施等。

(2)项目经理、技术负责人和技术干部的安全教育

项目经理、技术负责人和技术干部安全教育的主要内容包括:

① 安全生产方针、政策和法律、法规;

② 项目经理部安全生产责任;

③ 典型事故案例剖析;

④ 本系统安全及其相应的安全技术知识。

（3）行政管理干部的安全教育

行政管理干部安全教育的主要内容包括：

① 安全生产方针、政策和法律、法规；

② 基本的安全技术知识；

③ 本职的安全生产责任。

（4）企业安全管理人员的安全教育

企业安全管理人员安全教育内容应包括：

① 国家有关安全生产的方针、政策、法律、法规和安全生产标准；

② 企业安全生产管理、安全技术、职业病知识、安全文件；

③ 员工伤亡事故和职业病统计报告及调查处理程序；

④ 有关事故案例及事故应急处理措施。

（5）班组长和安全员的安全教育

班组长和安全员的安全教育内容包括：

① 安全生产法律、法规、安全技术及技能、职业病和安全文化的知识；

② 本企业、本班组和工作岗位的危险因素、安全注意事项；

③ 本岗位安全生产职责；

④ 典型事故案例；

⑤ 事故抢救与应急处理措施。

2）特种作业人员的安全教育

特种作业人员必须经专门的安全技术培训并考核合格，取得中华人民共和国特种作业操作证后，方可上岗作业。

特种作业人员应当接受与其所从事的特种作业相应的安全技术理论培训和实际操作培训。已经取得职业高中、技工学校及中专以上学历的毕业生从事与其所学专业相应的特种作业，持学历证明经考核发证机关同意，可以免予相关专业的培训。

跨省、自治区、直辖市从业的特种作业人员，可以在户籍所在地或者从业所在地参加培训。

3）企业员工的安全教育

企业员工的安全教育主要有新员工上岗前的三级安全教育、改变工艺和变换岗位安全教育、经常性安全教育三种形式。

（1）新员工上岗前的三级安全教育

三级安全教育通常是指进厂、进车间、进班组三级，对建设工程来说，具体指企业（公司）、项目（或工区、工程处、施工队）、班组三级。

企业新员工上岗前必须进行三级安全教育，企业新员工须按规定通过三级安全教育和实际操作训练，并经考核合格后方可上岗。企业新上岗的从业人员，岗前培训时间不得少于 24 学时。

① 企业（公司）级安全教育由企业主管领导负责，企业职业健康安全管理部门会同有关部门组织实施，内容应包括安全生产法律、法规，通用安全技术、职业卫生和安全文化的基本知识、本企业安全生产规章制度及状况、劳动纪律和有关事故案例等内容。

② 项目（或工区、工程处、施工队）级安全教育由项目级负责人组织实施，专职或兼职安全员协助，内容包括工程项目的概况，安全生产状况和规章制度，主要危险因素及安全事项，预防工伤事故和职业病的主要措施，典型事故案例及事故应急处理措施等。

③ 班组级安全教育由班组长组织实施,内容包括遵章守纪,岗位安全操作规程,岗位间工作衔接配合的安全生产事项,典型事故及发生事故后应采取的紧急措施,劳动防护用品(用具)的性能及正确使用方法等内容。

(2) 改变工艺和变换岗位时的安全教育

① 企业(或工程项目)在实施新工艺、新技术或使用新设备、新材料时,必须对有关人员进行相应级别的安全教育,要按新的安全操作规程教育和培训参加操作的岗位员工和有关人员,使其了解新工艺、新设备、新产品的安全性能及安全技术,以适应新的岗位作业的安全要求。

② 当组织内部员工发生从一个岗位调到另外一个岗位,或从某工种改变为另一工种,或因放长假离岗一年以上重新上岗的情况,企业必须进行相应的安全技术培训和教育,以使其掌握现岗位安全生产的特点和要求。

(3) 经常性安全教育

无论何种教育都不可能是一劳永逸的,安全教育同样如此,必须坚持不懈、经常不断地进行,这就是经常性安全教育。在经常性安全教育中,安全思想、安全态度教育最重要。进行安全思想、安全态度教育,要通过采取多种形式的安全教育活动,激发员工做好安全生产工作的热情,促使员工重视和真正实现安全生产。经常性安全教育的形式有:每天的班前班后会上说明安全注意事项;安全活动日;安全生产会议;事故现场会;张贴安全生产招贴画、宣传标语及标志等。

5. 安全措施计划制度

安全措施计划制度是指企业进行生产活动时,必须编制安全措施计划,它是企业有计划地改善劳动条件和安全卫生设施,防止工伤事故和职业病的重要措施之一,对企业加强劳动保护,改善劳动条件,保障职工的安全和健康,促进企业生产经营的发展都起着积极作用。

(1) 安全措施计划的范围

安全措施计划的范围应包括改善劳动条件、防止事故发生、预防职业病和职业中毒等内容,具体如下。

① 安全技术措施。

安全技术措施是预防企业员工在工作过程中发生工伤事故的各项措施,包括防护装置、保险装置、信号装置和防爆炸装置等。

② 职业卫生措施。

职业卫生措施是预防职业病和改善职业卫生环境的必要措施,包括防尘、防毒、防噪声、通风、照明、取暖、降温等措施。

③ 辅助用房间及设施。

辅助用房间及设施是为了保证生产过程安全卫生所必需的房间及设施,包括更衣室、休息室、淋浴室、消毒室、妇女卫生室、卫生间和冬期作业取暖室等。

④ 安全宣传教育措施。

安全宣传教育措施是为了宣传普及有关安全生产法律、法规、基本知识的内容,其主要内容包括安全生产教材、图书、资料,安全生产展览,安全生产规章制度,安全操作方法训练设施,劳动保护和安全技术的研究与实验等。

(2) 编制安全措施计划的依据

① 国家发布的有关职业健康安全政策、法规和标准。

② 在安全检查中发现的尚未解决的问题。

③ 造成伤亡事故和职业病的主要原因和所采取的措施。

④ 生产发展需要所应采取的安全技术措施。

⑤ 安全技术革新项目和员工提出的合理化建议。

（3）编制安全技术措施计划的一般步骤

编制安全技术措施计划可以按照下列步骤进行：

① 工作活动分类；

② 危险源识别；

③ 风险确定；

④ 风险评价；

⑤ 制定安全技术措施计划；

⑥ 评价安全技术措施计划的充分性。

6. 特种作业人员持证上岗制度

《建设工程安全生产管理条例》第二十五条规定："垂直运输机械作业人员、安装拆卸工、爆破作业人员、起重信号工、登高架设作业人员等特种作业人员，必须按照国家有关规定经过专门的安全作业培训，并取得特种作业操作资格证书后，方可上岗作业。"

专门的安全作业培训，是指由有关主管部门组织的专门针对特种作业人员的培训，也就是特种作业人员在独立上岗作业前，必须进行与本工种相适应的、专门的安全技术理论学习和实际操作训练。经培训考核合格，取得特种作业操作证后，才能上岗作业。特种作业操作证在全国范围内有效，离开特种作业岗位6个月以上的特种作业人员，应当重新进行实际操作考试，经确认合格后方可上岗作业。对于未经培训考核，即从事特种作业的，条例第六十二条规定了行政处罚办法；造成重大安全事故，构成犯罪的，对直接责任人员，依照刑法的有关规定追究刑事责任。

7. 专项施工方案专家论证制度

《建设工程安全生产管理条例》第二十六条规定：施工单位应当在施工组织设计中编制安全技术措施和施工现场临时用电方案，对下列达到一定规模的危险性较大的分部分项工程编制专项施工方案，并附具安全验算结果，经施工单位技术负责人、总监理工程师签字后实施，由专职安全生产管理人员进行现场监督，包括基坑支护与降水工程；土方开挖工程；模板工程；起重吊装工程；脚手架工程；拆除、爆破工程；国务院建设行政主管部门或者其他有关部门规定的其他危险性较大的工程。

对上述所列工程中涉及深基坑、地下暗挖工程、高大模板工程的专项施工方案，施工单位还应当组织专家进行论证、审查。

8. 危及施工安全工艺、设备、材料淘汰制度

严重危及施工安全的工艺、设备、材料是指不符合生产安全要求，极有可能导致生产安全事故发生，致使人民生命和财产遭受重大损失的工艺、设备和材料。

《建设工程安全生产管理条例》第四十五条规定："国家对严重危及施工安全的工艺设备、材料实行淘汰制度。具体目录由国务院建设行政主管部门会同国务院其他有关部门制定并公布。"本条明确规定，国家对严重危及施工安全的工艺、设备和材料实行淘汰制度。这一方面有利于保障安全生产；另一方面也体现了优胜劣汰的市场经济规律，有利于提高生产经营单位的工艺水平，促进设备更新。

根据本条规定，对严重危及施工安全的工艺、设备和材料，实行淘汰制度，需要国务院建设行政主管部门会同国务院其他有关部门确定哪些是严重危及施工安全的工艺、设备和材料，并且以明示的方法予以公布。对于已经公布的严重危及施工安全的工艺、设备和材料，建设单位和施工单位都应当严格遵守和执行,不得继续使用此类工艺和设备,也不得转让他人使用。

9. 施工起重机械使用登记制度

《建设工程安全生产管理条例》第三十五条规定:"施工单位应当自施工起重机械和整体提升脚手架、模板等自升式架设设施验收合格之日起 30 日内,向建设行政主管部门或者其他有关部门登记。登记标志应当置于或者附着于该设备的显著位置。"

这是对施工起重机械的使用进行监督和管理的一项重要制度,能够有效防止不合格机械和设施投入使用;同时,还有利于监管部门及时掌握施工起重机械和整体提升脚手架、模板等自升式架设设施的使用情况,以利于监督管理。

监管部门应当对登记的施工起重机械建立相关档案,及时更新,加强监管,减少生产安全事故的发生。施工单位应当将标志置于显著位置,便于使用者监督,保证施工起重机械的安全使用。

10. 安全检查制度

(1)安全检查的目的

安全检查制度是清除隐患、防止事故、改善劳动条件的重要手段,是企业安全生产管理工作的一项重要内容。通过安全检查可以发现企业及生产过程中的危险因素,以便有计划地采取措施,保证安全生产。

(2)安全检查的方式

检查方式有企业组织的定期安全检查,各级管理人员的日常巡回检查,专业性检查,季节性检查,节假日前后的安全检查,班组自检、交接检查,不定期检查等。

(3)安全检查的内容

安全检查的主要内容包括:查思想、查管理、查隐患、查整改、查伤亡事故处理等。安全检查的重点是检查"三违"和安全责任制的落实。检查后应编写安全检查报告,报告应包括以下内容:已达标项目,未达标项目,存在问题,原因分析,纠正和预防措施。

(4)安全隐患的处理程序

对查出的安全隐患,不能立即整改的要制定整改计划,定人、定措施、定经费、定完成日期,在未消除安全隐患前,必须采取可靠的防范措施,如有危及人身安全的紧急险情,应立即停工。应按照"登记—整改—复查—销案"的程序处理安全隐患。

11. 生产安全事故报告和调查处理制度

关于生产安全事故报告和调查处理制度,《中华人民共和国安全生产法》《中华人民共和国建筑法》《建设工程安全生产管理条例》《生产安全事故报告和调查处理条例》《特种设备安全监察条例》等法律法规都对此作了相应的规定。

《中华人民共和国安全生产法》第八十三条规定:"生产经营单位发生生产安全事故后,事故现场有关人员应当立即报告本单位负责人。单位负责人接到事故报告后,应当迅速采取有效措施,组织抢救,防止事故扩大,减少人员伤亡和财产损失,并按照国家有关规定立即如实报告当地负有安全生产监督管理职责的部门,不得隐瞒不报、谎报或者迟报,不得故意破坏事故现场、毁灭有关证据。"

《中华人民共和国建筑法》第五十一条规定:"施工中发生事故时,建筑施工企业应当采取紧急措施减少人员伤亡和事故损失,并按照国家有关规定及时向有关部门报告。"

《建设工程安全生产管理条例》第五十条对建设工程生产安全事故报告制度的规定为:"施工单位发生生产安全事故,应当按照国家有关伤亡事故报告和调查处理的规定,及时、如实地向负责安全生产监督管理的部门、建设行政主管部门或者其他有关部门报告;特种设备发生事故的,还应当同时向特种设备安全监督管理部门报告。接到报告的部门应当按照国家有关规定,如实上报。"本条是关于发生伤亡事故时的报告义务的规定。一旦发生安全事故,及时报告有关部门是及时组织抢救的基础,也是认真进行调查分清责任的基础。因此,施工单位在发生安全事故时,不能隐瞒事故情况。

2007年6月1日起实施的《生产安全事故报告和调查处理条例》对生产安全事故报告和调查处理制度作了更加明确的规定。

12. "三同时"制度

"三同时"制度是指凡是我国境内新建、改建、扩建的基本建设项目(工程),技术改建项目(工程)和引进的建设项目,其安全生产设施必须符合国家规定的标准,必须与主体工程同时设计、同时施工、同时投入生产和使用。安全生产设施主要是指安全技术方面的设施、职业卫生方面的设施、生产辅助性设施。

《中华人民共和国劳动法》第五十三条规定:"新建、改建、扩建工程的劳动安全卫生设施必须与主体工程同时设计、同时施工、同时投入生产和使用。"

《中华人民共和国安全生产法》第三十一条规定:"生产经营单位新建、改建、扩建工程项目的安全设施,必须与主体工程同时设计、同时施工、同时投入生产和使用。安全设施投资应当纳入建设项目概算。"

新建、改建、扩建工程的初步设计要经过行业主管部门、安全生产管理部门、卫生部门和工会的审查,同意后方可进行施工;工程项目完成后,必须经过主管部门、安全生产管理行政部门、卫生部门和工会的竣工检验;建设工程项目投产后,不得将安全设施闲置不用,生产设施必须和安全设施同时使用。

13. 安全预评价制度

安全预评价是根据建设项目可行性研究报告内容,分析和预测该建设项目可能存在的危险、有害因素的种类和程度,提出合理可行的安全对策措施及建议。

开展安全预评价工作,是贯彻落实"安全第一,预防为主"方针的重要手段,是企业实施科学化、规范化安全管理的工作基础。科学、系统地开展安全评价工作,不仅直接起到了消除危险有害因素、减少事故发生的作用,有利于全面提高企业的安全管理水平,而且有利于系统地、有针对性地加强对不安全状况的治理、改造,最大限度地降低安全生产风险。

14. 工伤和意外伤害保险制度

2010年12月20日修订后重新公布的《工伤保险条例》规定,工伤保险是属于法定的强制性保险。工伤保险费的征缴按照《社会保险费征缴暂行条例》关于基本养老保险费、基本医疗保险费、失业保险费的征缴规定执行。

而自2019年4月23日起实施的修正后的《中华人民共和国建筑法》第四十八条规定:"建筑施工企业应当依法为职工参加工伤保险缴纳工伤保险费。鼓励企业为从事危险作业的职工办理意外伤害保险,支付保险费。"修正后的《中华人民共和国建筑法》与修订后的《中华人民共和国社会保险法》和《工伤保险条例》等法律法规的规定保持一致,明确了建筑施工企业作为用人单位,为职工参加工伤保险并缴纳工伤保险费是其应尽的法定义务,但为从事危险作业的职工投保意外伤害险并非强制性规定,是否投保意外伤害险由建筑施工企业自主决定。

7.2.2 安全生产管理预警体系的建立和运行

1. 安全生产管理预警体系的要素

事故的发生和发展是由于人的不安全行为、物的不安全状态以及管理的缺陷等方面相互作用的结果,因此在事故预防管理上,可针对事故特点建立事故预警体系。各种类型事故预警的管理过程可能不同,但预警的模式具有一致性。在构建预警体系时,需遵循信息论、控制论、决策论以及系统论的思想和方法,科学建立标准化的预警体系,保证预警的上下统一和协调。

一个完整的预警体系应由外部环境预警系统、内部管理不良预警系统、预警信息管理系统和事故预警系统四部分构成,相互关系如图 7-5 所示。

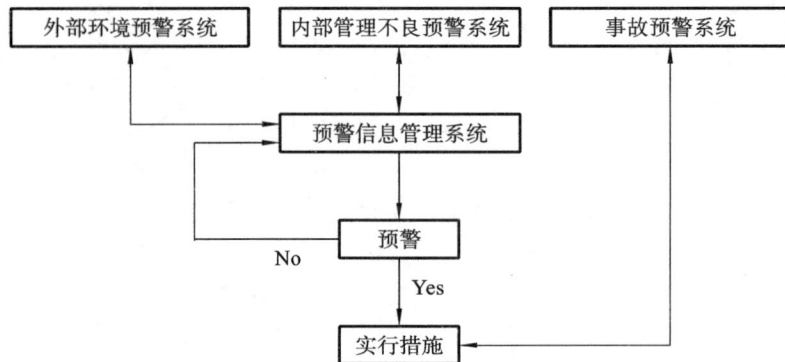

图 7-5　预警体系基本框架

1)外部环境预警系统

(1)自然环境突变的预警

生产活动所处的自然环境突变诱发的事故主要是自然灾害以及人类活动造成的破坏。

(2)政策法规变化的预警

国家对行业政策的调整、法规体系的修正和变更,对安全生产管理的影响非常大,应经常予以监测。

(3)技术变化的预警

现代安全生产的一个重要标志是对科学技术进步的依赖性越来越大。因而预警体系也应当关注技术创新、技术标准变动的预警。

2)内部管理不良预警系统

(1)质量管理预警

企业质量管理的目的是生产出合格的产品(工程),基本任务是确定企业的质量目标,制定企业规划和建立健全企业的质量保证体系。

(2)设备管理预警

设备管理预警对象是生产过程的各种设备的维修、操作、保养等活动。

(3)人的行为活动管理预警

事故发生诱因之一是由人的不安全行为所引发的,人的行为活动预警对象主要是思想上的疏忽、知识和技能欠缺、性格上的缺陷、心理和生理弱点等。

3)预警信息管理系统

预警信息管理系统以管理信息系统(MIS)为基础,专用于预警管理的信息管理,主要是监测外部环境与内部管理的信息。预警信息的管理包括信息收集、处理、辨伪、存储、推断等过程。

4)事故预警系统

事故预警系统是综合运用事故致因理论(如系统安全理论)、安全生产管理原理(如预防原理),以事故预防和控制为目的,通过对生产活动和安全管理过程中各种事故征兆的监测、识别、诊断与评价,以及对事故严重程度和发生可能性的判别给出安全风险预警级别,并根据预警分析的结果对事故征兆的不良趋势进行矫正、预防与控制。当事故难以控制时,及时做出警告,并提供对策措施和建议。

2. 预警体系的建立

预警体系是以事故现象的成因、特征及其发展作为研究对象,运用现代系统理论和预管理论,构建对灾害事故能够起到"免疫",并能够预防和"矫正"各种事故现象的一种"自组织"系统,它是以警报为导向,以"矫正"为手段,以"免疫"为目的的防错、纠错系统。

1) 预警体系建立的原则

(1) 及时性

预警体系的出发点就是当事故还在萌芽状态时,就通过细致的观察、分析,提前做好各种防范的准备,及时发现、及时报告、及时采取有效措施加以控制和消除。

(2) 全面性

对生产过程中人、物、环境、管理等各个方面进行全面监督,及时发现各方面的异常情况,以便采取合理对策。

(3) 高效性

预警必须高效,只有如此,才能对各种隐患和事故进行及时预告,并制定合理适当的应急措施迅速改变不利局面。

(4) 客观性

生产运行中,隐患的存在是客观的,必须正确引导有关单位和个人,不能因为可能涉及形象或负面影响隐匿有关信息,要积极主动地应对。

2) 预警体系实现的功能

预警体系功能的实现主要依赖于预警分析和预控对策两大子系统作用的发挥。

(1) 预警分析

预警分析主要由预警监测、预警信息管理、预警评价指标体系构建和预测评价等工作内容组成。

① 预警监测。

实现和完成与事故有关的外部环境与内部管理状况的监测任务,并将采集的原始信息实时存入计算机,供预警信息系统分析使用。

② 预警信息管理。

预警信息管理是一个系统性动态管理过程,包括信息收集、处理、辨伪、存储和推断等管理工作。

③ 预警评价指标体系的构建。

预警评价指标能敏感地反映危险状态及存在问题的指标,是预警体系开展识别、诊断、预控等活动的前提,也是预警管理活动中的关键环节之一。构建预警评价指标体系的目的是使信息定量化、条理化和可操作化。预警评价指标体系内容一般包括如下各项。

a. 预警评价指标的确定:一般可分为人的安全可靠性指标,生产过程的环境安全性指标,安全管理有效性的指标以及机(物)安全可靠性指标等。

b. 预警准则的确定:预警准则指一套判别标准或原则,用来决定在不同预警级别情况下,是否应当发出警报以及发出何种程度的警报。

c. 预警方法的确定:包括指标预警、因素预警、综合预警、误警和漏警等方法。

d. 预警阈值的确定:原则上既要防止误报又要避免漏报,若采用指标预警,一般可根据具体规程设定报警阈值，或者根据具体实际情况，确定适宜的报警阈值；若为综合预警，一般根据经验和理论来确定预警阈值（即综合指标临界值），如综合指标值接近或达到这个阈值，意味着将有事故出现，可以将此时的综合预警指标值确定为报警阈值。

④ 预警评价。

预警评价包括确定评价的对象、内容和方法，建立相应的预测系统，确定预警级别和预警信号标准等工作。评价对象是导致事故发生的人、机、环、管等方面的因素，预测系统建立的目的是实现必要的未来预测和预警。预警信号一般采用国际通用的颜色表示不同的安全状况。

Ⅰ级预警，表示安全状况特别严重，用红色表示。

Ⅱ级预警，表示受到事故的严重威胁，用橙色表示。

Ⅲ级预警，表示处于事故的上升阶段，用黄色表示。

Ⅳ级预警，表示生产活动处于正常状态，用蓝色表示。

（2）预控对策

预警的目标是实现对各种事故现象的早期预防与控制，并能对事故实施危机管理，预警是制定预控对策的前提，预控对策是根据具体的警情确定控制方案，尽早采取必要的预防和控制措施，避免事故的发生和人员的伤亡，减少财产损失等。预控对策一般包括组织准备、日常监控和事故危机管理三个活动阶段。

① 组织准备。

组织准备的目的在于预警分析以及预控对策的实施提供组织保障，其任务：一是确定预警体系的组织构成、职能分配及运行方式；二是为事故状态下预警体系的运行和管理提供组织保障，确保预控对策的实施。

② 日常监控。

日常监控是对预警分析所确定的主要事故征兆（现象）进行特别监视与控制的管理活动，包括培训员工的预警知识和各种逆境的预测，模拟预警管理方案，总结预警监控活动的经验或教训，在特别状态时提出建议供决策层采纳等。

③ 事故危机管理。

事故危机管理是在日常监控活动无法有效扭转危险状态时的管理对策，是预警管理活动陷入危急状态时采取的一种特殊性质的管理，只有在特殊情况下才采用的特别管理方式。

3. 预警体系的运行

完善的预警体系为事故预警提供了物质基础。预警体系通过预警分析和预控对策实现事故的预警和控制，预警分析完成监测、识别、诊断与评价功能，而预控对策完成对事故征兆的不良趋势进行纠错和治错的功能。

（1）监测

监测是预警活动的前提，监测的任务包括两个方面：一是对生产中的薄弱环节和重要环节进行全方位、全过程的监测；二是利用预警信息管理系统对大量的监测信息进行处理（整理、分类、存储、传输）并建立信息档案。通过对前后数据、实时数据的收集、整理、分析、存储和比较，建立预警信息档案，信息档案中的信息是整个预警系统共享的，它将监测信息及时、准确地输入下一预警环节。

（2）识别

识别是运用评价指标体系对监测信息进行分析，以识别生产活动中各类事故征兆、事故诱因，以及将要发生的事故活动趋势。识别的主要任务是应用适宜的识别指标，判断已经发生的异常征兆、可能的连锁反应。

（3）诊断

对已被识别的各种事故现象,进行成因过程的分析和发展趋势预测。诊断的主要任务是在诸多致灾因素中找出危险性最高、危险程度最严重的主要因素,并对其成因进行分析,对发展过程及可能的发展趋势进行准确定量的描述。诊断的工具是企业特性和行业安全生产共性相统一的评价指标体系。

（4）评价

对已被确认的主要事故征兆进行描述性评价,以明确生产活动在这些事故征兆现象冲击下会遭受什么样的打击,通过预警评价判断此时生产所处状态是正常、警戒,还是危险、极度危险、危急状态,并把握其发展趋势,在必要时准确报警。

（5）监测、识别、诊断、评价的关系

监测、识别、诊断、评价这四个环节预警活动,是前后顺序的因果联系。其中,监测活动的检测信息系统,是整个预警管理系统所共享的,识别、诊断、评价这三个环节的活动结果将以信息方式存入预警信息管理系统中。另外,这四个环节活动所使用的评价指标,也具有共享性和统一性。

7.2.3　施工安全技术措施和安全技术交底

1. 建设工程施工安全技术措施

1）施工安全控制

（1）安全控制的目标

安全控制的目标是减少和消除生产过程中的事故,保证人员健康安全和财产免受损失。具体应包括:

① 减少或消除人的不安全行为的目标;

② 减少或消除设备、材料的不安全状态的目标;

③ 改善生产环境和保护自然环境的目标。

（2）施工安全的控制程序

① 确定每项具体建设工程项目的安全目标。

按"目标管理"方法在以项目经理为首的项目管理系统内进行分解,从而确定每个岗位的安全目标,实现全员安全控制。

② 编制建设工程项目安全技术措施计划。

工程施工安全技术措施计划是对生产过程中的不安全因素,用技术手段加以消除和控制的文件,是落实"预防为主"方针的具体体现,是进行工程项目安全控制的指导性文件。

③ 安全技术措施计划的落实和实施。

安全技术措施计划的落实和实施包括建立健全安全生产责任制,设置安全生产设施,采用安全技术和应急措施,进行安全教育和培训,安全检查,事故处理,沟通和交流信息,通过一系列安全措施的贯彻,使生产作业的安全状况处于受控状态。

④ 安全技术措施计划的验证。

安全技术措施计划的验证是通过施工过程中对安全技术措施计划实施情况的安全检查,纠正不符合安全技术措施计划的情况,保证安全技术措施的贯彻和实施。

⑤ 持续改进。

根据安全技术措施计划的验证结果,对不适宜的安全技术措施计划进行修改、补充和完善。

2)施工安全技术措施的一般要求和主要内容

(1)施工安全技术措施的一般要求

① 施工安全技术措施必须在工程开工前制定。

施工安全技术措施是施工组织设计的重要组成部分,应在工程开工前与施工组织设计一同编制。为保证各项安全设施的落实,在工程图纸会审时,就应特别注意考虑安全施工的问题,并在开工前制定好安全技术措施,使得用于该工程的各种安全设施有较充分的时间进行采购、制作和维护等准备工作。

② 施工安全技术措施要有全面性。

按照有关法律法规的要求,在编制工程施工组织设计时,应当根据工程特点制定相应的施工安全技术措施。对于大中型工程项目、结构复杂的重点工程,除必须在施工组织设计中编制施工安全技术措施外,还应编制专项工程施工安全技术措施,详细说明有关安全方面的防护要求和措施,确保单位工程或分部分项工程的施工安全。对爆破、拆除、起重吊装、水下、基坑支护和降水、土方开挖、脚手架、模板等危险性较大的作业,必须编制专项安全施工技术方案。

③ 施工安全技术措施要有针对性。

施工安全技术措施是针对每项工程的特点制定的,编制安全技术措施的技术人员必须掌握工程概况、施工方法、施工环境、条件等一手资料,并熟悉安全法规、标准等,才能制定有针对性的安全技术措施。

④ 施工安全技术措施应力求全面、具体、可靠。

施工安全技术措施应把可能出现的各种不安全因素考虑周全,制定的对策措施方案应力求全面、具体、可靠,这样才能真正做到预防事故的发生。但是,全面具体不等于罗列一般通常的操作工艺、施工方法以及日常安全工作制度、安全纪律等。这些制度性规定,安全技术措施中不需要再作抄录,但必须严格执行。

⑤ 施工安全技术措施必须包括应急预案。

由于施工安全技术措施是在相应的工程施工实施之前制定的,所涉及的施工条件和危险情况大都是建立在可预测的基础上,而建设工程施工过程是开放的过程,在施工期间的变化是经常发生的,还可能出现预测不到的突发事件或灾害(如地震、火灾、台风、洪水等)。所以,施工技术措施计划必须包括面对突发事件或紧急状态的各种应急设施、人员逃生和救援预案,以便在紧急情况下,能及时启动应急预案,减少损失,保护人员安全。

⑥ 施工安全技术措施要有可行性和可操作性。

施工安全技术措施应能够在每个施工工序之中得到贯彻实施,既要考虑保证安全要求,又要考虑现场环境条件和施工技术条件能够做得到。

(2)施工安全技术措施的主要内容

① 进入施工现场的安全规定。

② 地面及深槽作业的防护。

③ 高处及立体交叉作业的防护。

④ 施工用电安全。

⑤ 施工机械设备的安全使用。

⑥ 在采取"四新"技术时,有针对性的专门安全技术措施。

⑦ 有针对自然灾害预防的安全措施。

⑧ 预防有毒、有害、易燃、易爆等作业造成危害的安全技术措施。

⑨ 现场消防措施。

安全技术措施中必须包含施工总平面图,在图中必须对危险的油库、易燃材料库、变电设备、材料和构配件的堆放位置、塔式起重机、物料提升机(井架、龙门架)、施工用电梯、垂直运输设备位置、搅拌台的位置等按照施工需求和安全规程的要求明确定位,并提出具体要求。

结构复杂、危险性大、特性较多的分部分项工程,应编制专项施工方案和安全措施。如基坑支护与降水工程、土方开挖工程、模板工程、起重吊装工程、脚手架工程、拆除工程、爆破工程等,必须编制单项的安全技术措施,并要有设计依据、有计算过程、有详图、有文字要求。

季节性施工安全技术措施,就是考虑夏季、雨季、冬季等不同季节的气候对施工生产带来的不安全因素可能造成的各种突发性事故,而从防护上、技术上、管理上采取的防护措施。一般工程可在施工组织设计或施工方案的安全技术措施中编制季节性施工安全措施;危险性大、高温期长的工程,应单独编制季节性的施工安全措施。

2. 安全技术交底

(1) 安全技术交底的内容

安全技术交底是一项技术性很强的工作,对于贯彻设计意图、严格实施技术方案、按图施工、循规操作、保证施工质量和施工安全至关重要。

安全技术交底主要内容如下:

① 工程项目和分部分项工程的概况;

② 本施工项目的施工作业特点和危险点;

③ 针对危险点的具体预防措施;

④ 作业中应遵守的安全操作规程以及应注意的安全事项;

⑤ 作业人员发现事故隐患应采取的措施;

⑥ 发生事故后应及时采取的避难和急救措施。

(2) 安全技术交底的要求

① 项目经理部必须实行逐级安全技术交底制度,纵向延伸到班组全体作业人员。

② 技术交底必须具体、明确,针对性强。

③ 技术交底的内容应针对分部分项工程施工中给作业人员带来的潜在危险因素和存在问题。

④ 应优先采用新的安全技术措施。

⑤ 对于涉及"四新"项目或技术含量高、技术难度大的单项技术设计,必须经过两阶段技术交底,即初步设计技术交底和实施性施工图技术设计交底。

⑥ 应将工程概况、施工方法、施工程序、安全技术措施等向工长、班组长进行详细交底。

⑦ 定期向由两个以上作业队和多工种交叉施工的作业队伍进行书面交底。

⑧ 保持书面安全技术交底签字记录。

7.2.4　安全生产检查监督的类型和内容

工程项目安全检查的目的是清除隐患、防止事故、改善劳动条件及提高员工安全生产意识,是安全控制工作的一项重要内容。通过安全检查可以发现工程中的危险因素,以便有计划地采取措施,保证安全生产。施工项目的安全检查应由项目经理组织,定期进行。

1. 安全生产检查监督的主要类型

（1）全面安全检查

全面检查应包括职业健康安全管理方针、管理组织机构及其安全管理的职责、安全设施、操作环境、防护用品、卫生条件、运输管理、危险品管理、火灾预防、安全教育和安全检查制度等项内容。对全面检查的结果必须进行汇总分析，详细探讨所出现的问题及相应对策。

（2）经常性安全检查

工程项目和班组应开展经常性安全检查，及时排除事故隐患。工作人员必须在工作前，对所用的机械设备和工具进行仔细的检查，发现问题立即上报。下班前，还必须进行班后检查，做好设备的维修保养和清整场地等工作，保证交接安全。

（3）专业或专职安全管理人员的专业安全检查

专业或专职安全管理人员在进行安全检查时，必须不徇私情，按章检查，发现违章操作情况要立即纠正，发现隐患及时指出并提出相应防护措施，并及时上报检查结果。

（4）季节性安全检查

要对防风防沙、防涝抗旱、防雷电、防暑、防雨雪灾害等工作进行季节性的检查，根据各个季节自然灾害的发生规律，及时采取相应的防护措施。

（5）节假日检查

在节假日，坚持上班的人员较少，往往放松思想警惕，容易发生意外，而且一旦发生意外事故，也难以进行有效的救援和控制。因此，节假日必须安排专业安全管理人员进行安全检查，对重点部位要进行巡视。同时配备一定数量的安全保卫人员，搞好安全保卫工作，绝不能麻痹大意。

（6）要害部门重点安全检查

对于企业要害部门和重要设备必须进行重点检查。由于其重要性和特殊性，一旦发生意外，会造成大的伤害，给企业的经济效益和社会效益带来不良的影响。为了确保安全，对设备的运转和零件的状况要定时进行检查，发现损伤立刻更换，决不能"带病"作业；一过有效年限，即使没有故障，也应该予以更新，不能因小失大。

2. 安全生产检查监督的主要内容

（1）查思想

检查企业领导和员工对安全生产方针的认识程度，对建立健全安全生产管理和安全生产规章制度的重视程度，对安全检查中发现的安全问题或安全隐患的处理态度等。

（2）查制度

为了实施安全生产管理制度，工程承包企业应结合本身的实际情况，建立健全一整套本企业的安全生产规章制度，并落实到具体的工程项目施工任务中。在安全检查时，应对企业的施工安全生产规章制度进行检查。施工安全生产规章制度一般应包括以下内容：

① 安全生产责任制度；

② 安全生产许可证制度；

③ 安全生产教育培训制度；

④ 安全措施计划制度；

⑤ 特种作业人员持证上岗制度；

⑥ 专项施工方案及专家论证制度；

⑦ 危及施工安全工艺、设备、材料淘汰制度；

⑧ 施工起重机械使用登记制度；

⑨ 生产安全事故报告和调查处理制度；

⑩ 各种安全技术操作规程；

⑪ 危险作业管理审批制度；

⑫ 易燃、易爆、剧毒、放射性、腐蚀性等危险物品生产、储运、使用的安全管理制度；

⑬ 防护物品的发放和使用制度；

⑭ 安全用电制度；

⑮ 危险场所动火作业审批制度；

⑯ 防火、防爆、防雷、防静电制度；

⑰ 危险岗位巡回检查制度；

⑱ 安全标志管理制度。

（3）查管理

主要检查安全生产管理是否有效，安全生产管理和规章制度是否真正得到落实。

（4）查隐患

主要检查生产作业现场是否符合安全生产要求，检查人员应深入作业现场，检查工人的劳动条件、卫生设施、安全通道，零部件的存放，防护设施状况，电气设备、压力容器、化学用品的储存，粉尘及有毒有害作业部位点的达标情况，车间内的通风照明设施，个人劳动防护用品的使用是否符合规定等。要特别注意对一些要害部位和设备加强检查，如锅炉房，变电所，各种剧毒、易燃、易爆等场所。

（5）查整改

主要检查对过去提出的安全问题和发生安全生产事故及安全隐患后是否采取了安全技术措施和安全管理措施，进行整改的效果如何。

（6）查事故处理

检查对伤亡事故是否及时报告，对责任人是否已经作出严肃处理。在安全检查中必须成立一个适应安全检查工作需要的检查组，配备适当的人力物力。检查结束后应编写安全检查报告，说明已达标项目、未达标项目、存在问题、原因分析，给出纠正和预防措施的建议。

7.2.5　安全隐患的处理

1. 建设工程安全的隐患

建设工程安全隐患包括三个部分的不安全因素：人的不安全因素、物的不安全状态和组织管理上的不安全因素。

1）人的不安全因素

人的不安全因素有：能够使系统发生故障或发生性能不良事件的个人的不安全因素和违背安全要求的错误行为。

（1）个人的不安全因素

个人的不安全因素包括人员的心理、生理、能力中所具有不能适应工作、作业岗位要求的影响安全的因素。

① 心理上的不安全因素有影响安全的性格、气质和情绪（如急躁、懒散、粗心等）。

② 生理上的不安全因素大致有 5 个方面：

a. 觉、听觉等感觉器官不能适应作业岗位要求的因素；

b. 体能不能适应作业岗位要求的因素；

c. 年龄不能适应作业岗位要求的因素；

d. 有不适合作业岗位要求的疾病；

e. 疲劳和酒醉或感觉朦胧。

③ 能力上的不安全因素包括知识技能、应变能力、资格等不能适应工作和作业岗位要求的影响因素。

（2）人的不安全行为

人的不安全行为指能造成事故的人为错误，是人为地使系统发生故障或发生性能不良事件，是违背设计和操作规程的错误行为。

不安全行为的类型有：

① 操作失误、忽视安全、忽视警告；

② 造成安全装置失效；

③ 使用不安全设备；

④ 手代替工具操作；

⑤ 物体存放不当；

⑥ 冒险进入危险场所；

⑦ 攀坐不安全位置；

⑧ 在起吊物下作业、停留；

⑨ 在机器运转时进行检查、维修、保养；

⑩ 有分散注意力的行为；

⑪ 未正确使用个人防护用品、用具；

⑫ 不安全装束；

⑬ 对易燃易爆等危险物品处理错误。

2）物的不安全状态

物的不安全状态是指能导致事故发生的物质条件，包括机械设备或环境所存在的不安全因素。

（1）物的不安全状态的内容

① 物本身存在的缺陷。

② 防护保险方面的缺陷。

③ 物的放置方法的缺陷。

④ 作业环境场所的缺陷。

⑤ 外部的和自然界的不安全状态。

⑥ 作业方法导致的物的不安全状态。

⑦ 保护器具信号、标志和个体防护用品的缺陷。

（2）物的不安全状态的类型

① 防护等装置缺陷。

② 设备、设施等缺陷。

③ 个人防护用品缺陷。

④ 生产场地环境的缺陷。

3）组织管理上的不安全因素

组织管理上的缺陷，也是事故潜在的不安全因素。作为间接的原因，其共分为以下几个方面：

① 技术上的缺陷；

② 教育上的缺陷；

③ 生理上的缺陷；

④ 心理上的缺陷；

⑤ 管理工作上的缺陷；

⑥ 学校教育和社会、历史原因造成的缺陷。

2. 建设工程安全隐患的处理

在工程建设过程中，安全事故隐患是难以避免的，但要尽可能预防和消除安全事故隐患的发生。首先需要项目参与各方加强安全意识，做好事前控制，建立健全各项安全生产管理制度，落实安全生产责任制，注重安全生产教育培训，保证安全生产条件所需资金的投入，将安全隐患消除在萌芽之中；其次是根据工程的特点确保各项安全施工措施的落实，加强对工程安全生产的检查监督，及时发现安全事故隐患；再者是对发现的安全事故隐患及时进行处理，查找原因，防止事故隐患的进一步扩大。

1）安全事故隐患治理原则

（1）冗余安全度治理原则

为确保安全，在治理事故隐患时应考虑设置多道防线，即使发生有一两道防线无效，还有冗余的防线可以控制事故隐患。例如：道路上有一个坑，既要设防护栏及警示牌，又要设照明及夜间警示红灯。

（2）单项隐患综合治理原则

人、机、料、法、环任一环节产生安全事故隐患，都要从五者安全匹配的角度考虑，调整匹配的方法，提高匹配的可靠性。一件单项隐患问题的整改需综合（多角度）治理。人的隐患，既要治人，也要治机具及生产环境等各环节。例如某工地发生触电事故，一方面要进行人的安全用电操作教育，另一方面现场也要设置漏电开关，对配电箱、用电线路进行防护改造，严禁非专业电工乱接乱拉电线。

（3）事故直接隐患与间接隐患并治原则

对人、机、环境系统进行安全治理的同时，还需治理安全管理措施。

（4）预防与减灾并重治理原则

治理安全事故隐患时，需尽可能减少发生事故的可能性。如果不能安全控制事故的发生，也要设法将事故等级降低。但是不论预防措施如何完善，都不能保证事故绝对不会发生，还必须对事故减灾做好充分准备，研究应急技术操作规范，如应及时切断供料及切断能源的操作方法；应及时降压、降温、降速以及停止运行的方法；应及时排放毒物的方法；应及时疏散及抢救的方法；应及时请求救援的方法等。还应定期组织训练和演习，使该生产环境中每名干部及工人都真正掌握这些减灾技术。

（5）重点治理原则

按对隐患的分析评价结果实行危险点分级治理，也可以用安全检查表打分，对隐患危险程度分级。

（6）动态治理原则

动态治理就是对生产过程进行动态随机安全化治理，生产过程中发现问题及时治理，既可以及时消除隐患，又可以避免小的隐患发展成大的隐患。

2）安全事故隐患的处理

在建设工程中，安全事故隐患的发现可以来自各参与方，包括建设单位、设计单位、监理单位、施工单位、供货商、工程监管部门等。各方对于事故安全隐患处理的义务和责任,以及相关的处理程序在《建设工程安全生产管理条例》中已有明确的界定。这里仅从施工单位角度谈其对事故安全隐患的处理方法。

(1) 当场指正,限期纠正,预防隐患发生

对于违章指挥和违章作业行为,检查人员应当场指出,并限期纠正,预防事故的发生。

(2) 做好记录,及时整改,消除安全隐患

对检查中发现的各类安全事故隐患,应做好记录,分析安全隐患产生的原因,制定消除隐患的纠正措施,报相关方审查批准后进行整改,及时消除隐患。对重大安全事故隐患排除前或者排除过程中无法保证安全的,责令从危险区域内撤出作业人员或者暂时停止施工.待隐患消除再行施工。

(3) 分析统计,查找原因,制定预防措施

对于反复发生的安全隐患,应通过分析统计,属于多个部位存在的同类型隐患,即"通病";属于重复出现的隐患,即"顽症",查找产生"通病"和"顽症"的原因,修订和完善安全管理措施,制定预防措施,从源头上消除安全事故隐患。

(4) 跟踪验证

检查单位应对受检单位的纠正和预防措施的实施过程和实施效果,进行跟踪验证,并保存验证记录。

7.3　建设工程生产安全事故应急预案和事故处理

7.3.1　生产安全事故应急预案的内容

应急预案是对特定的潜在事件和紧急情况发生时所采取措施的计划安排,是应急响应的行动指南。编制应急预案的目的,是防止一旦紧急情况发生时出现混乱,能够按照合理的响应流程采取适当的救援措施,预防和减少可能随之引发的职业健康安全和环境影响。

应急预案的制定,首先必须与重大环境因素和重大危险源相结合,特别是与这些环境因素和危险源一旦控制失效可能导致的后果相适应,还要考虑在实施应急救援过程中可能产生的新的伤害和损失。

1. 应急预案体系的构成

应急预案应形成体系,针对各级各类可能发生的事故和所有危险源制订专项应急预案和现场应急处置方案,并明确事前、事发、事中、事后的各个过程中相关部门和有关人员的职责。生产规模小、危险因素少的生产经营单位,其综合应急预案和专项应急预案可以合并编写。

(1) 综合应急预案

综合应急预案是从总体上阐述事故的应急方针、政策,应急组织结构及相关应急职责、应急行动、措施和保障等基本要求和程序,是应对各类事故的综合性文件。

(2) 专项应急预案

专项应急预案是针对具体的事故类别(如基坑开挖、脚手架拆除等事故)、危险源和应急保障而制定的计划或方案,是综合应急预案的组成部分,应按照综合应急预案的程序和要求组织制定,并作为综合应急预案的附件。专项应急预案应制定明确的救援程序和具体的应急救援措施。

(3) 现场处置方案

现场处置方案是针对具体的装置、场所或设施、岗位所制定的应急处置措施。现场处置方案应具

体、简单、针对性强。现场处置方案应根据风险评估及危险性控制措施逐一编制，做到事故相关人员应知应会、熟练掌握，并通过应急演练，做到迅速反应、正确处置。

2. 生产安全事故应急预案编制的要求和内容

1）生产安全事故应急预案编制的要求

① 符合有关法律、法规、规章和标准的规定。

② 结合本地区、本部门、本单位的安全生产实际情况。

③ 结合本地区、本部门、本单位的危险性分析情况。

④ 应急组织和人员的职责分工明确，并有具体的落实措施。

⑤ 有明确、具体的事故预防措施和应急程序，并与其应急能力相适应。

⑥ 有明确的应急保障措施，并能满足本地区、本部门、本单位的应急工作要求。

⑦ 预案基本要素齐全、完整，预案附件提供的信息准确。

⑧ 预案内容与相关应急预案相互衔接。

2）生产安全事故应急预案编制的内容

（1）综合应急预案编制的主要内容

① 总则。

a. 编制目的。

简述应急预案编制的目的、作用等。

b. 编制依据。

简述应急预案编制所依据的法律法规、规章，以及有关行业管理规定、技术规范和标准等。

c. 适用范围。

说明应急预案适用的区域范围，以及事故的类型、级别。

d. 应急预案体系。

说明本单位应急预案体系的构成情况。

e. 应急工作原则。

说明本单位应急工作的原则，内容应简明扼要、明确具体。

② 施工单位的危险性分析。

a. 施工单位概况。

主要包括单位总体情况及生产活动特点等内容。

b. 危险源与风险分析。

主要阐述本单位存在的危险源及风险分析结果。

③ 组织机构及职责。

a. 应急组织体系。

明确应急组织形式、构成单位或人员，并尽可能以结构图的形式表示出来。

b. 指挥机构及职责。

明确应急救援指挥机构总指挥、副总指挥、各成员单位及其相应职责。应急救援指挥机构根据事故类型和应急工作需要，可以设置相应的应急救援工作小组，并明确各小组的工作任务及职责。

④ 预防与预警。

a. 危险源监控。

明确本单位对危险源监测监控的方式、方法，以及采取的预防措施。

b. 预警行动。

明确事故预警的条件、方式、方法和信息的发布程序。

c. 信息报告与处置。

按照有关规定,明确事故及未遂伤亡事故信息报告与处置办法。

⑤ 应急响应。

a. 响应分级。

针对事故危害程度、影响范围和单位控制事态的能力,将事故分为不同的等级。按照分级负责的原则,明确应急响应级别。

b. 响应程序。

根据事故的大小和发展态势,明确应急指挥、应急行动、资源调配、应急避险、扩大应急等响应程序。

c. 应急结束。

明确应急终止的条件。事故现场得以控制,环境符合有关标准,导致的次生、衍生事故隐患消除后,经事故现场应急指挥机构批准后,现场应急结束。结束后明确:事故情况上报事项;需向事故调查处理小组移交的相关事项;事故应急救援工作总结报告。

⑥ 信息发布。

明确事故信息发布的部门,发布原则。事故信息应由事故现场指挥部及时准确地向新闻媒体通报。

⑦ 后期处置。

主要包括污染物处理、事故后果影响消除、生产秩序恢复、善后赔偿、抢险过程和应急救援能力评估及应急预案的修订等内容。

⑧ 保障措施。

a. 通信与信息保障。

明确与应急工作相关联的单位或人员的通信联系方式和方法,并提供备用方案。建立信息通信系统及维护方案,确保应急期间信息通畅。

b. 应急队伍保障。

明确各类应急响应的人力资源,包括专业应急队伍、兼职应急队伍的组织与保障方案。

c. 应急物资装备保障。

明确应急救援需要使用的应急物资和装备的类型、数量、性能、存放位置、管理责任人及其联系方式等内容。

d. 经费保障。

明确应急专项经费来源、使用范围、数量和监督管理措施,保障应急状态时生产经营单位应急经费及时到位。

e. 其他保障。

根据本单位应急工作需求而确定的其他相关保障措施(如交通运输保障、治安保障、技术保障、医疗保障、后勤保障等)。

⑨ 培训与演练。

a. 培训。

明确对本单位人员开展应急培训的计划、方式和要求。如果预案涉及社区和居民,要做好宣传教育和告知等工作。

b. 演练。

明确应急演练的规模、方式、频次、范围、内容、组织、评估、总结等内容。

⑩ 奖惩。

明确事故应急救援工作中奖励和处罚的条件和内容。

⑪ 附则。

a. 术语和定义。

对应急预案涉及的一些术语进行定义。

b. 应急预案备案。

明确本应急预案的报备部门。

c. 维护和更新。

明确应急预案维护和更新的基本要求,定期进行评审,实现可持续改进。

d. 制定与解释。

明确应急预案负责制定与解释的部门。

e. 应急预案实施。

明确应急预案实施的具体时间。

（2）专项应急预案编制的主要内容

① 事故类型和危害程度分析。

在危险源评估的基础上,对其可能发生的事故类型和可能发生的季节及事故严重程度进行确定。

② 应急处置基本原则。

明确处置安全生产事故应当遵循的基本原则。

③ 组织机构及职责。

a. 应急组织体系。

明确应急组织形式、构成单位或人员,并尽可能以结构图的形式表示出来。

b. 指挥机构及职责。

根据事故类型,明确应急救援指挥机构总指挥、副总指挥以及各成员单位或人员的具体职责。应急救援指挥机构可以设置相应的应急救援工作小组,明确各小组的工作任务及主要负责人职责。

④ 预防与预警。

a. 危险源监控。

明确本单位对危险源监测监控的方式、方法,以及采取的预防措施。

b. 预警行动。

明确具体事故预警的条件、方式、方法和信息的发布程序。

⑤ 信息报告程序。

主要包括:

a. 确定报警系统及程序;

b. 确定现场报警方式,如电话、警报器等;

c. 确定 24 小时与相关部门的通信、联络方式;

d. 明确相互认可的通告、报警形式和内容;

e. 明确应急反应人员向外求援的方式。

⑥ 应急处置。

a. 响应分级。

针对事故危害程度、影响范围和单位控制事态的能力,将事故分为不同的等级。按照分级负责的原则,明确应急响应级别。

b. 响应程序。

根据事故的大小和发展态势,明确应急指挥、应急行动、资源调配、应急避险、扩大应急等响应程序。

c. 处置措施。

针对本单位事故类别和可能发生的事故特点、危险性,制定应急处置措施(如煤矿瓦斯爆炸、冒顶片帮、火灾、透水等事故应急处置措施,危险化学品火灾、爆炸、中毒等事故应急处置措施)。

⑦ 应急物资与装备保障。

明确应急处置所需的物资与装备数量,以及相关管理维护和使用方法等。

(3) 现场处置方案的主要内容

① 事故特征。

主要包括:

a. 危险性分析,可能发生的事故类型;

b. 事故发生的区域、地点或装置的名称;

c. 事故可能发生的季节和造成的危害程度;

d. 事故前可能出现的征兆。

② 应急组织与职责。

主要包括:

a. 基层单位应急自救组织形式及人员构成情况;

b. 应急自救组织机构、人员的具体职责,应同单位或车间、班组人员工作职责紧密结合,明确相关岗位和人员的应急工作职责。

③ 应急处置。

主要包括:

a. 事故应急处置程序。根据可能发生的事故类别及现场情况,明确事故报警、各项应急措施启动、应急救护人员的引导、事故扩大及同企业应急预案衔接的程序;

b. 现场应急处置措施。针对可能发生的火灾、爆炸、危险化学品泄漏、坍塌、水患、机动车辆伤害等,从操作措施、工艺流程、现场处置、事故控制、人员救护、消防、现场恢复等方面制定明确的应急处置措施;

c. 报警电话及上级管理部门、相关应急救援单位的联络方式和联系人员,事故报告的基本要求和内容。

④ 注意事项。

主要包括:

a. 佩戴个人防护器具方面的注意事项;

b. 使用抢险救援器材方面的注意事项;

c. 采取救援对策或措施方面的注意事项;

d. 现场自救和互救注意事项;

　　e. 现场应急处置能力确认和人员安全防护等事项；

　　f. 应急救援结束后的注意事项；

　　g. 其他需要特别警示的事项。

7.3.2　生产安全事故应急预案的管理

　　建设工程生产安全事故应急预案的管理包括应急预案的评审、备案、实施和奖惩。

　　中华人民共和国应急管理部负责应急预案的综合协调管理工作。国务院其他负有安全生产监督管理职责的部门按照各自的职责负责本行业、本领域内应急预案的管理工作。

　　县级以上地方各级人民政府应急管理部门负责本行政区域内应急预案的综合协调管理工作。县级以上地方各级人民政府其他负有安全生产监督管理职责的部门按照各自的职责负责辖区内本行业、本领域应急预案的管理工作。

　　1. 应急预案的评审

　　地方各级人民政府应急管理部门应当组织有关专家对本部门编制的应急预案进行审定，必要时可以召开听证会，听取社会有关方面的意见。涉及相关部门职能或者需要有关部门配合的，应当征得有关部门同意。

　　参加应急预案评审的人员应当包括应急预案涉及的政府部门工作人员和有关安全生产及应急管理方面的专家。

　　评审人员与所评审预案的生产经营单位有利害关系的，应当回避。

　　应急预案的评审或者论证应当注重应急预案的实用性、基本要素的完整性、预防措施的针对性、组织体系的科学性、响应程序的操作性、应急保障措施的可行性、应急预案的衔接性等内容。

　　2. 应急预案的备案

　　地方各级人民政府应急管理部门的应急预案，应当报同级人民政府备案，同时抄送上一级人民政府应急管理部门，并依法向社会公布。

　　地方各级人民政府其他负有安全生产监督管理职责的部门的应急预案，应当抄送同级人民政府应急管理部门。

　　中央企业的，其总部（上市公司）的应急预案，报国务院主管的负有安全生产监督管理职责的部门备案，并抄送应急管理部；其所属单位的应急预案报所在地省、自治区、直辖市或者设区的市级人民政府主管的负有安全生产监督管理职责的部门备案，并抄送同级人民政府应急管理部门。

　　不属于中央企业的，其中非煤矿山、金属冶炼和危险化学品生产、经营、储存、运输企业，以及使用危险化学品达到国家规定数量的化工企业、烟花爆竹生产、批发经营企业的应急预案，按照隶属关系报所在地县级以上地方人民政府应急管理部门备案；前述单位以外的其他生产经营单位应急预案的备案，由省、自治区、直辖市人民政府负有安全生产监督管理职责的部门确定。

　　3. 应急预案的实施

　　各级应急管理部门、生产经营单位应当采取多种形式开展应急预案的宣传教育，普及生产安全事故预防、避险、自救和互救知识，提高从业人员和社会公众的安全意识和应急处置技能。

　　施工单位应当组织开展本单位的应急预案、应急知识、自救互救和避险逃生技能的培训活动，使有关人员了解应急预案内容，熟悉应急职责、应急处置程序和措施。

　　生产经营单位应当制定本单位的应急预案演练计划，根据本单位的事故预防重点，每年至少组织一次综合应急预案演练或者专项应急预案演练，每半年至少组织一次现场处置方案演练。

有下列情形之一的,应急预案应当及时修订并归档:

① 依据的法律、法规、规章、标准及上位预案中的有关规定发生重大变化的;

② 应急指挥机构及其职责发生调整的:

③ 面临的事故风险发生重大变化的;

④ 重要应急资源发生重大变化的;

⑤ 预案中的其他重要信息发生变化的;

⑥ 在应急演练和事故应急救援中发现问题需要修订的;

⑦ 编制单位认为应当修订的其他情况。

施工单位应急预案修订涉及组织指挥体系与职责、应急处置程序、主要处置措施、应急响应分级等内容变更的,修订工作应当参照《生产安全事故应急预案管理办法》规定的应急预案编制程序进行,并按照有关应急预案报备程序重新备案。

7.3.3　职业健康安全事故的分类和处理

1. 职业伤害事故的分类

职业健康安全事故分两大类型,即职业伤害事故与职业病。职业伤害事故是指因生产过程及工作原因或与其相关的其他原因造成的伤亡事故。

(1) 按照事故发生的原因分类

按照我国《企业职工伤亡事故分类》(GB 6441—1986)的规定,职业伤害事故分为 20 类,其中与建筑业有关的有以下 12 类:物体打击、车辆伤害、机械伤害、起重伤害、触电、灼烫、火灾、高处坠落、坍塌、火药爆炸、中毒和窒息、其他伤害等。

以上 12 类职业伤害事故中,在建设工程领域中最常见的是高处坠落、物体打击、机械伤害、触电、坍塌、中毒、火灾 7 类。

(2) 按事故严重程度分类

我国《企业职工伤亡事故分类》(GB 6441—1986)规定,按事故严重程度分类,事故分为以下几种。

① 轻伤事故,是指造成职工肢体或某些器官功能性或器质性轻度损伤,能引起劳动能力轻度或暂时丧失的伤害的事故,一般每个受伤人员休息 1 个工作日以上(含 1 个工作日),105 个工作日以下。

② 重伤事故,一般指受伤人员肢体残缺或视觉、听觉等器官受到严重损伤,能引起人体长期存在功能障碍或劳动能力有重大损失的伤害,或者造成每个受伤人损失 105 工作日以上(含 105 个工作日)的失能伤害的事故。

③ 死亡事故,其中,重大伤亡事故指一次事故中死亡 1~2 人的事故;特大伤亡事故指一次事故死亡 3 人以上(含 3 人)的事故。

(3) 按事故造成的人员伤亡或者直接经济损失分类

依据 2007 年 6 月 1 日起实施的《生产安全事故报告和调查处理条例》,按生产安全事故(以下简称事故)造成的人员伤亡或者直接经济损失,事故分为以下几种。

① 特别重大事故,是指造成 30 人以上死亡,或者 100 人以上重伤(包括急性工业中毒,下同),或者 1 亿元以上直接经济损失的事故。

② 重大事故,是指造成 10 人以上 30 人以下死亡,或者 50 人以上 100 人以下重伤,或者 5000 万

元以上 1 亿元以下直接经济损失的事故。

③ 较大事故,是指造成 3 人以上 10 人以下死亡,或者 10 人以上 50 人以下重伤,或者 1000 万元以上 5000 万元以下直接经济损失的事故。

④ 一般事故,是指造成 3 人以下死亡,或者 10 人以下重伤,或者 1000 万元以下直接经济损失的事故。

目前,在建设工程领域中,判别事故等级较多采用的是《生产安全事故报告和调查处理条例》。

2. 建设工程安全事故的处理

一旦发生事故,应急预案的实施能尽可能防止事态的扩大和减少事故的损失。通过事故处理程序,查明原因,制定相应的纠正和预防措施,避免类似事故的再次发生。

1) 事故处理的原则("四不放过"原则)

国家对发生事故后的"四不放过"处理原则,其具体内容如下:

(1) 事故原因未查清不放过

要求在调查处理伤亡事故时,首先要把事故原因分析清楚,找出导致事故发生的真正原因,未找到真正原因决不轻易放过。直到找到真正原因并搞清各因素之间的因果关系才算达到事故原因分析的目的。

(2) 责任人员未处理不放过

这是安全事故责任追究制的具体体现,对事故责任者要严格按照安全事故责任追究的法律法规的规定进行严肃处理。不仅要追究事故直接责任人的责任,同时要追究有关负责人的领导责任。当然,处理事故责任者必须谨慎,避免事故责任追究的扩大化。

(3) 有关人员未受到教育不放过

这是指使事故责任者和广大群众了解事故发生的原因及所造成的危害,并深刻认识到搞好安全生产的重要性,从事故中吸取教训,提高安全意识,改进安全管理工作。

(4) 整改措施未落实不放过

必须针对事故发生的原因,提出防止相同或类似事故发生的切实可行的预防措施,并督促事故发生单位加以实施。只有这样,才算达到了事故调查和处理的最终目的。

2) 建设工程安全事故处理措施

(1) 按规定向有关部门报告事故情况

事故发生后,事故现场有关人员应当立即向本单位负责人报告;单位负责人接到报告后,应当于 1 小时内向事故发生地县级以上人民政府应急管理部门和负有安全生产监督管理职责的有关部门报告,并有组织、有指挥地抢救伤员、排除险情;应当防止人为或自然因素的破坏,便于事故原因的调查。

由于建设行政主管部门是建设安全生产的监督管理部门,对建设安全生产实行的是统一的监督管理,因此,各个行业的建设施工中出现了安全事故,都应当向建设行政主管部门报告。对于专业工程的施工中出现生产安全事故的,由于有关的专业主管部门也承担着对建设安全生产的监督管理职能,因此,专业工程出现安全事故,还需要向有关行业主管部门报告。

① 情况紧急时,事故现场有关人员可以直接向事故发生地县级以上人民政府应急管理部门和负有安全生产监督管理职责的有关部门报告。

② 应急管理部门和负有安全生产监督管理职责的有关部门接到事故报告后,应当依照下列规定上报事故情况,并通知公安机关、劳动保障行政部门、工会和人民检察院。

a. 特别重大事故、重大事故逐级上报至国务院应急管理部门和负有安全生产监督管理职责的有关部门。

b. 较大事故逐级上报至省、自治区、直辖市人民政府应急管理部门和负有安全生产监督管理职责的有关部门。

c. 一般事故上报至设区的市级人民政府应急管理部门和负有安全生产监督管理职责的有关部门。

应急管理部门和负有安全生产监督管理职责的有关部门依照前款规定上报事故情况,应当同时报告本级人民政府。国务院应急管理部门和负有安全生产监督管理职责的有关部门以及省级人民政府接到发生特别重大事故、重大事故的报告后,应当立即报告国务院。必要时,应急管理部门和负有安全生产监督管理职责的有关部门可以越级上报事故情况。

应急管理部门和负有安全生产监督管理职责的有关部门逐级上报事故情况,每级上报的时间不得超过 2 小时。事故报告后出现新情况的,应当及时补报。

(2)组织调查组,开展事故调查

① 特别重大事故由国务院或者国务院授权有关部门组织事故调查组进行调查。重大事故、较大事故、一般事故分别由事故发生地省级人民政府、设区的市级人民政府、县级人民政府负责调查。省级人民政府、设区的市级人民政府、县级人民政府可以直接组织事故调查组进行调查,也可以授权或者委托有关部门组织事故调查组进行调查。未造成人员伤亡的一般事故,县级人民政府也可以委托事故发生单位组织事故调查组进行调查。

② 事故调查组有权向有关单位和个人了解与事故有关的情况,并要求其提供相关文件、资料,有关单位和个人不得拒绝。事故发生单位的负责人和有关人员在事故调查期间不得擅离职守,并应当随时接受事故调查组的询问,如实提供有关情况。事故调查中发现涉嫌犯罪的,事故调查组应当及时将有关材料或者其复印件移交司法机关处理。

(3)现场勘查

事故发生后,调查组应迅速到现场进行及时、全面、准确和客观的勘查,包括现场笔录、现场拍照和现场绘图。

(4)分析事故原因

通过调查分析,查明事故经过,按受伤部位、受伤性质、起因物、致害物、伤害方法、不安全状态、不安全行为等,查清事故原因,包括人、物、生产管理和技术管理等方面的原因。通过直接和间接的分析,确定事故的直接责任者、间接责任者和主要责任者。

(5)制定预防措施

根据事故原因分析,制定防止类似事故再次发生的预防措施。根据事故后果和事故责任者应负的责任提出处理意见。

(6)提交事故调查报告

事故调查组应当自事故发生之日起 60 日内提交事故调查报告;特殊情况下,经负责事故调查的人民政府批准,提交事故调查报告的期限可以适当延长,但延长的期限最长不超过 60 日。事故调查报告应当包括下列内容:

① 事故发生单位概况;

② 事故发生经过和事故救援情况;

③ 事故造成的人员伤亡和直接经济损失;

④ 事故发生的原因和事故性质;

⑤ 事故责任的认定以及对事故责任者的处理建议；

⑥ 事故防范和整改措施；

⑦ 事故的审理和结案。

重大事故、较大事故、一般事故，负责事故调查的人民政府应当自收到事故调查报告之日起 15 日内作出批复；特别重大事故，30 日内作出批复，特殊情况下，批复时间可以适当延长，但延长的时间最长不超过 30 日。

有关机关应当按照人民政府的批复，依照法律、行政法规规定的权限和程序，对事故发生单位和有关人员进行行政处罚，对负有事故责任的国家工作人员进行处分。事故发生单位应当按照负责事故调查的人民政府的批复，对本单位负有事故责任的人员进行处理。

负有事故责任的人员涉嫌犯罪的，依法追究刑事责任。

事故处理的情况由负责事故调查的人民政府或者其授权的有关部门、机构向社会公布，依法应当保密的除外。事故调查处理的文件记录应长期完整地保存。

3. 安全事故统计规定

原国家安全生产监督管理总局（现已更名为应急管理部）制定的《生产安全事故统计报表制度》（安监总统计〔2016〕116 号）有如下规定。

① 报表的统计范围是在中华人民共和国领域内发生的生产安全事故依据该制度进行统计。

② 统计内容主要包括事故发生单位的基本情况、事故造成的死亡人数、受伤人数（含急性工业中毒人数）、单位经济类型、事故类别等。

③ 生产安全事故发生地县级以上（"以上"包含本级，下同）安全生产监督管理部门除对发生的每起生产安全事故在规定时限内向上级人民政府安全生产监督管理部门和负有安全生产监督管理职责的有关部门报告外，还应通过"安全生产综合统计信息直报系统"填报，并在生产安全事故发生 7 日内，及时补充完善相关信息，并纳入生产安全事故统计。

④ 县级以上安全生产监督管理部门，在每月 7 日前报送上月生产安全事故统计数据汇总，生产安全事故发生之日起 30 日内（火灾、道路运输事故自发生之日起 7 日内）伤亡人员发生变化的，应及时补报伤亡人员变化情况。个别事故信息因特殊原因无法及时掌握的，应在事故调查结束后予以完善。

⑤ 经查实的瞒报、漏报的生产安全事故，应在接到生产安全事故信息通报后 24 小时内，在"安全生产综合统计信息直报系统"中进行填报。

7.4　建设工程施工现场职业健康安全与环境管理的要求

7.4.1　施工现场文明施工的要求

文明施工是指保持施工现场良好的作业环境、卫生环境和工作秩序。因此，文明施工也是保护环境的一项重要措施。文明施工主要包括：规范施工现场的场容，保持作业环境的整洁卫生；科学组织施工，使生产有序进行；减少施工对周围居民和环境的影响；遵守施工现场文明施工的规定和要求，保证职工的安全和身体健康。

文明施工可以适应现代化施工的客观要求，有利于员工的身心健康，有利于培养和提高施工队伍的整体素质，促进企业综合管理水平的提高，提高企业的知名度和市场竞争力。

1. 建设工程现场文明施工的要求

依据我国相关标准,文明施工的要求主要包括现场围挡、封闭管理、施工场地、材料堆放、现场住宿、现场防火、治安综合治理、施工现场标牌、生活设施、保健急救、社区服务 11 项内容。总体上应符合以下要求。

① 有整套的施工组织设计或施工方案,施工总平面布置紧凑,施工场地规划合理,符合环保、市容、卫生的要求。

② 有健全的施工组织管理机构和指挥系统,岗位分工明确;工序交叉合理,交接责任明确。

③ 有严格的成品保护措施和制度,大小临时设施和各种材料构件、半成品按平面布置堆放整齐。

④ 施工场地平整,道路畅通,排水设施得当,水电线路整齐,机具设备状况良好,使用合理,施工作业符合消防和安全要求。

⑤ 搞好环境卫生管理,包括施工区、生活区环境卫生和食堂卫生管理。

⑥ 文明施工应贯穿施工结束后的清场。

实现文明施工,不仅要抓好现场的场容管理,而且还要做好现场材料、机械、安全、技术、保卫、消防和生活卫生等方面的工作。

2. 建设工程现场文明施工的措施

1)加强现场文明施工的管理

(1)建立文明施工的管理组织

应确立项目经理为现场文明施工的第一责任人,以各专业工程师、施工质量、安全、材料、保卫等现场项目经理部人员为成员的施工现场文明管理组织,共同负责本工程现场文明施工工作。

(2)健全文明施工的管理制度

包括建立各级文明施工岗位责任制,将文明施工工作考核列入经济责任制,建立定期的检查制度,实行自检、互检、交接检制度,建立奖惩制度,开展文明施工立功竞赛,加强文明施工教育培训等。

2)落实现场文明施工的各项管理措施

针对现场文明施工的各项要求,落实相应的各项管理措施。

(1)施工平面布置

施工总平面图是现场管理、实现文明施工的依据。施工总平面图应对施工机械设备、材料和构配件的堆场、现场加工场地,以及现场临时运输道路、临时供水供电线路和其他临时设施进行合理布置,并随工程实施的不同阶段进行场地布置和调整。

(2)现场围挡、标牌设置

① 施工现场必须实行封闭管理,设置进出口大门,制定门卫制度,严格执行外来人员进场登记制度。沿工地四周连续设置围挡,市区主要路段和其他涉及市容景观路段的工地设置围挡的高度不低于 2.5 m,其他工地的围挡高度不低于 1.8 m,围挡材料要求坚固、稳定、统一、整洁、美观。

② 施工现场必须设有"五牌一图",即工程概况牌、管理人员名单及监督电话牌、消防保卫(防火责任)牌、安全生产牌、文明施工牌和施工现场总平面图。

③ 施工现场应合理悬挂安全生产宣传和警示牌,标牌悬挂牢固可靠,特别是主要施工部位、作业点和危险区域以及主要通道口都必须有针对性地悬挂醒目的安全警示牌。

(3)施工场地

① 施工现场应积极推行硬地坪施工,作业区、生活区主干道地面必须用一定厚度的混凝土硬化,场内其他道路地面也应硬化处理。

② 施工现场道路畅通、平坦、整洁,无散落物。

③ 施工现场设置排水系统,排水畅通,不积水。

④ 严禁泥浆、污水、废水外流或未经允许排入河道,严禁堵塞下水道和排水河道。

⑤ 施工现场适当地方设置吸烟处,作业区内禁止随意吸烟。

⑥ 积极美化施工现场环境,根据季节变化,适当进行绿化布置。

(4)材料堆放、周转设备管理

① 建筑材料、构配件、料具必须按施工现场总平面布置图堆放,布置合理。

② 建筑材料、构配件及其他料具等必须做到安全、整齐堆放(存放),不得超高。

堆料分门别类,悬挂标牌,标牌应统一制作,标明名称、品种、规格数量等。

③ 建立材料收发管理制度、仓库、工具间材料堆放整齐,易燃易爆物品分类堆放,专人负责,确保安全。

④ 施工现场建立清扫制度,落实到人,做到工完料尽场地清,车辆进出场应有防泥带出措施。建筑垃圾及时清运,临时存放现场的也应集中堆放整齐、悬挂标牌。不用的施工机具和设备应及时出场。

⑤ 施工设施、大模板、砖夹等,集中堆放整齐;大模板成对放稳,角度正确。钢模及零配件、脚手扣件分类分规格,集中存放。竹木杂料,分类堆放、规则成方、不散不乱、不作他用。

(5)现场生活设施

① 施工现场作业区与办公、生活区必须明显划分,确因场地狭窄不能划分的,要有可靠的隔离栏防护措施。

② 宿舍内应确保主体结构安全,设施完好。宿舍周围环境应保持整洁、安全。

③ 宿舍内应有保暖、消暑、防煤气中毒、防蚊虫叮咬等措施。严禁使用煤气灶、煤油炉、电饭煲、"热得快"、电炒锅、电炉等器具。

④ 食堂应有良好的通风和洁卫措施,保持卫生整洁,炊事员持健康证上岗。

⑤ 建立现场卫生责任制,设卫生保洁员。

⑥ 施工现场应设固定的男、女简易淋浴室和厕所,并要保证结构稳定、牢固和防风雨。实行专人管理,及时清扫,保持整洁,要有灭蚊蝇滋生措施。

(6)现场消防、防火管理

① 现场建立消防管理制度,建立消防领导小组,落实消防责任制和责任人员,做到思想重视、措施跟上、管理到位。

② 定期对有关人员进行消防教育,落实消防措施。

③ 现场必须有消防平面布置图,临时设施按消防条例有关规定搭设,做到标准规范。

④ 易燃易爆物品堆放间、油漆间、木工间、总配电室等消防防火重点部位要按规定设置灭火器和消防沙箱,并有专人负责,对违反消防条例的有关人员进行严肃处理。

⑤ 施工现场用明火做到严格按动用明火规定执行,审批手续齐全。

(7)医疗急救的管理

展开卫生防病教育,准备必要的医疗设施,配备经过培训的急救人员,有急救措施、急救器材和保健医药箱。在现场办公室的显著位置张贴急救车和有关医院的电话号码等。

(8)社区服务的管理

建立施工不扰民的措施。现场不得焚烧有毒、有害物质等。

（9）治安管理

① 建立现场治安保卫领导小组,有专人管理。

② 新入场的人员做到及时登记,做到合法用工。

③ 按照治安管理条例和施工现场的治安管理规定搞好各项管理工作。

④ 建立门卫值班管理制度,严禁无证人员和其他闲杂人员进入施工现场,避免安全事故和失盗事件的发生。

3）建立检查考核制度

对于建设工程文明施工,国家和各地大多制定了标准或规定,也有比较成熟的经验。在实际工作中,应结合相关标准和规定建立文明施工考核制度,推进各项文明施工措施的落实。

4）抓好文明施工建设工作

① 建立宣传教育制度。现场宣传安全生产、文明施工、国家大事、社会形势、企业精神、优秀事迹等。

② 坚持以人为本,加强管理人员和班组文明建设。教育职工遵纪守法,提高企业整体管理水平和文明素质。

③ 主动与有关单位配合,积极开展共建文明活动,树立企业良好的社会形象。

7.4.2 施工现场环境保护的要求

建设工程项目必须满足有关环境保护法律法规的要求,在施工过程中注意环境保护,对企业发展、员工健康和社会文明有重要意义。

环境保护是按照法律法规、各级主管部门和企业的要求,保护和改善作业现场的环境,控制现场的各种粉尘、废水、废气、固体废弃物、噪声、振动等对环境的污染和危害。环境保护也是文明施工的重要内容之一。

1. 建设工程施工现场环境保护的要求

① 根据《中华人民共和国环境保护法》和《中华人民共和国环境影响评价法》的有关规定,建设工程项目对环境保护的基本要求如下。

a. 涉及依法划定的自然保护区、风景名胜区、生活饮用水水源保护区及其他需要特别保护的区域时,应当符合国家有关法律法规及该区域内建设工程项目环境管理的规定,不得建设污染环境的工业生产设施;建设的工程项目设施的污染物排放不得超过规定的排放标准。已经建成的设施,其污染物排放超过排放标准的,限期整改。

b. 开发利用自然资源的项目,必须采取措施保护生态环境。

c. 建设工程项目选址、选线、布局应当符合区域、流域规划和城市总体规划。

d. 应满足项目所在区域环境质量、相应环境功能区划和生态功能区划标准或要求。

e. 拟采取的污染防治措施应确保污染物排放达到国家和地方规定的排放标准,满足污染物总量控制要求;涉及可能产生放射性污染的,应采取有效预防和控制放射性污染措施。

f. 建设工程应当采用节能、节水等有利于环境与资源保护的建筑设计方案、建筑材料、装修材料、建筑构配件及设备。建筑材料和装修材料必须符合国家标准。禁止生产、销售和使用有毒、有害物质超过国家标准的建筑材料和装修材料。

g. 尽量减少建设工程施工中所产生的干扰周围生活环境的噪声。

h. 应采取生态保护措施,有效预防和控制生态破坏。

i. 对环境可能造成重大影响、应当编制环境影响报告书的建设工程项目,可能严重影响项目所在地居民生活环境质量的建设工程项目,以及存在重大意见分歧的建设工程项目,环保部门可以举行听证会,听取有关单位、专家和公众的意见,并公开听证结果,说明对有关意见采纳或不采纳的理由。

j. 建设工程项目中防治污染的设施,必须与主体工程同时设计、同时施工、同时投产使用。防治污染的设施必须经原审批环境影响报告书的环境保护行政主管部门验收合格后,该建设工程项目方可投入生产或者使用。防治污染的设施不得擅自拆除或者闲置,确有必要拆除或者闲置的,必须征得所在地的环境保护行政主管部门同意。

k. 新建工业企业和现有工业企业的技术改造,应当采取资源利用率高、污染物排放量少的设备和工艺,采用经济合理的废弃物综合利用技术和污染物处理技术。

l. 排放污染物的单位,必须依照国务院环境保护行政主管部门的规定申报登记。

m. 禁止引进不符合我国环境保护规定要求的技术和设备。

n. 任何单位不得将产生严重污染的生产设备转移给没有污染防治能力的单位使用。

②《中华人民共和国海洋环境保护法》规定:在进行海岸工程建设和海洋石油勘探开发时,必须依照法律的规定,防止对海洋环境的污染损害。

2. 建设工程施工现场环境保护的措施

工程建设过程中的污染主要包括对施工场界内的污染和对周围环境的污染。对施工场界内的污染防治属于职业健康安全问题,而对周围环境的污染防治是环境保护的问题。

建设工程环境保护措施主要包括大气污染的防治、水污染的防治、噪声污染的防治、固体废弃物的处理以及文明施工措施等。

1) 大气污染的防治

(1) 大气污染物的分类

大气污染物的种类有数千种,已发现有危害作用的有 100 多种,其中大部分是有机物。大气污染物通常以气体状态和粒子状态存在于空气中。

(2) 施工现场空气污染的防治措施

① 施工现场垃圾渣土要及时清理出现场。

② 高大建筑物清理施工垃圾时,要使用封闭式的容器或者采取其他措施处理高空废弃物,严禁凌空随意抛撒。

③ 施工现场道路应指定专人定期洒水清扫,形成制度,防止道路扬尘。

④ 对于细颗粒散体材料(如水泥、粉煤灰、白灰等)的运输、储存要注意遮盖、密封,防止和减少飞扬。

⑤ 车辆开出工地要做到不带泥沙,基本做到不撒土、不扬尘,减少对周围环境的污染。

⑥ 除设有符合规定的装置外,禁止在施工现场焚烧油毡、橡胶、塑料、皮革、树叶、枯草、各种包装物等废弃物品以及其他会产生有毒、有害烟尘和恶臭气体的物质。

⑦ 机动车都要安装减少尾气排放的装置,确保符合国家标准。

⑧ 工地茶炉应尽量采用电热水器。若只能使用烧煤茶炉和锅炉,应选用消烟除尘型茶炉和锅炉,大灶应选用消烟节能回风炉灶,使烟尘降至允许排放范围为止。

⑨ 大城市市区的建设工程已不容许搅拌混凝土。在容许设置搅拌站的工地,应将搅拌站封闭严密,并在进料仓上方安装除尘装置,采用可靠措施控制工地粉尘污染。

⑩ 拆除旧建筑物时,应适当洒水,防止扬尘。

2) 水污染的防治

（1）水污染物主要来源

水污染的主要来源如下。

① 工业污染源：指各种工业废水向自然水体的排放。

② 生活污染源：主要有食物废渣、食油、粪便、合成洗涤剂、杀虫剂、病原微生物等。

③ 农业污染源：主要有化肥、农药等。

施工现场废水和固体废物随水流流入水体部分，包括泥浆、水泥、油漆、各种油类、混凝土添加剂、重金属、酸碱盐、非金属无机毒物等。

（2）施工过程水污染的防治措施

施工过程水污染的防治措施如下。

① 禁止将有毒有害废弃物用作土方回填。

② 施工现场搅拌站废水，现制水磨石的污水，电石(碳化钙)的污水必须经沉淀池沉淀合格后再排放，最好将沉淀水用于工地洒水降尘或采取措施回收利用。

③ 现场存放油料，必须对库房地面进行防渗处理，如采用防渗混凝土地面、铺油毡等措施。使用时，要采取防止油料跑、冒、滴、漏的措施，以免污染水体。

④ 施工现场 100 人以上的临时食堂，污水排放时可设置简易有效的隔油池，定期清理，防止污染。

⑤ 工地临时厕所、化粪池应采取防渗漏措施。中心城市施工现场的临时厕所可采用水冲式厕所，并有防蝇灭蛆措施，防止污染水体和环境。

⑥ 化学用品、外加剂等要妥善保管，库内存放，防止污染环境。

3) 噪声污染的防治

（1）噪声的分类

按噪声来源可分为交通噪声(如汽车、火车、飞机等)、工业噪声(如鼓风机、汽轮机、冲压设备等)、建筑施工的噪声(如打桩机、推土机、混凝土搅拌机等发出的声音)、社会生活噪声(如高音喇叭、收音机等)。噪声妨碍人们正常休息、学习和工作，为防止噪声扰民，应控制人为强噪声。

根据国家标准《建筑施工场界环境噪声排放标准》(GB 12523—2011)的要求，建筑施工场界噪声排放限值见表 7-1。

表 7-1 建筑施工场界噪声排放限值表[dB(A)]

昼间	夜间
70	55

（2）施工现场噪声的控制措施

噪声控制技术可从声源、传播途径、接收者防护等方面来考虑。

① 声源控制。

a. 从声源上降低噪声，这是防止噪声污染的最根本的措施。

b. 尽量采用低噪声设备和加工工艺代替高噪声设备与加工工艺，如低噪声振捣器、风机、电动空压机、电锯等。

c. 在声源处安装消声器消声，即在通风机、鼓风机、压缩机、燃气机、内燃机及各类排气放空装置等进出风管的适当位置设置消声器。

② 传播途径的控制。

a. 吸声：利用吸声材料(大多由多孔材料制成)或由吸声结构形成的共振结构(金属或木质薄板钻孔制成的空腔体)吸收声能，降低噪声。

b. 隔声：应用隔声结构，阻碍噪声向空间传播，将接收者与噪声声源分隔。隔声结构包括隔声室、隔声罩、隔声屏障、隔声墙等。

c. 消声：利用消声器阻止传播。允许气流通过的消声降噪是防治空气动力性噪声的主要装置。如空气压缩机、内燃机产生的噪声等。

d. 减振降噪：对来自振动引起的噪声，通过降低机械振动减小噪声，如将阻尼材料涂在振动源上，或改变振动源与其他刚性结构的连接方式等。

③ 接收者的防护。

让处于噪声环境下的人员使用耳塞、耳罩等防护用品，减少相关人员在噪声环境中的暴露时间，以减轻噪声对人体的危害。

④ 严格控制人为噪声。

a. 进入施工现场不得高声喊叫、无故甩打模板、乱吹哨，限制高音喇叭的使用，最大限度减少噪声扰民。

b. 凡在人口稠密区进行强噪声作业时，须严格控制作业时间，一般晚10点到次日早6点之间停止强噪声作业。确系特殊情况必须昼夜施工时，尽量采取降低噪声措施，并会同建设单位找当地居委会、村委会或当地居民协调，出安民告示，求得群众谅解。

4) 固体废物的处理

(1) 建设工程施工工地上常见的固体废物

建设工程施工工地上常见的固体废物主要有以下几种。

① 建筑渣土：包括砖瓦、碎石、渣土、混凝土碎块、废钢铁、碎玻璃、废屑、废弃装饰材料等。

② 废弃的散装大宗建筑材料：包括水泥、石灰等。

③ 生活垃圾：包括炊厨废物、丢弃食品、废纸、生活用具、废电池、废日用品、玻璃、陶瓷碎片、废塑料制品、煤灰渣、废交通工具等。

④ 设备、材料等的包装材料。

⑤ 粪便。

(2) 固体废物的处理和处置

固体废物处理的基本思想是：采取资源化、减量化和无害化的处理，对固体废物产生的全过程进行控制。固体废物的主要处理方法如下。

① 回收利用。

回收利用是对固体废物进行资源化的重要手段之一。粉煤灰在建设工程领域的广泛应用就是对固体废弃物进行资源化利用的典型范例。又如发达国家炼钢原料中有70%是利用回收的废钢铁，所以，钢材可以作为可再生利用的建筑材料。

② 减量化处理。

减量化是对已经产生的固体废物进行分选、破碎、压实浓缩、脱水等减少其最终处置量，降低处理成本，减少对环境的污染。在减量化处理的过程中，也包括和其他处理技术相关的工艺方法，如焚烧、热解、堆肥等。

③ 焚烧。

焚烧用于不适合再利用且不宜直接予以填埋处置的废物，除有符合规定的装置外，不得在施工现场熔化沥青和焚烧油毡、油漆,亦不得焚烧其他可产生有毒有害和恶臭气体的废弃物。垃圾焚烧处理应使用符合环境要求的处理装置,避免对大气的二次污染。

④ 稳定和固化。

稳定和固化处理是利用水泥、沥青等胶结材料,将松散的废物胶结包裹起来,减少有害物质从废物中向外迁移、扩散,使得废物对环境的污染减少。

⑤ 填埋。

填埋是固体废物经过无害化、减量化处理的废物残渣集中到填埋场进行处置。禁止将有毒有害废弃物现场填埋,填埋场应利用天然或人工屏障。尽量使需处置的废物与环境隔离,并注意废物的稳定性和长期安全性。

7.4.3 施工现场职业健康安全卫生的要求

为保障作业人员的身体健康和生命安全,改善作业人员的工作环境与生活环境,防止施工过程中各类疾病的发生,建设工程施工现场应加强卫生与防疫工作。

1. 建设工程现场职业健康安全卫生的要求

根据我国相关标准,施工现场职业健康安全卫生主要包括现场宿舍、现场食堂、现场厕所、其他卫生管理等内容,基本要符合以下要求。

① 施工现场应设置办公室、宿舍、食堂、厕所、淋浴间、开水房、文体活动室、密闭式垃圾站(或容器)及盥洗设施等临时设施。临时设施所用建筑材料应符合环保、消防要求。

② 办公区和生活区应设密闭式垃圾容器。

③ 办公室内布局合理,文件资料宜归类存放,并应保持室内清洁卫生。

④ 施工企业应根据法律、法规的规定,制定施工现场的公共卫生突发事件应急预案。

⑤ 施工现场应配备常用药品及绷带、止血带、颈托、担架等急救器材。

⑥ 施工现场应设专职或兼职保洁员,负责卫生清扫和保洁。

⑦ 办公区和生活区应采取灭鼠、蚊、蝇、蟑螂等措施,并应定期投放和喷洒药物。

⑧ 施工企业应结合季节特点,做好作业人员的饮食卫生和防暑降温、防寒保暖、防煤气中毒、防疫等工作。

⑨ 施工现场必须建立环境卫生管理和检查制度,并应做好检查记录。

2. 建设工程现场职业健康安全卫生的措施

施工现场的卫生与防疫应由专人负责,全面管理施工现场的卫生工作,监督和执行卫生法规规章、管理办法,落实各项卫生措施。

(1)现场宿舍的管理

① 宿舍内应保证有必要的生活空间,室内净高不得小于 2.4 m,通道宽度不得小于 0.9 m,每间宿舍居住人员不得超过 16 人。

② 施工现场宿舍必须设置可开启式窗户,宿舍内的床铺不得超过 2 层,严禁使用通铺。

③ 宿舍内应设置生活用品专柜,有条件的宿舍宜设置生活用品储藏室。

④ 宿舍内应设置垃圾桶,宿舍外宜设置鞋柜或鞋架,生活区内应为作业人员提供晾晒衣服的场地。

(2)现场食堂的管理

① 食堂必须有卫生许可证,炊事人员必须持身体健康证上岗。

② 炊事人员上岗应穿戴洁净的工作服、工作帽和口罩,并应保持个人卫生。不得穿工作服出食堂,非炊事人员不得随意进入制作间。

③ 食堂炊具、餐具和公用饮水器具必须清洗消毒。

④ 施工现场应加强食品、原料的进货管理,食堂严禁出售变质食品。

⑤ 食堂应设置在远离厕所、垃圾站、有毒有害场所等污染源的地方。

⑥ 食堂应设置独立的制作间、储藏间,门扇下方应设不低于 0.2 m 的防鼠挡板。制作间灶台及其周边应贴瓷砖,所贴瓷砖高度不宜小于 1.5 m,地面应做硬化和防滑处理。粮食存放台距墙和地面应大于 0.2 m。

⑦ 食堂应配备必要的排风设施和冷藏设施。

⑧ 食堂的燃气罐应单独设置存放间,存放间应通风良好并严禁存放其他物品。

⑨ 食堂制作间的炊具宜存放在封闭的橱柜内,刀、盆、案板等炊具应生熟分开。食品应有遮盖,遮盖物品应用正反面标识。各种作料和副食应存放在密闭器皿内,并应有标识。

⑩ 食堂外应设置密闭式水桶,并应及时清运。

（3）现场厕所的管理

① 施工现场应设置水冲式或移动式厕所,厕所地面应硬化,门窗应齐全。蹲位之间宜设置隔板,隔板高度不宜低于 0.9 m。

② 厕所大小应根据作业人员的数量设置。高层建筑施工超过 8 层以后,每隔 4 层宜设置临时厕所。厕所应设专人负责清扫、消毒,化粪池应及时清掏。

（4）其他临时设施道的管理

① 淋浴间应设置满足需要的淋浴喷头,可设置储衣柜或挂衣架。

② 盥洗设施应设置满足作业人员使用的洗池,并应使用节水龙头。

③ 生活区应设置开水炉、电热水器或饮用水保温桶;施工区应配备流动保温水桶。

④ 文体活动室应配备电视机、书报、杂志等文体活动设施、用品。

⑤ 施工现场作业人员发生法定传染病、食物中毒或急性职业中毒时,必须在 2 h 内向施工现场所在地建设行政主管部门和有关部门报告,并应积极配合调查处理。

⑥ 现场施工人员患有法定传染病时,应及时进行隔离,并由卫生防疫部门进行处置。

【案例】 深基坑土方垮塌事件

天津某工程由 A 建筑集团公司土建总承包、土方由 B 基础公司分包,工地现场正在进行深基坑土方开挖。18 时 15 分,B 基础公司项目经理将 11 名普工交给现场工长;19 时左右,工长向 11 名工人交代了生产任务,11 人全部下基坑,在⑦轴至⑧轴间平台上施工(领班未到现场,电工未到现场)。大约 20 时左右,⑧轴处土方突然发生滑坡,局部迅速垮塌,当即有 2 人被土方掩埋,另有 2 人埋至腰部以上,其他 6 人迅速逃离至基坑上。现场项目部接到报告后,立即组织抢险营救。20 时 10 分,⑦轴至⑧轴处第二次发生大面积土方滑坡。滑坡土方由⑦轴开始冲至④轴,将另外 2 人也掩埋,并冲断了基坑内水平钢支撑两道。事故发生后,虽经项目部极力抢救,但被土方掩埋的 4 人终因窒息时间过长而死亡。

问题:

① 此事故发生后,与 A 建筑集团公司是否有关系? 如果你是 A 公司项目,你会如何处理?

虽然基坑土方开挖为 B 基础公司承包范围,但 A 公司作为总承包单位,应和 B 公司一起对分包工程的安全生产承担连带责任。

作为 A 公司的项目经理,事故发生后应迅速组织人员保护好事故现场,做好危险地段人员和撤离,在确保安全的前提下积极排除险情、抢救伤员,并立即向企业上级主管领导、主管部门、地方安全生产监督管理部门、地方建设行政主管部门等有关部门进行报告。事故调查处理过程中,项目经理要积极配合好事故调查组的调查,认真吸取事故教训,落实好现场各项整改和防范措施,妥善处理善后事宜。

② 什么是危险源? 危险源的控制方法有哪些?

a. 危险源是可能导致人身伤害或疾病、财产损失、工作环境破坏或这些情况组合的危险因素和有害因素。危险因素强调突发性和瞬间作用的因素,有害因素强调在一定时期内的慢性损害和累积作用。

b. 危险源的控制方法主要有以下几项。

Ⅰ. 防止事故发生的方法:消除危险源,限制它。

Ⅱ. 避免和减少事故损失的方法:隔离、个体防护、设置障碍。

Ⅲ. 减少故障:增加安全系数,提高可靠性,设置安全生产设施。

Ⅳ. 故障—安全设计:包括故障—积极方案、故障—正常方案。

③ 深基坑土方挖掘工作的技术交底要注意哪些问题?

安全技术交底工作在正式作业前进行,应有书面的文字材料,并履行签字手续,施工负责人、生产班组和现场安全员三方各留一份。安全技术交底时施工负责人向施工工作人员进行责任落实的法律要求,要严肃认真地进行。深基坑挖掘的安全技术交底要按照施工方案的要求进行,并在此基础上对施工方案进行细化和补充;对具体的操作者(新来的普通工人)讲明安全注意事项,保证操作者的人身安全,并对这些人进行上岗培训。

【思考与练习】

1. 职业健康安全管理体系与环境管理体系的建立是由(　　)主导的?

A. 工会　　　　　B. 工人　　　　　C. 最高管理者　　D. 公司经理

2. 预警体系建立的原则不包括(　　)。

A. 及时性　　　B. 经济性　　　C. 高效性　　　D. 客观性

3. 固体废物的处理和处置方法包括(　　)。

A. 回收利用　　B. 减量化处理　　C. 焚烧　　　　D. 稳定和固化　　E. 填埋

4. 危险源的控制方法主要有以下几项(　　)。

A. 消除危险源,限制它。

B. 隔离、个体防护、设置障碍。

C. 增加安全系数,提高可靠性,设置安全生产设施。

D. 故障—积极方案、故障—正常方案。

E. 把危险源交给专业人士控制。

5. 政府质量监督的性质是什么?

6. 政府对建设工程质量监督的职权主要包括哪几个方面?

7. 一个完整的预警体系由哪几个部分构成?

8. 根据《环境管理体系　要求及使用指南》(GB/T 24001—2016),简述环境管理体系的结构和适用范围。

9. 职业健康安全与环境管理的特点有哪些？

10. 职业健康安全管理体系和环境管理体系的建立步骤有哪些？

11. 安全管理体系文件中管理手册的主要内容包括哪些？

12. 安全检查的主要内容有哪些？

13. 应急预案的体系由哪些内容构成？

14. 施工现场环境保护的主要内容是什么？

15. 编制安全技术措施计划的一般步骤有哪些？

16. 依据《建设工程安全生产管理条例》的规定，哪些分部分项工程必须编制专项施工方案？哪些专项施工方案必须组织专家论证？

17. 建设工程安全事故处理的"四不放过"原则包括哪些内容？

18. 事故调查报告主要包括哪些内容？

19. 施工现场空气污染的防治措施有哪些？

20. 简述建设工程现场对现场宿舍管理的要求。

21. 某建筑安装工程公司承包的某造修船厂车间新建工程，钢结构屋架地面拼装基本结束。中午过后，专业吊装负责人，酒后来到车间西北侧东西向并排停放的三榀长 21 m、高 9 m、自重约 1.5 t 的钢屋架前，弯腰蹲下，在最南边的一榀屋架下查看拼装质量。当发现北边第三榀屋架略向北倾斜时，立即指挥两名工人用钢管撬平并加固。由于俩工人用力不均，使得那榀屋架反过来向南倾倒，导致三榀屋架连锁一起向南倒下。当时负责人还蹲在构件下，没来得及反应，整个身子就被压在了整个构件下，经医护人员现场抢救无效死亡。

问题：

(1) 安全事故处理程序、安全事故处理"四不放过"的原则具体指什么？

(2) 安全教育的要求是什么？

(3) 专业吊装负责人应承担什么责任？

第 8 章　工程项目招投标与合同管理

　　党的二十大报告明确指出,我们要坚持走中国特色社会主义法治道路,建设中国特色社会主义法治体系、建设社会主义法治国家,坚持法治国家、法治政府、法治社会一体建设,全面推进科学立法、严格执法、公正司法、全民守法,全面推进国家各方面工作法治。在建设工程项目管理中,招投标和工程合同必须全面贯彻法治要求,建设有法可依、有法必依、执法必严、违法必究的法治工程环境。对于工程项目发包人而言,重要的是如何找到理想的、有能力承担建设工程任务的合格单位,用合理的投入获得满意的产品。对于工程项目承包人而言,招投标促进企业转变经营机制,提高企业的创新活力,积极引进先进技术和管理,提高企业生产、服务的质量和效率,不断提升企业市场信誉和竞争力。

　　本章将从两个方面展开,即工程项目招投标和工程项目的合同管理。其中工程项目招投标包括:招投标的概念、招投标的性质、招投标的法律法规框架、建设工程招投标的基本规定、建设工程招标的范围和分类、招投标活动遵循的基本原则、建设工程招标的方式、招标组织工作、招标程序、投标程序及报价技巧、工程项目备案与登记。工程项目的合同管理包括:建设工程合同的概念、作用、种类、特征及标准化的合同示范文本;合同分析方法;建立合同实施管理体系;合同变更管理。

8.1　工程项目招投标

8.1.1　招投标的概念

　　招投标是在市场经济条件下进行工程建设、货物买卖、财产出租、中介服务等经济活动的一种竞争形式和交易方式,是引入竞争机制订立合同的一种法律形式。

　　建设工程招标是指招标人对工程建设、货物买卖、劳务承担等交易业务,事先公布选择采购的条件和要求,招引他人承接,由投标人做出愿意参加业务承接竞争的意思表示,招标人按照规定的程序和办法择优选定中标人的活动。

　　建设工程投标是建设工程招标的对称概念,是指具有合法资格和能力的投标人按照招标文件的要求,在规定的时间内向招标人提交投标文件并争取中标的法律行为。

8.1.2　招投标的性质

　　招标公告实际上是招标人邀请投标人对其提出要约(即报价),属于要约请。投标是要约,它符合要约所有条件,具有缔结合同的主观目的;一旦中标,投标人将受投标文件的约束;投标文件的内容具有足以使合同成立的主要条件等。中标通知书是承诺。招标人向中标人发出的中标通知书,是招标人接受中标人的投标条件,即同意接受该投标人发出的要约的意思表示,属于承诺。

8.1.3　招投标的法律法规框架

　　为了规范招投标活动,全国人民代表大及其常务委员会、各级政府及有关部委先后颁布多项相关法律法规。2021 年 1 月 1 日《中华人民共和国民法典》正式施行,《中华人民共和国合同法》并入《民法典》,变为"合同编"。此外,《中华人民共和国招投标法》《中华人民共和国招投标法实施条例》《中华人民共和政府采购法》等也是调整工程招投标的主要法律法规。

2007 年,国家发展和改革委员会会同相关部门联合制定了《〈标准施工招标资格预审文件〉和〈标准施工招标文件〉试行规定》及相关附件,自 2008 年 5 月 1 日起实施,2013 年进行了修订。2011 年 12 月,国家发展和改革委员会会同相关部门联合印发了《简明标准施工招标文件》(2012 年版)和《标准设计施工总承包招标文件》(2012 年版)。

2017 年,国家发展和改革委员会会同相关部门联合印发了《标准设备采购招标文件》(2017 年版)、《标准材料采购招标文件》(2017 年版)、《标准勘察招标文件》(2017 年版)、《标准设计招标文件》(2017 年版)、《标准监理招标文件》(2017 年版),自 2018 年 1 月 1 日起实施。

《中华人民共和国招投标法实施条例》规定:"编制依法必须进行招标的项目的资格预审文件和招标文件,应当使用国务院发展改革部门会同有关行政监督部门制定的标准文本。"因此,上述标准文本具有强制适用性。标准文本适用于依法必须招标的工程建设项目。

8.1.4　建设工程招投标的基本规定

工程建设项目招标应当满足法律规定的前提条件方能进行。

① 履行项目审批手续。国家发展和改革委员会制定发布了一系列文件,对项目审批、核准和备案的内容、程序以及核准的审核机关等做出了详细的规定。招标人和招标代理机构必须检查招标的项目是否需要或是否已经履行了规定的审批手续,而且得到了批准,否则不得招标。

② 资金或资金来源已经落实,并在招标文件中如实载明。这是投标人了解、掌握真实情况,并决定是否参加投标的决策依据。

8.1.5　建设工程招标的范围和分类

1. 建设工程招标的范围

(1)强制招标的工程范围

《中华人民共和国招投标法》和《必须招标的工程项目规定》(2018 年施行)从资金来源和项目性质两个方面对强制招标的项目进行了界定。

(2)必须进行招标的工程规模标准

必须招标的项目必须同时满足项目范围和规模标准两个条件。各类工程建设项目,其勘察、设计、施工、监理以及与工程建设有关的重要设备、材料等的采购,达到下列标准之一的,必须进行招标:

① 施工单项合同估算价在 400 万元人民币以上;

② 重要设备、材料等货物的采购,单项合同估算价在 200 万元人民币以上;

③ 勘察、设计、监理等服务的采购,单项合同估算价在 100 万元人民币以上。同一项目中可以合并进行的勘察、设计、施工、监理以及与工程建设有关的重要设备、材料等的采购,合同估算价合计达到上述规定标准的,必须招标。任何单位和个人不得将依法必须进行招标的项目化整为零或者以其他任何方式规避招标。

(3)可以不进行招标的范围

《中华人民共和国招投标法实施条例》规定,有下列情形之一的,可以不进行招标:

① 需要采用不可替代的专利或专有技术;

② 采购人依法能够自行建设、生产或者提供;

③ 已通过招标方式选定的特许经营项目投资人依法能够自行建设、生产或者提供;

④ 需要向原中标人采购工程、货物或者服务,否则将影响施工或者功能配套要求;

⑤ 国家规定的其他特殊情形。

凡按照规定应该招标的工程不进行招标,应该公开招标的工程不公开招标的,招标人所确定的中标人一律无效。建设行政主管部门按照《中华人民共和国建筑法》的规定,不予颁发施工许可证;对于违反规定擅自施工的,依据《中华人民共和国建筑法》的规定,追究其法律责任。

2. 建设工程招标的分类

建设工程招标按照不同的标准可以进行不同的分类。按标的内容,建设工程招标可分为建设工程勘察设计招标、材料和设备采购招标、建设工程施工招标、建设项目(工程)总承包招标、建设工程监理招标等。

(1)建设工程勘察设计招标

建设工程勘察设计招标是指根据批准的可行性研究报告,择优选择勘察设计单位的招标。勘察和设计工作可由勘察单位和设计单位分别完成。勘察单位最终提出施工现场的地理位置、地形、地貌、地质、水文等在内的勘察报告。设计单位最终提供设计图和成本预算结果。

(2)材料和设备采购招标

材料和设备采购招标是对建设项目所需的建筑材料和设备采购任务进行的招标。投标人通常为材料供应商、成套设备供应商。

(3)建设工程施工招标

建设工程施工招标是用招标的方式选择施工单位的招标。施工单位最终向业主交付符合招标文件规定的建筑产品。

(4)建设项目(工程)总承包招标

建设项目(工程)总承包招标即选择项目总承包人招标,从项目的可行性研究到交付使用只进行一次招标,业主只需提供项目投资和使用要求及竣工、交付使用期限的建设全过程招标,其可行性研究、勘察设计、材料和设备采购、土建施工、设备安装及调试、生产准备和试运行、交付使用,均由一个总承包商负责承包,即"交钥匙工程"。承揽"交钥匙工程"的承包商被称为工程总承包商,工程总承包商根据建设单位提出的工程使用要求,对项目建议书、可行性研究、勘察设计、设备询价与选购、材料订货、工程施工、职工培训、试生产、竣工投产等实行全面投标报价。绝大多数情况下,工程总承包商要将工程部分阶段的施工任务再分包出去。

(5)建设工程监理招标

建设工程监理招标是建设项目的业主为了增强对项目前期准备及项目实施阶段的监督管理,委托有经验、有能力的建设监理单位对建设项目进行监理,由建设监理单位竞争承接此建设项目的监理任务的过程。

8.1.6 招投标活动遵循的基本原则

招投标行为是市场经济的产物,并随着市场的发展而发展,必须遵循市场经济活动的基本原则。招投标活动应当遵循公开、公平、公正和诚实信用的原则。

1. 公开原则

公开原则就是要求招投标活动具有较高的透明度,实行招标信息、招标程序公开,即发布招标通告,发布标通告,公开开标,公开中标结果,使每一个投标人获得同等的信息,知悉招标的一切条件和要求。

2. 公平原则

公平原则就是要求给予所有投标人平等的机会,使其享有同等的权利并履行相应的义务,不歧视任何一方,不应设置地域或行业的保护条件,杜绝一方把自己的意志强加于对方的行为。《中华人民共和国招投标法实施条例》明确指出,招标人不得以不合理的条件限制、排斥潜在投标人或者投标人。属于以不合理条件限制、排斥潜在投标人或者投标人的行为有以下几种:

① 就同一招标项目向潜在投标人或者投标人提供有差别的项目信息;

② 设定的资格、技术、商务条件与招标项目的具体特点和实际需要不对应或者与合同履行无关;

③ 依法必须进行招标的项目以特定行政区域或者特定行业的业绩、奖项作为加分条件或者中标条件;

④ 对潜在投标人或者投标人采取不同的资格审查或者评标标准;

⑤ 限定或者指定特定的专利、商标、品牌、原产地或者供应商;

⑥ 依法必须进行招标的项目非法限定潜在投标人或者投标人的所有制形式或者组织形式;

⑦ 以其他不合理条件限制、排斥潜在投标人或者投标人。

3. 公正原则

公正原则是指按招标文件中规定的统一标准,实事求是地进行评标和定标,不偏袒任何一方,给所有投标人平等的机会。

4. 诚实信用原则

招投标当事人应该以诚实、善意的态度行使权利,履行义务,不得有欺诈、背信的行为。《中华人民共和国招投标法》规定了不得虚假招标、串通投标、泄露标底、骗取中标等诸多义务,要求当事人遵守,并规定了相应的罚则。

8.1.7　建设工程招标的方式

《中华人民共和国招投标法》规定,招标分为公开招标和邀请招标。

《中华人民共和国招投标法实施条例》规定,对技术复杂或者无法精确拟定技术规格的项目,招标人可以分两阶段进行招标。第一阶段,投标人按照招标公告或者投标邀请书的要求提交不带报价的技术建议,招标人根据投标人提交的技术建议确定技术标准和要求,编制招标文件;第二阶段,招标人向在第一阶段提交技术建议的投标人提供招标文件,投标人按照招标文件要求提交包括最终技术方案和投标报价的投标文件。投标保证金在第二阶段提交。

1. 公开招标

(1) 公开招标的定义

公开招标(Open Tendering)又称竞争性招标,即由招标人在报刊、电子网络或其他媒体上刊登招标公告,吸引众多企业单位参加招标竞争,招标人从中择优选择中标人的招标方式。按照竞争范围,公开招标可分为国际竞争性招标和国内竞争性招标。

(2) 应当采用公开招标的工程范围

应当采用公开招标的工程范围如下:

① 国家重点建设项目;

② 各省、自治区、直辖市人民政府确定的地方重点建设项目;

③ 全部或部分使用国有资金投资或者国有资金投资占控股或者主导地位的工程建设项目。

2. 邀请招标

(1)邀请招标的定义

邀请招标(Selective Tendering)又称有限竞争性招标。这种方式可不发布公告,招标人根据自己的经验和所掌握的各种信息资料,向有承担该项工程施工能力的 3 个或 3 个以上的潜在投标人或单位发出投标邀请书,收到邀请书的投标人或单位也可以拒绝参加投标。

与公开招标相比,邀请招标的优点是不发布招标公告,不进行资格预审,简化了招标程序,节约了招标费用,缩短了招标时间。

(2)可以邀请招标的项目

《中华人民共和国招投标法实施条例》规定,国有资金占控股或者主导地位的依法必须进行招标的项目,应当公开招标;但有下列情形之一的,可以邀请招标:

① 技术复杂、有特殊要求或者受自然环境限制,只有少量潜在投标人可供选择;

② 采用公开招标方式的费用占项目合同金额的比例过大。

3. 公开招标和邀请招标的区别

(1)发布信息的方式不同

公开招标采用招标公告的形式发布;邀请招标采用投标邀请书的形式发布。

(2)选择的范围不同

公开招标因使用招标公告的形式,针对的是一切潜在的对招标项目感兴趣的法人或者其他组织,招标人事先不知道投标人的数量;邀请招标针对已经有所了解的法人或者其他组织,而且事先已经知道投标人的数量。

(3)竞争的范围不同

公开招标使所有符合条件的法人或者其他组织都有机会参加投标,竞争的范围较广,竞争性体现得也比较充分,招标人拥有绝对的选择余地,容易获得最佳招标效果;邀请招标中被邀请的承包商数目不少于 3 个即可,由于参加的人数相对较少,易于控制,因此其竞争范围没有公开招标大,竞争程度也明显不如公开招标强。

(4)公开的程度不同

公开招标中,所有的活动都必须严格按照预先指定并为大家所知的程序和标准公开进行,大大减少了作弊的可能性;相比而言,邀请招标的公开程度逊色一些,产生不法行为的可能性也就大一些。

(5)时间和费用不同

公开招标的程序比较复杂,从发布公告、投标人做出反应、评标到签订合同,有很多时间上的要求,要准备许多文件,因而耗时长,费用也比较高;邀请招标可以省去发布招标公告费用、资格审查费用和可能发生的更多的评标费用。

8.1.8 招标组织工作

招标人组织招标必须具有相应的组织招标的资质。

根据招标人是否具有招标资质,可以将组织招标分为以下两种情况。

1. 招标人自行组织招标

招标人自行组织招标必须具备一定的条件,设立专门的招标组织,经招投标管理机构审查合格,确认其具有编制招标文件和组织评标的能力,才能自己组织招标。

2. 招标人委托招标代理机构招标

招标人不具备自行招标条件的,必须委托具备相应资质的招标代理机构组织招标,代为办理招标事宜。招标人书面委托招标代理机构后,就可开始组织招标,办理招标事宜。招标人委托招标代理机构代理招标,必须与之签订招标代理合同(协议)。

招标人自行组织招标、自行办理招标事宜或者委托招标代理机构代为组织招标、代为办理招标事宜,应当向有关行政监督部门备案。

8.1.9 招标程序

招标是招标人选择中标人并与其签订合同的过程,而投标是投标人力争获取招标项目参加竞争的过程。在现代工程中,已形成十分完备的招投标程序和标准化的文件。在我国有《中华人民共和国招投标法》,建设部以及许多地方的建设管理部门都颁布了工程建设招投标管理和合同管理法规,还颁布了招标文件及各种合同文件范本。国际上也有一整套公开招投标的国际惯例。

对于不同的招标方式,招标程序会有一定的区别。但总的来说,对于公开招标,通常包括以下八项工作,如图 8-1 所示。

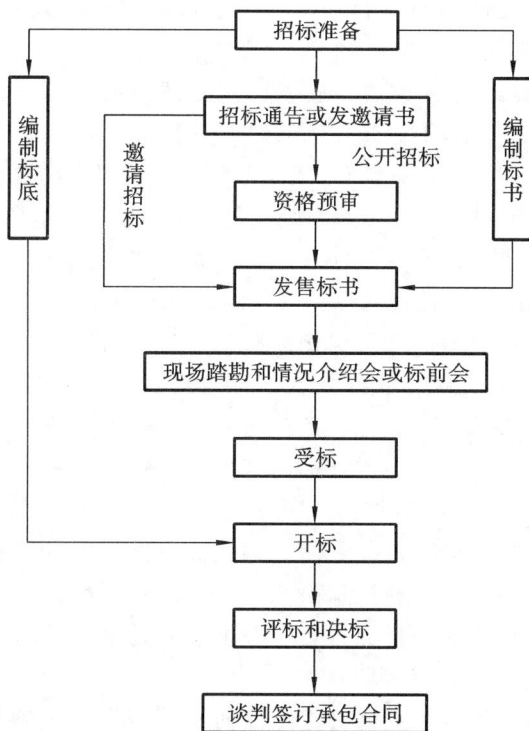

图 8-1 工程项目招标程序

1. 招标前的准备工作

招标前的准备工作包括:

① 建立招标的组织机构;

② 完成工程招标的各种审批手续,如规划、用地许可、项目的审批等;

③ 向政府的招投标管理机构提出招标申请等。

2. 编写招标文件及标底

通常公开招标,由业主委托咨询工程师编写招标文件。在整个工程的招投标和施工过程中,招标文件是一份最重要的文件。一方面,招标文件是提供给投标人的投标依据,投标人根据招标文件介绍的项目情况、合同条款、技术、质量和工期的要求等投标报价。另一方面,招标文件是签订工程合同的基础,是业主方拟定的合同草案。几乎所有的招标文件内容都将成为合同文件的组成部分。

(1) 一般招标文件的主要内容

① 投标邀请书。

投标邀请书一般应说明:业主单位和招标的性质;资金来源;工程概况,包括主要工程量和工期要求等;承包人为完成本工程所需提供的服务内容,如施工、设备和材料采购等;发售招标文件的时间、地点、售价;投标书送交的地点、份数和截止时间;提交投标保证金的规定额度和时间;开标的时间和地点;现场考察和召开标前会议的时间和地点。

② 投标人须知。

投标人须知是指导投标者正确进行投标的文件,它告诉投标者应遵守的各项规定,以及编制标书和投标时所应注意、考虑的问题。有的业主将投标者须知作为正式合同的一部分,有的不作为正式的合同内容,这一点在编制招标文件和签订合同时应注意说明。投标人须知所列条目应清晰,内容明确,一般应包括下列内容。

a. 工程项目简介。包括工程的名称、地理位置,主要建筑物名称、尺寸、工程量、工程分标情况、本合同的范围及与总体工程的关系、资金来源、工期要求等。

b. 承发包方式。要说明是属于总价承包,还是单价承包或其他方式承包。

c. 组织投标人到工程现场勘察和召开标前会议的时间、地点及有关事项。

d. 填写投标书的注意事项。

e. 投标保证。为了对业主进行必要的保护,招标文件中一般规定"投标必须提供投标保证金"的条款。投标保证金一般不支付现金,而采用保函的形式。应说明投标保函的金额和有效期、业主可以接受的开出保函的银行等。还应说明未按规定在开标之前随同投标书一并递交投标保函的标,将是无效的,保函金额不足者也将被认为是废标。还应注明未中标者的投标保证书将在对中标者发出接受其标书的通知后多少天(例如 28 天)内或开标后多少天(例如 90 天)内退还给投标人。

f. 投标文件的递送方式。

g. 投标有效期。从截止投标日到公布中标日为止的一段时间均为投标有效期,按照国际惯例,一般为 90～120 天。有效期长短根据招标工程的具体情况而定,要保证有足够的时间供招标单位评标。如为世界银行贷款项目,还需有报世界银行审查批准的时间。投标有效期内,投标人不得变动报价,投标保函的有效期也必须与投标有效期一致。

h. 招标人拒绝投标书的权利。业主可以拒绝任何不符合投标人须知要求的投标书。在上述原则不受限制的条件下,业主不承担接受最低报价的标书或任何其他标书的义务。在签订合同前,有权接受或拒绝任何投标,宣布投标程序无效或拒绝所有投标。对因此而受到影响的投标人不负任何责任,也没有义务向投标人说明原因。

i. 评标时依据的原则和评审方法。如怎样进行价格评审,价格以外的其他合同条件的评审标准等。

j. 授予合同。规定授予合同的标准、授予合同的通知方法、签订合同和提交履约担保等事项。

③ 合同条件。

合同条件,也称合同条款。它主要是规定在合同执行过程中,合同双方当事人的职责范围、权利和义务,监理工程师的职责和授权范围,遇到各类问题,如工程进度、工程质量、工程计量、款项支付、索赔、争议和仲裁等问题时,各方应遵循的原则及采取的措施等。

④ 技术规范。

技术规范规定了工程项目的技术要求,也是施工过程中承包人控制质量和监理工程师进行监督验收的主要依据。在拟定或选择技术规范时,既要满足设计要求,保证工程的施工质量,又不能过于苛刻,太苛刻的技术要求必然导致投标者提高投标价格。招标文件中使用的规范一般选用国家部委正式颁布的,但往也需要由监理工程师主持编制一些适用于本工程的技术要求和规定。规范一般包括工程所用材料的要求、施工质量要求、工程计量方法、验收标准和规定等。

⑤ 设计图纸。

设计图纸是投标者拟定施工方案、确定施工方法,以及提出替代方案、计算投标报价时必不可少的资料。图纸的详细程度取决于设计的深度与合同的类型,详细的设计图纸能使投标者比较准确地计算报价。图纸中所提供的各种资料,业主和监理工程师应对其负责,而承包人根据这些资料做出自己的分析与判断,据之拟定施工方案,确定施工方法。但业主和监理工程师对这类分析和判断不负责任。

⑥ 工程量报价表。

工程量报价表是将合同规定要实施的工程的全部项目和内容按工程部位、性质等列在一系列表内,每个表中既有工程需实施的各个子项目,又有每个子项目的工程量和计价要求,以及每个项目报价和总报价等。后两个栏目留给投标者填写。工程量报价表为投标者提供了一个共同竞争投标的基础,投标者根据招标要求、工程具体情况和自身的经验,对表中各子项目填报单价或价款,并逐项计算汇总得到投标报价。承包人填报的工程量表中的单价或价格是支付工程月进度款项的依据,也是计算新增项目或索赔项目单价或价格的主要参考数据。

⑦ 投标书格式和投标保证书格式。

投标书是由投标单位充分授权的代表签署的一份投标文件。投标书是对业主和承包人双方均有约束力的合同文件的一个重要组成部分。投标书包含投标书及其附件,一般都是业主或监理工程师拟定好固定的格式,由投标者填写。投标保证书可分为银行提供的投标保函和担保公司、证券公司或保险公司提供的担保书两种格式。

⑧ 补充资料表。

补充资料表是招标文件的一个组成部分,其目的是要求投标者按招标文件中的这些补充资料表填写有关信息,以便招标人可得到所需要的相当完整的信息。这些信息既可以方便招标人了解投标者的各种安排和要求,便于在评标时进行比较,又可以在工程实施过程中便于业主安排资金计划,计算价格调整等。

⑨ 合同协议书。

合同协议书常由业主在招标文件中拟好具体的格式和内容,然后在中标人与业主谈判达成一致协议后签署,投标时不需填写。

⑩ 履约保证和动员预付款保函。

履约保证一般有两种形式,即银行保函(或称履约保函),以及履约担保。我国向世界银行贷款的项目一般规定,履约保函金额为合同总价的 10%,履约担保金额则为合同总价的 30%。银行保函又分为两种形式:一种是无条件银行保函;另一种是有条件银行保函。无条件银行保函类似不可撤销的信用证,银行见票即付,不需业主提供任何证据。业主在任何时候提出声明,认为承包人违约,而且提出的索赔日期和金额在保函有效期和保证金额的限额之内,银行即无条件履行担保,进行支付。当然业主也要承担由此行动而引起的争端、仲裁或法律程序裁决的法律后果。银行愿意承担这种保函,因这样既不承担风险,又不致卷入合同双方的争端。有条件银行保函即是银行在支付之前,业主必须提出理由,指出承包人执行合同失败,不能履行其义务或违约,并由业主和监理工程师出示证据,提供所受损失的计算数值等。一般而言,银行和业主均不喜欢这种保函。

动员预付款是在工程开工以前,业主按合同规定向承包人支付的费用,以供承包人调遣人员、施工机械和购买建筑材料及设备等。动员预付款保函是在招标文件中规定了业主向承包人提出先进的施工方案基础上,能够反映预计参与竞争的承包人目前较为先进的施工水平,这样才可以作为评标的依据,否则就失去了编制标底的意义。只有所依据的施工方法、施工管理水平、技术规范都比较先进,编制出的标底才切合实际。如果是国际招标,更应注意研究和调查国际上目前先进的施工方法、施工技术和设备能力。标底的另一个作用是衡量招标效果,如果中标的合同价低于标底,说明投标竞争的激烈程度较为理想。

(2)招标文件的要求

按照工程惯例和诚实信用原则,业主必须对招标文件的正确性、完备性负责,即如果招标文件中出现错误、矛盾、二义性,则由业主承担责任,这最终会导致索赔。所以,对招标文件的要求如下:

① 完备、正确,没有矛盾和二义性;

② 符合工程惯例,尽可能采用标准格式的文本;

③ 使承包商十分简单而又清楚地理解招标文件,明确自己的工程范围、技术要求和合同责任,方便且精确地作出实施方案、计划和报价,且能够正确地执行。尽可能详细地、如实地、具体地说明拟建工程、供应或服务的情况和合同条件,出具准确的、全面的规范、图纸、工程地质和水文资料。

(3)标底

标底通常由业主委托造价咨询单位编制,是业主对拟建工程的预期价格。

3. 发布招标通告或发出招标邀请

对公开招标项目一般在公共媒体上发布招标通告,介绍招标工程的基本情况、资金来源、工程范围、招投标工作的总体安排和资格预审工作安排。如果采用邀请招标方式,则要在相关领域中广泛调查,以确定拟邀请的对象。

4. 资格预审

(1)资格预审的内容

资格预审的内容应考虑到评标的标准,凡评标时考虑的因素,一般在资格预审时不予考虑。资格预审是对投标申请人整体资格的综合评定,因此应包括以下五个方面内容。

① 法人地位。审查其企业的资质等级、批准的营业范围、机构及组织等是否与招标项目相适应。若为联合体投标,对联合体各方均要审查。

② 商业信誉。主要审查企业在建设工程承包活动中已完成项目的情况、资信程度、严重违约行为、业主对施工质量状况的满意程度、施工荣誉等。

③ 财务能力。财务能力审查除了要关注投标人的注册资本、总资产,重点应放在近3年经过审计的报表中所反映出的实有资金、流动资产、总负债和流动负债,以及正在实施而尚未完成工程的总投资额、年均完成投资额等。此外,还要评价其可能获得银行贷款的能力,或要求其提供银行出具的

信贷证明文件。总之,财务能力审查着重看投标人可用于本项目的纯流动资金能否满足要求,或施工期间资金不足时的解决办法。

④ 技术能力。主要是评价投标人实施工程项目的潜在技术水平,包括人员能力和设备能力两方面。人员能力评价又可以进一步划分为管理人员和技术人员的能力评价两个方面。

⑤ 施工经验。不仅要看投标人最近几年已完成工程的数量、规模,更要审查与招标项目相类似的工程施工经验,因此在资格预审须知中往往规定有强制性合格标准。必须注意,施工经验的强制性标准应定得合理、分寸适当。由于资格预审是要选取一批有资格的投标人参与竞争,同时还要考虑被批准的投标人不一定都来投标这一因素,所以标准不应定得过高;但强制性标准也不能定得过低,尤其是对一些专业性较强的工程,标准定得过低,就有可能使缺乏专业施工能力或经验的承包人中标。

（2）资格预审的方法

对投标人的资格一般采取评分的方法进行综合评审。

① 首先淘汰报送资料不完整的投标申请人。因为资料不全,难以在机会均等的条件下进行评分。

② 根据招标项目的特点,将资格预审所要考虑的各种因素进行分类,并确定各项内容在评定中所占的比例,即确定权重系数。每一大项下还可进一步划分若干小项,对各资格预审申请人分别给予打分,进而得出综合评分。

③ 淘汰总分低于预定及格线的投标申请人。

④ 对及格线以上的投标人进行分项审查。为了能将施工任务交给可靠的承包人完成,不仅要看其综合能力评分,还要审查其各分项得分是否满足最低要求。

评审结果要报请业主批准,如为使用国际金融组织贷款的工程项目,还需报请该组织批准。经资格预审后,招标人应当向资格预审合格的投标申请人发出资格预审合格通知书,告知获取招标文件的时间、地点和方法,并同时向资格预审不合格的投标申请人告知资格预审结果。

5. 现场考察和标前会议

（1）组织现场考察

招标人负责组织各投标人在招标文件中规定的时间到施工现场进行考察。组织现场考察的目的,一方面是让投标人了解招标现场的自然条件、施工条件、周围环境和调查当地的市场价格等,以便于编制报价;另一方面是要求投标人通过自己的实地考察,以决定投标策略和确定投标原则,避免实施过程中承包人以不了解现场情况为理由,推卸应承担的合同责任。为此,招标人在组织现场考察过程中,除对现场情况进行简要介绍以外,不对投标人提出的有关问题做进一步的说明,以免干扰投标人的决策,这些问题一般都留待标前会议上去解答。

（2）标前会议

标前会议是指招标人在招标文件规定的日期(投标截止日期前),为解答投标人研究招标文件和现场考察中所提出的有关质疑问题而举行的会议,又称交底会。在正式会议上,除了向投标人介绍工程概况,还可对招标文件中的某些内容加以修改或补充说明,有针对性地解答投标人提出的各种问题。会议结束后,招标人应按其解答的内容以书面补充通知的形式发给每个投标人,作为招标文件的组成部分,与招标文件具有同等的效力。书面补充通知应在投标截止日期前一段时间发出,以便让投标人有时间作出反应。时间长短应视工程规模大小和复杂程度而定,若发出时间太短且对招标文件有重大改动而使投标人没有足够合理的时间编标报价时,投标截止日期应相应顺延。

标前会议上,招标人对每个单位的解答都必须慎重、认真,因为其所说的任何一句话都可能影响投标人的报价决策。为此,在召开标前会议之前,招标人应组织人员对投标人的书面质疑所提的全部问题归类研究,列出解答提纲,由业主代表进行解答。

在有些项目的招标过程中,业主对既不参加现场考察,又不参加标前会议的投标人,往往认为其对此次投标不够重视而取消其投标资格。如有此项要求,应在投标人须知中予以说明。

6. 开标

(1)开标程序

开标应当在招标文件确定的提交投标文件截止时间的同一时间公开进行,开标地点应当为招标文件中预先确定的地点。

开标由招标人主持或者招标代理人主持,邀请所有投标人参加,评标委员会委员和其他有关单位的代表也应当应邀出席开标。投标人或者他们的代表则不论是否被邀请,都有权参加开标。开标时,首先由投标人或者其推选的代表检查投标文件的密封情况,也可以由招标人委托的公证机构进行检查并公证。经确认无误后,由有关工作人员当众拆封,宣读投标人名称、投标价格和投标文件的其他主要内容,并由记录人在预先准备好的表册上逐一登记。登记表册由读标人、记录人和公证人签名后作为开标的正式记录,由招标人存档备查。在宣读各投标书时,对投标致函中的有关内容,如临时降价声明、替代方案、优惠条件,以及其他"可议"条件等均应予以宣读,因为这些内容都直接关系到招标人和投标单位的切身利益。

招标人在招标文件要求提交投标文件的截止时间前收到的所有效投标文件,开标时都应该当众予以拆封、宣读。

在开标时,投标文件出现下列情形之一的,应当作为无效投标文件,不得进入评标。

① 投标文件未按照招标文件的要求予以密封的;

② 投标文件中的投标函未加盖投标人的企业及企业法定代表人印章的,或者企业法定代表人委托代理人没有合法、有效的委托书(原件)及委托代理人印章的;

③ 投标文件的关键内容字迹模糊、无法辨认的;

④ 投标人未按照招标文件的要求提供投标保函或者投标保证金的;

⑤ 组成联合体投标的,投标文件未附联合体各方共同投标协议的。

(2)公布标底

开标时是否公布标底,要根据招标文件中说明的评标原则而定。对于单位工程量价格或单位平方米造价较为固定的中小型工程,经常采用评标价(而非投标报价)最接近标底者中标,同时,规定超过标底一定范围的投标均为废标,则开标时必须公布标底,以使每个投标人都知道自己标价所处的位置。但对于大型复杂的建设项目,标底仅为评标的一个尺度,一般以最优评标价者中标,此时没有必要公布标底。因为对于大型复杂的工程,采用先进技术、合理的施工组织和施工方法、科学的管理措施等,完全可以突破常规而达到优质价廉的目的。先进与落后反映在标价上会有很大出入,而且投标人所采用的施工组织和方法可能与编制标底时所依据的原则完全不同,因此不能完全以标底价格判别报价的优劣。

7. 评标

评标的目的是根据招标文件中确定的标准和方法,对每个投标人的标书进行评审,以选出最低评标价的中标人。《中华人民共和国招投标法》规定,评标委员会应由招标人代表和有关技术、经济等方面的专家组成,成员人数为5人以上单数,其中技术、经济等方面的专家不得少于成员总数的2/3。评标委员会的专家成员,应当由招标人从建设行政主管部门及其他有关政府部门确定的专家名册或者工程招标代理机构的专家库内相关专业的专家名单中确定。确定专家成员一般应当采取随机抽取的方式。与投标人有利害关系的人不得进入相关项目的评标委员会。评标委员会成员的名单在中标结果确定前应当保密。

评标委员会可以要求投标人对投标文件中含义不明确的内容作必要的澄清或者说明,但是澄清或者说明不得超出投标文件的范围或者改变投标文件的实质性内容。对招标文件的相关内容作出澄清和说明,其目的是有利于评标委员会对投标文件的审查、评审和比较。

评标委员会应当按照招标文件确定的评标步骤和方法,对投标文件进行评审和比较;设有标底的,应当参考标底。评标委员会完成评标后,应当向招标人提出书面评标报告,并推荐合格的中标候选人。招标人根据评标委员会提出的书面评标报告和推荐的中标候选人确定中标人;招标人也可以授权评标委员会直接确定中标人。评标只对有效投标进行评审。

评标工作可分为初评和详评两个阶段。

(1)初评

初评也称审标,是为了从所有标书内筛选出符合最低要求标准的合格标书,淘汰不合格的标书,以免在详评阶段浪费时间和精力。评审合格标书的主要条件如下。

① 投标文件的有效性。

审查投标单位是否通过资格预审;递交的投标保函在金额和有效期方面是否符合招标文件的规定;以标底衡量有效标时,投标报价是否在规定的标底上下百分比幅度范围内。

② 投标文件的完整性。

投标文件是否包括了招标文件中规定应递交的全部文件,如果缺少一项内容,则无法进行客观、公正的评价,只能按无效标处理。

③ 投标文件与招标文件的一致性。

如果招标文件指明是"响应标",则投标书必须严格地按招标文件的每一空白栏作出回答,不得有任何修改或附带条件。如果投标人对任何栏目的规定有说明要求,只能在完全应答原标书的基础上,以投标致函的方式另行提出自己的建议。对原标书私自作出任何修改或用括号注明条件,都与业主的招标要求不相一致,也按无效标对待。

④ 报价计算的正确性。

由于只是初评,不过细地研究各项目报价金额是否合理、准确,仅审核是否有计算统计错误。若出现的错误在允许范围之内,由评标委员会予以改正,并请投标人签字确认。若其拒绝改正,按无效标处理。当错误值超过允许范围时,按无效标对待。

经过初评,对合格的标书再按报价由低到高的顺序重新排列名次。由于排除了一些无效标和对报价错误进行了某些修正,此时的排列顺序可能和开标时的排列顺序不一致。在一般情况下,评标委员会将新名单中的前几名作为初步备选的潜在中标人,在详评阶段作为重点评审对象。

(2)详评

评标不只是考虑投标价的组成,还要对技术条件、财务能力等进行全面评审和综合分析,最后选出中标单位。详评的内容包括以下四个方面。

① 技术评审。

主要是对投标人的实施方案进行评定,包括其施工方法和技术措施是否可靠、合理、科学和先进,能否保证施工的顺利进行,确保施工质量和安全;是否充分考虑了气候、水文、地质等各种因素的影响,并对施工中可能遇到的问题进行了充分的估计,设计了妥善的预处理方案;施工进度计划是否科学、可行;材料、设备、劳动力的供应是否有保障;施工场地平面图设计是否科学、合理等。

② 价格分析。

不仅要对各标书进行报价数额的比较,还要对主要工作内容及主要工程量的单价进行分析,并对价格组成中各部分比例的合理性进行评价。分析投标价的目的在于鉴定各投标价的合理性,并找出报价高与低的主要原因。

③ 管理和技术能力评审。

主要审查承包人实施本项目的具体组织机构是否合适,所配备的管理人员的能力和数量是否满足施工需要;是否建立起满足项目管理需要的质量、工期、安全、成本等保证体系。

④ 商务法律评审。

即对投标书进行响应性检查,主要审查投标书与招标文件是否有重大偏离。当承包人采用多方案报价时,要充分审查招标文件中双方某些权利义务条款修改后其方案的可行性,以及可能产生的经济效益与随之而来的风险。

(3) 评标方法

评标的方法很多,方式有繁有简,究竟采用哪种方法要根据招标项目的复杂程度、专业特点等来决定。评标可以采用下列三种方法。

① 专家评议法。

由评标委员会根据预先确定拟评定的内容,如工程报价、工期计划、主要材料消耗、施工方案、工程质量和安全保证措施等项目,经过认真分析、横向比较和调查后进行综合评议。最终通过协商和投票,选择各项都较优良的投标人作为中标候选人推荐给业主。这种方法实际上是一种定性的优选法。它虽然能深入地听取各方面的意见,但容易发生众说纷纭、意见难以统一的情况。而且由于没有进行量化评定和比较,评标的科学性较差。其优点是评标过程简单,在较短时间内即可完成,一般仅适用于小型工程或规模较小的改扩建项目。

② 综合评分法。

评标委员会事先根据招标项目特点将准备评审的内容进行分类,各类内容再细分成小项,并确定各类及小项的评分标准。

③ 最低评标价法。

以评审价格(或称评标价)作为衡量标准,选取最低评标价者作为推荐中标人。评标价并非投标价,它是将一些因素折算为价格,然后再评定标书次序。由于很多因素不能折算为价格,如施工组织机构、管理体系、人员素质等,因此采用这种方法必须建立在严格的资格预审基础上。只要投标人通过了资格预审,就被认为已具备可靠承包人的条件,投标竞争只是一个价格的比较。投标人的报价,虽然是评标价的基本构成要素,但如果发现有明显漏项,可相应地补项而增加其报价值。如某项税费在报价单内漏项,可将合同期内按规定税率计算的应缴纳税费加入其报价内。尽管从理论上讲,承包人报价过低的后果由其自负,但承包人在实施过程中如果发生严重亏损,必然会将部分风险转移给业主,使业主实际支出的费用超过原合同价。

评标价的其他构成要素还包括工期的提前量、标书中的优惠条件、技术建议产生的经济效益等,这些条件都折算成价格作为评标价内的扣减因素,如标书中工期提前较多,可以月为单位将业主所得收益按一定比例折合为优惠价格计入评标价内。技术建议的实际经济效益也按一定的比例折算。以工程报价为基础,对可以折合成价格的因素经换算后加以增减,就组成了该标书的评标价。

但应注意,评标价仅是评标过程中以货币为单位的评定比较方法,而不是与中标人签订合同的价格。业主接受了最低评标价的投标人后,合同价格仍为该投标人的报价值。采用经评审的最低评定标价法的,应当在投标文件能够满足招标文件实质性要求的投标人中,评审出投标价格最低的投标人,但投标价格低手其企业成本的除外。评标委员会根据对各投标文件的评审和比较,并按照招标文件中规定的评标方法,推荐不超过 3 名有排序的合格的中标候选人。招标人根据评标委员会提出的书面评标报告和推荐的中标候选人确定中标人。

8. 决标前谈判

招标人在确定中标人前不得与投标人就投标价格、投标方案等实质性内容进行谈判。但为了最终确定中标人,可以分别与评标委员会所推荐的候选中标人,就投标书中提及而又未明确说明的某些内容进行商谈,以便定标。会谈内容可能涉及落实施工方案中的某些细节;评标报告中提到的质量保证体系需加以落实或完善的内容;招标人准备接受的投标书提出的合理化建议落实细节等。

9. 发出中标通知书

中标人选确定后,由招投标监管机构核准,获批后在招标文件中规定的投标有效期内,招标人以书面形式向中标人发出"中标通知书",同时将中标结构通知所有未中标的投标人。

10. 签约

中标人接到中标通知书后,应在 30 天内,按照招标文件签订书面工程承包合同。招标人和中标人不得再另行订立背离合同实质性内容的其他协议。同时,双方要按照招标文件的约定提交履约保证金或履约保函,招标人最迟应当在与中标人签订合同 5 日内,向中标人和未中标的投标人退还投标保证金及银行同期存款利息。如果中标人拒签合同,业主有权没收其投标保证金,再与其他人签订合同。

8.1.10　投标程序及报价技巧

1. 投标程序

投标与招标是工程承发包活动两个方面的工作,投标程序与招标程序是相互对应的,只是在程序中各有其工作内容。投标程序中的内容是从投标者角度考虑,下面对程序中的主要内容予以介绍。

(1)参加资格预审

投标人资格预审决定招标人能否通过,是投标工作的第一关。投标人应按资格预审文件的要求和内容认真填写各种表格,在规定有效期限内递送到规定的地点,请予审查。投标人申报资格预审时应作好以下工作。

① 做好以往完成的工程资料的积累工作。基础资料的积累不但是对以往工作的考察、总结,也是投标工作不失良机的基本保证。

② 在填写资格预审调查表前对调查表加以分析,针对招标工程的特点,着重填好重点部位,特别是要反映出本公司的施工经验、施工水平、施工组织能力、技术设备力量及业绩等,这些都是招标人考虑的重点。

③ 做好递交资格预审调查表后的跟踪工作。如果是国外工程可通过当地分公司或代理人了解情况,以便及时发现问题,补充招标人需要调查的资料。

(2)熟悉招标文件

招标文件是投标人投标报价的主要依据,研究招标文件重点放在投标者须知、专用条款、设计图纸、工程范围及工程量清单上。

① 通读招标文件。

其目的是"吃"透招标文件,搞清楚报价范围和承包者的责任,弄清各项技术要求,了解工程中使用哪些特殊的材料和设备,理出招标文件中含糊不清的问题,并及时提请招标人予以澄清。

② 关于合同条件。

投标人在通读招标文件的基础上,首先一定要明确合同条件采用的是什么合同文本;按支付方式不同,此合同是总价合同还是单价合同。其次要深入了解工期及工期奖惩,维修期限和维修期间的担保,各种保函的要求,税收与保险,付款的条件;是否有预付款,何时扣回;中期付款方法,保留金的比例及扣回的方法与时间;延期付款利息的支付等。

③ 关于材料、设备和施工技术要求。

投标人要了解工程项目采用何种技术标准和施工验收规范,特殊的施工要求,材料的技术要求,合同争议的解决方式等。

④ 关于工程范围。

a. 应当明确工程量表的编制方法和体系,工程量清单中是否列入工程的全部工作。

b. 对与承包工程有关联的项目有何报价要求,例如,对旧建筑物的拆迁,工程监理现场办公室及生活住处等怎样列入工程总价中。

c. 关于分包有何规定,承包商对分包商提供何种条件,承担什么责任。

d. 合同中有无调价条款。

(3) 校核工程量

多数工程招标由业主提供工程量清单,但也有的工程招标业主没有提供该清单,仅提供图纸,这就要求投标人按照自己的习惯列出工程细目并计算其工程量。业主提供的工程量清单,投标人应对此进行核对。如果是总价合同,按图纸校核工程量和细目是否有漏项就更为重要。如果是单价合同,工程量清单有漏项或发现数量计算错误,投标人不要在招标文件上修改,仍按招标文件要求填报自己的报价,一般的情况下在投标策略和技巧中考虑。

(4) 编制施工规划

投标人编制施工规划很重要。一方面,招标人根据投标人拟定的工程进度计划和施工方案,考察投标人是否采取了充分而又合理的措施,保证按期、按质完成工程施工任务。另一方面,工程进度计划安排是否合理,施工方案选择是否妥当,对工程成本有着直接的影响。

施工规划的深度和范围要比中标后所编制的施工组织设计粗略些。施工规划的内容,一般包括施工方案和施工方法的拟定,施工进度计划,施工机械、材料、设备和劳务计划,以及临时生产、生活设施的安排。

(5) 计算投标报价

投标报价计算工作内容一般包括定额分析、单价分析、工程成本计算、确定间接费率和利润率,最后确定报价。

(6) 编制投标文件

投标文件应完全按照招标文件的要求编制,一般不带任何附加条件,有附加条件的投标文件一般视为废标处理。投标文件的内容包括以下各项。

① 投标书。

② 投标保证书。

③ 报价表。报价表格形式依合同类型而定,单价合同一般将各项单价开列在工程量表(清单)上。有时业主要求报单价分析表,则需按招标文件规定,将主要的或全部的单价均附上单价分析表。

④ 施工组织设计或施工规划。各种施工方案(包括建议的新方案)及其施工进度计划表。

⑤ 施工组织机构图表及主要工程施工管理人员名单和简历。

⑥ 若将部分子项工程分包给其他承包人,则需将分包商的情况写入投标文件。

⑦ 其他必要的附件及资料。如投标保函、承包人营业执照、企业资质等级证书、承包人投标全权代表的委托书及其姓名和地址、能确认投标者财产及经济状况的银行或金融机构的名称和地址等。

2. 投标报价技巧

投标报价技巧是指在投标报价中采用某些手法既可使业主接受,中标后又能获更多的利润。

(1) 不平衡报价法

不平衡报价法,也称前重后轻法。它是指一个工程项目的投标报价在总价基本确定后,如何调整内部各个子项目的报价,以期既不影响总报价,又在中标后可以获得较好的经济效益。下列几种情况可考虑采用不平衡报价法。

① 能够早日完工的项目,如基础工程、土方工程等,可以报较高的单价,以利于及早收回工程款,加速资金周转;而后期工程项目,如机电设备安装、装饰等工程,可适当降低单价。

② 对于单价合同,经工程量核算,估计今后工程量会增加的项目,其单价可适当提高;而工程量可能减少的项目,其单价可适当低些。

③ 设计图纸内容不明确,估计修改后工程量要增加的项目,其单价可高些;而工程内容不明确的,其单价不宜提高。

④ 没有工程量只填报单价的项目,如疏浚工程中的淤泥开挖,其单价高些,并不影响到总价。

⑤ 暂定项目或选择项目,若经分析肯定要做,则单价不宜低;而不一定做,则单价不宜高。

不平衡报价法的应用一定要建立在对工程量表中工程量仔细核对分析的基础上。同时提高或降低单价也应有个范围,一般可在 10% 左右,以免引起业主反感,甚至导致废标。

(2) 多方案报价法

对于某些招标文件,若要求过于苛刻,则可采用多方案报价法应对,即按原招标文件报一个价,然后再提出若对某些条件做部分修改,可降低报价,报另一个较低的价,以此来吸引业主。

投标者有时在研究招标文件时发现,原招标文件的设计和施工方案不尽合理,则投标者可提出更合理的方案吸引业主,同时提出一个和该方案相适应的报价,以供业主比较。当然一般这种新的设计和施工方案的总报价要比原方案的报价低。

应用多方案报价法时要注意的是,对原招标方案一定要报价,否则是废标。

(3) 突然降价法

报价是一项保密的工作,但由于竞争激烈,其对手往通过各种渠道或手段来刺探情况,因此在报价时可采用一些迷惑对方的手法。如制造不打算参加投标,或准备报高价,表现出无利可图不想干等表象,并有意泄露一些情报,而到投标截止前几小时,突然前去投标,并压低报价,使对手措手不及。

采用突然降价法时,一定要考虑好降价的幅度,在临近投标截止日期前,根据情报分析判断,作出正确决策。

(4) 优惠条件法

当招标文件中明确评标方法可考虑某些优惠条件时在投标中能给业主一些优惠条件,如贷款、垫资、提供材料、设备等,解决业主的某些问题,是投标取胜的重要因素。

(5) 先亏后盈法

有的承包人为了占领某一地区的建筑市场,对一些大型工程中的第一期工程,不计利润,只求中标,这样在后续工程或第二期工程招标时,凭借经验、临时设施及创立的信誉等因素,比较容易拿到工程,并争取获利。

8.1.11　工程项目备案与登记

按照国家有关规定,招标项目需要履行审批、核准手续。依法必须进行招标的项目,其招标范围、招标方式、招标组织形式应当报项目审批、核准部门申报核准。项目审批、核准部门应当及时将审批、核准确定的招标范围、招标方式、招标组织形式同步有关行政监督部门。招标的工程建设项目必须到当地招投标监管机构登记备案核准。

8.2　工程项目的合同管理

工程项目建设具有涉及面广、投资大、参与者多、周期长、不可逆等特点,涉及的合同种类繁多。为了实现项目的目标,项目各参与者之间需要订立许多合同,这些合同彼此互相联系,构成工程合同体系。通常业主按照工程项目实施的不同阶段和具体工作内容不同,可以订立咨询合同(可行性研究合同)、监理合同、勘察合同、设计合同、施工合同、设备订购合同和材料供应合同等。业主可以将上述合同分专业、分阶段委托,也可以将上述合同以各种形式合并委托。因此,在实际工作中,每个项目不同,业主的管理方法不同,合同也会有很大差异。

8.2.1　建设工程合同的概念、作用、种类、特征及标准化的合同示范文本

1. 建设工程合同的概念

建设工程合同是指在工程建设过程中,发包人与承包人依法订立的,明确双方权利义务关系的协议。建设工程合同包括工程勘察合同、设计合同、施工合同。

2. 合同在工程项目中的作用

(1) 分配任务

合同分配着工程任务,项目目标和计划的落实是通过合同来实现的。它详细、具体地定义工程任务相关的各种问题。例如:

① 责任人,即由谁来完成任务并对最终成果负责;

② 工程任务的规模、范围、质量、工作量及各种功能要求;

③ 工期,即时间的要求;

④ 价格,包括工程总价格,各分项工程的单价和总价及付款方式等;

⑤ 违约责任等。

(2) 确定组织关系

合同确定了项目的组织关系,它规定着项目参加者各方面的经济责权利关系和工作的分配情况,确定工程项目的各种管理职能和程序,所以它直接影响着项目组织和管理系统的形态和运作。

(3) 法律约束

合同作为工程项目任务委托和承接的法律依据,是工程建设过程中双方的最高行为准则。工程过程中的一切活动都是为了履行合同,都必须按合同办事,双方的行为主要靠合同来约束,因此合同是工程管理的核心。

(4) 协调关系

合同将工程所涉及的生产、材料和设备供应、运输、各专业设计和施工的分工协作关系联系起来,

协调并统一工程各参加者的行为。所以,合同和它的法律约束力是工程施工和管理的要求和保证,同时又是强有力的项目控制手段。

(5) 解决争议

合同是工程过程中双方解决争议的依据。合同对争议的解决有两个决定性作用:

① 争议的判定以合同作为法律依据,即以合同条款判定争议的性质、责任等;

② 争议的解决方法和解决程序由合同规定。

3. 建设工程合同的种类

(1) 按照承包范围划分

按照承包范围,建设工程合同可以分为建设工程总承包合同、建设工程承包合同、分包合同。建设工程总承包合同是指发包人将工程建设的全过程发包给一个承包人的合同;建设工程承包合同是指发包人将建设工程的勘察、设计、施工等每一项工作分别发包给一个承包人的合同;分包合同是指经过发包人认可和合同约定,从承包人承包的工程中承包部分工程而订立的合同。

《中华人民共和国民法典》第七百九十一条规定,发包人可以与总承包人订立建设工程合同,也可以分别与勘察人、设计人、施工人订立勘察、设计、施工承包合同。发包人不得将应当由一个承包人完成的建设工程肢解成若干部分发包给数个承包人。一个建设项目的承包人可能是一个总承包人负责工程勘察、设计、施工任务,也可能是几个承包人分别负责工程勘察、设计施工任务。也就是说,勘察、设计、施工单位可与建设单位分别签订合同。

(2) 按照承包内容划分

按照承包内容,建设工程合同可以分为勘察合同、设计合同和施工合同。

4. 建设工程合同的特征

建设工程合同具有承揽合同的一般特征,如诺成合同、双务合同、有偿合同,但是又具有其特殊性。

(1) 建设工程合同的主体只能是法人

建设工程合同中的发包人只能是经过批准的建设工程法人,承包人也只能是具有相应勘察、设计、施工资质的法人。

(2) 建设工程合同的标的仅限于建设工程

建设工程是指比较复杂的土木建筑工程,其工作要求比较高,价值较大。一些小型的、结构简单、价值较小的工程,并不作为建设工程,不适用建设工程合同的有关规定。建设工程合同的这一特征正是基于其标的的特殊性——投资大、周期长、固定性、不可逆性等形成的。

(3) 国家管理的特殊性

国家对建设工程不仅进行建设规划,而且实行严格的管理和监督。从建设工程合同的订立到合同的履行都要受到国家机关严格的管理和监督。

(4) 建设工程合同具有次序性

由于建设项目生命周期涉及多个阶段,而且各阶段之间的工作有一定的连续性,这就要求建设工程的建设必须符合建设程序的要求,因此建设工程合同也就具有次序性的特点。

(5) 建设工程合同是要式合同

建设工程合同应当采用书面形式,这是国家对建设工程进行监督和管理的需要。现实中,也有一些合同虽未采用书面形式订立,但是当事人已经开始履行的情况。在一方已经履行主要义务,对方也已接受的情况下,合同仍然成立。

5. 标准化的合同示范文本

在工程建设实施过程中,各参与方之间要签订不同的建设工程合同和相关合同。为了规范建设工程施工活动,建设行政管理部门先后制定了各种标准化的合同示范文本,简化了合同条款协商和谈判缔约的工作,如《建设工程勘察合同(示范文本)》(GF-2016-0203)、《建设工程设计合同示范文本(房屋建筑工程)》(GF-2015-0209)、《建设工程设计合同示范文本(专业建设工程)》(GF-2015-0210)、《建设工程监理合同(示范文本)》(GF-2012-0202)、《建设工程施工合同(示范文本)》(GF-2017-0201)、《建设工程施工专业分包合同(示范文本)》(GF-2003-0213)、《建设工程施工劳务分包合同(示范文本)》(GF-2003-0214)、《建设项目工程总承包合同(示范文本)》(GF-2020-0216)等。

8.2.2 合同分析方法

合同分析是帮助承包商的各职能人员和各施工队伍熟练掌握合同,用合同指导工程实施。合同分析,与招标文件分析和合同审查的内容和侧重点略有不同。合同分析是解决"如何做"的问题,是从执行的角度解释合同。它是将合同目标和合同规定落实到合同实的具体问题上和具体事件上,用以指导具体工作,使合同能符合日常施工项目管理的需要,使工程按合同施工。合同分析应作为施工项目管理的起点。

合同分析时应注意遵守:合同分析的结果应符合准确性、客观性与简易性、合同双方理解的一致性、合同分析的全面性几个方面的原则。

合同分析的内容包括:合同总体分析、合同详细分析、特殊问题的合同分析和解释。

1. 合同总体分析

1) 基本概念

合同总体分析的主要对象是合同协议书和合同条件等。通过合同总体分析,将合同条款和合同规定落实到全局性的具体问题上。

(1) 合同签订前实施后的总体分析

分析的重点包括:承包商的主要合同责任、工程范围,业主(包括工程师)的主要责任和权利,合同价格、计价方法和价格补偿条件,工期要求和顺延条件,工程受干扰的法律后果,合同双方的违约责任,合同变更方式、程序和工程验收方法等,争议的解决等。在分析中应对合同中的风险、执行中应注意的问题作出特别的说明和提示。

应以最简单的形式和最简洁的语言将合同总体分析的结果表达出来,对项目经理、各职能人员进行交底。

(2) 重大争议处理过程中的总体分析

当合同实施中出现重大争议时,首先应作合同总体分析。分析的重点是合同文本中与索赔有关的条款。这对整个索赔工作有很大作用:为索赔(反索赔)提供理由和根据;作为索赔事件责任分析的依据;提供索赔值计算方式和计算基础的规定。合同总体分析的结果可直接作为索赔报告的一部分。

2) 合同总体分析的内容

① 合同的法律基础。

② 合同类型。不同类型的合同,其性质、特点、履行方式不一样,双方的责权利关系和风险分配不一样。这直接影响合同双方责任和权利的划分,影响工程施工中的合同管理和索赔(反索赔)。

③ 合同文件和合同语言。

④ 承包商的主要任务。分析内容通常有:承包商的总任务,即合同标的;工作范围;关于工程变

更的规定,包括工程变更程序、工程变更的补偿范围、工程变更的索赔有效期。

⑤ 发包人责任。

⑥ 合同价格。应重点分析:合同所采用的计价方法及合同价格所包括的范围;工程量量方程序,工程款结算(包括进度付款、竣工结算、最终结算)方法和程序、合同价格的调整,即费用索赔的条件、价格调整方法,计价依据,索赔有效期规定;拖欠工程款的合同责任。

⑦ 施工工期。重点分析合同规定的开工、竣工日期,主要工程活动的工期,工期的影响因素,获得工期补偿的条件和可能等,列出可能进行工期索赔的所有条款。

⑧ 违约责任。通常分析以下内容:承包商不能按合同规定工期完成工程的违约金或承担业主损失的条款;由于管理上的疏忽造成对方人员和财产损失的赔偿条款;由于预定或故意行为造成对方损失的处罚和赔偿条款等,由于承包商不履行或不能正确地履行合同责任,或出现严重违约时的处理规定;由于业主不履行或不能正确地履行合同责任,或现严重违约时的处理规定,特别是对业主不及时支付工程款的处理规定。

⑨ 验收、移交和保修。应对重要的验收要求、时间、程序以及验收所带来的法律后果作说明;重点分析工程移交的程序;在工程使用中出现问题的责任的划分。

⑩ 索赔程序和争议的解决。主要分析:索赔的程序;争议的解决方式和程序;仲裁条款,包括仲裁所依据的法律、仲裁地点、方式和程序、仲裁结果的约束力等。

2. 合同详细分析

合同详细分析就是为了使工程有计划、有秩序地按合同实施,将承包合同目标、要求和合同双方的责权利关系分解落实到具体的工程活动。对一个确定的工程合同,承包商的工程范围、合同责任是一定的,则相关的合同事件和工程活动也应是一定的。通常在一个工程中,这样的事件可能有几百,甚至几千件。在工程中,合同事件之间存在一定的技术上、时间上和空间上的逻辑关系,形成网络,所以又被称为合同事件网络。

合同详细分析的对象是合同协议书、合同条件、规范、图纸和工作量表,它主要通过合同事件表、网络图、横道图等定义各工程活动。合同详细分析最重要的结果是合同事件表。合同事件表与工作包说明表类似,表中包括编码、事件名称和简要说明、变更次数和最近一次的变更日期、事件的内容说明、前提条件、本事件的主要活动、责任人、计划成本和实际成本、计划和实际的工期、其他参加人等项目。合同事件表从各个方面定义了合同事件,对项目的目标分解,任务的委托(分包),合同交底,落实责任,安排工作,进行合同监督、跟踪、分析,处理索赔(反索赔)起着非常重要的作用。

合同详细分析是承包商的合同执行计划,它包含了工程施工前的整个计划工作,如:

① 工程项目的结构分解,即工程活动的分解和工程活动逻辑关系的安排;

② 技术会审工作;

③ 工程实施方案,总体计划和施工组织计划;

④ 工程的成本计划。

合同详细分析不仅针对承包合同,而且包括与承包合同同级的各个合同的协调,以及各个分合同的工作安排和各分合同之间的协调。所以合同详细分析是整个项目组的工作,应由合同管理人员、工程技术人员、计划师、预算人员共同完成。

3. 特殊问题的合同分析和解释

(1) 合同中出现错误、矛盾、二义性的解释

当合同文件及合同条款中出现错误或不同理解上的偏差时,一般采用以下合同分析和解释过程。

① 字面解释为准。

如果某些条款或词语含义不清晰时,其解释又有如下规定:

a. 如果合同文件具有多种语言的文本,不同语言的翻译文本之间可能出现不一致的解释,则以合同条款所定义的"主导语言"的文本解释为准;

b. 应顾及某些合同用语或工程用语在本行业中的专门含义和习惯用语。

② 通常认为,在投标过程中,以及在具体的工程施工前,承包商有责任对合同中自己不理解的或明显的意义含糊,或矛盾,或错误之处向业主提出征询意见。因为承包商负有正确理解招标文件的责任。如果业主未积极地答复,则承包商可以按照有利于自己的解释理解合同。而如果承包商对合同问题未作询问,则应承担责任,即以业主解释为准。

③ 顾及合同签订前后双方的书面文字及行为。虽然对合同的不同解释常常是在施工过程中才暴露出来的,但问题在合同签订前已经存在。对此有如下几种处理方式。

a. 如果在合同签订前双方对此有过解释或说明,例如承包商分析招标文件后,在标前会议上提出了疑问,业主作了书面解释,则这个解释是有效的。

b. 尽管合同中存在含糊之处,但当事人双方在合同实施中已有共同意向的行为,则应按共同的意向解释合同,即事实决定对合同的解释。

c. 推定变更。当事人一方对另一方的行为和提议在规定的时间内未提出异议或表示赞同时,对合同的修改或放弃权益的事实已经成立。所以对对方行为的沉默常常被认为是同意,是双方一致的意向,则形成对合同新的解释。

④ 整体地解释合同。即将合同作为一个有机的整体,而不能只抓住某一条、某一个文件,断章取义。

⑤ 二义性的解决。如果经过上面的分析仍没得到一个统一的解释,则可采用如下原则。

a. 优先次序原则。当矛盾和含糊出现在不同文件之间时,则可适用优先次序原则。

b. 对起草者不利的原则。按照责权利平衡的原则,合同起草者应承担相应的责任。如果合同中出现二义性,即一个表达有两种不同的解释,可以认为二义性是起草者的失误,或是有意设置的陷阱,则结果以不利的解释为准。

(2) 合同中没有明确规定的处理

在合同实施过程中经常会出现的一些合同中未明确规定的特殊细节问题,它们会影响工程施工、双方合同责任界限的划分。由于在合同中没有明确规定,所以很容易引发争议。对它们的分析通常仍在合同范围内进行,通过合同意义的拓展,整体地理解合同,再做推理以得到问题的解答。其分析的依据通常有如下三个。

① 按照工程惯例解释。

② 按照公平原则和诚实信用原则解释合同。

例如当规范和图纸规定不清楚,双方对本工程的材料和工艺质量发生争议时,则承包商应采用与工程的目的和标准相符合的良好的材料和工艺。

③ 按照合同的目的解释合同。对合同中出现矛盾、错误,或双方对合同的解释不一致,不能导致违背,或放弃,或损害合同目标的解决结果。这是合同解释的一个重要原则。

由于实际工程非常复杂,这类问题面广量大,稍有不慎就会导致经济损失。特殊问题的合同分析一般采用书面问答的形式进行。

8.2.3　建立合同实施管理体系

现代工程的特点使得施工中的合同管理极为困难和复杂,日常的事务性工作极多。为了使工作有秩序、有计划地进行,必须建立工程承包合同实施管理体系。

1. 进行"合同交底",落实合同责任,实行目标管理

① "合同交底",就是组织大家学习合同和总体分析结果,对合同的主要内容作出解释和说明,使大家熟悉合同中的主要内容、各种规定、管理程序,了解承包商的合同责任和工程范围,各种行为的法律后果等,使大家都树立全局观念,工作协调一致,避免在合同执行过程中出现违约行为。

合同交底又是一个向项目经理部介绍合同签订步骤和其中各种情况的过程,是合同签订的资料和信息的移交过程。合同交底还是对人员的培训过程和沟通过程。

通过合同交底,项目经理部对本工程的项目管理规则、运行机制有清楚的了解,同时加强项目经理部与企业的各个部门的联系,加强承包商与分包商,与业主、设计单位、咨询单位(项目管理公司和监理单位)、供应商的联系。

② 将各种合同事件的责任分解落实到各工程小组或分包商,使他们对合同事件表(任务单,分包合同)、施工图纸、设备安装图纸、详细的施工说明等,有十分详细的了解。对工程实施技术和法律问题进行解释和说明,如工程的质量、技术要求和实施中的注意点、工期要求、消耗标准、相关事件之间的搭接关系、各工程小组(分包商)责任界限的划分、完不成责任的影响和法律后果等。

③ 在合同实施前与其他相关的各方面,如业主、监理工程师、供应商、分包商沟通,召开内部协调会议,落实各种安排。

2. 建立合同管理工作程序

在工程实施过程中,合同管理的日常事务性工作很多。为了协调好各方面的工作,使合同管理工作程序化、规范化,应订立如下几个方面的工作程序。

① 定期和不定期的协商会议制度。在工程建设过程中,业主、工程师和其他承商与各分包商,以及施工项目管理职能人员和各工程小组负责人之间都应定期举行协商会议,以解决合同实施进度和各种计划落实、工作协调、后期工作安排中目前已经发生的和以后可能发生的各种问题等。

承包商与业主,总包和分包之间会谈中的重大议题和决议,应用会谈纪要的形式确定下来。各方签署的会谈纪要,作为有约束力的合同变更,是合同的一部分。合同管理人员负责会议资料的准备、提出会议的议题、起草各种文件、提出对问题解决的意见或建议、组织会议、会后起草会谈纪要、对会谈纪要进行合同方面的检查。

对工程中出现的特殊问题可不定期地召开特别会议讨论解决方法。

② 建立合同实施工作程序。对于一些经常性工作应订立工作程序,使大家有章可循,合同管理人员也不必进行经常性的解释和指导,如图纸批准程序,工程变更程序,承(分)包商的索赔程序,承(分)包商的账单审查程序,材料、设备、隐蔽工程、已完工程的检查验收程序,工程进度付款账单的审查批准程序,工程问题的请示报告程序等。

3. 建立文档系统

(1) 建立合同文档系统的重要性

在合同实施过程中,业主、承包商、工程师、业主的其他承包商之间有大量的信息交往,承包商的项目经理部内部的各个职能部门(或人员)之间也有大量的信息交往。这些信息都是重要的合同文件。

承包商如果忽视合同文档工作,将会妨碍索赔和争议的有利解决。最常见的问题有:额外工作未得到书面确认,变更指令不符合规定,错误地计量,现场记录、会谈纪要未及时整理,重要的资料未能保存,业主违约未能用文字或信函确认等。

(2) 注重工程原始资料的收集与整理

工程的原始资料在合同实施过程中产生,它必须由各职能人员、工程小组负责人、分包商提供。因而在实际工程中应保证这些资料的建立和收集便于分析和查询。

① 各种数据、资料的标准化,如各种文件、报表、单据等应有规定的格式和规定的数据结构要求。

② 将原始资料收集整理的责任落实到人,资料的收集工作必须落实到工程现场,必须对工程小组负责人和分包商提出具体的要求。

③ 对各种资料的提供时间应有明确要求。

④ 对资料记载及分析准确性应有明确要求。

⑤ 建立工程资料的文档系统等。

4. 施工过程中严格的检查验收制度

合同管理人员应主动地抓好工程和工作质量工作,协助做好全面质量管理工作,建立一整套质量检查和验收制度。例如:每道工序结束应有严格的检查和验收,工序之间、工程小组之间应有交接制度,材料进场和使用应有一定的检验措施,隐蔽工程的检查制度等,防止由于承包商自己的工程质量问题被工程师检查验收不合格,试生产失败而承担违约责任。

5. 建立报告和行文制度

施工项目部和业主、监理工程师、分包商之间的沟通都应以书面形式进行,或以书面形式作为最终依据。报告和行文制度包括如下几方面内容。

① 定期的工程实施情况报告,如日报、周报、旬报、月报等。应规定报告内容、格式、报告方式、时间以及负责人。

② 工程中发生的特殊情况及其处理的书面文件,如特殊的气候条件,工程环境的变化等,应有书面记录,并由监理工程师签署。工程中合同双方的任何协商、意见、请示、指示等都应落实在纸上,应养成书面文字交往的习惯。针对工程中出现的问题,承包商应经常向工程师请示、汇报。

③ 工程中所有涉及双方的工程活动,如材料、设备、各种工程的检查验收,场地、图纸的交接,各种文件(如会议纪要、索赔和反索赔报告、账单)的交接,都应有相应的手续,应有签收证据。

8.2.4 合同变更管理

1. 基本概念

合同变更实质上是对合同的修改,是双方新的要约和承诺。这种修改通常不能免除或改变承包商的合同责任,但对合同实施影响很大,造成原"合同状态"的变化,如工程范围、工程量、工程质量、合同价格、合同工期等方面出现变化,必须对原合同规定的内容作相应的调整。合同变更产生的原因主要有:工程环境的变化、业主产生新的要求、因设计的错误而对设计图纸所作的修改、采用更合理的施工方案、业主要求合同条款的变化等。

2. 合同变更责任分析

(1) 合同变更责任分析的基本逻辑关系

① 环境变化有可能导致业主要求、设计、实施组织和方法、项目范围和实施过程的变化。

② 业主要求的变更可能会导致设计、合同条款、实施组织和方法、项目范围和实施过程的变更。

③ 设计和合同条款的变化会直接导致实施组织和方法、项目范围和实施过程的变更

④ 工程实施组织和方法的变更会导致项目范围和实施过程的变更。

以上变更最终都会导致成本和工期的变更。在一般情况下,反向引起的可能性不大。

（2）合同变更责任分析

在合同变更中,最频繁和数量最大的是工程变更（包括设计变更、实施组织和方法变更、项目范围和实施过程变更等）。工程变更的责任分析是工程变更起因与工程变更问题处理,即确定赔偿问题的桥梁。

① 设计变更的责任分析。

a. 由于业主要求、政府城建环保部门的要求、环境变化（如地质条件变化）、不可抗力、原设计错误等导致设计的修改,必须由业主承担责任。

b. 由于承包商施工过程、施工方案出现错误、疏忽而导致设计的修改,必须由承包商负责。

c. 合同规定由承包商承担的永久工程设计,没有得到工程师的批准,需进行重新修改。这种修改不属于工程变更。

② 施工方案的变更责任。

a. 当招标文件中业主对施工方法做了详细的规定时,承包商必须按照业主要求的施工方法投标。如果承包商的施工方法与规范不同,工程师指令要求承包商按照规范进行修改不属于工程变更。

b. 如果招标文件没有规定施工方法,承包商在投标时以及在进场之前提出施工方案供审查。一旦确定后,施工方案对双方具有约束力。承包商通常应对所有现场作业和施工方法的完备、安全、稳定负全部责任。在工程实施过程中,由于承包商自身（如失误或风险）修改施工方案所造成的损失由承包商负责;在投标书中的施工方法被证明不可行的,承包商改变施工方法不能构成工程变更;承包商为保证工程质量,保证实施方案的安全和稳定所增加的工程量,如扩大工程边界,不属于工程变更。

c. 施工合同赋予承包商对决定和修改施工方案具有相应的权利,业主不能随便干预承包商的施工方案;为了更好地完成合同目标（如缩短工期）,或在不影响合同目标的前提下,承包商有权采用更为科学和经济合理的施工方案,即承包商可以进行中间调整,不属于违约。尽管合同规定必须经过工程师的批准,但工程师（业主）也不得随便干预。当然承包商承担重新选择施工方案的风险和机会收益。

d. 工程师指示承包商应该完成合同内的工作不属于工程变更。

承包商工程出现问题,或承包商违约,工程师为保证工程质量和避免延误,在合同范围内督促其完成工程责任发出的指令。例如由于承包商责任导致工期延误,工程师下达加速施工的指令,不属于变更指令。

如果工程师的指示是为了帮助承包商摆脱困境、更好地履行合同,则承包商因此所进行的工作属于其合同责任或风险范围,不属于变更。

当工程师有证据证明承包商的施工方案不能保证按时完成他的合同责任,工程实施不安全,造成环境污染或损害健康,工程没有达到合同要求（如质量不合格,工期拖延）,则工程师有权指令承包商变更施工方案。工程师发出的纠正指令都不能构成工程变更。

e. 工程师的指令如果越权干预承包商的施工过程,将导致工程变更。

f. 不利的异常地质条件所引起的施工方案的变更,一般作为业主的责任。

g. 如果业主不能按照新进度计划完成按合同应由业主完成的责任,如及时提供图纸、施工场地、水电等,由此引起的施工进度的改变属于变更。

【案例】 某重点工程项目招投标

某重点工程项目计划于 2020 年 12 月 28 日开工,由于工程复杂、技术难度高,一般施工队伍难以胜任,业主自行决定采取邀请招标方式,于 2020 年 9 月 8 日向通过资格预审的 A、B、C、D、E 五家施工承包企业发出了投标邀请书。该五家企业均已接受邀请,并于规定时间 9 月 20 日至 22 日购买了招标文件。

招标文件中规定,10 月 18 日下午 4 时是招标文件规定的投标截止时间,11 月 10 日发出中标通知书。在投标截止时间之前,A、B、D、E 四家企业提交了投标文件,但 C 企业于 10 月 18 日下午 5 时送达,原因是中途堵车;10 月 21 日下午由当地招投标监督管理办公室主持进行了公开开标。评标委员会由 7 人组成,其中当地招投标监督管理办公室 1 人,公证处 1 人,招标人 1 人,技术经济方面专家 4 人。评标时发现 E 企业投标文件虽无法定代表人签字和委托人授权书,但投标文件均已有项目经理签字并加盖了公章。评标委员会于 10 月 28 日提出了评标报告。B、A 企业分别综合得分第一、第二名。由于 B 企业投标报价高于 A 企业,11 月 10 日招标人向 A 企业发出了中标通知书,并于 12 月 12 日签订了书面合同。

(1) 企业自行决定采取邀请招标方式的做法是否妥当? 说明理由。

(2) C 企业和 E 企业投标文件是否有效? 说明理由。

(3) 请指出开标工作的不妥之处,说明理由。

(4) 请指出评标委员会成员组成的不妥之处,说明理由。

【思考与练习】

1. 在招投标活动中的所谓公平原则是指( )。

A. 对不同的投标者可采用不同的标准

B. 对本系统与本系统以外的法人或者其他组织应采用不同的标准

C. 对本地区与非本地法人或者其他组织应采用不同的标准

D. 要求招标人严格按照规定的条件和程序办事,同等地对待每一个投标竞争者

2. 下列关于招投标活动中公开原则的叙述中,( )是错误的。

A. 首先要求进行招标活动的信息公开

B. 开标的程序、评标的标准和程序、中标的结果等都应公开

C. 开标的程序、中标的结果都应公开,但评标的标准和程序不能公开

D. 招标公告必须通过国家指定的报刊、信息网络或者其他公共媒介发布

3. 抢险救灾紧急工程应采用( )方式选择实施单位。

A. 公开招标　　　B. 邀请招标　　　C. 议标　　　　　　D. 直接委托

4. 下列建设项目中,可以不招标的是( )。

A. 使用财政预算资金的体育项目中合同估算价为 80 万元的材料采购合同

B. 上市公司投资的商品房项目中合同估算价为 500 万元的材料采购合同

C. 个人捐资的教育项目中合同估算价为 80 万元的监理合同

D. 外商投资的供水项目中合同估算价为 1000 万元的施工合同

5. 下来关于开标程序的说法正确的是( )。

A. 开标应当在招标文件确定的提交投标文件截止时间的同一时间公开进行

B. 开标由政府主管部门主持

C. 开标时由投标人或者其推选的代表检查投标文件的密封情况,也可由招标人委托的公正机构检查并公证

D. 开标时招标人可以有选择地宣读投标文件

E. 开标过程应当记录,并存档备查

6. 某工程施工联合体参加资格预审并获通过后,投标文件中其组成成员发生变化,虽未经招标人同意,但新联合体仍然符合资格预审条件要求,则招标人(　　　)。

A. 征得其他所有投标人同意后可以认定投标文件有效

B. 可以认定投标文件有效

C. 征得评标委员会同意后可以认定投标文件有效

D. 应当认定投标文件无效

7. 简述工程建设招标的几种形式。

8. 简述一般招标文件所包含的内容。

9. 开标时,哪些投标文件应当作为无效投标文件,不得进入评标?

10. 简述工程项目合同的种类及其特点。

11. 某投资公司建设一幢办公楼,采用公开招标方式选择施工单位,投标保证金有效期时间同投标有效期。提交投标文件截止时间为 2019 年 5 月 30 日。该公司于 2019 年 3 月 6 日发出招标公告,后有 A、B、C、D、E 5 家建筑施工单位参加了投标,E 单位由于工作人员疏忽于 6 月 2 日提交投标保证金。开标会于 6 月 3 日由该省建委主持,D 单位在开标前向投资公司要求撤回投标文件。经过综合评选,最终确定 B 单位中标,双方按规定签订了施工承包合同。

(1) E 单位的投标问题按照要求应如何处理? 为什么?

(2) 对 D 单位撤回投标文件的要求应当如何处理? 为什么?

第9章 工程项目信息管理

党的二十大报告指出,加快发展数字经济,促进数字经济和实体经济深度融合。加快数字中国建设,就是要适应我国发展新的历史方位,全面贯彻新发展理念,以信息化培育新动能,用新动能推动新发展,提升数字应用水平,释放高质量发展活力。信息和通信技术迅速改变了工程项目管理的方法和手段,提高了工程项目管理的效率,也提升了工程项目管理的水平,对工程项目管理产生了巨大影响。工程项目管理信息化目前正在朝着普及化、网络化、集成化等方向发展。

本章的重点在于理解和掌握工程项目管理信息化的内涵和作用,了解工程项目管理信息化的应用状况和应用特点,掌握智慧建造的相关内容,熟悉装配化建造下的管理创新。本章内容有助于学生了解建筑行业先进的技术和管理理念、方式,培育对行业的认同感、归属感以及对行业未来发展的信心;培育工匠精神的价值观,树立家国情怀和民族自豪感。

9.1 工程项目信息管理的目的和任务

9.1.1 项目信息管理的目的

工程项目的决策和实施过程,不但是物质生产过程,而且是信息的生产、处理、传递及应用过程。从信息管理的角度可把纷繁复杂的工程项目建设过程归纳为两个主要过程:一是信息过程;二是物质过程。项目策划阶段、设计阶段、招投标阶段等的主要任务之一就是生产、处理、传递及应用信息,这些阶段的主要工作成果就是信息。工程项目施工阶段的主要任务是完成工程项目的实体,但施工阶段的物质生产过程也始终伴随着信息过程,它一方面需要施工之前的信息过程产生的信息,另一方面又不断地产生新信息。实际上工程项目的施工阶段是物质过程和信息过程的高度融合。

信息是工程项目建设生产的依据,是决策的基础,是组织要素之间联系的主要内容,是工作过程之间逻辑关系的桥梁。项目建设的生产活动及过程是非常依赖信息的。工程项目信息管理对项目成功实施有着重要作用。除了人力资源和物质资源,信息资源也是工程项目实施的重要资源之一。

1. 信息

信息指的是用口头、书面或电子的方式传输(传达、传递)的知识、新闻,或可靠的或不可靠的情报。声音、文字、数字和图像等都是信息表达的形式。建设工程项目的实施需要人力资源和物质资源,应认识到信息也是项目实施的重要资源之一。

2. 信息管理

信息管理指的是信息传输的合理组织和控制。

3. 项目的信息管理

项目的信息管理是通过对各个系统、各项工作和各种数据的管理,使项目的信息能方便和有效地获取、存储、存档、处理和交流。项目的信息管理的目的是通过有效的项目信息传输的组织和控制为项目建设的增值服务。

4. 工程项目的信息

工程项目的信息包括在项目决策过程、实施过程（设计准备、设计、施工和物资采购过程等）和运行过程中产生的信息，以及其他与项目建设有关的信息，如项目的组织类信息、管理类信息、经济类信息、技术类信息和法规类信息。

9.1.2　项目信息管理的任务

1. 信息管理手册

业主方和项目参与各方都有各自的信息管理任务，为充分利用和发挥信息资源的价值，提高信息管理的效率，以及实现有序和科学的信息管理，各方都应编制各自的信息管理手册，以规范信息管理工作。信息管理手册描述和定义信息管理做什么、谁做、什么时候做和其工作成果是什么等，它的主要内容包括：

① 信息管理的任务（信息管理任务目录）；

② 信息管理的任务分工表和管理职能分工表；

③ 信息的分类；

④ 信息的编码体系和编码；

⑤ 信息输入输出模型；

⑥ 各项信息管理工作的工作流程图；

⑦ 信息流程图；

⑧ 信息处理的工作平台及其使用规定；

⑨ 各种报表和报告的格式，以及报告周期；

⑩ 项目进展的月度报告、季度报告、年度报告和工程总报告的内容及其编制；

⑪ 工程档案管理制度；

⑫ 信息管理的保密制度等。

2. 信息管理部门的工作任务

项目管理班子中各个工作部门的管理工作都与信息处理有关，而信息管理部门的主要工作任务包括：

① 负责编制信息管理手册，在项目实施过程中进行信息管理手册的必要修改和补充，并检查和督促其执行；

② 负责协调和组织项目管理班子中各个工作部门的信息处理工作；

③ 负责信息处理工作平台的建立和运行维护；

④ 与其他工作部门协同组织收集信息、处理信息和形成各种反映项目进展和项目目标控制的报表和报告；

⑤ 负责工程档案管理等。

在国际上，许多建设工程项目都专门设立信息管理部门（或称为信息中心），以确保信息管理工作的顺利进行；也有一些大型建设工程项目专门委托咨询公司从事项目信息动态跟踪和分析，以信息流指导物质流，从宏观上对项目的实施进行控制。

3. 信息工作流程

各项信息管理任务的工作流程，如：

① 信息管理手册编制和修订的工作流程；

② 为形成各类报表和报告,收集信息、录入信息、审核信息、加工信息、信息传输和发布的工作流程;

③ 工程档案管理的工作流程等。

由于建设工程项目需要处理大量数据,在当今的时代应重视利用信息技术的手段进行信息管理。

9.2 工程项目信息的分类、编码和处理方法

9.2.1 项目信息的分类

建设工程项目包括各种信息,如图 9-1 所示。

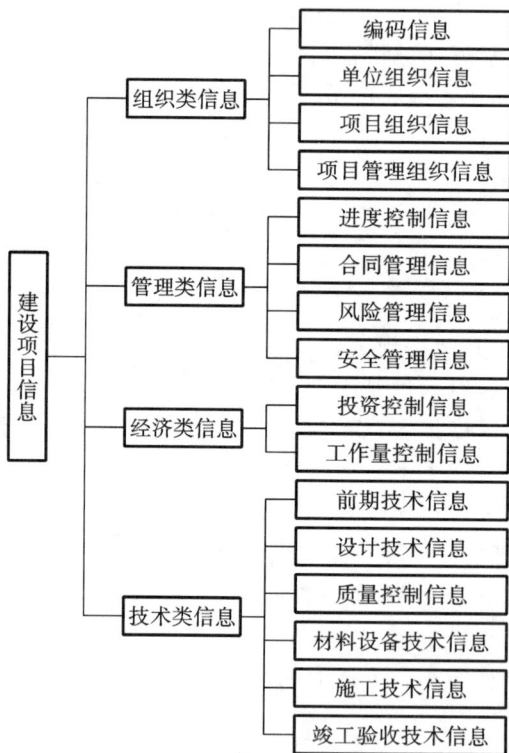

图 9-1 建设项目的信息

业主方和项目参与各方可根据各自项目管理的需求确定其信息的分类,但为了信息交流的方便和实现部分信息共享,应尽可能作一些统一分类的规定,如项目的分解结构应统一。可以从不同的角度对建设工程项目的信息进行分类,如:

① 按项目管理工作的对象,即按项目的分解结构,如子项目 1、子项目 2 等进行信息分类。

② 按项目实施的工作过程,如设计准备、设计、招投标和施工过程等进行信息分类。

③ 按项目管理工作的任务,如投资控制、进度控制、质量控制等进行信息分类。

④ 按信息的内容属性,如组织类信息、管理类信息、经济类信息、技术类信息。

为满足项目管理工作的要求,往往需要对建设工程项目信息进行综合分类,即按多维进行分类。

a. 第一维:按项目的分解结构。

b. 第二维：按项目实施的工作过程。

c. 第三维：按项目管理工作的任务。

9.2.2　项目信息编码的方法

1. 编码的内涵

编码由一系列符号（如文字）和数字组成，编码是信息处理的一项重要的基础工作。

2. 服务于各种用途的信息编码

一个建设工程项目有不同类型和不同用途的信息，为了有组织地存储信息、方便信息的检索和信息的加工整理，必须对项目的信息进行编码。

① 项目的结构编码，依据项目结构图对项目结构每层的每个组成部分进行编码。

② 项目管理组织结构编码，依据项目管理的组织结构图，对每个工作部门进行编码。

③ 项目的政府主管部门和各参与单位编码（组织编码），包括：

a. 政府主管部门；

b. 业主方的上级单位或部门；

c. 金融机构；

d. 工程咨询单位；

e. 设计单位；

f. 施工单位；

g. 物资供应单位；

h. 物业管理单位等。

④ 项目实施的工作项编码（项目实施的工作过程的编码）应覆盖项目实施的工作任务目录的全部内容，包括：

a. 设计准备阶段的工作项；

b. 设计阶段的工作项；

c. 招投标工作项；

d. 施工和设备安装工作项；

e. 项目动用前的准备工作项等。

⑤ 项目的投资项编码（业主方）/成本项编码（施工方），它并不是概预算定额确定的分部分项工程的编码，应综合考虑概算、预算、标底、合同价和工程款的支付等因素，建立统一的编码，以服务于项目投资目标的动态控制。

⑥ 项目的进度项（进度计划的工作项）编码，应综合考虑不同层次、不同深度和不同用途的进度计划工作项的需要，建立统一的编码，服务于项目进度目标的动态控制。

⑦ 项目进展报告和各类报表编码，项目进展报告和各类报表编码应包括项目管理形成的各种报告和报表的编码。

⑧ 合同编码，应参考项目的合同结构和合同的分类，应反映合同的类型、相应的项目结构和合同签订的时间等特征。

⑨ 函件编码，应反映发函者、收函者、函件内容所涉及的分类和时间等，以便查询和整理函件。

⑩ 工程档案编码，应根据有关工程档案的规定、项目的特点和项目实施单位的需求等而建立。

以上这些编码是因不同的用途而编制的，如投资项编码（业主方）/成本项编码（施工方）服务于投资控制工作/成本控制工作，进度项编码服务于进度控制工作。但是有些编码并不是针对某一项管理工作而编制的,如投资控制/成本控制、进度控制、质量控制、合同管理、编制项目进展报告等都要使用项目的结构编码,因此就需要进行编码的组合。

9.2.3 项目信息处理的方法

在当今的时代,信息处理已逐步向电子化和数字化的方向发展,但建筑业和基本建设领域的信息化已明显落后于许多其他行业,建设工程项目信息处理基本上还沿用传统的方法和模式。应采取措施,使信息处理由传统的方式向基于网络的信息处理平台方向发展,以充分发挥信息资源的价值,以及信息对项目目标控制的作用。

基于网络的信息处理平台由一系列硬件和软件构成:

① 数据处理设备(包括计算机、打印机、扫描仪、绘图仪等);

② 数据通信网络(包括形成网络的有关硬件设备和相应的软件);

③ 软件系统(包括操作系统和服务于信息处理的应用软件)等。

数据通信网络主要有如下三种类型:

① 局域网(LAN,由与各网点连接的网线构成网络,各网点对应于装备有实际网络接口的用户工作站);

② 城域网(MAN,在大城市范围内两个或多个网络的互联);

③ 广域网(WAN,在数据通信中,用来连接分散在广阔地域内的大量终端和计算机的一种多态网络)。

互联网是目前最大的全球性的网络,它连接了覆盖 100 多个国家的各种网络,如商业性的网络(.com或.co)、大学网络(.ac 或.edu)、研究网络(.org 或.net)和军事网络(.mil)等,并通过网络连接数以千万台的计算机,以实现连接互联网的计算机之间的数据通信。互联网由若干个学会、委员会和集团负责维护和运行管理。

建设工程项目的业主方和项目参与各方往往分散在不同的地点,或不同的城市,或不同的国家,因此其信息处理应考虑充分利用远程数据通信的方式,如:

① 通过电子邮件收集信息和发布信息;

② 通过基于互联网的项目专用网站(PSWS,即 Project Specific Web Site)实现业主方内部、业主方和项目参与各方,以及项目参与各方之间的信息交流、协同工作和文档管理(图 9-2);或通过基于

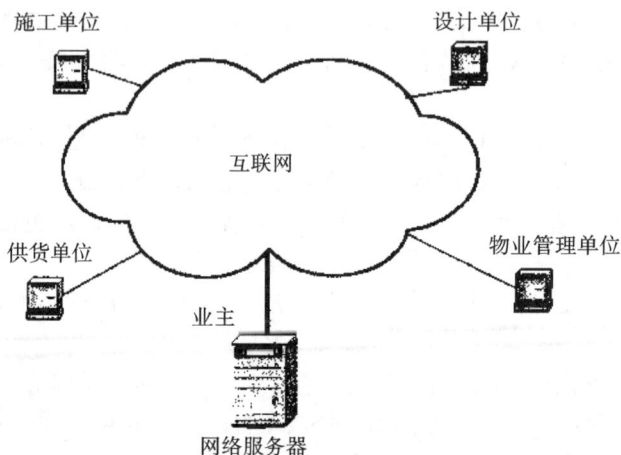

图 9-2 基于互联网的信息处理平台

互联网的项目信息门户(PIP,即 Project Information Portal)ASP(Application Service Provider)模式为众多项目服务的公用信息平台实现业主方内部、业主方和项目参与各方,以及项目参与各方之间的信息交流、协同工作和文档管理;

③ 召开网络会议;

④ 基于互联网的远程教育与培训等。

9.3　建设工程管理信息化及建设工程项目管理信息系统的功能

《国家信息化发展战略纲要》(以下简称《纲要》)是为了以信息化驱动现代化,建设网络强国而制定的,2016 年 7 月,由中共中央办公厅、国务院办公厅印发,自 2016 年 7 月起实施。《纲要》是根据新形势对《2006—2020 年国家信息化发展战略》的调整和发展,是规范和指导未来 10 年国家信息化发展的纲领性文件,是国家战略体系的重要组成部分,是信息化领域规划、政策制定的重要依据。

《纲要》指出,当今世界信息技术创新日新月异,以数字化、网络化、智能化为特征的信息化浪潮蓬勃兴起。全球信息化进入全面渗透、跨界融合、加速创新、引领发展的新阶段。谁在信息化上占据制高点,谁就能够掌握先机、赢得优势、赢得安全、赢得未来。

为贯彻落实《中共中央　国务院关于进一步加强城市规划建设管理工作的若干意见》及《国家信息化发展战略纲要》,进一步提升建筑业信息化水平,住房和城乡建设部组织编制了《2016—2020 年建筑业信息化发展纲要》。该纲要指出:建筑业信息化是建筑业发展战略的重要组成部分,也是建筑业转变发展方式、提质增效、节能减排的必然要求,对建筑业绿色发展、提高人民生活品质具有重要意义。该纲要提出的指导思想为:贯彻党的十八大以来国务院推进信息化发展的相关精神,落实创新、协调、绿色、开放、共享的发展理念及国家大数据战略、"互联网＋"行动等相关要求,实施《国家信息化发展战略纲要》,增强建筑业信息化发展能力,优化建筑业信息化发展环境,加快推动信息技术与建筑业发展深度融合,充分发挥信息化的引领和支撑作用,塑造建筑业新业态。

信息化是人类社会发展过程中一种特定现象,其表明人类对信息资源的依赖程度越来越高。信息化是人类社会继农业革命、城镇化和工业化后迈入新的发展时期的重要标志。

9.3.1　工程管理信息化

信息化最初是从生产力发展的角度来描述社会形态演变的综合性概念,信息化和工业化一样,是人类社会生产力发展的新标志。

信息化的出现给人类带来新的资源、新的财富和新的社会生产力,形成了以创造型信息劳动者为主体,以电子计算机等新型工具体系为基本劳动手段,以再生性信息为主要劳动对象,以高技术型企业为骨干,以信息产业为主导产业的新一代信息生产力。在传统经济中,人们对资源的争夺主要表现占有土地、矿产和石油等,而今天,信息资源日益成为争夺的重点,带来了国际社会新的竞争方式、竞争手段和竞争内容。在信息技术开发和应用领域尤其是网络技术方面存在的差距,导致信息获取和创新产生落差,于是就产生国与国、地区与地区、产业与产业、社会阶层与社会阶层之间的"数字鸿沟"。

我国不仅在生产力各个领域应用信息技术与工业发达国家相比存在较大的数字鸿沟,在国内各地区间也存在数字鸿沟,并有不断扩大的趋势,数字鸿沟造成的差别正在成为我国继城乡差别、工农差别、脑体差别"三大差别"之后的"第四大差别"。

在产业与产业之间,由于建筑业的特性,目前建筑业信息技术的开发和应用及信息资源的开发和利用效率较差,使建筑业相对其他产业之间也存在较大的数字鸿沟。

1. 工程管理信息化的含义

信息化指的是信息资源的开发和利用,以及信息技术的开发和应用。工程管理信息化指的是工程管理信息资源的开发和利用,以及信息技术在工程管理中的开发和应用。工程管理信息化属于领域信息化的范畴,它和企业信息化也有联系。

我国实施国家信息化的总体思路是:

① 以信息技术应用为导向;

② 以信息资源开发和利用为中心;

③ 以制度创新和技术创新为动力;

④ 以信息化带动工业化;

⑤ 加快经济结构的战略性调整;

⑥ 全面推动领域信息化、区域信息化、企业信息化和社会信息化进程。

我国建筑业和基本建设领域应用信息技术与工业发达国家相比,尚存在较大的数字鸿沟,它反映在信息技术在工程管理中应用的观念上,也反映在有关的知识管理上,还反映在有关技术的应用方面。

工程管理的信息资源包括:组织类工程信息、管理类工程信息、经济类工程信息、技术类工程信息、法规类信息等。在建设一个新的工程项目时,应重视开发和充分利用国内和国外同类或类似工程项目的有关信息资源。

信息技术在工程管理中的开发和应用,包括在项目决策阶段的开发管理、实施阶段的项目管理和使用阶段的设施管理中开发和应用信息技术。

自 20 世纪 70 年代开始,信息技术经历了一个迅速发展的过程,信息技术在建设工程管理中的应用也有一个相应的发展过程。

① 20 世纪 70 年代:单项程序的应用,如工程网络计划的时间参数的计算程序,施工图预算程序等。

② 20 世纪 80 年代:程序系统的应用,如项目管理信息系统、设施管理信息系统(FMIS,即 Facility Management Information System)等。

③ 20 世纪 90 年代:程序系统的集成,它是随着工程管理的集成而发展的。

④ 20 世纪 90 年代末期至今:基于网络平台的工程管理。

⑤ 住房和城乡建设部组织编制的《2016—2020 年建筑业信息化发展纲要》提出发展目标:"十三五"时期,全面提高建筑业信息化水平,着力增强 BIM、大数据、智能化、移动通讯、云计算、物联网等信息技术集成应用能力,建筑业数字化、网络化、智能化取得突破性进展,初步建成一体化行业监管和服务平台,数据资源利用水平和信息服务能力明显提升,形成一批具有较强信息技术创新能力和信息化应用达到国际先进水平的建筑企业及具有关键自主知识产权的建筑业信息技术企业。

《关于开展对标世界一流管理提升行动的通知》(国资发改革〔2020〕39 号)要求加强信息化管理,提升系统集成能力,主要包括以下四个方面。

① 针对信息化管理缺乏统筹规划、信息化与业务"两张皮"、信息系统互联互通不够、存在安全隐患等问题,结合"十四五"网络安全和信息化规划制定和落实以企业数字化智能化升级转型为主线,进一步强化顶层设计和统筹规划,充分发挥信息化驱动引领作用。

② 促进业务与信息化的深度融合,推进信息系统的平台化、专业化和规模化,实现业务流程再造,为企业生产经营管理和产业转型升级注入新动力。

③ 打通信息"孤岛",统一基础数据标准,实现企业内部业务数据互联互通,促进以数字化为支撑的管理变革。

④ 加强网络安全管理体系建设,落实安全责任,完善技术手段,加强应急响应保障,确保不发生重大网络安全事件。

2. 工程管理信息化的意义

工程管理信息化有利于提高建设工程项目的经济效益和社会效益,以达到为项目建设增值的目的。

① 工程管理信息资源的开发和信息资源的充分利用,可吸取类似项目的正反两方面的经验和教训,许多有价值的组织信息、管理信息、经济信息、技术信息和法规信息将有助于项目决策期多种可能方案的选择,有利于项目实施期的项目目标控制,也有利于项目建成后的运行。

② 通过信息技术在工程管理中的开发和应用能实现:

a. 信息存储数字化和存储相对集中(见图 9-3);

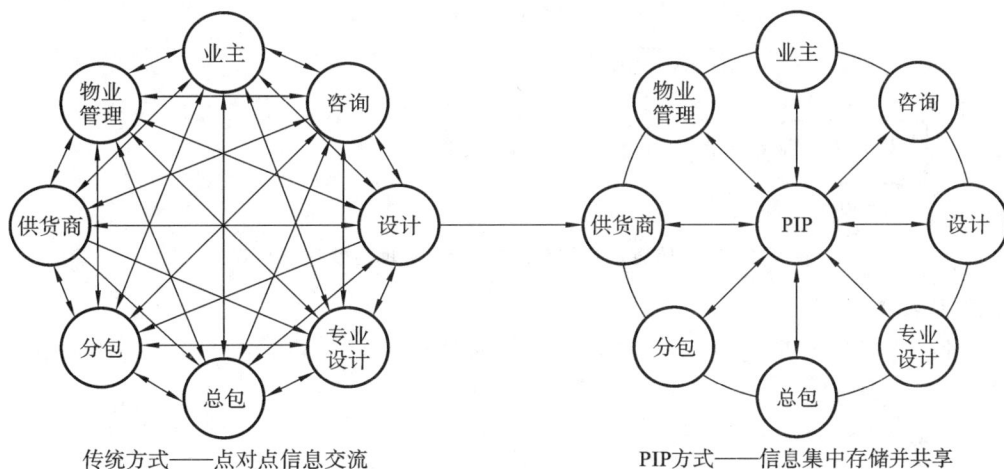

传统方式——点对点信息交流　　　　　PIP方式——信息集中存储并共享

图 9-3　信息存储方式

b. 信息处理和变换的程序化;

c. 信息传输的数字化和电子化;

d. 信息获取便捷;

e. 信息透明度提高;

f. 信息流扁平化。

其中,"信息存储数字化和存储相对集中"有利于项目信息的检索和查询,有利于数据和文件版本的统一,并有利于项目的文档管理;"信息处理和变换的程序化"有利于提高数据处理的准确性,并可提高数据处理的效率;"信息传输的数字化和电子化"可提高数据传输的抗干扰能力,使数据传输不受距离限制,并可提高数据传输的保真度和保密性;"信息获取便捷""信息透明度提高"以及"信息流扁平化"有利于项目各参与方之间的信息交流和协同工作。

9.3.2 项目信息门户

项目信息门户是基于互联网技术为建设工程增值的重要管理工具,是当前在建设工程管理领域中信息化的重要标志。但是在工程界,对信息系统(Information System)、项目管理信息系统(Project Management Information System,PMIS)、一般的网页(Home Page)和项目信息门户(Project Information Portal,PIP)的内涵尚有不少误解。应指出,项目管理信息系统是基于数据处理设备的,为项目管理服务的信息系统,主要用于项目的目标控制。由于业主方和承包方项目管理的目标和利益不同,因此它们都必须有各自的项目管理信息系统。管理信息系统是基于数据处理设备的信息系统,但主要用于企业的人、财、物、产、供、销的管理。项目管理信息系统与管理信息系统服务的对象和功能是不同的。项目信息门户既不同于项目管理信息系统,也不同于管理信息系统(见图9-4)。

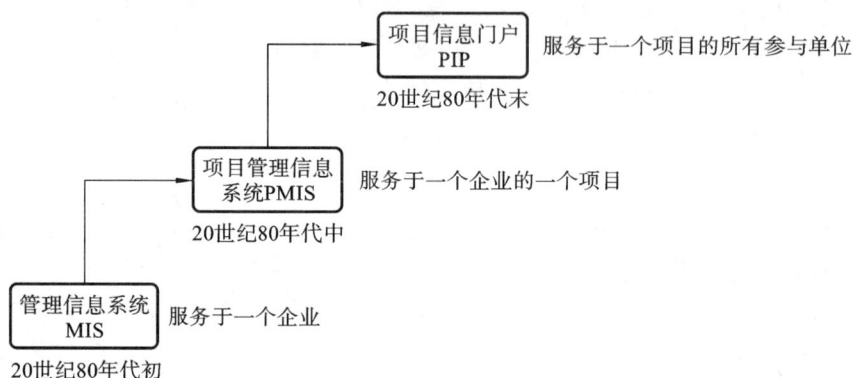

图 9-4 项目信息门户与管理信息系统、项目管理信息系统

1. 项目信息门户的概念

这里所讨论的项目信息门户指的是建设工程的项目信息门户,它可用于各类建设工程的管理,如:

① 民用建设工程;

② 工业建设工程;

③ 土木工程建设工程(铁路、公路、桥梁、水坝等)等。

门户是一个网站,或称为互联网门户站(Internet Portal Site),它是进入万维网(World-Wide Web)的入口。搜索引擎(Search Engine)属于门户,Yahoo 和 MSN 也是门户,任何人都可以访问它们,以获取所需要的信息,这些是一般意义上的门户。但是,有些是为了专门的技术领域、专门的用户群或专门的对象而建立的门户,称为垂直门户(Vertical Portal)。项目信息门户属于垂直门户,不同于上述一般意义的门户。

项目信息门户是项目各参与方信息交流、共同工作、共同使用和互动的管理工具。

众多文献对项目信息门户的定义有不同的表述,综合有关研究成果,兹对项目信息门户作如下的解释:项目信息门户是在对项目全寿命过程中项目参与各方产生的信息和知识进行集中管理的基础上,为项目参与各方在互联网平台上提供一个获取个性化项目信息的单一入口,从而为项目参与各方提供一个高效率信息交流和共同工作的环境。

"项目全寿命过程"包括项目的决策期、实施期(设计准备阶段、设计阶段、施工阶段、动用前准备阶段和保修期)和运行期(或称使用期、运营期)。

　　"项目各参与方"包括政府主管部门和项目法人的上级部门、金融机构（银行和保险机构以及融资咨询机构等）、业主方、工程管理和工程技术咨询方、设计方、施工方、供货方、设施管理方（其中包括物业管理方）等。

　　"信息和知识"包括以数字、文字、图像和语音表达的组织类信息、管理类信息、经济类信息、技术类信息及法律和法规类信息。

　　"提供一个获取个性化项目信息的单一入口"指的是经过用户名和密码认定后而提供的入口。

2. 项目信息门户的类型和用户

（1）类型

项目信息门户按其运行模式分类，有如下两种类型。

PSWS模式：为一个项目的信息处理服务而专门建立的项目专用门户网站，也即专用门户。

ASP模式：由ASP服务商提供的为众多单位和众多项目服务的公用网站，也可称为公用门户。ASP服务商有庞大的服务器群，一个大的ASP服务商可为数以万计的客户群提供门户的信息处理服务。

如采用PSWS模式，项目的主持单位应购买商品门户的使用许可证，或自行开发门户，并需购置供门户运行的服务器及有关硬件设施和申请门户的网址。

如采用ASP模式，项目的主持单位和项目的各参与方成为ASP服务商的客户，它们不需要购买商品门户产品，也不需要购置供门户运行的服务器及有关硬件设施和申请门户的网址。国际上项目信息门户应用的主流是ASP模式。

项目信息门户可以为一个建设工程的各参与方的信息交流和共同工作服务，也可以为一个建设工程群体的管理服务。前者侧重于一个建设工程各参与方内部的共同工作，而后者则侧重于对一个建设工程群体的总体和宏观的管理。可以把一个单体建筑物、一个工厂、一个机场视作为一个建设工程，因为它们都有明确的项目目标。另外，北京奥运工程项目、上海世博会工程项目、一个城市的全部重点工程项目、一个电力集团公司的全部新建工程项目以及国家发展改革委主管的一定投资规模以上的全部建设工程都可视作为一个建设工程群体。由于这两种类型的项目信息门户建立的目的不同，其具体的信息处理也有些差别。以下将重点讨论为一个建设工程服务的项目信息门户。

（2）用户

正如前述，项目参与各方包括政府主管部门和项目法人的上级部门、金融机构（银行和保险机构以及融资咨询机构等）、业主方、工程管理和工程技术咨询方、设计方、施工方、供货方、设施管理方（其中包括物业管理方）等都是项目信息门户的用户。从严格的意义而言，以上各方使用项目信息门户的个人是项目信息门户的用户。每个用户有供门户登录用的用户名和密码。系统管理员将对每一个用户使用权限进行设置。

3. 项目信息门户实施的条件

项目信息门户的实施是一个系统工程，既应重视其技术问题，更应重视其与实施有关的组织和管理问题。应认识到，项目信息门户不仅是一种技术工具和手段，它的实施将会引起建设工程实施在信息时代进程中的重大组织变革。组织变革包括政府对建设工程管理的组织的变化、项目参与方的组织结构和管理职能分工的变化，以及项目各阶段工作流程的重组等。

项目信息门户实施的条件包括：

① 组织件；

② 教育件；

③ 软件;

④ 硬件。

组织件起着支撑和确保项目信息门户正常运行的作用,因此,组织件的创建和在项目实施过程中动态地完善组织件是项目信息门户实施最重要的条件。

4. 项目信息门户的价值和意义

据有关国际资料的统计:

① 传统建设工程中 2/3 的问题都与信息交流有关;

② 建设工程中 10%～33% 的成本增加都与信息交流存在的问题有关;

③ 在大型建设工程中,信息交流问题导致的工程变更和错误占工程总投资的 3%～5%;

④ 据美国 Rebuz 网站预测,PIP 服务的应用将会在未来 5 年节约 10%～20% 的建设总投资,这是一个相当可观的数字。

5. 项目信息门户的应用

(1) 在项目决策期建设工程管理中的应用

项目决策期建设工程管理的主要任务是:

① 建设环境和条件的调查与分析;

② 项目建设目标论证(投资、进度和质量目标)与确定项目定义;

③ 项目结构分析;

④ 与项目决策有关的组织、管理和经济方面的论证与策划;

⑤ 与项目决策有关的技术方面的论证与策划;

⑥ 项目决策的风险分析等。

为完成以上任务,将可能会有许多政府有关部门和国内外单位参与项目决策期的工作,如投资咨询、科研、规划、设计和施工单位等。各参与单位和个人往往处于不同的工作地点,在工作过程中有大量信息交流、文档管理和共同工作的任务,项目信息门户的应用将为项目决策期的建设工程管理增值。

(2) 在项目实施期建设工程管理中的应用

正如前述,项目实施期包括设计准备阶段、设计阶段、施工阶段、动用前准备阶段和保修期,在整个项目实施期往往有比项目决策期更多的政府有关部门和国内外单位参与工作,工作过程中有更多的信息交流、文档管理和共同工作的任务,项目信息门户的应用为项目实施期的建设工程管理增值无可置疑。

(3) 在项目运营期建设工程管理中的应用

项目运营期建设工程管理在国际上称为设施管理,它比我国现行的物业管理的工作范围深广得多。在整个设施管理中要利用大量项目实施期形成和积累的信息,设施管理过程中,设施管理单位需要和项目实施期的参与单位进行信息交流,共同工作,设施管理过程中也会形成大量工程文档。因此,项目信息门户不仅是项目决策期和实施期建设工程管理的有效手段和工具,也同样可为项目运营期的设施管理服务。

6. 项目信息门户的特征

(1) 项目信息门户的领域属性

电子商务(E-Business)有两个分支:

① 电子商业/贸易(E-Commerce),如电子采购,供应链管理;

② 电子共同工作(E-Collaboration),如项目信息门户,在线项目管理。

在以上两个分支中,电子商业/贸易已逐步得到应用和推广,而在互联网平台上的共同工作,即电子共同工作,人们对其意义尚未引起足够重视。应认识到,项目信息门户属于电子共同工作领域。

工程项目的业主方和项目其他参与各方往往分处在不同的地点,或不同的城市,或不同的国家,因此其信息处理应考虑充分利用远程数据通信的方式和远程数据通信的组织,这是电子共同工作的核心。

(2) 项目信息的门户属性

正如前述,项目信息门户是一种垂直门户,垂直门户也称为垂直社区(Vertical Community),此"社区"可以理解为专门的用户群,垂直门户是为专门的用户群服务的门户。项目信息门户的用户群就是所有与某项目有关的管理部门和某项目的参与方。

(3) 项目信息门户运行的组织理论基础

远程学(Telematics)是一门新兴的组织学科,它已运用在很多领域,如:

① 远程通信(Telecommunication);

② 远程银行/网上银行(Telebanking);

③ 远程商店/网上商店(Teleshopping);

④ 远程商业/贸易(Telecommerce);

⑤ 远程医疗(Telemedicine);

⑥远程教学(Telelearning)等。

远程学中的一个核心问题是远程合作(Telecooperation),其主要任务是研究和处理分散的各系统和网络服务的组织关系。应认识到项目信息门户的建立和运行的理论基础是远程合作理论。

(4) 项目信息门户运行的周期

项目决策期的信息与项目实施期的管理和控制有关,项目决策期和项目实施期的信息与项目运营期的管理和控制也密切相关,为使项目保值和增值,项目信息门户应是为建设工程全寿命过程服务的门户,其运行的周期是建设工程的全寿命期。在项目信息门户上运行的信息包括项目决策期、实施期和运营期的全部信息。把项目信息门户的运行周期仅理解为项目的实施期,这是一种误解。

建设工程全寿命管理是集成化管理的思想和方法在建设工程管理中的应用。项目信息门户的建立和运行应与建设工程全寿命管理的组织、方法和手段相适应。

(5) 项目信息门户的核心功能

国际上有许多不同的项目信息门户产品(品牌),其功能不尽一致,但其主要的核心功能是类似的,即项目各参与方的信息交流、项目文档管理、项目各参与方的共同工作。

(6) 项目信息门户的主持者

对一个建设工程而言,业主方往往是建设工程的总组织者和总集成者,一般而言,它自然就是项目信息门户的主持者,当然,它也可以委托代表其利益的工程顾问公司作为项目信息门户的主持者。其他项目的参与方往往只参与一个建设工程的一个阶段,或一个方面的工作,并且建设工程的参与方和业主,以及项目参与方之间的利益不尽一致,甚至有冲突,因此,它们一般不宜作为项目信息门户的主持者。

应注意到,不但建设工程的业主方和各参与方可以利用项目信息门户进行高效的项目信息交流、项目文档管理和共同工作,政府的建设工程控制和管理的主管部门也可以利用项目信息门户实现众多项目的宏观管理(如美国的PBS),金融机构也可以利用项目信息门户对贷款客户进行相关的管理。

因此,对不同性质、不同用途的项目信息门户而言,其门户的主持者是不相同的。

(7) 项目信息门户的组织保证

不论采用何种运行模式,门户的主持者必须建立和动态地调整与完善有关项目信息门户运行必要的组织件,它包括:

① 编制远程工作环境下共同工作的工作制度和信息管理制度;

② 项目参与各方的分类和权限定义;

③ 项目用户组的建立;

④ 项目决策期、实施期和运营期的文档分类和编码;

⑤ 系统管理员的工作任务和职责;

⑥ 各用户方的组织结构、任务分工和管理职能分工;

⑦ 项目决策期、实施期和运营期建设工程管理的主要工作流程组织等。

(8) 项目信息门户的安全保证

数据安全有多个层次,如制度安全、技术安全、运算安全、存储安全、传输安全、产品和服务安全等。这些不同层次的安全问题主要涉及:

① 硬件安全,如硬件的质量、使用、管理和环境等;

② 软件安全,如操作系统安全、应用软件安全、病毒和后门等;

③ 网络安全,如防止黑客入侵、保密和授权等;

④ 数据资料安全,如误操作、恶意操作和泄密等。

项目信息门户的数据处理属于远程数据处理,它的主要特点是:

① 用户量大,且其涉及的数据量大;

② 数据每天需要更新,且更新量很大,但旧数据必须保留,不可丢失;

③ 数据需长期保存等。

因此对项目信息门户的数据安全保证必须予以足够的重视。

9.3.3 工程项目管理信息系统

1. 工程项目管理信息系统的内涵

工程项目管理信息系统是基于计算机的项目管理的信息系统,主要用于项目的目标控制。管理信息系统(MIS,Management Information System)是基于计算机管理的信息系统,但主要用于企业的人、财、物、产、供、销的管理。项目管理信息系统与管理信息系统服务的对象和功能是不同的。

工程项目管理信息系统的应用,主要是用计算机进行项目管理有关数据的收集、记录、存储、过滤和把数据处理的结果提供给项目管理班子的成员。它是项目进展的跟踪和控制系统,也是信息流的跟踪系统。

工程项目管理信息系统可以在局域网上或基于互联网的信息平台上运行。

2. 工程项目管理信息系统的功能

(1) 投资控制的功能

① 项目的估算、概算、预算、标底、合同价、投资使用计划和实际投资的数据计算和分析。

② 进行项目的估算、概算、预算、标底、合同价、投资使用计划和实际投资的动态比较(如概算和预算的比较、概算和标底的比较、概算和合同价的比较、预算和合同价的比较等),并形成各种比较报表。

③ 计划资金投入和实际资金投入的比较分析。

④ 根据工程的进展进行投资预测等。

（2）成本控制的功能

① 投标估算的数据计算和分析。

② 计划施工成本。

③ 计算实际成本。

④ 计划成本与实际成本的比较分析。

⑤ 根据工程的进展进行施工成本预测等。

（3）进度控制的功能

① 计算工程网络计划的时间参数，并确定关键工作和关键路线。

② 绘制网络图和计划横道图。

③ 编制资源需求量计划。

④ 进度计划执行情况的比较分析。

⑤ 根据工程的进展进行工程进度预测。

（4）合同管理的功能

① 合同基本数据查询。

② 合同执行情况的查询和统计分析。

③ 标准合同文本查询和合同辅助起草等。

有些工程项目管理信息系统还包括质量控制和一些办公自动化的功能。

3. 工程项目管理信息系统的意义

20 世纪 70 年代末期和 80 年代初期，国际上已有工程项目管理信息系统的商业软件，工程项目管理信息系统现已被广泛地用于业主方和施工方的项目管理。应用工程项目管理信息系统的主要意义如下：

① 实现项目管理数据的集中存储；

② 有利于项目管理数据的检索和查询；

③ 提高项目管理数据处理的效率；

④ 确保项目管理数据处理的准确性；

⑤ 可方便地形成各种项目管理需要的报表。

9.4　工程项目智慧建造管理

9.4.1　工程项目智慧建造管理背景

随着社会进步和科技发展，建筑物逐渐呈现大型化、功能复杂化、造型和建筑技术多样化的特点，超高层和超大跨度建筑成为代表建筑科学技术发展水平的重要标志之一，而传统的建造方式和管理模式已不能满足复杂结构的要求。智慧建造是保证整个建造过程高效利用各项资源，实现低碳节能与利用先进的信息技术手段实现整个建造过程的智慧化。对建筑工程实行智慧化管理，推动新兴信息技术与建筑业的融合是国家政策明确提出的要求。2015 年发布的《关于推进建筑信息模型应用的指导意见》指出，到 2020 年末实现 BIM（building information modeling）与企业管理系统和其他信息技术的一体化集成应用,推动智慧建造各项技术的快速发展。2016 年发布的《2016—2020 年建筑业信息化发展纲要》旨在推动信息技术与建筑业发展深度融合,指出着力增强 BIM、大数据、智能化、移动通讯、云计算、物联网等信息技术集成应用能力,建筑业数字化、智能化取得突破性进展。智慧建造以 BIM、物联网、移动通讯、云计算、大数据 5 大关键技术手段为支撑,以深化设计与优化、工厂化加工、精密测控自动化安装、动态监测、信息化管理为 5 大应用场景,实现建造过程的高度信息化、协作化与管理精细化。结合全生命周期和精益建造理念,利用先进的信息技术和建造技术,对建造全过程进行技术和管理创新,实现建设过程数字化、自动化向集成化、智慧化的变革,进而实现优质、高效、低碳、安全的工程建造模式和管理模式。但是,智慧建造的概念不是一成不变的,随着人工智能、VR、5G、区块链等新兴信息技术的涌现并应用至工程实践,将产生更多智慧创新应用成果,不断丰富智慧建造的内涵。

9.4.2 智慧建造的支撑技术

1. BIM 技术

建筑信息模型(BIM)是在计算机辅助设计(CAD)等技术基础上发展起来的多维模型信息集成技术,它是对建筑工程物理特征和功能特性信息的数字化承载和可视化表达。BIM 能够支撑建筑全寿命周期各参与方之间的信息共享,支持对工程环境、能耗、经济、质量、安全等方面的分析、检查和模拟,可实现工程项目的虚拟建造和精细化管理,为建筑业的提质增效和产业升级提供技术保障。当前,我国工程建设行业正在开展 BIM 工程应用实践与推广。BIM 技术被广泛地应用在深化设计、管线综合、施工工作面管理、方案优化、物料追踪、精细算量、逆向工程、3D 打印、虚拟现实等场景。BIM 应用正逐渐融入工程建设的各个环节和阶段,成为工程建造一个不可或缺的重要手段。

2. 物联网

物联网(Internet of Things,IoT)是通过装置在各类物体上的各种信息传感设备,如射频识别(RFID)装置、二维码、红外感应器、全球定位系统、激光扫描器等装置与互联网或无线网络相连而形成的一个巨大网络。其目的是让所有的物品都与网络连接在一起,方便智慧化识别、定位、跟踪、监控和管理。

物联网通过在建筑施工作业现场安装各种信息传感设备,按约定的协议,把任何与工程建设相关的物品与互联网连接起来,进行信息交换和通信,以实现智能化识别、定位、跟踪、监控和管理。物联网可有效弥补传统方法和技术在监管中的缺陷,实现对施工现场人、料、法、环的全方位实时监控,变被动"监督"为主动"监控"。物联网具备三大特征:一是全面感知,利用传感器、RFID、二维码等技术,随时随地获取用户或者产品信息;二是可靠传送,通过通信网与互联网,信息可以随时随地交互、共享;三是智能处理,利用计算、模式识别等智能计算技术,对海量的信息数据进行分析与处理,并实现智能决策与控制。

3. 云计算

云计算是一种新的计算方法和商业模式,即通过虚拟化、分布式存储和并行计算以及宽带网络等技术,按照"即插即用"的方式,自助管理计算、存储等资源能力,形成高效、弹性的公共信息处理资源,使用者通过公众通信网络,以按需分配的服务形式,获得动态可扩展信息处理能力和应用服务。

云计算是一种新的互联网应用模式,它基于互联网的相关服务的增加、使用和交付而建立,其资源具有动态易扩展及虚拟化的特点,云计算依赖互联网实现;云计算是交付和使用模式的服务,这种基于互联网、采用按需和易于扩展的方式获得所需资源的服务,可以让软件和互联网以及其他服务相关,标志着计算能力作为商品在互联网的正式流通。

在工程建设过程中,云计算作为基础应用技术是不可或缺的,物联网、移动应用、大数据等技术的应用过程中,普遍搭建云服务平台,实现终端设备的协同、数据的处理和资源的共享。传统信息化基于企业服务器部署的模式逐渐被基于公有云或私有云的信息化架构模式取代,特别是一些移动应用提供了公有云,用户只需要在手机上安装 APP,注册后就可以使用,避免了施工现场部署网络服务器,简化了现场互联网应用,有利于现场信息化的推广。

4. 移动互联网

移动互联网(Mobile Intenet,MI)是一种通过智能移动终端,采用移动无线通信方式获取业务和服务的新兴业态,包含终端、软件和应用三个层面。终端层包括智能手机、平板计算机、电子书、移动互联网设备(MID)等;软件包括操作系统、中间件、数据库和安全软件等。应用层包括休闲娱乐类、工具媒体类、商务财经类等不同应用与服务。

移动互联网整合了互联网与移动通信技术,将各类网站和企业的大量信息及各种各样的业务引入移动互联网之中,搭建了一个适合业务和管理需要的移动信息化应用平台,能够满足用户需要,并能够提供有竞争力的服务。其特点包括:①更大的数据吞吐量,并且低时延;②更低的建设和运行维护成本;③与现有网络的可兼容性;④更高的鉴权能力和安全能力;⑤高品质互动操作。

移动应用对于建筑施工现场管理有着天然的符合度,施工现场人员的主要工作职责和日常工作发生地点一般在施工生产现场,而不是办公区的固定办公室。基于个人计算机的信息化系统难以满足走动式办公的需求,移动应用解决了信息化应用"最后一公里"的尴尬。通过项目现场移动 APP 的应用,实现项目施工现场一线管理人员的碎片化时间整合利用。移动应用被广泛地应用在现场即时沟通协同、现场质量安全检查、规范资料的实时查询等方面。同时移动应用与物联网技术、云技术和BIM 技术的集成,在手机视频监控、二维码扫描跟踪、模型现场检查、多方图档协同工作上得到深度应用,产生了极大的价值。

5. 大数据

大数据是指无法在一定时间内用常规软件工具对其内容进行抓取、管理和处理的数据集合。大数据分析是指对大量结构化和非结构化的数据进行分析处理,从中获得新的价值,具有数据量大、数据类型多、处理要求快等特点,需要用到大量的存储设备和计算资源。

大数据遍布智慧交通、智慧医疗、智慧教育等智慧城市建设的各个领域。对大数据进行分类、重组分析、再利用等一系列的智慧化处理后,其结果将为智慧城市建设的决策者提供参考。从政府决策到人们的衣食住行,从创建节约型社会到以人为本,科技惠民,都将在大数据的支撑下走向"智慧化",大数据真正成为智慧城市的智慧引擎。

9.4.3　智慧建造的建造技术

1. 钢结构深化设计与物联网应用

钢结构深化设计是以设计院的施工网、计算书及其他相关资料为依据,依托专业深化设计软件平台,建立三维实体模型,开展施工过程仿真分析,进行施工过程安全验算,计算节点坐标定位调整值,并生成结构安装布置图、零构件图、报表清单等的过程。钢结构深化设计与 BIM 结合,实现了模型信息化共享,由传统的"放样出图"延伸到施工全过程。在钢结构施工过程中应用物联网技术,从根本上打破了原有数据价值链的围墙,改善施工数据的采集、传递、存储、处理、使用等各个环节,将人员、材料、机器、产品等与施工管理、决策建立更为密切的关系,并可进一步将信息与 BIM 模型进行关联,提高施工效率、产品质量和企业创新能力,提升产品制造和企业管理的信息化水平。

2. 预制构件工厂化生产加工

预制构件工厂化生产加工指采用自动化流水线、机组流水线、长线台座生产线生产标准定型预制构件并兼顾异型预制构件,采用固定台模线生产市政和公路工程预制构件,满足预制构件的批量生产加工和集中供应要求。工厂化生产加工包括预制构件工厂规划设计、各类预制构件生产工艺设计、预制构件模具方案设计及其加工技术、钢筋制品机械化加工和成型技术、预制构件机械化成型技术、预制构件节能养护技术、预制构件生产质量控制技术。

3. 钢结构虚拟预拼装

用三维设计软件,将钢结构分段构件控制点的实测三维坐标,在计算机中模拟拼装形成分段构件的轮廓模型,与深化设计的理论模型拟合比对,检查分析加工拼装精度,得到所需修改的调整信息,经过必要的反复加工修改与模拟拼装,直至满足精度要求。虚拟预拼装技术主要包括如下各项。

① 根据设计图文资料和加工安装方案等技术文件,在构件分段与胎架设置等安装措施可保证自重受力变形不致影响安装精度的前提下,建立设计、制造、安装全部信息的拼装工艺三维几何模型,完全整合形成一致的输入文件,通过模型导出分段构件和相关零件的加工制作详图。

② 构件制作验收后,利用全站仪实测外轮廓控制点三维坐标。

③ 计算机模拟拼装,形成实体构件的轮廓模型。

④ 将理论模型导入三维图形软件,合理地插入实测整体预拼装坐标系。

⑤ 采用拟合方法,将构件实测模拟拼装模型与拼装工艺图的理论模型比对,得到分段构件和端口的加工误差以及构件间的连接误差。

⑥ 统计分析相关数据记录,对于不符合规范允许公差和现场安装精度的分段构件或零件,修改校正后重新测量、拼装、比对,符合精度要求。

4. 钢结构滑移、顶(提)升施工

滑移技术是在建筑物的一侧搭设一条施工平台,在建筑物两边或跨中铺设滑道,所有构件都在施工平台上组装,分条组装后用牵引设备向前牵引滑移(可用分条滑移或整体累计滑移)。结构整体安装完毕并滑移到位后,拆除滑道实现就位。滑移可分为结构直接滑移、结构和胎架一起滑移、胎架滑移等多种方式。牵引系统由卷扬机牵引、液压千斤顶牵引与顶进系统等组成。结构滑移设计时要对滑移工况进行受力性能验算,保证结构的杆件内力与变形符合规范和设计要求。

整体顶升与提升是一项成熟的钢结构与大型设备安装技术,它集机械、液压、计算机控制、传感器监测等技术于一体,解决了传统吊装工艺和大型起重机械在起重高度、起重量、结构面积、作业场地等方面无法克服的难题。顶(提)升方案的确定,必须同时考虑承载结构(永久的或临时的)和被顶(提)升钢结构或设备本身的强度、刚度和稳定性。

5. 钢结构智能焊接技术

智能焊接指在焊接加工过程中对相关机器与构件进行智能化、信息化升级。智能焊接仍以"传感-决策执行"为着眼点,对焊接过程参数进行监测与控制。一方面,智能焊接强调在加工过程中引入信息流,通过安装多种传感器的方式,更全面、更具体地获取加工过程信息,从而认识加工过程;另一方面,智能焊接强调信息与人之间的转换与融合,从而实现智能焊接加工系统与系统操作者无缝人机交互。该技术的重要组成部分就是机器人焊接技术,它是智能技术与传统焊接工艺的深度融合。

6. 钢结构智能测量

钢结构智能测量技术是指在钢结构施工的不同阶段,采用基于全站仪、电子水准仪、全球定位系统、北斗卫星导航系统、三维激光扫描仪、数字摄影测量、物联网、无线数据传输、多源信息融合等多种智能测量技术,解决特大型、异型、大跨径和超高层等钢结构工程中传统测量方法难以解决的测量速度、精度、变形等技术难题,实现对钢结构安装精度、质量、安全、施工进度的有效控制。钢结构智能测量主要包括:高精度三维测量控制网布设、钢结构地面拼装智能测量、钢结构精准空中智能化快速定位、基于三维激光扫描的高精度钢结构质量检测及变形监测、基于数字近景摄影测量的高精度钢结构性能检测及变形监测、基物联网和无线传输的变形监测。

7. 智能模架系统

智能模架系统的典型应用主要包括:智能整体顶升平台、智能液压爬升模板系统。智能整体顶升平台采用长行程油缸和智能控制系统,顶升模板和整个操作平台装置,具有操作平台在高位、支撑系在低处的特点,适应复杂多变的核心筒结构施工,满足平均三天一层的工期要求,保证全过程施工安全和施工质量,并形成整套综合施工技术。智能液压爬升模板是通过承载体附着或支承在混凝土结构上,当新浇筑的混凝土脱模后,以液压油缸为动力,以导轨为爬升轨道,将爬模装置向上爬升一层,反复循环作业的施工工艺,简称爬模。目前我国的爬模技术在工程质量、安全生产、施工进度、降低成本、提高工效和经济效益等方面均有良好的效果。

8. 基于 BIM 的管线综合

机电工程施工中,水、暖、电、智能化、通信等各种管线错综复杂,管路走向密集交错,若在施工中发生碰撞情况,则会出现拆除返工现象,甚至会导致设计方案的重新修改,不仅浪费材料、延误工期,还会增加项目成本。基于 BIM 技术的管线综合技术可将建筑结构、机电等专业模型整合,再根据各专业要求及净高要求将综合模型导入相关软件进行碰撞检查,根据碰撞报告结果对管线进行调整、避让,对设备和管线进行综合布置,从而在工程开始施工前发现问题,通过深化设计进行优化和解决问题。

9. 机电管线及设备工厂模块化预制

工厂模块化预制技术是将建筑给水排水、采暖、电气、智能化、通风与空调工程等领域的建筑机电产品按照模块化、集成化的思想,从设计、生产到安装和调试深度结合集成,通过这种模块化及集成技术对机电产品进行规模化的预加工,工厂化流水线制作生产,从而实现建筑机电安装标准化、产品模块化及集成化。此技术不仅能提高生产效率和质量水平,降低建筑机电工程建造成本,还能减少现场施工工程量、缩短工期、减少污染、实现建筑机电安装全过程绿色施工。

9.4.4　建筑设计信息物理交互技术

信息物理融合系统(Cyber Physical Systems,CPS)是一个综合计算、网络和物理的多维复杂系统,通过 3C(Communication,Computer,Control)技术的有机融合与深度协作实现大型工程系统的实时感知、动态控制和信息服务。

建筑设计信息物理交互系统是借鉴制造业的理念而提出的,针对建筑全寿命周期过程中形成的信息,运用计算机、信息模型及网络系统等技术手段,实现信息模型的高效管理以及与物理实体的无障碍交互。有的学者将其命名为"建筑信息物理交互系统"(Building Information Physics Interaction System,BIPIS)。一方面,它打破建筑项目各参与方在全寿命周期的信息传递障碍,实现建筑信息实时、准确高效的交互协同;另一方面,它有助于形成大数据基础,进一步向大数据管理发展,并通过机器交互来实现建筑全过程的智慧化、弹性化、自治化。

该系统的最终目的是实现建筑全过程中信息世界和物理世界的有机融合,作为一种新型智慧系统,具有如下特点:实时性强、通信能力强、自治性高、异构性好、容错性强。

建筑设计信息物理交互系统在建筑业还属于新兴的技术手段,仅个别企业和高校开展了相应的研究工作,归纳起来,现阶段的重点研究方向有接口标准、系统建设和应用三个方面。

9.4.5　装配化建造方式下的工程项目管理创新

1.　与装配化建造方式相适应的产业链体系

装配化建造方式是采用系统化设计、模块化拆分、工业化制造、现场化装配的建造模式,在建造过程中能将社会化大生产的产业组织模式、制造业的生产方式和信息技术加以融合,对建筑设计、主体施工、专用设备供应、部品部件生产、设备管线安装等环节的集成化提出了较高的要求,必将影响目前建筑产业的组织方式、结构体系、技术创新、产品质量和市场定位。产业链的合理构建与完善是推动建筑工业化的前提,装配化建造方式的产业链是以各个利益相关单位为载体,服务于装配式建筑的一条动态增值链条,该链条上的上、中、下游企业利润共享、风险共担、互相影响、互相依存。产业链组织方式不合理、集成化程度低是造成装配式建筑成本过高、推广不力的重要原因。

装配化混凝土建筑产业链包括房地产企业、规划设计单位、预制构件加工企业和施工企业四大内部主体,以及政府和技术研究机构两大外部主体。新型装配化建筑产业链对产业链上各参与方的集成度和协同度要求更高,需要各参与方的有机协调。首先由规划设计单位根据现行的装配式建筑设计标准进行建模,然后建材商根据建筑产品的设计要求提供原材料,预制构件加工厂则根据规划设计单位提供的构件模型投入原材料以工厂化方式大规模生产预制构件,中间委托物流公司根据现场施工进度和预制构件加工厂构件生产进度进行预制构件的运输,施工企业通过高度机械化的施工工艺完成现场预制构件的装配来完成建筑的施工,最后由专业服务团队完善产品的销售运营管理等。各个参与企业通过共同培育集开发、产品策划、规划、科研、设计、构配件生产、新型建材与产品制造、建筑工程总承包、装饰装修、物业运营管理于一体的项目协同平台,调整产业结构,整合工业化设计、构件及部品生产制造、装配施工、全过程信息管理的全产业链资源,带动上下游企业共同参与,形成"一条龙"式的项目管理模式,形成完善的产业链,促进装配式建筑的良性发展。

建造产业链市场主体在项目各阶段有不同的协作模式。在项目开发准备阶段,装配式建筑建设单位在整个产业链中起着引领性作用,对建筑的类型、规模、建设方案等进行协调管理,明确不同主体所应承担的协作责任,同时促使不同主体间建立有效的信息沟通平台,改变传统建筑模式中多方主体信息资源难以整合利用的状态,以解决主体间内部协作动力不足的问题。在整个装配式建筑生命周期中,项目设计阶段起着至关重要的作用。传统建筑设计模式是面向现场施工的,很多问题到施工阶段才能暴露出来,而装配式建筑则将施工阶段的问题提前至设计、生产阶段解决,将设计由面向现场施工,转变为面向工厂加工和现场装配。在这一阶段,设计单位需要充分考虑到下游主体的工厂化生产、装配化施工、一体化装修,通过与生产企业、施工企业、装修企业的密切配合,构建贯穿项目全寿命周期的信息平台,为下游主体的项目建设提供技术平台与信息支持。

在部品部件生产阶段,生产企业通过设计单位建立的标准化部品部件库,开展规模化生产作业。在协作模式中,生产企业需将生产的部品部件嵌入 RFID(射频识别)标签,并将 RFID 标签中的信息传输到 BIM 系统中进行判断和处理,以便于产业链下游主体安排构件运输的顺序、车次、路线,并协助施工企业合理安排施工顺序。生产企业再根据现场反馈的施工进度信息调整部品部件生产计划。通过与施工企业间的信息沟通与协作,生产企业将调整生产计划的信息通过 BIM 系统传递给施工现场,实现信息共享,推动工程顺利进行。

在项目施工阶段,施工企业根据前期设计单位在信息系统中提供的设计方案,进行部品部件的装配化施工。项目施工前,施工企业通过 RFID 与 BIM 系统提取标准化的部品部件信息、设计方案信息、生产进度等信息,并将现场的部品部件信息及时反馈至设计单位、生产企业。在施工过程中,施工企业运用信息技术建立项目仿真动态模型,模拟装配化施工,同时录入项目进展实时信息,对建模仿真与施工过程中出现的问题,通过信息共享平台反馈给建设单位、设计单位、生产企业等相关方,以便于多主体共同协作解决装配施工中所产生的问题。

项目运营维护阶段处于产业链的末端,物业运营企业根据设计单位建立的部品部件标准库、生产企业嵌入的数字标签信息、施工企业建立的仿真模型和建造信息等,利用物联网终端设备进行数据分析和处理,实时掌握建筑物中所有构件和各种设备的运行情况,发现和处理损坏的建筑构件。在运营维护过程中,运营企业通过物业管理系统监测建筑物使用和维护情况,并将上述信息通过互联网传至共享数据库,为后期建筑物改扩建,提供必要的信息。

2. 与装配化建造方式相适应的 EPC 组织模式

装配化建筑全产业链的建造活动是一项复杂的系统工程,需要系统化的工程项目管理模式与之相匹配。EPC 工程总承包管理模式是现阶段推进建筑产业现代化、发展装配式建筑的有效途径,可以有效推进建筑行业的升级转型,促进建筑产业现代化、专业化、集成化的发展,推动建立科学完善、合理高效的项目管理综合体系,建立先进的技术体系和高效的管理体系,打通产业链壁垒,实现产业链集成,有效解决建筑行业目前存在的各阶段间、各专业间、技术与管理间衔接困难等众多问题,将工程建设的全过程联结为一体化的完整产业链,实现技术体系与管理模式相适应、全产业链上资源优化配置、整体成本最低化,进而解决工程建设切块分割、碎片化管理的问题。

将 EPC 模式应用于装配式建筑,特点是以构件的加工和安装代替采购阶段,并纳入设计阶段,通过有效连接前期设计与现场施工,使施工单位配合支持前期设计,以保证设计结果与现场要求高度契合,以此降低施工成本和资源消耗。

EPC 模式与装配式建筑技术相结合的优势明显,具体可以在项目组织结构、设计优化与资源整合、工期控制、成本控制和专业化管理等方面得到体现。

EPC 模式有助于实现装配化建筑系统化。装配式建筑一般由建筑、结构、机电、装修 4 个子系统组成,这 4 个子系统既是独立存在的系统,又共同构成一个完整系统,EPC 工程总承包管理的优势正在于系统性的管理。EPC 模式通过全过程多专业的技术策划与优化,在产品的设计阶段,即开始统筹分析建筑、结构、机电、装修各子系统的制造和装配环节,将各阶段、各专业技术和管理信息前置化,进行全过程系统性策划,设计出模数化协调、标准化接口、精细化预留预埋的系统性装配式建筑产品,实现产品标准化、制造工艺标准化、装配工艺标准化、配套工装系统标准化、管理流程标准化,实现设计、加工、装配一体化,满足一体化、系统化的设计、制造、装配要求,实现规模化制造和高效精益化装配,便于规模化制造和现场高效精细化装配,发挥装配式建筑的综合优势。

EPC 有助于促进装配式建筑的技术创新。装配式建筑是设计、制造、装配的系统集成只有各系统之间深度协同融合才能发挥装配式建筑的整体优势。EPC 模式有利于建筑、结构、机电、装修一体化,设计、制造、装配一体化,从而实现装配式建筑的系统集成,以整体项目的效益为目标,明确集成技术研发方向,避免只从局部某一环节研究单一技术(如设计只研究设计技术、生产只研究加工技术、现场只研究装配技术),从而导致创新技术融合度低的问题。系统化的技术创新和技术集成,更加便于新技术落地应用,发挥技术体系优势。在 EPC 工程总承包管理实践过程中,应不断优化技术体系的先进性、系统性和科学性,实现技术与管理创新相辅相成的协同发展,从而提高建造效益。

　　EPC与装配式建筑的结合有助于缩短工程建造工期。EPC模式下,设计、制造、装配、采购的不同环节形成合理穿插、深度融合。传统项目管理模式采用的是设计方案确定后才开始启动采购方案、制定建造方案、制定装配方案的工作顺序,EPC将这种线性作业转变为叠加型、融合性作业,经过总体策划,在设计阶段就开始制定采购方案、生产方案、装配方案等,使得后续工作前置交融,进而大幅度节约工期。EPC模式下,装配式建筑现场施工分为工厂制造和现场装配两个板块,可以实现将原来同一现场空间的交叉性流水作业,转变成工厂和现场两个空间的部分同步作业和流水性装配作业,缩短了整体建造时间。EPC模式下,各方工作均在统一的管控体系内开展,信息集中共享,规避了沟通不流畅的问题,减少了沟通协调工作量和时间,从而节约工期。

　　EPC模式应用于装配化建造还将降低工程建造成本。工程材料成本在项目的成本构成中占有很大的比例,因此项目采购环节的成本降低具有十分重要意义。EPC模式下,工业化建造将实现精细化、专业化、规模化、社会化的大生产,材料、部品的成本将趋于合理、透明,并限定在合理的市场化范围内;龙头企业与相关部件生产企业、分包企业间的长期战略性合作,将会进一步减少采购成本。EPC模式能够实现设计、制造、装配、采购几个环节合理交叉、深度融合。EPC模式中的"采购"不仅包括为项目投入建造所需的系列材料、部品采购、分包商采购等,还包括系统性地分析工程项目建造资源需求,在设计阶段,就确定工程项目建造全过程中物料、部品件和分包供应商。随着深化设计的不断推进和技术策划深入,EPC模式中的"采购"可以更加精准地确定不同阶段的采购内容和采购数量等。由分批、分次、临时性、无序性的采购转变为精准化、规模化的集中采购,这可以实现分包商或材料商的合理化、规模化的有序生产,减少应急性集中生产成本、物料库存成本以及相关的间接成本,从而降低工程项目整体物料资源的采购成本。此外,EPC模式下,在总承包方的统一协调、把控下,将各参建方的目标统一到项目整体目标中,以整体成本最低为目标,优化配置各方资源,实现设计、制造、装配资源的有效整合和节省,从而降低成本,避免了以往传统管理模式下,设计方、制造方、装配方各自利益诉求不同,都以各自利益最大化为目标,没有站在工程整体效益角度去实施,导致工程整体成本增加、效益降低的弊端。采用EPC模式的装配式建造将实现人工的节约,进一步降低建造过程中的人工成本和间接成本。

　　EPC模式有助于实现工程建造精益化管理。EPC模式下,工程总承包方对工程质量安全、进度、效益负总责,在管理机制上保障了质量、安全管理体系的全覆盖和各方主体质量、安全责任的严格落实。EPC工程总承包管理的组织化、系统化特征,保证了建筑、结构、机电、装修的一体化和设计、制造、装配的一体化。一体化的质量和安全控制体系,保证了制定体系的严谨性和质量安全责任的可追溯性;一体化的技术体系和管理体系也避免了工程建设过程中的"错漏碰缺",有助于实现精益化、精细化作业。EPC模式下的装配式建造,在设计阶段就系统考虑分析制造、装配的流程和质量控制点,制造、装配过程中支撑、吊装等细节,从设计开始规避质量和安全的风险点;通过工厂化的制造和现场机械化的作业大量替代人工手工作业,大大提高了制造、装配品质,减少并规避了人工技能的差异所带来的作业质量差异,以及由此产生产品质量下降和安全隐患的问题,从而全面提升工程质量、确保安全生产。

　　在项目管理不同阶段,EPC模式与装配化建造过程融合应当有不同的关注点。

　　在设计阶段,EPC总承包模式与装配式建筑的结合主要应当关注后续工作对设计优化的需求,发挥装配式结构的预制化和EPC模式全过程管理的优势。设计师在BIM框架下进行协同设计,预制厂通过预制构件信息进行分析,对设计提出模块的优化建议,施工工程师则从施工方案、工艺的角度对设计模型进行分析,提出可行性反馈。

　　在设计阶段,总承包商需要以集成管理的思维统筹考虑设计与采购、施工的相互关系,通过保证各流程的工作有效衔接,加强项目信息管理及信息化技术的应用,以缩短采购周期、降低采购成本、提高采购质量。在采购阶段,EPC 模式与装配式建筑的结合需要总承包商将采购工作向设计、施工阶段前后延伸,发挥采购集成管理作用,保证项目管理目标的实现。在施工阶段,装配式建筑施工的主要难点体现在对构件进行吊装的过程,其对吊装机械、定位和固定连接的要求较高,因此该阶段项目管理的重点是各专业之间的协调配合,及时有效地处理可能出现的各类问题。在施工策划阶段,设计单位可以通过 BIM 进行施工仿真与模拟,进行预装配,明确构件的安装流程、顺序与工艺要求,为施工交底提供便利。通过施工模拟,可以提前发现并解决可能出现的问题,同时为施工场地布置等提供参考。在原材料供应中,施工单位应当提前进行需求预测,结合工程的实际情况,与采购人员进行衔接。在施工过程中,首先应当与设计、构件供应商对构件的质量、尺寸等作最后的确定,争取一次吊装成功,避免出现返工等现象。

3. 信息技术推动装配化建造项目管理创新

　　全过程信息化应用是装配式建筑的一大特征,信息技术是推动从构件生产方式到装饰装修一体化建造方式的重要工具和手段。为实现"设计、生产、装配一体化",通过现代化的信息技术,建立信息化管理平台,实现项目各参与方基于信息共享的深度协同,这是装配化建造方式成功的重要因素。

　　装配化建筑信息技术平台应当是融合多种技术、多方主体信息的平台。要实现装配式建筑价值最大化,就要求纵向主体间协同化作业,使节点主体能够对整个产业发展起到推动作用。但主体间协同作业往往面临多重障碍,如追求个体利益最大化、忽视整体利益、主体间业务衔接度差、建设单位协调能力不足等传统建筑产业链存在的问题,同时也存在着有别于传统建筑产业链的障碍,如主体间协作的驱动力不足、部品部件标准体系未完善、参与主体多,尤其是部品部件生产企业环节的新增,对整个产业提出更高的集成化作业要求,协作过程更加复杂。为解决产业链参与主体协同作业所面临的问题,需将信息技术应用于产业链协同和项目管理中,将三大技术,即 BIM 技术、RFID 技术、物联网技术结合应用于多方主体信息平台的搭建,改变以往信息技术单一的应用模式,确保协作能够有效运行。BIM 技术可以很好地解决主体间信息沟通平台缺乏的问题,为多方主体的资源整合,尤其是信息资源的整合提供合适的技术平台;RFID 技术的应用,使生产企业对部品部件产品的管理更加精细化,同时与 BIM 平台、物联网结合应用,为下游主体提供产品信息、生产信息、存储信息,有效提升主体间业务的衔接度;物联网技术将后期的运营管理纳入产业链核心环节,以更智能化、精细化的管理改变过去粗放式的运营管理模式。

　　装配化建筑项目组织模式为信息技术在项目管理中的深度应用创造了条件。BIM 为代表的信息技术的优势在于对装配式建筑全过程的海量信息进行系统集成,对装配式建筑建设全过程进行指导和服务。其应用的前提条件,就是要在统一的信息管理平台上,集成各专业软件和标准化接口,保证信息共享,实现协同工作。EPC 模式可以很好地发挥这类信息技术的"全过程应用信息共享"的优势,提升建造品质和效益。在 EPC 模式下,各参与方形成一个统一的有机整体,设计各专业之间,制造、装配各专业之间,设计与制造、装配之间数据信息共享、协同并进行设计和管理。EPC 模式利于建立企业级装配式建筑设计、制造、装配一体化的信息化管理平台,形成对装配式建筑一体化发展的支撑。实现建筑业信息化与工业化的深度融合,深入推进信息化技术在装配式建筑中的应用。

　　在 EPC 总承包模式下,装配化建筑对信息技术的应用,可以通过总承包单位在设计环节建立装配式建筑信息平台,使项目各参与方在设计、生产、施工等阶段都在同一个平台上进行协同工作和数据处理,有利于优化设计、减少变更和提高装配效率。设计单位运用 BIM 技术,可以设计二维图纸和三维图纸,便于工人现场施工,还可以通过碰撞检查,提高设计准确性,减少设计变更,减少后期现场预埋件和钢筋的安装错误;预制构件厂提高工业化度,可以减少资源的消耗,提高构件的精确度,使得构件部品能够批量生产;施工企业可利用信息模拟技术进行施工模拟,减少不必要的经济损失和工期延误,并且现场实现高度机械化装配。各参与方运用 BIM、RFID、物联网技术建立信息平台,提高信息传递正确率,提高项目管理效率,减少质量事故、安全事故和索赔纠纷。

【案例】　项目信息门户的应用

1. 大型工程项目的业主建立的基于互联网的项目信息门户

著名的 3Com 公司作为一家实力雄厚的业主单位,在 Internet 上建立了自己的基于互联网的项目信息门户作为管理公司建设项目的平台。它通过这一平台在全球建筑市场上完成的工程造价总额已达到 4.5 亿美元。作为参与投标的条件,其要求所有项目的承包商和设计单位都必须与 Internet 连接,使用基于互联网的项目信息门户作为项目信息沟通的工具。这样一来,工程项目在项目的设计和施工阶段节省了大量的时间和费用,而且作为在建项目的业主,3Com 公司在运营维护阶段还可以利用这些集中存储的信息对项目设施进行有效的管理。

2. 由实力雄厚的承包商采用基于互联网的项目信息门户进行项目信息交流和沟通

美国著名的建筑公司 Webcor Builders 所承担的一个建设工程项目是在加州的 Santa Clara 兴建一座 12 层的办公楼。该项目的合同总金额为 5000 万美元,项目业主在纽约,项目设计单位则在旧金山,其他项目参与单位也是分布在全美各地。Webcor Builders 公司使用 Cephren 公司的 ProjectNet TM 系统进行信息交流和沟通,节省了信息交流和沟通成本约 5 万美元。该公司总裁认为,如果所有的分包商都采用这一系统进行项目信息交流的话,总的信息交流和沟通成本可以节约 20 万美元。

3. 租用第三方的基于互联网的项目信息门户服务进行项目信息交流和沟通

在美国拉斯维加斯兴建的一个大型项目 The Venetian,其项目参与单位遍布全球各地,项目有着十分严格的目标要求,项目投入使用时间每延误 1 天将给项目的发展商带来 700 万美元的损失。在项目管理咨询单位的建议下,它们以每月 1250 美元的价格租用了 Blue-Line/On-Line 公司提供的 Project Extanet 服务,利用该公司的网站作为项目信息交流和沟通与协同工作的平台。网站提供的变更提醒、事务追踪等功能帮助分布在全球各地的设计、咨询单位和设备供应商进行协同工作,最终按时完成了项目。

【思考与练习】

1. 什么是建设工程项目信息？简述其分类。
2. 什么是工程项目信息资源？简述其三大要素及特征。
3. 什么是工程项目信息管理？简述其分类。
5. 简述信息管理部门的主要工作任务。
6. 什么是工程管理信息化？简述我国实施国家信息化的总体思路。
7. 简述信息技术在工程管理中的开发和应用的意义。
8. 什么是项目信息门户？简述其类型。
9. 举例说明主要的智慧建造技术。

参 考 文 献

[1] 全国一级建造师执业资格考试用书编写委员会. 建设工程项目管理[M]. 北京:中国建筑工业出版社,2022.

[2] 中华人民共和国住房和城乡建设部. 建设工程项目管理规范:GB/T 50326—2017[S]. 北京:中国建筑工业出版社,2017.

[3] 全国二级建造师执业资格考试用书编写委员会. 建设工程施工管理[M]. 北京:中国建筑工业出版社,2022.

[4] 全国造价工程师执业资格考试培训教材编审委员会. 建设工程技术与计量[M]. 北京:中国计划出版社,2022.

[5] 项勇,王辉. 工程项目管理[M]. 北京:机械工业出版社,2017.

[6] 项勇,王辉,卢立宇. 工程项目管理[M]. 北京:机械工业出版社,2022.

[7] 丁士昭. 工程项目管理[M]. 北京:高等教育出版社,2017.

[8] 丁源. 智慧建造概论[M]. 北京:北京理工大学出版社,2018.

[9] 窦仲琦. 绿色建筑成本预测管理研究[D]. 上海:上海交通大学,2018.

[10] YANG S W, MOON S W, JANG H, et al. Parametric Method and Building Information Modeling-Based Cost Estimation Model for Construction Cost Prediction in Architectural Planning[J]. Applied Sciences,2022,12(19).

[11] 王金红. 港珠澳岛隧工程设计施工总承包成本控制管理体系研究与实践[C]//中国公路学会桥梁和结构工程分会. 中国公路学会桥梁和结构工程分会 2014 年全国桥梁学术会议论文集,北京:人民交通出版社股份有限公司,2014:449-453.

[12] 田金信. 建设项目管理[M]. 2 版. 北京:高等教育出版社,2017.

[13] 成虎,陈群. 工程项目管理[M]. 北京:中国建筑工业出版社,2015.

[14] 王华. 工程项目管理[M]. 北京:北京大学出版社,2019.

[15] 刘泽俊,周杰. 工程项目管理[M]. 北京:东南大学出版社,2019.

[16] 徐霞,叶彩霞,杨会东. 工程项目管理[M]. 北京:清华大学出版社,2021.

[17] 黄琨,张坚. 工程项目管理[M]. 北京:清华大学出版社,2019.

[18] 赵庆华. 工程项目管理[M]. 2 版. 北京:东南大学出版社,2019.

[19] 张建新,杜亚丽,鞠蕾,等. 工程项目管理[M]. 3 版. 北京:清华大学出版社,2019.

[20] 侯祥朝. 工程项目管理案例教学[M]. 北京:清华大学出版社,2020.

[21] 曹明,岳齐贤,徐宁. 建设工程项目管理[M]. 2 版. 北京:清华大学出版社,2022.

[22] 范钦满,姜晴. 工程经济学[M]. 北京:清华大学出版社,2022.

[23] 王慧萍,杨涛,王玉华. BIM5D 项目管理应用[M]. 北京:清华大学出版社,2022.

[24] 檀建成,刘东娜,杨平. 建筑工程施工组织与管理[M]. 北京:清华大学出版社,2022.